〈日本哲学〉入門講義

Introductory Lectures on Japanese philosophy

西田幾多郎と和辻哲郎

仲正昌樹

作品社

明治維新以降のことである。まだ、一世紀半も経っていない。古代ギリシアの植民地に最初の哲学者とされている人たちが登場してから、二千数百年も経っている。この間、数えきれないほど多くの哲学者が登場し、様々な説を唱えたはずだが、哲学史に名前を残し、その仕事の成果が研究や学びの対象になるほどの影響力を発揮した哲学者はごくわずかしかいない。「哲学」というのが、他の学問と違って、『知る』とはどういうことか？」、といった極めて抽象的な——よく言えば、最も基礎的な——問いばかり扱うというその性格上、はっきり目に見えるような形で成果を出しにくいということもあって、知的でかっこよさそうだと勘違いして興味を持つ人はいても、自分が明らかにしたいと思える「問い」を見つけて、それに打ち込み続けられる人は極めて少ない。〝哲学〟学者をやるだけでもかなりの根気がいる——私を含めて哲学学者の大半は、純粋に一つの問いと取り組み続けているというより、仕事として「哲学」の解説とか授業をやり続けているだけだと思うが、全く関心がなかったら、仕事としてやり続けるのさえ苦痛だろう。

加えて、たとえ、本質的な「問い」を探求し続けて、それに対して説得力のある「答え」を見つけた〝真の哲学者〟がいるとしても、他人がその価値を認識してくれなかったら、埋もれてしまう。著作を刊行する機会に恵まれなかったら、ただの在野思想家で終わってしまう。近年は、インターネットの発展によって哲学・思想を発信する機会も増えているが、そのせいで、自称〝天才思想家（哲学者）〟が乱立して、まともなことを言っている人を見つけるのがかえって難しくなっている。更に言えば、西欧の主要国の人でなかったら、非常に啓発的な議論を行ったとしても、その国以外ではほとんど無名のままになる可能性がある。主要国で認められないと、同国人もその人の思想の意義に気付きにくいという循環関係がある。キルケゴールの重要性が認識されるようになったのは、その著作がドイツ語に翻訳されるようになった、その死後半世紀くらい後のことである。デンマーク語とドイツ語の間でさえ、言語が障壁になるのである。そういうこともあって、英語やフランス語で著作を刊行する哲学者も少なくないが、「哲学」的思考というのは、言語との結び付きが強いので、ある言語で表現すると鋭く聞こえることを、他の言語に訳すと、ピンと来ないということがしばしばある。

そういうことを考え合わせると、日本に世界的に著名な哲学者があまりいないとか、〝日本に固有の哲学の伝統〟のようなものが確立されていないといったことを、日本の恥のように思う必要はない。ただ、これよりもう少し深い次元の問題がある。「哲学」というのは、西欧独特の思考、しかも西欧文化に最初から内在していたわけではなく、ソクラテス―プラトン―アリストテレスのラインによって打ち立てられ、いつしか西欧の知識人たちの考え方を規定するようになった特定の「存在」観＝形而上学に依拠する思考である、という見方がある。こうした見方をしているのはニーチェ、ハイデガー、アドルノ、フーコー、デリダなど、いわゆるポストモダン系の思想家たちである。彼らの見方では、「哲学」は、事物を整理して体系的・合理的に見るためのフィルターを設定した反面、その視座から外れるものは見えないようにする働きをする。そのフィルターによって見えなくなってしまったのは何かを明らかにしようとする、反哲学的哲学とも言うべき思想の系譜がある。無論、そうした潮流は、現代哲学のメインストリームではない。英語圏を中心にその勢力圏を広げている分析哲学は、むしろ「哲学」の「普遍性」を前提に議論を進めるが、その分、西欧諸国で永年かけて進化し、精緻化され、その有効性を証明された方法論を絶対視する傾向が強い。非西欧的な分析哲学など、ありえないだろう。

こうした両極端の見方のいずれかが当たっているとすれば、〝我々〟が何となく〝日本古来の哲学〟と見なしている仏教や儒教の諸学派の言説や、国学、心学、水戸学のようなものは、「哲学」とは全く関係のないものだということになる。日本人が単なる見よう見まねではなく、本格的に「哲学する」には、英語やドイツ語をゼロから学ぶのと同じような感覚で、ソクラテスたちが確立した思考のメソッドをゼロから先入観なしに学ぶしかないということになる。また、ニーチェやハイデガーのような反哲学的な視点を取るのであれば、西欧の〝哲学者〟たちがその限界を指摘しているものを、どうして日本人がそこまで無理をして学び、その日本支社のようなものを作る必要があるのか、という疑問が生じて来る。だとすると、〝日本の哲学〟ではなくて、〝日本の思想〟でよいのではないか？

そんなことは、とうの昔から、ある意味、明治時代に日本に哲学が輸入され始めた頃から分かっていたこと――ニーチェの『悲劇の誕生』が刊行されたのは、一八七二年（明治五年）である――ではあるが、現在のように、大学などで学ばれる学問としての「哲学」の存在意義が根本的に疑問視され、一部の〝売れっ子哲学者〟やその周辺の人たちが〝哲学〟のエンタメ化によって〝生き残ろう〟としている現状を見ていると、その当たり前の話がこれまでにないリアリティを帯びているような気がする。

本書は、日本に学問としての「哲学」を定着させるうえで決定的な役割を果たした西田幾多郎の『善の研究』と、日本的な「倫理学」の方法論を開拓したとされる和辻哲郎の『人間の学としての倫理学』を、それぞれ三回にわたって精読した連続講義の記録である。周知のように、この二冊は、両者の代表的著作であり、それまで輸入一辺倒だった日本の哲学業界に、〝日本らしさ〟をもたらした画期的な仕事だとされている。〝日本の哲学〟が存在すると信じたい人たちからは、思考の達人――ドイツ語で言うと、〈Meisterdenker〉――扱いされがちだが、この二つのテクストを丁寧に読んでいくと、カント、ドイツ観念論、新カント学派のような当時のメジャーな哲学だけでなく、ジェイムズのプラグマティズム的心理学や、ハイデガーの解釈学的現象学など、異端の哲学も視野に入れ、それらをポイント解説しながら、日本的な思想の文脈に接ぎ木しようと苦心している様子がうかがえる。西田の功利主義観や、和辻のマルクス観は、ちゃんと読んでみると、意外とアクチュアルな感じがする。その反面、彼らのテクストには論点を整理しきれないで、やや迷走気味になっているように見える箇所も結構ある。

彼らのテクストを神秘化・神聖視するのではなく、かといって、「哲学」を日本に導入するという無理な試みとして最初から否定的に見るのでもなく、できるだけ虚心坦懐に読むことを心掛けた。当然、虚心坦懐のつもりでも、私なりに偏った哲学・思想史観が反映されていると思う。ひょっとすると、西田や和辻が話を分かりやすくするために、敢えてスキップしたり、話を平板化しているところで、余計な問題を穿《ほじく》り返し、混沌を表に出すという無粋なことをやっているだけかもしれない。ただ、「哲学」の存在意義が疑問視され、それに取って代わるべき〝日本的な思想〟あるいは〝アジア的思考〟も明確な形で登場していない、混沌の時代には、そういう無粋さもある程度必要なのではないか、と思う。そのことを理解してくれる奇特な読者に読んで頂けると、幸いである。

【2014 年 4 月 12 日の講義風景】

本書は、連合設計社市谷建築事務所で行なわれた全六回の連続講義（2014 年 4 月 12 日～ 2014 年 10 月 13 日）に、適宜見出しで区切り、文章化するにあたり正確を期するべく大幅に手を入れた。なお講義の雰囲気を再現するため話し言葉のままとした。また講義内容に即した会場からの質問も、編集のうえ収録した。

『善の研究』西田幾多郎、『人間の学としての倫理学』和辻哲郎、を、講義で取り上げ、主に引用並びに参照したが、適宜変更をした。いずれも岩波文庫版を用いた。『善の研究』は、一九九三年刊の改訂新版を用いた。本文中で言及されている両書の頁数は、岩波文庫の頁数である。

本書は、テキストの精読を受講生と一緒に進めながら、読解し、その内容について考えていくという趣旨で編集しています。決して“答え”が書いてあるわけではありません。きちんと原書並びに邦訳のテキストをご自分で手に取られ、自分自身で考えるための“道具”になるよう切に願っております。

最後に、来場していただいたみなさま並びにご協力いただいた連合設計社市谷建築事務所スタッフの方々、心より御礼申し上げます。【編集部】

rengoDMS

本書は、連合設計社市谷建築事務所でおこなわれた、著者が主催する勉強会の講義を収録し編集・制作しました。

目次

［講義］第四回――「倫理」の考究――和辻哲郎『人間の学としての倫理学』第一章前半

〔講義〕第一回——日本哲学とは!?——西田幾多郎『善の研究』第一編「純粋経験」

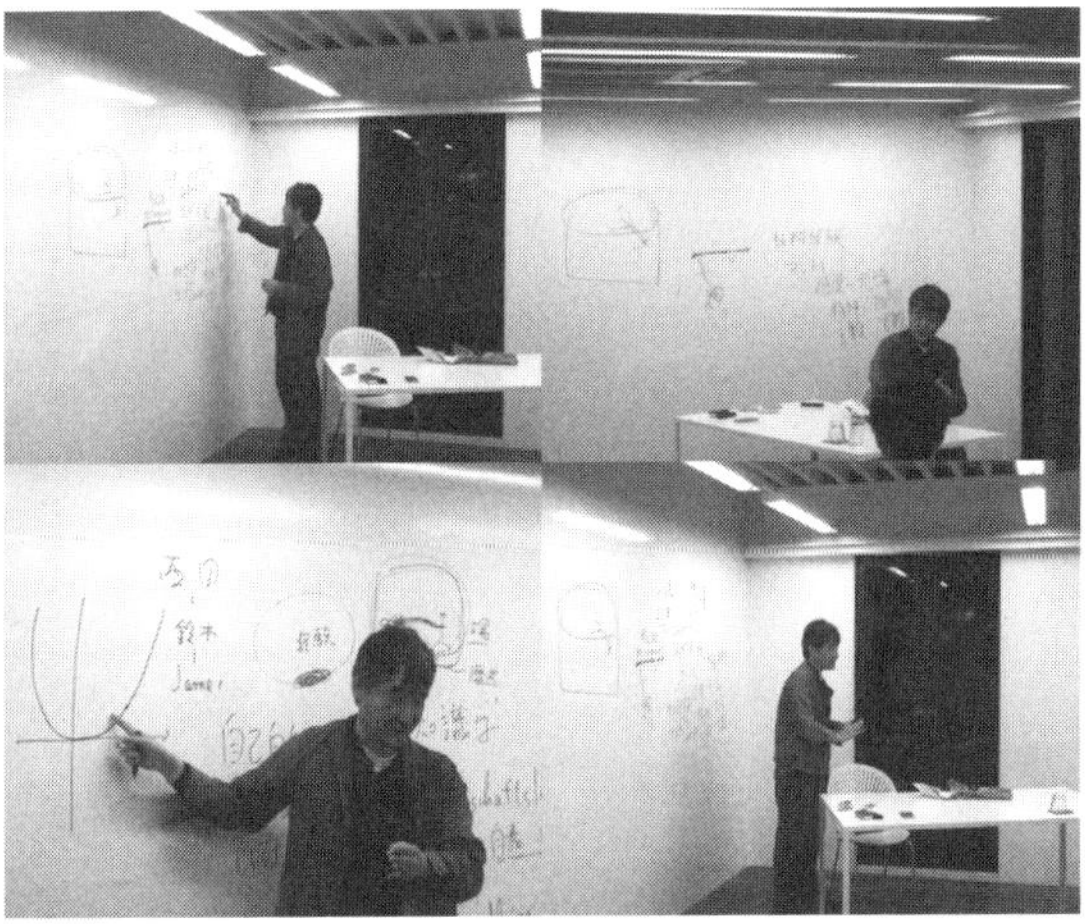

今回の連続講義で西田幾多郎（一八七〇－一九四五）の『善の研究』（一九一一）と、和辻哲郎（一八八九－一九六〇）の『人間の学としての倫理学』（一九三四）を取り上げようと思ったのは、「日本固有の哲学」について考えてみたいと思ったからです。西欧的な意味での「哲学」がいつ頃になって日本に根づき、独自の発達を始めたのか厳密に規定するのは難しいと思いますが、『善の研究』が大きな転換点になったことは間違いないでしょう。そして、西田の路線を継承し、西欧のそれとは異なる倫理学を構築しようとしたのが和辻です。和辻になると、いい意味でも悪い意味でも、日本性がかなりはっきり出てきます。『人間の学としての倫理学』はその和辻の構想をコンパクトに提示したテクストとして知られています。そういうわけで、この二冊を読むことにしました。

『善の研究』は、岩波文庫の最新の版で読みます。昔の版は巻末の注解が付いていません。二〇一二年の改版に際して、西田をはじめとする近代日本思想史の研究で知られる藤田正勝さん（一九四九－　）による詳しい注解が付けられています。この注解は、どの箇所の記述に、どのような思想、理論からの影響があるのか示してくれているので、本文を読み解くうえで結構重要です。

五頁の「序」で、この本の成り立ちが述べられています。刊行されたのは、西田が京都帝大の助教授になってからですが、実際に執筆されたのは、金沢の第四高等学校に勤めていた時期のことだと述べられています。余談ですが、「四高」は「しこう」と読みます。金沢大学に勤めているとしょっちゅう、（西田ゆかりの）「四高」の話を聞かされます（笑）。最初に書かれたのは、第一編ではなく、第二編で、その次が第三編で、そのあと第一編、第四編と書き続けたと述べられていますね。第一編は、西田の考えの輪郭が固まってきたところで、彼の思想の一番肝心な「純粋経験」論をまとまった形で提示している部分なので、最初に持ってきたわけですね。第二編は、通常の哲学の分類で、存在論と認識論に当たるところで、第三編が倫理学です。この第三編で、本のタイトルになっている「善」の問題が本格的に扱われます。第四編は宗教の問題です。この六回の連続講義では、『善の研究』に三回を割り当てたので、基本的に一回目に第一編、二回目に第二編、三回目に第三編ということにして、第四編は、三回目に少しだけ触れることにします。「善」と宗教は密接な関係にあって、第四編は第三編の応用発展的な性格が強いので、そういう扱いでいいのではないかと思います。

「純粋経験」——本当に実在するものとは?

「序」で述べられているように、この本での西田の独自性は「純粋経験」という概念にあります。六頁を見て下さい。

> 純粋経験を唯一の実在としてすべてを説明して見たいというのは、余が大分前から有《も》って居た考であった。初はマッハなどを読んで見たが、どうも満足はできなかった。

「純粋経験＝唯一の実在」というのが、この本の中心的主張だということが分かりますね。「実在」というのは、文字通り、実際に存在している、という意味です。西欧の哲学では、普遍は実在するか、人間の精神から独立に実在するものはあるのか、実在するのは精神か物質か、といった「実在」をめぐる論争を繰り広げてきました。西田は、真に「実在」するのは、「純粋経験」だと言っているわけです。「経験」というからには、「合理論 vs. 経験論」の「経験」を連想しますが、それが「純粋」だというのが、微妙な感じがしますね。本文を読めば分かるように、この場合の「純粋」というのは、記憶や想像、概念的思考の中で再構成された〝経験〟ではなく、直接的な「経験」ということです。経験科学に通じる、「経験」重視の姿勢に見える反面、加工・変形されていない「純粋経験」なるものを抽出することがそもそもできるのか、「純粋経験」がどういう様相を呈しているのかを概念的加工を交えずに記述することができるのか、その実態がまだよく分かっていない「純粋経験」を「唯一の実在」である、などと断言していいのか、と

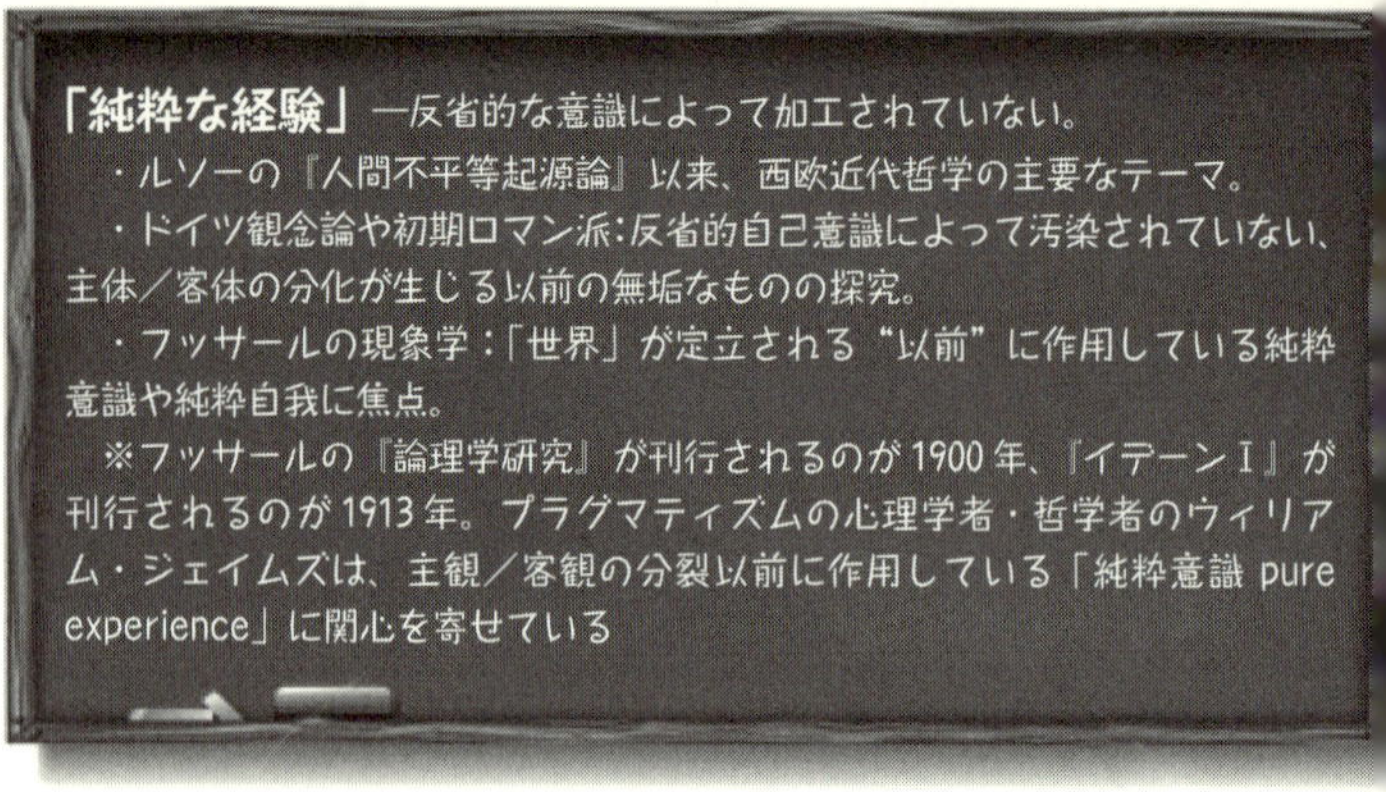
「純粋な経験」―反省的な意識によって加工されていない。
・ルソーの『人間不平等起源論』以来、西欧近代哲学の主要なテーマ。
・ドイツ観念論や初期ロマン派：反省的自己意識によって汚染されていない、主体／客体の分化が生じる以前の無垢なものの探究。
・フッサールの現象学：「世界」が定立される“以前”に作用している純粋意識や純粋自我に焦点。
※フッサールの『論理学研究』が刊行されるのが1900年、『イデーンⅠ』が刊行されるのが1913年。プラグマティズムの心理学者・哲学者のウィリアム・ジェイムズは、主観／客観の分裂以前に作用している「純粋意識 pure experience」に関心を寄せている

いう疑問も生じてきます。

反省的な意識によって加工されていない、純粋な経験というのは、ルソー（一七一二―七八）の『人間不平等起源論』以来、西欧近代哲学の主要なテーマです――ルソーの思想のこの側面については、拙著『今こそルソーを読み直す』（ＮＨＫ新書）をご覧下さい。ドイツ観念論や初期ロマン派でも、反省的自己意識によって汚染されていない、主体／客体の分化が生じる以前の無垢なものが探究されましたし、フッサール（一八五九―一九三八）の現象学でも、「世界」が定立される〝以前〟に作用している純粋意識や純粋自我に焦点が当てられます。西田がこの本を刊行した時期は、ドイツ語圏で現象学が次第に影響を増し、新カント学派と並ぶ、哲学の新しい潮流を形成するようになった時期です。フッサールの『論理学研究』が刊行されるのが一九〇〇年、『イデーンⅠ』が刊行されるのが一九一三年です。また、これから何度か名前が出てきますが、西田が直接影響を受けたプラグマティズムの心理学者・哲学者のウィリアム・ジェイムズ（一八四二―一九一〇）は、主観／客観の分裂以前に作用している「純粋意識 pure experience」に関心を寄せています。

西田について、京都学派の元祖で神秘主義的な人だという先入観を持っている人は、「プラグマティズム」と聞いて、意外だと思うかもしれません。実は、「プラグマティズム」自体が結構、宗教や神秘体験と縁がある思想なのですが、その辺については拙著『プラグマティズム入門講義』（作品社）をご覧下さい。西田にも、神秘主義的に見えて、最新の科学の成果に依拠しながら議論を

エルンスト・マッハ

物理学者であり、科学哲学者でもあるエルンスト・マッハ。音速の単位のマッハ（物体の運動の速度が音速を超えた時に起こる衝撃波を研究したことから）。

観察主体と、外界に存在する物体を二元論的に捉える近代物理学とデカルト以降の西洋哲学の前提を批判。マッハの中心的な主張―主体と客体の間に明確な線は引けない→「(感覚) 要素一元論」と呼ばれる見方を呈示＝実在するのは、主体／客体のいずれにも区分できない感覚的な諸要素の複合体。

マッハの思想が、アインシュタイン、相対性理論や不確定原理に影響を与えた。

進めていこうとする両面性があります。マッハ（一八三八―一九一六）という名前がまさにそうですね。西田の問題意識を知るうえで重要だと思うので、マッハのことは少し詳しくお話ししておきます。

音速の単位のマッハがその名前に由来する物理学者のエルンスト・マッハのことです。物体の運動の速度が音速を超えた時に起こる衝撃波を研究したことから、マッハ数という名称が生まれました。マッハは物理学者であると同時に科学哲学者でもあり、観察主体と、外界に存在する物体を二元論的に捉える近代物理学の前提を批判し、「(感覚) 要素一元論」と呼ばれる見方を呈示しました。実在するのは、主体／客体のいずれにも区分できない感覚的な諸要素の複合体である、という見方です。

デカルト（一五九六―一六五〇）以降の西洋哲学は、「精神」（＝「考える物 res cogitans」）と「物質」（＝「延長する物 res extensa」）を相互に異質なものとして完全に分離し、認識主観は精神の側にあり、客体は物質の側に振り分けました。そうした二項対立的な見方は、当初、哲学と密接な関係にあった自然科学の基本的な考え方にも影響を与えました。カント（一七二四―一八〇四）の時代くらいまでは、数学者、物理学者、化学者でもある哲学者は珍しくありませんでした。カント自身、天体物理学に関する論文を書いています。

物理学であれば、高校の物理で習うように、ある地点にいる観察主体から見て、運動している質点の速度が一定であるのか、変化しているのであれば、どのような力が作用しているのかを調べるわけですが、その質点が観察主体の外部にあることが大前提になります。質点が運動していることと、主体である私が観察していることは、相互に影響を与えない。お互いに独立しているからこそ、主体は客体を、中立的という意味で客観的に見ることができるわけです。観察主体と運動している客体が相互に影響し合っている、場合によっては、何かを媒体として物質的に繋がっているということになれば、速度を客観的に正確に把握することはできなくなります。自分の動作が、質点の運動に影響を与え、変化させているかもしれないからです。見ていること自体で既に相互干渉が生じているとすれば、物体を客観的に観察することはできなくなります。

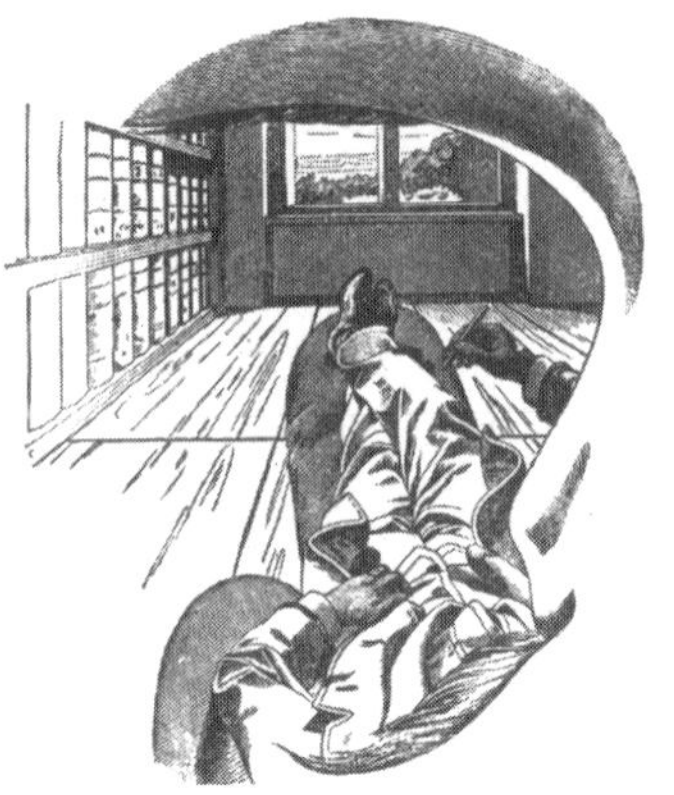

自分がそちらを向くことによって、私の体の微細な運動が、空気を介して、当該の物体に伝播するかもしれない。はっきり見ようとして光を当てれば、光のエネルギーがその物体に伝わる。そうした問題を突きつめていくと、相対性理論や不確定原理に行き着くわけです。このマッハの思想が、アインシュタイン（一八七九－一九五五）に影響を与えたのは有名です。

マッハの要素一元論の中心的な主張は、主体と客体の間に明確な線は引けないというものです。私の身体は、観察するしないに関わらず、客体を含む周囲の環境との間に様々な相互作用をしています。分子、原子などのミクロレベルで出来ていることを考えると、私の身体と、外部の境界線はかなり曖昧なはずです。私たちは、その様子が見えないので、身体と環境が切り分けられていると思っているわけです。

マッハの著作『感覚の分析』（一八八六）の冒頭に近い箇所に有名な絵があります。部屋の中で安楽椅子に寝そべって、自分の足の方向を見ている人を、その人が右目を閉じ、左目だけ開けている状態で、その左目に映っている像という設定で描いています。そのため、絵の縁には目の形に合わせた空白地帯が出来ています。人物の主観と、その絵を見るわれわれの視線がほぼ一致する構図になっているわけです。視線をこの空間の中のどこに合わせるかによって、自分の身体が観察対象となったり、ならなかったりします。足よりも更に先にある物体を観察する場合、物理学的現象になりますが、それがもっと手前にあり、自分の身体に接しているとしたら、生理学的あるいは心理学的な対象になるでしょう。そういう構図で考えると、主観的な感覚が生じる身体と、自分とは関係のない運動が生じる外部の空間の間には絶対的な違いはないように思えます。マッハは、こうした見地から、主体／客体、物理学と生物学・心理学の間に自明の理であるかのように引かれている境界線を再考し、主体／客体が分離する以前の、様々な感覚的要素の複合体を起点とする、統一的な科学を構想しました。そのようにして主体＝精神／客体＝物体の分離を克服しようとしたマッハの試みに対して、唯物論を守ろうとしたレーニン（一八七〇－一九二四）が、『唯物論と経験批判』（一九〇九）で徹底的な批判を加えたのは有名な話です。

デカルトによって主体／客体の区別が立てられて以来、精神と物質、主体と客体を繋ぐものが、実在のより根源的な層にあるのではないか、という問いが立てられてきました。主体と客体の合一の探究を哲学的テーマとして正面から掲げたのが、ドイツ観念論、そしてドイツ・ロマン主義です。シェリング（一七七五－一八五四）や初期のヘーゲル（一七七〇－一八三一）、ヘルダリン（一七七〇－一八四三）等がその中心的なメンバーです。一八世紀の終わりから一九世紀前半くらいの時代なので、当然、マッハのような自然科学的なアプローチはしていません。神、あるいは神性を帯びた自然のような超越的存在の中に、主体と客体の共通の根源を見出し、それに導かれる形で知を統一しようとする神秘主義的な方向に向かっていったわけです。ドイツ観念論からハイデガー（一八八九－一九七六）に至るまで、ドイツの哲学はそうした神秘主義的傾向が強いとされています。西田には、何となくドイツ観念論寄りで神秘主義的なイ

ドイツ観念論、そしてドイツ・ロマン主義

⇒主体と客体の合一を哲学的に探究

シェリング、初期のヘーゲル、ヘルダリン、18世紀の終わりから19世紀前半くらいの時代→当然、マッハのような自然科学的なアプローチでない。神、あるいは神性を帯びた自然のような超越的存在の中に、主体と客体の共通の根源を見出し、それに導かれる形で知を統一しようとする神秘主義的な方向に向かっていった。

※ **留意**　明治時代、プラトン（前427－347）からマッハに至るまでの、2000年以上にわたる西欧の哲学の成果が一挙に輸入されてきたことに留意。

メージがあると思いますが、むしろ、マッハの要素一元論やジェイムズの心理学のようなものに強く影響されていたようですね。

ドイツ観念論系の主体／客体の統一論が出てきたのは一八世紀の終わりで、マッハの『感覚の分析』による問題提起までは九〇年くらい間があります。自然科学的な視点から、主体／客体の関係を見直そうという議論が出てくるまでに、それくらい時間がかかったわけです。しかし、西田に代表される明治時代の日本の最初の哲学者たちにとっては、プラトン（前四二七－三四七）からマッハに至るまでの、二〇〇〇年以上にわたる西欧の哲学の成果が一挙に輸入されてきたわけです。二〇〇〇年以上がパッケージになっていたわけですから、ドイツ観念論とマッハの間の時間差などほとんど問題にならなかったでしょう。西欧自体においては何世紀もかかった変化を、明治期の日本の知識人は書物を通して一挙に吸収した。西田もこれから見ていくように、ギリシア以来の古典的な哲学と、当時の最先端であったはずのマッハを同時に視野に入れて、比較しながら、自分にとって一番魅力的なところを選択して取り入れることができたわけです。先ほどの箇所の続きを見ておきましょう。

そのうち、個人あって経験あるにあらず、経験あって個人あるのである、個人的区別よりも経験が根本的であるという考から独我論を脱することができ、また経験を能動的と考うることに由ってフィヒテ以後の超越哲学とも調和し得るかのように考え、遂《つい》にこの書の第二編を書いたのであるが、その不完全なることはいうまでもない。

フィヒテ（一七六二―一八一四）は少なくとも名前は知っていますね。本格的に説明すると、長くなるので端折って説明します。カントは理性的な自我を中心にして体系的な哲学を構築しつつあるように見えましたが、『純粋理性批判』（一七八一、八七）で展開した認識論の体系と、『実践理性批判』（一七八八）で展開した実践哲学の体系を統一しませんでした。別の言い方をすれば、因果法則に支配される自然界に対する自我の関係と、道徳法則に支配される世界、自由の空間に対する自我の関係を異なった仕方で描き出しました。その両者を統一し、全てを「自我」を起点として描き出すことを試みたのが、フィヒテの「知識学 Wissenschaftslehre」（第五回講義を参照のこと）の構想です。フィヒテは、「（絶対的）自我」が自己自身と非自我を相互に対立するものとして定立することによって、「存在」が根拠付けられるという前提の下で、全ての知を体系化することを試みました。そのフィヒテの試みが大きな刺激となって、全てを主観＝精神の視点から説明しようとするドイツ観念論と、自我と非自我の根底にある無意識の領域を探究しようとするドイツ・ロマン主義が生まれてきます。「フィヒテ以降の超越哲学」に対して、注解が付いていますね。見ておきましょう。

カントは、われわれの認識においては、認識が対象に従うのではなく、対象が認識に従うという構成説的な立場に立ち、アプリオリな諸概念の体系を問題にしたが、そのような自らの哲学を超越論（先験）哲学（Transzendentalphilosophie）と呼んだ。ここでは、そのようなカントの考えを踏まえて、すべてのものを絶対的な自我の働きから説明しようとしたフィヒテの哲学や、その影響を強く受けた初期のシェリング、カント以上に思惟の能動性を強調した新カント学派の哲学などが西田の念頭にあったと考えられる。

「認識が対象に従うのではなく、対象が認識に従う」というのは、認識論における「コペルニクス的転回 Kopernikanische Wende」と呼ばれるものです。従来の認識論、例えばホッブズ（一五八八―一六七九）やロック（一六三二－一七〇四）の認識論は、外界に実在する対象を、主体が鏡のようにありのままに映し出すという前提に立ち、そうした認識はどのようなメカニズムによって進行するかを問題にしますが、それに対してカントは、外界からの刺激を素材として、主体が自ら認識の形式に合わせて構成するという見方を呈示しました。これによって、主体中心に世界を見るドイツ観念論が生まれる土壌が出来たわけです。ここで言う「アプリオリ」は、主体の認識の形式に備わっているので、そういう風に認識されることが必然的に決まっているということです。

「超越論」という言葉はいろんな意味で使われますが、カントの場合は、対象が自我に対してどういう関係にあるのかというレベルではなく、認識を成り立たしめている条件に関わるレベルの話であるという意味合いで使われます。現代的な言い方をすれば、認識のオブジェクト・レベルではなく、メタ・レベルを問題にしているわけです。藤田さんは「超越論（先験）」と訳していますが、「先験」という言葉は、経験に時間的に先行しているかのような響きがあるので、最近は〈a priori〉や〈transzendental〉の訳語としてはあまり使われなくなっています。因みに、ドイツ系の哲学では、「超越的 transzendent」と「超越論的」の違いがよく話題になります。哲学者によって用法が違いますが、カントの場合、「超越論的」は、先ほど言ったように、認識の条件を反省的に見つめる考察に関わっている、という意味合いで使われるのに対して、「超越的」は、経験的認識の限界を超えている、という意味で使われます。フッサールの場合は、「超越的」は意識の外部にあるという意味で、「超越論的」は、意識による世界の構成に関わる、という意味で使われます。

シェリングは、主体と客体の根底にあって、両者の同一性を保証する「絶対者」を芸術や神話の中に求め、ロマン派の運動に理論的基礎を与えます。新カント学派は、一九世紀後半に台頭し、ハイデガーが登場する頃まで勢いを持っていた、ヘーゲル主義やマルクス主義などに抗して、カントへの回帰を掲げた哲認識論における「**コペルニクス的転回** Kopernikanische Wende」
「認識が対象に従うのではなく、対象が認識に従う」→カント登場
・「超越的」transzendent
カント：経験的認識の限界を超えている。
フッサール：意識の外部にある。
・「超越論的」
カント：対象が自我に対してどういう関係にあるのかというレベルではなく、認識を成り立たしめている条件に関わるレベルの話。認識の条件を反省的に見つめる考察に関わっている。
フッサール：意識による世界の構成に関わる。
※現代的な言い方――認識のオブジェクト・レベルではなく、メタ・レベルを問題にしている。

※訳語の問題として「超越論的」＝「先験」か？
経験に時間的に先行しているかのような響きがあるので、最近は〈a priori〉や〈transzendental〉の訳語としてはあまり使われない。

新カント学派
一九世紀後半に台頭し、ハイデガーが登場する頃まで勢いを持っていた、ヘーゲル主義やマルクス主義などに抗して、カントへの回帰を掲げた哲学者たち
・数学や科学基礎論を重視するマールブルク学派
・価値哲学を重視する西南学派
（以上二派を括弧でくくって）二大学派
いずれも理性の能動的な側面を強調

学者たちです。一つにまとまっていたわけではありませんが、数学や科学基礎論を重視するマールブルク学派と、価値哲学を重視する西南学派が二大潮流になっていました。いずれも藤田さんが言っているように、世界を構成する理性の能動的な側面を強調しています。

先ほどの「序」の最後の部分も見ておきましょう。

> 思索などする奴は緑の野にあって枯草を食う動物の如しとメフィストに嘲《あざけ》らるるかも知らぬが、我は哲理を考える様に罰せられて居るといった哲学者（ヘーゲル）もある様に、一たび禁断の果を食った人間には、かかる苦悩のあるのも已《や》むを得ぬことであろう。

ここに出て来るメフィストという

メフィストフェレス

のは、当然、ゲーテ（一七四九―一八三二）の『ファウスト』（一八〇八、三三）に登場するメフィストフェレスです。メフィストが書斎にこもっているファウストに、人生の喜びを知るように誘惑する台詞です。「禁断の果実」というのは、聖書の譬えですね。エデンの園の禁断の果実は、善悪を知る木の果実です。ゲーテや聖書を引用して、「哲学」がそれを営む者を苦しめる禁断の果実であると暗示しているのは意外な感じがしますね。「哲学」に対してアイロニカルなまなざしを向けているわけです。

「版を新にするに当って」という所も見てみましょう。新しい版への前書きです。九頁の二段落目を見て下さい。

> 今日から見れば、この書の立場は意識の立場であり、心理主義的とも考えられるであろう。然《しか》非難せられても致方《いたしかた》はない。しかしこの書を書いた時代においても、私の考の奥底に潜むものは単にそれだけのものでなかったと思う。純粋経験の立場は「自覚における直観と反省」に至って、フィヒテの事行《じこう》の立場を介して絶対意志の立場に進み、更に「働くものから見るものへ」の後半において、ギリシャ哲学を介し、一転して「場所」の考に至った。そこに私は私の考を論理化する端緒を得たと思う。「場所」の考は「弁証法的一般者」として具体化せられ、「弁証法的一般者」の立場は「行為的直観」の立場として直接化せられた。この書において直接経験の世界とか純粋経験の世界とか云ったものは、今は歴史的実在の世界と考える様になった。行為的直観の世界、ポイエシスの世界こそ真に純粋経験の世界であるのである。

「心理主義」に注解が付いていますね。これも見ておきましょう。

心理主義、ないし心理学主義というのは、経験的なもの、具体的な時間のなかで経験されるものに基づいて真理の性質やその基準を明らかにしようとする立場を指す。経験心理学を哲学的認識の基礎学とみなしたヴィルヘルム・ヴントなどがその代表。この立場は、真理の意識内容を超えた一般性をもつものでなければならないという観点から、新カント学派やフッサールによって厳しく批判された。なお西田は、論文『思索と体験』（一九一五年）所収の論文「認識論に於ける純論理派の主張に就て」のなかで、すべての純粋経験論が心理主義の立場に立つのではないことを主張している。多くの純粋経験論は、たとえば「経験は個人的であって空間時間因果の範疇に当嵌《あてはま》ったもの」であるといった独断のうえに立脚しており、そのような立場が心理主義として批判されるのはやむをえないが、自らの純粋経験論は、そのような立場とは根本的に異なることを述べている（1・一八二参照）。

ヴント（一八三二―一九二〇）は実験心理学の父とされるドイツの心理学者で、心理学を哲学の形而上学的考察から独立させただけでなく、逆に、人間の認識をめぐる諸問題は、今後は哲学的認識論ではなく、心理学をはじめとする経験科学によって探究されるべきだとする立場を打ち出し、認識論の基本的カテゴリーの成り立ちを心理学によって説明しようとします。フッサールは、初期の著作『論理学研究』（一九〇〇、〇一）で、論理学を経験的心理学によって説明しようとする、心理主義的学派を徹底的に批判し、論理学は心理学事実に還元されない、アプリオリに成り立つ法則によって成り立つことを明らかにしようとしました。カントの系譜を引く新カント学派も当然、心理学主義に抵抗し、認識や価値のアプリオリな法則によって基礎づけようとしました。西田の『善の研究』での「純粋経験」の記述は、ジェイムズ等の心理学の知見に依拠しているところが多いので、心理学主義的に見えたかもしれないと自ら認めたうえで、その後の理論的な展開の中で、心理学的事実とは異なる、経験のより深い層に根ざしているものであることが鮮明になったと言っているわけですね。

『自覚における直観と反省』（一九一七）は、『善の研究』の六年後に刊行された西田の著作です。この著作で西田は、「直観」の次元における「純粋経験」と「反省」とが結合したものとしての「自覚」を重視することになります。この著作で、フィヒテの「事行」論をベースにして、「絶対意志」論なるものへと進んだということですね。「フィヒテの事行」に対する注も見ておきましょう。

フィヒテが『全知識学の基礎』（一七九四／五年）などにおいて、経験的な意識の根底にある純粋な自我の働きを説明するために用いた概念。自我は予め一つの実体として存在しているのではなく、あくまで自己自身を産みだし、定立する根源的な働きであり、そこで働き（Handlung）と結果（Tat）とが一つであることを言い表すために、フィヒテはこの事行（Tathandlung）という表現を用いた。

先ほど少しお話ししたように、フィヒテの「知識学」は、自我が自己自身と非自我を定立するという前提から出発します。ここで説明されているように、「自我」は最初から実体的に固定した形で「存在」しているわけではなく、最初は漠然とした無意識のようなものがあるだけだけど、そこに「自我」を触発し、始動させる原初の感情のようなものが働いて、それに導かれるように、「自我」が活動するようになり、自己自身と、自己自身に属さないもの＝非自我の「存在」を把握するようになるわけです。「定立 setzen」というのは、何かを存在しているものとしてはっきり把握することです。赤ん坊のように、主／客（自／他）未分化の状態にあった〝意識〟が、外からの刺激によって能動的に動き出し、自分ならざるもの、自分の意志に従わないものに遭遇すること――例えば、這いまわっていて、目の前のテーブルにぶつかって、痛い思いをする――を通して、自分と、自分ならざるものの違いを把握するに至る過程を念頭に置くと、分かりやすくなるでしょう。しかし、そうすると、それまで自他未分化だった意識に、「自己」を意識させる「外」からの働きかけとは何なのか、どうやって〝私〟という意識が浮上してくるのか、といった疑問が生じます。赤ん坊だったら、周囲の人たちの働きかけによると答えればよさそうな気がしますが、赤ん坊に即して考えるにしても、それまで呼吸したり物を食べたりしても、内部／外部の違いを意識していなかった赤ん坊が、どうやって、「自己」を、あるいは「自己の外」を感じ触発されるのか、という疑問が残ります。経験科学的には、人間はそういう風に成長すると説明すればすみそうですが、哲学的な直観と反省のレベルで説明しようとすると、なかなかはっきりした答えは見つかりません。フィヒテは、この問題を追求していくうちに、原初においては無規定だった自我を触発し、自己定立へと導く「絶対者」へと考察の焦点を移していきます。その路線を継承し、発展させたのがシェリングです。

　こうしたフィヒテの議論の枠組みで考えると、「存在」しているという事実と、「定立」するという能動的な「行為」のいずれが先行しているのか分からなくなります。そこでフィヒテは、「行為 Handlung」と「事実 Tat」を合わせて、「事行 Tathandlung」という言葉を作りました。自己の存在を絶対的に定立する自我の作用を、西田は、「絶対意志」論へと発展させていった、ということですね。この『善の研究』でも、この連続講義の第三回目で見るように、「意志」が「実在」の根本であるという見方を示しています。

「場所」

『働くものから見るものへ』（一九二七）はその更に一〇年後の論文で、ここでギリシア哲学を経由して、「場所」論に至ったという

場所

意識の働きの根底にあって、主体と対象の関係を成り立たしめているもの

　両者を取り囲み、結び付けている関係性

　※「場所」概念を直接的に具体化したものが、「行為的直観」

　※物理学の不確定性原理に近い

「主体」はある場所に属することによって、同じ場所に属する「客体」との間に、意識的に働きかけるかどうかに関わらず、必然的に関係を持ち、相互作用している。→「弁証法」→「場所」における弁証法的関係が、「歴史」を発展させる原動力→「ポイエシス」

　→のちの京都学派に多大な影響を及ぼす。

宗教哲学の西谷啓治（1900－70）、歴史哲学の高山岩男（1905－93）と高坂正顕（1900－69）、西洋史の鈴木成高（1907－88）：京都学派の四天王→「世界史の哲学」、「近代の超克」論

ことですね。意識の働きの根底にあって、主体と対象の関係を成り立たしめているもの、両者を取り囲み、結び付けている関係性を「場所」と呼んだわけです。この「場所」論を歴史的世界へと応用するようになったわけですが、彼の弟子である京都学派の論客たちの世界史の哲学は、この局面での西田の影響を強く受けています。宗教哲学の西谷啓治（一九〇〇－九〇）、歴史哲学の高山岩男（一九〇五－九三）と高坂正顕（一九〇〇－六九）、西洋史の鈴木成高（一九〇七－八八）の四人は、京都学派の四天王と呼ばれ、第二次大戦中に「近代の超克」論を展開します。「近代の超克」論については、廣松渉（一九三三－九四）の『〈近代の超克〉論』（一九八〇）などが参考になります。

問題の「場所」概念を直接的に具体化したものが、「行為的直観」ということですが、これにも注が付いていますね。

西田幾多郎が後期の著作のなかで用いた概念。行為と直観とは一般に相対立する概念と考えられているが、しかし両者は実際には深く結びついている。われわれはただ単に見るもの（認識するもの）として存在しているのではなく、物との直接的な関わりのなかに立ち、それに働きかける。「物が我を限定すると共に我が物を限定する」（7・一〇一）。この連関を西田は「行為的直観」という言葉で表現した。

（　）内の数字は、岩波の西田幾多郎全集の巻の頁数です。ここで言われている「直観」というのは、事物の本質を「見る」ということです。フィヒテやシェリングの理論では、自我が自己自身、あるいは絶対者を「直観」することが、知の、そして全ての存在の起点となることが強調されます。この「直観」と、事物に対して能動的に働きかける「行為」とは別個のものと考えられがちですが、西田は両者は表裏一体の関係にあると見て、それを「行為的直観」と名付けたわけです。私がある事物を「直観」する時、私はその自分の存在を措定（定立）しますが、この「行為的直観」において、私自身もその事物によって限定を受けることになる、ということですね。「見る」だけで限定を受けるというのが分かりにくいですが、例えば、自分の歩いていく方向に岩の存在を「見る」場合をイメージして下さい。見てその存在を措定することと、能動的な行為が連動していますし、対象の存在が私の行為に影響を与えますね。物理の不確定性原理の解説書で、観察する行為自体が、観察する主体と対象の関係に影響を与えるので、ニュートラルな観察はないという話が出てきますが、それと構造的に似ていますね。主体と対象の間に、重力場とか電磁場のような力の場があって、その場の中に位置することによって必然的に相互に作用し合っている、というようなイメージで考えてもいいかもしれません。西田の「場所」論自体が、そのような物理学的な場をモデルにしていると見ることもできるでしょう。「主体」はある場所に属することによって、同じ場所に属する「客体」との間に、意識的に働きかけるかどうかに関わらず、必然的に関係を持ち、相互作用しているわけです。そうした関係を弁証法と表現しているわけです。そして、そうした「場所」における弁証法的関係が、「歴史」を発展させる原動力になっているわけです。「ポイエシス」というのは、「詩作」あるいは「創造」を意味するギリシア語です。

「版を新にするに当って」の先ほどの箇所の続きにも興味深いことが書かれています。

> フェヒネルは或る朝ライプチヒのローゼンタールの腰掛に休らいながら、日麗《うららか》に花薫《かお》り鳥歌い蝶舞う春の牧場を眺め、色もなく音もなき自然科学的な夜の見方に反して、ありの儘が真である昼の見方に耽《ふけ》ったと自ら云って居る。私は何の影響によったかは知らないが、早くから実在は現実そのままのものでなければならない、いわゆる物質の世界という如きものはこれから考えられたものに過ぎないという考を有《も》っていた。まだ高等学校の学生であった頃、金沢の街を歩きながら、夢見る如くかかる考に耽ったことが今も思い出される。その頃の考がこの書の基ともなったかと思う。

どういう時に主客の分離を超えた「純粋経験」を実感するかという例ですね。注にもあるように、グス

グスタフ・フェヒナー

タフ・フェヒナー（一八〇一－一八七）というのは、ドイツの物理学者で哲学者でもある人で、ライプツィヒ大学の物理学の教授を務めています。刺激と感覚の関係についてのヴェーバー・フェヒナーの法則と呼ばれるものの確立に寄与しています。注にあるように、フェヒナーは、宇宙の万物は、物質であると共に精神であるという唯心論的な見方をしており、『夜の見方に対する昼の見方』（一八七九）という著作の冒頭で、西田が参照している体験について語っています。「昼の見方 Tagesansicht」というのは、宇宙を意識的存在と見る見方で、「夜の見方 Nachtansicht」というのは物質的に見る見方です。注には、「ローゼンタールは、ライプツィヒ市の中心街近くにあるローゼンタール（Rosental）公園のこと」、とありますね。

フェヒナーは、プラグマティズムのジェイムズの経験の概念にも影響を与えています。京大の伊藤邦武さん（一九四九－　）が、『ジェイムズの多元的宇宙論』（二〇〇九）という研究書で、フェヒナーのスピリチュアルな思考が、ジェイムズ、西田、そして夏目漱石（一八六七－一九一六）に影響を与えたことを指摘しています。ジェイムズは『多元的宇宙』（一九〇七）の一つの章でフェヒナーを取り上げて、その神秘主義的宇宙観を高く評価しています。

このように西田は、物理学や心理学などの自然科学的な知見に依拠するマッハやジェイムズの議論と、ドイツ観念論に由来する神秘主義的な思考を、交差させるような形で受容したうえで、それを元に独自の思考を展開し始めます。

では本論に入りましょう。第一編「純粋経験」の第一章「純粋経験」の冒頭を見て下さい。

> 経験するというのは事実其儘《そのまま》に知るの意である。全く自己の細工を棄てて、事実に従うて知るのである。純粋というのは、普通に経験といって居る者もその実は何らかの思想を交えて居るから、毫《ごう》も

思慮分別を加えない、真に経験其儘の状態をいうのである。例えば、色を見、音を聞く刹那《せつな》、未だこれが外物の作用であるとか、我がこれを感じて居るとかいうような考のないのみならず、この色、この音は何であるという判断すら加わらない前をいうのである。それで純粋経験は直接経験と同一である。自己の意識状態を直下《じか》に経験した時、未だ主もなく客もない、知識とその対象とが全く合一して居る。これが経験の最醇《さいじゅん》なる者である。

「純粋経験」というのは、反省的な思考や想像によって加工する前の「経験」、ありのままの「経験」である、ということですね。私たちは通常、自らが直接見たり聞いたりしたことという意味で、「経験」という言葉を使いますが、実際には、その経験の後で、自分でもあまり自覚しない内にいろいろ思案して、「私は○○という経験をしたんだな」、という判断をして、それに基づいて、〝経験〟を再現しています。そういう推論や判断を排除した「経験」それ自体のことを、「純粋経験」と呼んでいるわけです。その「純粋経験」の段階では、知る主体としての「私」と、知られる「対象」が未分化だということですね。

マッハの要素一元論やフッサールの現象学に通じる、厳密な科学哲学的な議論をしようとしているように見えますが、具体的な証拠のようなものを呈示しないで、いきなり「未だ主もなく客もない」、と断じているのは先走りしすぎのような気もします。これから読み進めていくと分かりますが、厳密な思考と、先走りが交互に現われるアンバランスな感じがするのですが、それが面白味にもなっているのだと思います。

勿論《もちろん》、普通には経験という語の意義が明《あきらか》に定まって居らず、ヴントの如きは経験に基づいて推理せられたる知識をも間接経験と名づけ、物理学、化学などを間接経験の学として居る（Wundt, Grundriss der Psychologie, Einl. §I）。しかしこれらの知識は正当の意味において経験ということができぬばかりではなく、意識現象であっても、他人の意識は自己に経験ができず、自己の意識であっても、過去

――についての想起、現前であっても、これを判断した時は巳《すで》に純粋の経験ではない。真の純粋経験は何らの意味もない、事実其儘の現在意識あるのみである。

先ほど述べたように、ヴントは実験心理学を創設した人です。実験によって法則を再現する自然科学と か、統計や聞き取りに基づいて事実を調査する社会科学を、経験科学と呼ぶことがありますね。その意味では、実験心理学は経験科学ですが、こういう「間接経験」は、本来の意味での経験ではないということですね。それだけにとどまらず、自分自身の記憶によって再現前化された〝経験〟は「経験」そのものではない、というわけです。いかなる意味も付与されてない、現在の意識の中にしか、「純粋経験」はないわけです。

――

右にいった様な意味において、如何《いか》なる精神現象が純粋経験の事実であるか。感覚や知覚がこれに属することは誰も異論はあるまい。しかし余は凡《すべ》ての精神現象がこの形において現われるものであると信ずる。記憶においても、過去の意識が直《ただち》に起ってくるのでもなく、従って過去を直覚するものでもない。過去と感ずるのも現在の感情である。抽象的概念といっても決して超経験的の者ではなく、やはり一種の現在意識である。幾何学者が一個の三角を想像しながら、これを以て凡ての三角の代表となす様に、概念の代表的要素なる者も現前においては一種の感情にすぎないのである（James, The Principles of Psychology, Vol. I, Chap.VII）。その外いわゆる意識の縁暈《えんうん》fringe なるものを直接経験の事実の中に入れて見ると、経験的事実間における種々の関係の意識すらも、感覚、知覚と同じく皆この中に入ってくるのである（James, A World of Pure Experience）。しからば情意の現象は如何《いかん》というに、快、不快の感情が現在意識であることはいうまでもなく、意志においても、その目的は未来にあるにせよ、我々はいつもこれを現在の欲望として感ずるのである。

先ほどは、判断や記憶によって手を加えたものは「純粋経験」ではないと言っていたのに、ここでは感覚や知覚だけでなく、「精神現象」も「純粋経験」だと言っています。どういうことなのか分からなくなってきます。カギになるのは、記憶もまた「現在の感情」だということです。つまり、記憶の中身として再現されている〝経験〟は、もはや過ぎ去ったものなので、「純粋経験」ではないけれど、想起するという行為自体は今まさに生じており、その行為は感情によって引き起こされるわけです。中身ではなく、想起の感情が「現在」のものだというわけです。ややこしい言い方になりますが、〝過去の経験〟それ自体ではなく、過去の経験を想起しようとする現在の感情が、「純粋経験」であるわけです。三角形の話も、「三角形」という経験を超えたイデアのようなものを度外視して、思い浮かべようとする意識に注目すれば、それは「現在意識」だということになります。

最初の（　）で言及されている『心理学の諸原理』（一八九〇）は、当時の心理学の最新の知見を網羅した大著で、人間の思考は決まった静的な構造を成しているのではなく、絶えず生成変化する様々な意識の連鎖として成り立っているという「意識の流れ stream of consciousness」の理論で有名です。西田が参照している第I部第八章では、実は全て、「現在」に起こっていることであることが指摘されています。

二番目の（　）で言及されている「純粋経験の世界」（一九〇四）は比較的短い論文で、ジェイムズの死後、彼の弟子である哲学者ラルフ・バートン・ペリー（一八七六－一九五二）によって編集された論文集『根本的経験論』（一九一二）に収められています。「純粋経験」概念に基づく哲学的世界観を呈示した論文です。この論文に「縁暈 fringe」という概念が出て来るということですが、あまり見たこと

「縁暈 fringe」
※英語の〈fringe〉は元々は、肩掛けなどの房べりという意味で、それから派生して、「ふち」とか「へり」という意味を持つようになった言葉。
経験というものはその縁暈がはっきりと決まっているわけではなく、一つの経験の終わりのように見えるものが次の経験へと連続的に発展していく。

がない難しい漢字ですね。国語辞典を見ると、「ふち」とか「へり」という意味が出ています。英語の〈fringe〉は元々は、肩掛けなどの房べりという意味で、それから派生して、「ふち」とか「へり」という意味を持つようになった言葉です。いずれにしても、意識の縁暈を、直接経験の事実に属すものと見るというのがどういうことかよく分かりませんね。「純粋経験の世界」で、「縁暈」に関連して述べられているのは、経験というものはその縁暈がはっきりと決まっているわけではなく、一つの経験の終わりのように見えるものが次の経験へと連続的に発展していくという趣旨のことです。そこから類推すると、西田が言いたいのは恐らく、私の意識あるいは感情が、ある純粋経験から他の純粋経験へと移る時、たとえば、目の前に岩が現われるのを見る経験をして、それに反応して、体をよける運動をするという経験へと移る瞬間、両者の縁暈が渾然として重なっており、この縁暈の重なり合うことが、二つの経験事実を関係付ける意識なのだということでしょう。

二つ目の（　）に注が付いていますね。見ておきましょう。

ジェームズは『根本的経験論』（一九一二年）に収められた論文「純粋経験の世界」の第一節「根本的経験論」のなかで次にように述べている。「経験論は、根本的であるためには、直接的に経験されないいかなる要素をも、その構造のなかに入れてはならないし、また、直接的に経験されるいかなる要素をもそこから排除してはならない。このような哲学にとっては、諸経験を結びつけている関係それ自身も経験される関係でなければならない。そして経験されるいかなる種類の関係も、体系のなかの他のすべてのものと同様に「実在的」と見なされなければならない」。西田にジェームズの思想を紹介したのは、当時アメリカ・イリノイ州にあるオープン・コート出版社で働いていた鈴木大拙であった。この「純粋経験の世界」を送ったのも大拙であった。西田がこの論文に大きな関心を示したことは、その大拙宛書簡からも知られる（…）。

諸経験相互の「関係 relation」は単なる抽象的な構築物ではなく、「実在的 real」な経験である。少なくとも、「根本的経験論 radical empiricism」は、そのように考えざるを得ないということですね。それぞれの「経験」がバラバラで、それらが経験ならざる抽象的な観念で媒介されているのだとすれば、「経験」は一つの連続的で首尾一貫した体系（システム）を成していないことになります。通常の経験論であれば、それで満足かもしれないが、根源的な所まで＝ラディカルに経験に即して考えようとする、「根本的経験論」はそういう中途半端なことで満足するのではなく、「関係」自体を「経験」として捉えようとする、ということです。「純粋経験の世界」は、この「関係」について論じた論文で、「縁暈」についてはそれほど多く語られていないのですが、西田は、複数の経験の境界線を成している「縁暈」が「関係」として意識される、と解釈したのでしょう。

意外な人脈ですね。西田は鈴木大拙（一八七〇－一九六六）を介してジェイムズの哲学を知ったわけです。鈴木大拙がアメリカなどで仏教を紹介する活動に従事し、英語の著作を多く残していることはご存知ですね。『日本的霊性』（一九四四）では、仏教を中心にした日本の霊性（スピリチュアリティ）についての独自の議論を展開しています。四高の前身である石川県専門学校で西田と同級生でした。注に出ているように、一八九七年にアメリカにわたってオープン・コート社で東洋学関係の書籍を出版する仕事をしていましたが、このオープン・コート社で、彼の上司だったのが、ドイツ生まれの哲学者・比較宗教学者ポール・ケイラス（パウル・カールス：一八五二－一九一九）です。ケイラスは、プラグマティズムの元祖であるパース（一八三九－一九一四）などが執筆していた哲学雑誌『モニスト』の編集長でもあり、パースと親しくしていました。［ジェイムズ－パース－ケイラス－鈴木大拙－西田幾多郎」という繋がりが興味深いですね。

―― さて、斯《か》く我々に直接であって、凡ての精神現象の原因である純粋経験とは如何なる者であるか、これより少しくその性質を考えて見よう。先《ま》ず純粋経験は単純であるか、将《は》た複雑であるかの問題が起ってくる。直下の純粋経験であっても、これが過去の経験の構成せられた者であるとか、また後にてこれを単一なる要素に分析できるとかいう点より見れば、複雑といってもよかろう。しかし純粋経験はいかに複雑であっても、その瞬間においては、いつも単純なる一事実である。たとい過去の意識の再現であっても、現在の意識中に統一せられ、これが一要素となって、新なる意味を得た時には、已に過去の意識と同一といわれぬ (Stout, Analytic Psychology, Vol. II, p. 45)。これと同じく、現在の意識を分析した時にも、その分析せられた者はもはや現在の意識と同一ではない。純粋経験の上から見れば凡てが種別的であって、その場合ごとに、単純で、独創的であるのである。

ここは、先ほどの「関係」をめぐるジェイムズの議論の延長で理解することができますね。「純粋経験」は、単一の経験なのか、それとも、いくつかの基本的な単位に分割することが可能か、つまり分析可能かというのが、ここでの問題です。いったん、（推論・判断によって加工され、記憶によって再現前化された）「過去の経験」になってしまうと、それは既に概念的な構築物になっているので、分解することは可能だけど、それが経験された瞬間においては、どれほど複雑な様相を呈していても分割不可能な一つの経験だったはずだ、というわけですね。各瞬間ごとに、様々な刺激や自分自身のそれまでの心身の動き、感情、その場の状況などに合わせて、次の振る舞いへと踏み出そうとする意志などが渾然一体となって経験されている、ということですね。瞬間ごとに単一の経験があるわけです。その瞬間が過ぎた後、反省的に振り返る時に、それはいろんな要素に分解され、意味付けされるわけです。分析されたものは〝ほんのちょっと前の経験〟だとしても、もはや「現在の経験」ではない。「経験」を成り立たしめている「意識」も、分析されれば、「現在の意識」ではなくなる。

このように見ると、彼が「現在」と言っているのは、単に時間的なことではなく、自分の眼の前に分析

「現在」――西田とデリダ

・**西田**：分析されたものは〝ほんのちょっと前の経験〟でも、≠「現在の経験」
「経験」を成り立たしめている「意識」も、分析されれば、「現在の意識」ではなくなる。
→単に時間的なことではなく、自分の眼の前に分析不可能なものとして生き生きと現前している。

・**デリダ**：フッサール現象学とそれを脱構築しようとする、ポスト構造主義系の議論では、「現前 Gegenwart = présence」と、それを「再現前化 re-présenter」することの関係は重要なテーマ。
後期フッサールの概念である「生き生きした現在（現前）lebendige Gegenwart」が、特別の瞬間に経験されたものを絶対視する危険を秘めていることを示唆し、仮にそのようなものがあったとしても、それをそのままの形で捉え続けることは不可能であり、“生き生きした現在”は「再現前化」されたものにすぎないと強調。

不可能なものとして生き生きと現前している、ということではないかと思えてきます。フッサール現象学とそれを脱構築しようとする、デリダ（一九三〇－二〇〇四）などのポスト構造主義系の議論では、「現前 Gegenwart = présence」と、それを「再現前化 re-présenter」することの関係は重要なテーマです。デリダは、後期フッサールの概念である「生き生きした現在（現前）lebendige Gegenwart」が、特別の瞬間に経験されたものを絶対視する危険を秘めていることを示唆し、仮にそのようなものがあったとしても、それをそのままの形で捉え続けることは不可能であり、〝生き生きした現在〟は「再現前化」されたものにすぎないことを強調しました。この辺りの西田の議論は、粗い形ですが、そうした問題を凝縮して表現しているように思えます。注にもあるように、ジョージ・フレデリック・スタウト（一八六〇－一九四四）は、イギリスの哲学者・心理学者で、参照されている『分析心理学』（一八九六）と『心理学の手引き』（一八九八）は、永年にわたってイギリスの心理学の標準的テクストになっていたということです。『分析心理学』では、精神の発達プロセスを、哲学的考察を加えながら詳しく分析しています。

次にかかる純粋経験の綜合はどこまで及ぶか。純粋経験の現在は、現在について考うる時、已に現在にあらずというような思想上の現在ではない。意識上の事実としての現在には、いくらかの時間的継続がなければならぬ（James, The Principles of Psychology, Vol.

I, Chap. XV)。即ち意識の焦点がいつでも現在となるのである。それで、純粋経験の範囲は自《おのずか》ら注意の範囲と一致してくる。しかし余はこの範囲は必ずしも一注意の下にかぎらぬと思う。我々は少しの思想も交えず、主客未分の状態に注意を転じて行くことができるのである。例えば一生懸命に断崖を攀《よ》ずる場合の如き、音楽家が熟練した曲を奏する時の如き、全く知覚の連続 perceptual train といってもよい（Stout, Manual of Psychology, p. 252)。また動物の本能的動作にも必ずかくの如き精神状態が伴うて居るのであろう。これらの精神現象においては、知覚が厳密なる統一と連絡とを保ち、意識が一より他に転ずるも、注意は始終物に向けられ、前の作用が自ら後者を惹起《じゃっき》しその間に思惟を入るべき少しの亀裂もない。これを瞬間的知覚と比較するに、注意の推移、時間の長短こそあれ、その直接にして主客合一の点においては少しの差別もないのである。

「純粋経験の綜合」というのは、先ほど述べたように、その瞬間における、刺激とか感情とか自分の体の動きとか様々な要素が、「純粋経験」として一つに統合されているということです。カント哲学では、主体である自我を中心とする総合が論じられますが、西田は「自我」という中心抜きに「綜合」を論じようとしているようですね。先ほど見たように、過ぎ去った時点で反省的に振り返った〝経験〟はもはや、「純粋経験＝現在」ではありません。しかしそのように、瞬間的なものだと言っても、一定の「時間的継続」がなければ、「意識上の事実」としての「現在」は成り立ちません。過去と未来の二つの方向に向かう持続性です。時間が方向性を持って「持続」するものとして認識されるというのは当然のことですが、当時の心理学の重要な研究テーマだったようです。「現在」を挟んでの時間の流れの問題については、ジェイムズと西田の中間くらいの年齢のフッサールやベルクソン（一八五九−一九四一）がかなり掘り下げて論じています。「純粋経験」が「現在」という瞬間に属するものであるという主張と、「時間」は点としてではなく、常に「持続」として認識されるという主張は一見矛盾していますが、西田は、持続している

意識の焦点が「現在」であり、「現在」を中心に一定の幅を有する「純粋経験」が連続的に成立している、と考えることでこの矛盾の解決を試みたわけです。

西田は更に、「純粋経験」が「現在」において焦点を結ぶのは、「注意」する意識が働いているからだと考えます。「現在」が純粋経験する意識の焦点になるという話と、「注意」がどう絡んでいるのか、ここでの西田の記述だけでは分かりにくいですが、ジェイムズの『心理学の諸原理』の第一一章のタイトルが「注意 Attention」です。西田直接参照している第一五章「時間の持続 The Perception of Time」の四章前ですね。第一一章では、「選択的関心」としての「注意」によって私たちの心は形作られ、「注意」がなければ、私たちの経験はカオス状態になると述べています。注意する心にとって、周囲の状況は全て合わさって、「単一の対象」の様相を呈します。「注意」の範囲に入って来る全てが一つに「綜合」されるわけです。例えば、私たちが家を出る準備をしている時は、これから着る服や財布、鞄、それらが置かれている場所、その周囲の家具、自分の身体など関係する様々な要素が一体となって私たちの「注意」の対象となり、その対象を前にしてほとんど何も考えずに習慣に従って体を動かしていきますね。無論、動作をしながらの「注意」ですから、瞬間瞬間で「注意」の焦点は移動し、対象の中身も少しずつ変化します。西田が例に出している、断崖を攀じ登っている人や、演奏中の音楽家は、「注意」の焦点を、自然に動かしていると考えられます。そうした移動が、「現在の意識」に、経験の「持続」として投影されるわけです。連続的に焦点がシフトしていく「注意」の中で、主体と客体（＝対象）が――反省的な思考に媒介されることなく――合一化した「純粋経験」の状態が持続します。

次に西田は、「意識」というのは有機体のように、統一を保ちながら秩序的に分化発展するとしたうえで、それがどのような発展なのか明らかにすることを試みます。

一　即ち統一作用が働いて居る間は全体が現実であり純粋経験である。而《しか》して意識は凡て衝動的であって、主意説のいう様に、意志が意識の根本的形式であるといい得るならば、意識発展の形式は即ち広義において意志発展の形式であり、その統一的傾向とは意志の目的であるといわねばならぬ。純粋経験とは意志の要求と実現との間に少しの間隙もなく、その最も自由にして、活潑なる状態である。勿論選択的意志より見れば此《かく》の如く衝動的意志に由りて支配せられるのはかえって意志の束縛であるかも知れぬが、選択的意志とは已に意志が自由を失った状態である故にこれが訓練せられた時にはまた衝動的となるのである。意志の本質は未来に対する欲求の状態にあるのではなく、現在における現在の活動にあるのである。

「主意説」とは、意志が精神、この場合は意識の中心であるとする説です。で、意志とはそもそも何か？簡単に言えば、何らかの「目的」を実現すべく、自らを動機付ける意識の作用です。主意説とは、何かの実現を目指す働きが中心になって人間の意識の働きは成立している、ということです。この意志の目的を核として、意識が統一し、発展していくわけです。先ほどの「注意」も、「目的」の実現を目指して、その都度の動作の対象に焦点を合わせると考えることができるでしょう。この場合の「発展」は、必ずしも子供から大人になるというような意味合いは含んでいません。先に向かっていく、拡がっていくということです。意志が立てた目的と、その実現の間にギャップがない状態を「自由」と呼ぶわけです。この状態は、「選択的意志」から見ればかえって束縛ではないか、という疑問の主旨が少し分かりにくいかもしれませんが、この場合の「選択的意志」というのは、衝動的に発動する原初的な意志をいったん停止させて、理性的に考えて、考えられる選択肢の内から選び、それを目的として再設定する意志のことです。現代の自律に重きを置く自己決定論やインフォームド・コンセント論では、そうした理性的に考えられた、選択肢があることが、自由な意志決定の条件と見なされます。カントの自由意志論では、更に条件が厳しくなり、外界の因果連関に左右される衝動に囚われることなく、自らの理性によって発見した道徳法則に由来する格率に従うことこそが、意志の自由だとされます。

西田は、衝動的意志を基準に考える場合と、選択的意志を基準に考える場合では、目的の意味も、目的と実現の関係も異なることは認めたうえで、二つの意志の違いは実は相対的なものであることを示唆しているわけです。「選択的意志」の場合、カントの言う道徳的格率のことまでは考慮に入れないにしても、不可避的に、自然に発動する「衝動意志」に制約を加えることになり、その意味で〝不自由〟です。しかしながら、自分自身に訓練を加えれば、〝衝動的意志〟が最初から一定の理性的制約の下で発動するようにすることもできるわけです。実際、私たちはそうやって自分自身を日々躾け、常識的で規範に従った振る舞いが、〝自然〟であるような状態を保っています――この辺のことは、カントを強く意識するフーコー（一九二六－八四）がかなり突っ込んで論じています。衝動的意志と選択的意志のいずれを基準に考えるにしても、ここでの西田の議論で重要なのは、意志の本質は、将来において欲求が充足されるか否かではなく、現在どれだけ活発に活動できているかという意味での「自由」です。こうした記述を見ていると西田が、「知」や「感情」よりも「意志」を重視していることが分かります。

二四頁から二五頁にかけて、「純粋経験」はいろいろな差異を含んだ統一体であり、その中から意味や判断が生じてくる、と論じられています。意味や判断は「純粋経験」から生じてくるのですが、それらが出てくることで、「現在」における「統一」が破れます。統一を破ってどうするのかというと、既に過ぎ去った〝純粋経験〟に意味付けし、判断するわけです。そうした〝意味〟での〝過去の意識〟と、「現在の意識」の間に不統一が生まれるわけです。しかし、こういう面倒くさいことを指摘しておいて（笑）、最後は、統一／不統一というのも、実は相対的な問題だという常識的なところにもっていきます。

――しかしこの統一、不統一ということも、よく考えて見ると畢竟《ひっきょう》程度の差である、全然統一せる意識もなければ、全然不統一なる意識もなかろう。凡ての意識は体系的発展である。瞬間的知識であって

——も種々の対立、変化を含蓄して居るように、意味とか判断とかいう如き関係の意識の背後には、この関係を成立せしむる統一的意識がなければならぬ。

結局のところ、意味や判断も統一的意識によって成り立っているので、これらの生み出す〝不統一〟までも含めて、実はすべては純粋経験の統一作用に含まれていることになるわけです。

「思惟」と「純粋経験」

「第二章　思惟」に入りましょう。

思惟というのは心理学から見れば、表象間の関係を定めこれを統一する作用である。その最も単一なる形は判断であって、即ち二つの表象の関係を定め、これを結合するのである。しかし我々は判断において二つの独立なる表象を結合するのではなく、かえって或る一つの全き表象を分析するのである。例えば「馬が走る」という判断は、「走る馬」という一表象を分析して生ずるのである。それで、判断の背後にはいつでも純粋経験の事実がある。判断において主客両表象の結合は、実にこれに由りてできるのである。勿論《もちろん》いつでも全き表象が先《ま》ず現われて、これより分析が始まるというのではない。先ず主語表象があって、これより一定の方向において種々の聯想《れんそう》を起し、選択の後その一に決定する場合もある。しかしこの場合でも、いよいよこれを決定する時には、先ず主客両表象を含む全き表象が現われて来なければならぬ。つまりこの表象が始《はじめ》から含蓄的に働いて居たのが、現実となる所において判断を得るのである。かく判断の本《もと》には純粋経験がなければならぬということは、啻《ただ》に事実に対する判断の場合のみではなく、純理的判断という様な者においても同様である。

「判断」が二つの表象の関係を定め、結合するというのは、言い回しは難しいですが、要は、「AはBである」という形で、AというイメージとBというイメージを結び付けるものだということです。これは、論理学とか認識論で普通に言われていることです。それに対して西田の「純粋経験」の立場からすれば、相互に無関係の二つの表象を結合するというよりは、「走る馬」という「全き表象」――「全き」というのは、断片化しているのではなく、まとまっているというような意味だと思って下さい――を、「馬」という表象と「走る」という表象に分解しているのではないか、ということです。そういう「全き表象」に対応する「純粋経験」があるからこそ、二つの表明的には相互に独立な「表象」を再結合することが可能になるのではないか、というわけです。

「主語の表象」だけが最初に思い浮かんで、それからの「種々の聯想」の中で選択を行い、「述語の表象」を決定する場合も、「全き表象」が生じているというのは、少し分かりにくいかもしれませんが、これは「主語A」について、様々な可能性を含んだ具体的なイメージ群を思い浮かべて、そのイメージ群の中から、最も特徴的なものを「述語B」として選び出すということです。例えば、「犬」が主語だったとしたら、「犬」という言葉に対して、吠えているところとか、走り回っているところ、じゃれているところ、エサを食べているところ、いろんなイメージが浮かんできて、それが犬をめぐる「全き表象」を形成し、そこから、「犬」は「〜である」の「〜」であるが選び出されるというわけです。そういう一連のイメージが、「全き表象」を形成しているのか疑問な感じもしますが、とにかく西田は、「判断」に先行して、「純粋経験＝全き表象」が生まれるという前提で考えようとしているわけです。先ほど読み上げたところの後で、幾何学の証明も直覚に基づいているということが例として挙げられていますね。学校で習う幾何の証明のための補助線を使った作図のようなものを念頭におけば分かりやすいでしょう。ピタゴラスの定理［$a^2+b^2=c^2$］だったら、頂点から垂線を下してできる二つの三角形の関係を比較する図の全体を思い浮かべて、そこから元の三角形の三つの辺を抽出して、それぞれ独立にa、b、cとして表象したうえで、関係付ける、ということになるのでしょう。これと同じように、各種の論証において、「全き表象」の直覚からの分析が行われていることが、ロックの『人間悟性論』（一六八九）を引き合いに出しながら主張されていますね。

従来伝統的に思惟と純粋経験とは全く類を異にせる精神作用であると考えられて居る。しかし今凡ての独断を棄てて直接に考え、ジェームスが「純粋経験の世界」と題せる小論文にいった様に、関係の意識をも経験の中に入れて考えて見ると、思惟の作用も純粋経験の一種であるということができると思う。知覚と思惟の要素たる心像とは、外より見れば、一は外物より来る末端神経の刺戟《しげき》に基づき、一は脳の皮質の刺戟に基づくという様に区別ができ、また内から見ても、我々は通常知覚と心像とを混同することはない。しかし純心理的に考えて、どこまでも厳密に区別ができるかというに、それは頗《すこぶ》る困難である、つまり強度の差とかその外種々の関係の異なるより来るので、絶対的区別はないのである（…）。

「純粋経験」というのは外界からの刺激に基づく知覚の話で、抽象的な論理の世界はそれとは別物であるように私たちは考えがちですが、絶対的区別はないということですね。先ほどのピタゴラスの定理もそうですし、xy座標上の直線と放物線の交差をイメージすることで方程式を解くとか、放物線の接線の傾きの連続的変化から微分を理解するような場合には、抽象的な思考における表象の結合と、視覚的な全体的イメージが結び付いていることがしばしばありますね。哲学や社会学の難しい話を黒板で図示して理解するというのもそうですね。西田は、知覚と、抽象的思考で利用される「心象（イメージ）」はいずれも「純粋経験」に由来するもので、程度の差でしかないと主張するわけです。

普通には知覚的経験の如きは所動的で、その作用が凡て無意識であり、思惟はこれに反し能動的でその作用が凡て意識的であると考えられて居る。しかしかように明《あきらか》なる区別はどこにあるであろうか。思惟であっても、そが自由に活動し発展する時にはほとんど無意識的注意の下において行われるのである。意識的となるのはかえってこの進行が妨げられた場合である。思惟を進行せしむる者は我々の随意作用ではない、思惟は己《おのれ》自身にて発展するのである。我々が全く自己を棄てて思惟の対象即ち問題に純一になった時、更に適当にいえば自己をその中に没した時、始めて思惟の活動を見るのである。思惟には自《おのず》ら思惟の法則があって自ら活動するのである。我々の意志に従うのではない。対象に純一になること、即ち注意を向けることを有意的といえばいいうるであろうが、この点においては知覚も同一であろうと思う、我々は見んと欲する物に自由に注意を向けて見ることができる。

知覚というのは外界から入って来る刺激を把握する作用であるので、無意識的かつ受動的であるのに対し、思惟は物理的な因果法則に縛られることなく、心の中でいろんな心象を自由に思い浮かべ、思い通りに動かすので、意識的かつ能動的であると対比的に考えられがちですが、必ずしもそうではないということですね。思惟が無意識的に働いている方が自由だというのは、中学や高校で数学や物理の問題を解いている時をイメージすればいいと思います。試験で方程式などを解いたり、幾何の証明をしている時、すいすい出来るのは、あれこれ思案しているというよりは、（天才でない普通の人の場合は、授業で習ったことに従って）手が勝手に動いているような感じになるでしょう。どこから手を付けたらいいのかな、と思案しなければならないようだと、解き方がぎごちなくなり、苦労します。つまり、対象なり問題になりに完全に没入して、一つになっている時は、自分がやっていることを意識しないままどんどん思考が進んでいく、それが妨げられたところで、思惟が意識的になる。障害にぶつかったところで、思惟が意識的になるというのは、先ほどお話しした、フィヒテの知識学のような発想ですね。

念のために言っておきますが、ここで西田の言っている「意識／無意識」は、文字通り意識が働いているかいないかという次元の話ではありません。「意識」がない状態があるとすると、第一章での議論との間に齟齬が生じます。「自覚（反省的）／無自覚（非反省的）」という意味で言っているのだと考えておいて下さい。思惟は自らが注意を向ける対象を選べる点で、より意識（自覚）的だと見ることもできますが、西田に言わせれば、それを言うのであれば、「知覚」も自らの「注意」をどの対象に向けるかを選ぶことができるので、本質的に変わらないわけです。

> 次に普通には知覚は具象的事実の意識であり、思惟は抽象的関係の意識であって、両者全然その類を異にする者の様に考えられて居る。しかし純粋に抽象的関係というような者は我々はこれを意識することはできぬ、思惟の運行も或る具象的心像を藉《か》りて行われるのである、心像なくして思惟は成立しない。例えば三角形の総《す》べての角の和は二直角であるということを証明するにも、特殊なる三角形の心像に由らねばならぬのである、思惟は心像を離れた独立の意識ではない、これに伴う一現象である。ゴール Gore は、心像とその意味との関係は刺戟とその反応との関係と同一であると説いて居る(Dewey, Studies in Logical Theory)。思惟は心象に対する意識の反応であって、而《しか》してまた心象は思惟の端緒である、思惟と心象は別物ではない。

先ほども出てきたように、私たちの意識の中で、思惟の対象となる抽象的関係は常に「具体的心象」を媒介に表象されます。具体的な形を持ったものに焦点を当てながら進行するということから見ても、やはり思惟と知覚に本質的相違はないわけです。違うのは、知覚が外的な対象に関わるので、動作になって現われるのに対し、思惟が内面に留まるというわけです。「純粋経験」に対応する、本来の意味での「意識」の中には、抽象／具体の区別はないということですね。注にもあるように、ゴールの論文「論理におけるイメージと観念 Image and Idea in Logic」は、デューイ（一八五九－一九五二）が編集した論文集『論理学説研究』（一九〇九）に収められています。三四～三五頁にかけて、思惟には客観的意味があり、真偽が決定できるけれど、純粋経験は単なる事実であって真偽はないのではないかという予想される反論に対して、西田は、知覚にも意味はある、正しかったり、誤ったりすることはあるけれど、その意味が自覚という意味で意識されないだけだ、と返しています。そうすると今度は、思惟は純知識であるのに対し、知覚は実践的な性格を持っているのではないか、という形でまたもや両者を区別しようとする議論が出てくることが予想されます。それに対して、次のように答えています。

しかし余は知識の究竟《きゅうきょう》的目的は実践的であるように、意志の本に理性が潜んで居るといえると思う。この事は後に意志の処に論じようと思うが、かかる体系の区別も絶対的とはいえないのである。また同じ知識的作用であっても、聯想とか記憶とかいうのは単に個人的意識内の関係統一であるが、思惟だけは超個人的で一般的であるともいえる。しかしかかる区別も我々の経験の範囲を強いて個人的と限るより起るので、純粋経験の前にはかえって個人なる者のないことに考え到らぬのである（…）。

知識に実践的な目的がある、というわけです。プラグマティストのような発想ですね。それに対して、知覚に基づく衝動から発する意志が目的を立てる際に、理性が働いているので、やはり両者の区別は相対的であるというわけです。知識的作用の二つの種類の区別は納得できるかどうかは別として、言っていること自体はシンプルです。数学とか論理学、哲学のような〝抽象的思惟〟は普遍的だけど、連想とか記憶は個人の経験に依拠しているので、個人ごとの特殊性が強いと考えられがちだけど、「純粋経験」においては、「個人」とその外部という区別はない、というわけです。私と物質的客体が、私の意識の中で一体になっているだけではなく、「純粋経験」というのは、〝主体〟としての各人の間の境界線を越えて進行している、というわけです。このことは、後でもう少し詳しく論じられます。

このようにして、思惟を特別視する議論を批判していったうえで、最終的には次のように、「思惟」を「純粋経験」に関係付けます。

我々の意識の原始的状態または発達せる意識でもその直接の状態は、いつでも純粋経験の状態であることは誰しも許す所であろう。反省的思惟の作用は次位的にこれより生じた者である。しからば何故に此《かく》の如き作用が生ずるのであるかというに、前にいった様に意識は元来一の体系である、自ら己を発展完成するのがその自然の状態である、しかもその発展の行路において種々なる体系の矛盾衝突が起ってくる、反省的思惟はこの場合に現われるのである。しかし一面より見て斯《かく》の如く矛盾衝突するものも、他面より見れば直《ただち》に一層大なる体系的発展の端緒である。換言すれば大なる統一の未完の状態ともいうべき者である。例えば行為においてもまた知識においても、我々の経験が複雑となり種々の聯想が現われ、その自然の行路を妨げた時我々は反省的となる。

「純粋経験」の分化発展の経路で、何か矛盾対立が生じた時、その矛盾をどうにかすべく、自己を第三者的に見つめようとする反省的意識が生じ、それが先ほどから問題になっている〝抽象的な思惟〟になる、というわけです。それまでは何も考えないで、すいすいやっていたのに、障害物が生じ、立ち止まらざるをえなくなって、「どうしたらいいのか」、と選択肢を考える。それが反省的意識です。先ほどは、〝抽象的思惟〟における障害物の話でしたが、ここでは、その〝抽象的思惟〟自体が、「純粋経験」における矛盾との遭遇の帰結から生じてくる、ということですね。これは先ほどお話ししたように、フィヒテの発想ですが、この矛盾を契機として生じた「反省」を通して、精神がより高次の統一のあり方を見出し、更なる発展のステージへと上昇する、というのがヘーゲルの弁証法です。ヘーゲルの場合、発展していくのは、個人の意識というより、個人の間の違いを超えて歴史や社会を動かしている「精神」、「絶対精神」です。西田が「純粋経験」の発展を強調するのは、ヘーゲルの影響かもしれません。実際、三七頁で、「思惟の本質は抽象的なるにあるのでなく、かえってその具体的なるにある」、というヘーゲルの議論を参照していますね。あるいは、デューイも自動的無意識的運動の中断によって、意識的な行為が始まると言っているので、プラグマティズムの影響があるのかもしれません。知は実践的な目的を持っているというプラグマティズムの発想と、フィヒテ－ヘーゲルの反省理論を、うまく融合させた感じですね。

「意志」——純粋経験の本質

「第三章　意志」に入りましょう。西田が「純粋経験」の本質として重視している「意志」の問題ですね。

余は今純粋経験の立脚地より意志の性質を論じ、知と意との関係を明《あきらか》にしようと思う。意志は多くの場合において動作を目的としまたこれを伴うのであるが、意志は精神現象であって外界の動作とは自《おのずか》ら別物である。動作は必ずしも意志の要件ではない、或る外界の事情のため動作が起らなかったにしても、意志は意志であったのである。（…）凡《すべ》て意志の目的という者も直接にこれを見れば、やはり意識内の事実である、我々はいつでも自己の状態を意志するのである、意志には内面的と外面的との区別はないのである。

先ほどは、「意志」を衝動と結び付けて記述していたので、西田も「意志」を外的なものと考えているような感じがしましたが、ここでは、「意志」自体は「精神現象」であって、結果としての「動作」とは必ずしも結び付いていないとしていますね。確かに、実際に行動に移らない場合や、ある問題を集中的に考えている時でも、「意志」は働いているので、これは納得できますね。「意志には内面的と外面的との区別はない」という言い方が少しひっかかりますが、これは、内面的な思考専門の意志と、外的行動専門の意志が最初から分かれているわけではなく、自己自身に関わる「意識」として発動して、結果的に思考と動作に分かれるということでしょう。

意志といえば何か特別な力がある様に思われて居るが、その実は一の心像より他の心像に移る推移の経験にすぎない、或る事を意志するというのは即ちこれに注意を向けることである。この事は最も明にいわゆる無意識的行為の如き者において見ることができる、前にいった知覚の連続のような場合でも、注意の推移と意志の進行とが全く一致するのである。勿論《もちろん》注意の状態は意志の場合に限った訳ではなく、その範囲が広いようであるが、普通に意志というのは運動表象の体系に対する注意の状態

―である、換言すればこの体系が意識を占領し、我々がこれに純一となった場合をいうのである。

「意志」は「精神現象」であると言っていたので、もっと高尚な話をしそうな感じもしていましたが、ここでは、一つの「心象」から他の「心象」へと「注意」の焦点をシフトさせる経験にすぎない、とあっさり言い切っていますね。私たちは目を覚まして活動している限り、常に何かに「注意」を向け、いろんな「心象」を抱いているわけですが、時々ある特定の対象に集中し、それの実現だけを目指すことがある。そうなった時、それは明確な「意志」という形を取って現われてくるわけです。その「注意」の焦点がはっきりと別のところに移った時、新たな「意志」が形成されたように感じられるわけです。

しからば運動表象の体系と知識表象の体系と如何《いか》なる差異があるであろうか。意識発達の始《はじめ》に遡《さかのぼ》りて見るとかくの如き区別があるのではない、我々の有機体は元来生命保存のために種々の運動をなす様に作られて居る、意識はかくの如き本能動作に副《そ》うて発生するので、知覚的なるよりもむしろ衝動的なるのがその原始的状態である。しかるに経験の積むに従い種々の聯想ができるので、遂《つい》に知覚中枢を本《もと》とするのと運動中枢を本とするのと両種の体系ができるようになる。しかしいかに両体系が分化したといっても、全然別種の者となるのではない、純知識であってもどこかに実践的意味を有《も》って居り、純意志であっても何らかの知識に基づいて居る。

私たち人間においては、運動表象と知識表象は完全に分かれて、異なった体系を成しているように見えますが、原初的な生命体においては、生命維持のための本能動作に対応する運動表象だけがあったということですね。外からの刺激に対して、反応しているだけだった。高等生物になって脊髄や脳を持つようになると、運動のための表象を相互に関係付ける、間接的で抽象的な表象を持つようになり、それが次第に複雑になって、相対的に独立した知識の表象体系を持つようになります。ただし、分化したように見えても、根底では繋がっているわけです。この辺は、一九世紀末に進化論の影響によって急速に発展した動物

行動学や、ジェイムズやデューイの機能主義心理学の知見を踏まえた議論になっているのでしょう。

この話の延長で、四六～四七頁にかけて、「真理」が「意志」を中心とする「純粋経験」の発展過程と関係付けられます。「真理」を「経験」と結び付けるのはまさに、プラグマティズム的な見方ですね。

我々が思惟の目的を達し得たのは一種の意志表現ではなかろうか。ただ両者の異なるのは、一は自己の理想に従うて客観的事実を変更し、一は客観的事実に従うて自己の理想を変更するにあるのである。即ち一は作為し一は見出すといってよかろう、真理は我々の作為すべき者ではなく、かえってこれに従うて思惟すべき者であるというのである。しかし我々が真理といって居る者は果して全く主観を離れて存する者であろうか。純粋経験の立脚地より見れば、主観を離れた客観という者はない。真理とは我々の経験的事実を統一した者である、最も有力にして統括的なる表象の体系が客観的真理である。真理を知るとかこれに従うとかいうのは、自己の経験を統一する謂《いい》である、小なる統一より大なる統一にすすむのである。而して我々の真正なる自己はこの統一作用其者であるとすれば、真理を知るというのは大なる自己に従うのである、大なる自己の実現である（…）。知識の深遠となるに従い自己の活動が大きくなる、これまで非自己であった者も自己の体系の中に入ってくるようになる。

常識的な見方では、「真理」とは人為的に作り出すものではなく、客観的事実の中に見出されるものです。それに対して西田は、「真理」は「我々の経験的事実」の「最も有力にして統括的な表象の体系」という意味で主観的だと言っているわけです。別の言い方をすれば、「純粋経験」の外に、それと独立の客観的真理があるわけではなくて、「純粋経験」に取り込まれた諸事実を、可能な限り的確にまとめて表象したものが「真理」です。もっと簡単に言うと、自分が経験で得て、普段何の気なく使っている知識を、言語化あるいはイメージ化して、さっと使えるようにしたもの、ということになるでしょう。この意味で、「真理」は経験の中で作り出され、更新されるものと見ることができます。

自己の経験を集約したものとしての「真理」を知ることは、それまで明確に自覚されていなかった、「純粋経験」の体系である「真正なる自己」を知ることに繋がるわけです。この「真正なる自己」を、「大なる自己」と言い換えているのが気になりますが、これは恐らく、その次に述べられている、知識の深まりに伴って自己の活動が大きくなることを暗示しているのではないかと思います。自らの経験を集約したものとしての「真理」を把握し、それをうまく活用すれば、私たちの活動の範囲は拡大し、かつ深まり、それまで自己の「経験」に入っていなかったものが、新たに知識として入ってきます。そうやって、より大きな自己になっていく。そうした意味で、「真理」を知ることは、「大いなる自己」の実現に繋がると言えます。

我々はいつでも個人的要求を中心として考えるから、知識において所動的であるように感ぜられるのであるが、もしこの意識的中心を変じてこれをいわゆる理性的要求に置くならば、我々は知識においても能動的となるのである。スピノーザのいった様に知は力である。我々は常に過去の運動表象の喚起に由りて自由に身体を動かし得ると信じて居る。しかし我々の身体も物体である、この点より見ては他の物体と変りはない。視覚にて外物の変化を知るのも、筋覚にて自己の身体の運動を感ずるのも同一である、外界といえば両者共に外界である。しかるに何故に他物とは違って、自己の身体だけは自己が自由に支配することができると考え得るのであろうか。我々は普通に運動表象をば、一方において我々の心像であると共に一方において外界の運動を起す原因となると考えて居るが、純粋経験の立脚地より見れば、運動表象に由りて身体の運動の起すというも、或る予期的運動表象に直に運動感覚を伴うというにすぎない、この点においては凡て予期せられた外界の変化が実現せられるのと同一である。実際、原始的意識の状態では自己の身体の運動と外物の運動とは同一であったであろうと思う、ただ経験の進むにつれてこの二者が分化したのである。

スピノザ（一六三二－七七）はご存知ですね。ロックと同時代のオランダの哲学者で、神即自然とする一元的汎神論や幾何学的な方法論で知られています。近年は、ホッブズとは異なる形で、国家と人民の関係を定式化し、共和制を正当化したことで注目されています。知識の中心を個人的要求から理性的要求に転換すると、知識においても能動的になるというのがピンと来にくいですが、個人的要求というのを、個人の生物的・身体的欲求と考えれば、そうした欲求の充足のための知識が受動的になるのは当然ですね。自分の身体に生じてくる欲求をコントロールすることはできないですから。それに対して、幾何学や数学の問題を考えるような場合には、自分でイメージを描き出し、それらを自由に組み合わせて思考を進め、それによって獲得された知識を、他の問題を解くためのカギにし、知識の範囲を拡大していきます。数学や物理学で体系を構築していくように。その意味で、理性的要求が主導する場合、知識は能動的に働きます。無論、先ほどからの議論の流れからすると、主として運動表象に関わる個人的欲求と、理性的に思考を進めていこうとする普遍的欲求は、「純粋意識」の二つの現われにすぎません。

西田はそれに続いて、自己の身体を他の物体から区別して、特別視する見方を相対化することを試みています。ややこしい言い方をしていますが、要は、自らの身体に関する予期的運動表象と、外界の変化に関する予期的表象の間に決定的な違いはないのではないか、ということでしょう。予期的表象というのは、これからそれがどう変化するかについてのイメージです。身体の場合、予期的運動表象に運動感覚が伴うことが、他の物体の場合と異なるけれど、予期的表象の後に、実際に何かが起こり、そのことが新たに意識の事実となり、表象体系に組み込まれる、ということは両者に共通しています。未開社会の風習で、ある身振りをすることで、自然界や精霊に影響を与えようとするものがあり、それが宗教の起源であると論じられることがありますし、物心ついてない幼児が、まるで自分で身体の延長であるかのように、到底動くはずのない巨大なものを動かそうとするかのような身振りをすることがありますね。そう考えると、運動感覚が伴うかどうかは絶対的な違いとは言えない。身体の運動表象と結び付いた経験の受動的側面と、理性的思考によって自然界の因果法則を把握しようとする能動的な側面の区別は、相対的です。

> また我々は普通に意志は自由であるといって居る。しかしいわゆる自由とは如何なることをいうのであろうか。元来我々の要求は我々に与えられた者であって、自由にこれを生ずることはできない。ただ或る与えられた最深の動機に従うて働いた時には、自己が能動であって自由であったと感ぜられるのである、これに反し、かかる動機に反して働いた時は強迫を感ずるのである、これが自由の真意義である。而してこの意味においての自由は単に意識の体系的発展と同意義であって、知識においても同一の場合には自由であるということができる。我々はいかなる事をも自由に欲することができるように思うが、そは単に可能であるというまでである、実際の欲求はその時に与えられるのである、或る一の動機が発展する場合には次の欲求を予知することができるかも知れぬが、しからざれば次の瞬間に自己が何を欲求するかこれを予知することもできぬ。要するに我が欲求を生ずるというよりはむしろ現実の動機が即ち我である。普通には欲求の外に超然たる自己があって自由に動機を決定するようにいうのであるが、斯《かく》の如き神秘力のないのはいうまでもなく、もしかかる超然的自己の決定が存するならば、それは偶然の決定であって、自由の決定とは思われぬのである。

先ほど、知覚経験も思惟も、無意識（無自覚）で能動的に作用している状態においてこそ、「自由」に感じられるという話が出てきましたが、その「自由」の意味をここで掘り下げて論じているわけです。〝自分〟の最も深い動機に従って活動している時に、「自由」だと感じる、というのが「自由」の真の意義だということですね。先ほど、身体的欲求を私たちはコントロールできないと言いましたが、身体的なものに限らず、私たちの動機は自分でコントロールできるものではありません。そのコントロールできない動機の発展と、自分の現実の行動が一致するかしないかによって、「自由」と感じるかどうかが決まるわ

西田の自由論

知覚経験も思惟も、無意識（無自覚）で能動的に作用している状態において、「自由」に感じる。→“自分”の最も深い動機に従って活動している時に、「自由」だと感じる、というのが「自由」の真の意義。

※今現に思惟し行為している“私”の知らないところで、“私”の「動機」を決定する、「超然的自己」のようなものを想定→ドイツ観念論はそういう方向で考える。シェリングの「絶対者」とか、ヘーゲルの「絶対精神」とか。

西田は一応その方向を否定し、今現に作用している動機こそが、「我（私）」であって、それを超えた決定の審級はないのだ、と断っている。

※ただ、その「私」は固定的なものではなく、「純粋経験」の発展と共に変化。生成発展する「純粋経験」は、その都度の「私」という枠を超えている。

・近代哲学は、主観としての「私」の視点から世界を見ようとする。

・しかし、西田は、その都度の「私」の動機を産出している「純粋経験」という統一体に定位して、世界を見直そうとする。

けです。

　そういう風に考えると、今現に思惟し行為している〃私〃の知らないところで、〃私〃の「動機」を決定する、「超然的自己」のようなものを想定したくなりますね。ドイツ観念論はそういう方向で考えます。シェリングの「絶対者」とか、ヘーゲルの「絶対精神」とか。西田は一応その方向を否定し、今現に作用している動機こそが、「我（私）」であって、それを超えた決定の審級はないのだ、と断っています。ただ、その「私」は固定的なものではなく、「純粋経験」の発展と共に変化していきます。生成発展する「純粋経験」は、その都度の「私」という枠を超えている、と言えます。近代哲学は、主観としての「私」の視点から世界を見ようとしますが、西田は、敢えて、その都度の「私」の動機を産出している「純粋経験」という統一体に定位して、世界を見直そうとするわけです。

純粋経験の事実としては意志と知識との区別はない、共に一般的或る者が体系的に自己を実現する過程であって、その統一の極致が真理であり兼ねてまた実行であるのである。かつていった知覚の連続のような場合では、未だ知と意と分れて居らぬ、真に知即行である。ただ意識の発展につれて、一方より見れば様々なる体系の衝突のため、一方より見れば更に

大なる統一に進むため、理想と事実との区別ができ、主観界と客観界とが分れてくる、そこで主より客に行くのが意で、客より主に来るのが知であるというような考も出てくる。知と意との区別は主観と客観とが離れ、純粋経験の統一せる状態を失った場合に生ずるのである。意志における欲求も知識における思想も共に理想が事実と離れた不統一の状態である。

意志と知識、能動と受動の区別とその相対化に西田が拘るのは、それによって、「理想／事実」と「主観／客観」という、西欧哲学を支配してきた二つの二項対立を解体することを目指しているからだということが分かりますね。純粋経験の発展過程で、因果法則に支配されているように見える物質的な運動の表象体系と、その支配を超えて、より自由になろうとする表象の体系が分化して、「理想」と「現実」になり、理想を追求する主観的な世界と、現実それ自体としての客観世界が分かれてくるわけです。分かれているといっても、「理想－主観」の極と、「現実－客観」の極は根底において繋がりながら、相互に作用し合っています。前者の極から後者の極へ向かう意識の作用が「意（志）」、後者の極から前者の極へ向かうのが「知（識）」、ということになるわけです。

この章の終わりの方、五四頁で、「凡て理性とか法則とかいって居る者の根本には意志の統一作用が働いて」いて、その「意志の傾向」は、「無法則の様ではあるが、自ら必然の法則に支配せられて居る」と述べられていますね。この「意志」を支配している必然の法則が、主客分化を引き起こす純粋経験の発展法則でもあるはずですが、それがどういう法則なのか、西田の記述からははっきりしないですね。というよりわざとはっきりさせないことによって、「純粋経験」という概念――悪く言うと、マジック・ワード――の使い勝手をよくしているようにも見えますね。そういうところから、西田はやはり神秘的な宇宙の運動の法則のようなものを想定しているのではないか、と批判する議論が出てくるわけです。

「知的直観」――ドイツ観念論の主要テーマ

第一編の最後の「第四章　知的直観」に入りましょう。「知的直観」は、ドイツ観念論の重要なテーマです。カントは感性的な直観しか認めていません。具体的な知覚を通じて我々の中に入って来るものだけが直観され、認識の対象になります。感性的な直観は、時間と空間の形式を取ります。逆に言えば、時空の中に具体的な形で現われることがない、理念的な存在、物それ自体を、理性などによって直観することは、人間には不可能です。人間にできるのは、理念的なものについて悟性的な概念を媒介にして推論することだけです。それに対して、フィヒテ以降のドイツの観念論の哲学者たちは、自我の「自己直観」によって、存在が定立されるという前提の下に、感性的な証拠では明らかにすることができない、「知的直観」の世界に入っていきます。それを徹底したのはシェリングです。彼は、絶対者を直観できる可能性を議論の起点にし、その傍証として、神話や芸術を引き合いに出しました。神話や芸術の諸表象の中に絶対者の知的直観が反映されていると考えたわけです。

これを章タイトルに選んでいることから分かるように、西田も「知的直観」を積極的に認める立場をとっているわけです。最初に、「弁証的に知るべき者を直覚するのである、例えば美術家や宗教家の直覚の如き者をいうのである」、と述べています。この場合の「弁証的」というのは、「批判的な吟味を通して」、というような意味合いだと考えればいいでしょう。シェリングと同じような路線を取ろうとしているようですね。そうなると神秘主義的なことが連想されてきますが、そうではないと言います。

知的直観ということは或る人には一種特別の神秘的能力の様に思われ、また或る人には全く経験的事実以外の空想のように思われて居る。しかし余はこれと普通の知覚とは同一種であって、その間にはっきりした分界線を引くことはできないと信ずる。普通の知覚であっても、前にいった様に、決して単純ではない、必ず構成的である、理想的要素を含んで居る。余が現在に見て居る物は現在の儘《まま》を見て居るのではない、過去の経験の力に由りて説明的に見て居るのである。この理想的要素は単に外より加えられた聯想《れんそう》という様〔なもの〕ではなく、知覚其者《そのもの》を構成する要素となって居る、知覚其者がこれに由りて変化せられるのである。この直覚の根柢に潜める理想的要素はどこまでも豊富、深遠となることができる。各人の天賦により、また同一の人でもその経験の進歩に由りて異なってくるのである。始《はじめ》は経験のできなかった事または弁証的に漸《ようや》くに知り得た事も、経験の進むに従い直覚的事実として現われてくる、この範囲は自己の現在の経験を標準として限定することはできぬ、自分ができぬから人もできぬということはない。モツァルトは楽譜を作る場合に、長き譜にても、画や立像のように、その全体を直視することができたという。

感性的知覚に含まれている「構成的である、理想的な要素」が、この箇所を理解するポイントです。「理想」というのは、ここでは目指すべき目標というより、「理念的なもの」という意味だと考えた方がいいでしょう。感性的知覚に際しても、私たちは単に感性的刺激だけを受けとめているわけではなく、何らかの理念に従ってその対象を構成しています。例えば、私が目の前の物体をペットボトルとして認識する場合、視覚的に入って来る印象から、この物体の色や形を認知し、全体の形状をイメージ的に構成します。裏側とか底の形は直接には見えませんが、イメージ的に構成します。そして、その構成された形状を、自分の記憶の中にあるそれに近いものの原型的なイメージと照合して、ペットボトルと認識します。そのようにして、感性的知覚を補う理念的な構成作用が、「知的直観」であると言っているわけです。先ほどから何回か例に出した幾何学では、現実の感性的な刺激抜きに、理念的なものだけでいろんな形状を作り出し、組み換えているわけですね。芸術家というのは、そういう私たちの意識下で絶えず進行している構成作用のエッセンスを直観によって抽出し、そのイメージに基づいて、他の人たちの感性や想像力を強く刺激する極限的な形状のもの（＝作品）を生み出すことができる人、ということになるでしょう。天才は、

私たちの認識を成り立たしめている構成作用の本質を見抜いているので、それを操作できるわけです。普通の人だと、エッセンスを十分はっきりと捉えることができず、ぼんやりした、さほど刺激的でない平凡な表現しかできないわけですが、そういう人でも絶えず無自覚的に「知的直観」を働かせているので、いろいろ経験を積むうちにそれを鍛えることも不可能ではありません。いきなりインスピレーションのようなものが天から降ってくるわけではないのです。そうやって西田は、感性的直観と知的直観を連続的に捉えるわけです。

> 或る人は知的直観がその時間、空間、個人を超越し、実在の真相を直視する点において普通の知覚とその類を異にすると考えて居る。しかし前にもいった様に、厳密なる純粋経験の立場より見れば、経験は時間、空間、個人等の形式に拘束せられるのではなく、これらの差別はかえってこれらを超越せる直覚に由りて成立するものである。また実在を直視すると云うも、凡《すべ》て直接経験の状態においては主客の区別はない、実在と面々相対するのである、独り知的直観の場合にのみ限った訳ではない、シェルリングの同一Identitätは直接経験の状態である。主客の別は経験の統一を失った場合に起る相対的形式である、これを互に独立せる実在と見做《みな》すのは独断にすぎないのである。ショーペンハウエルの意志なき純粋直覚というものも天才の特殊なる能力ではない、かえって我々の最も自然にして統一せる意識状態である、天真爛漫《らんまん》なる嬰児の直覚は凡てこの種に属するのである。それで知的直観とは我々の純粋経験の状態を一層大きくした者にすぎない、即ち意識体系の発展上における大なる統一の発現をいうのである。

普通の知覚と知的直観の間に決定的な違いはないことを明らかにしようとしているわけですが、少し言葉のトリックがあるような感じもします。知的直観が時間、空間、個人を超越していて、普通の知覚はそうではないと考える人が想定しているのは、対象が観察可能な時空間の中に現われていないにも関わらず、個人の経験の違いも関係なく、神秘的なインスピレーションに導かれて「直観」できる、ということでしょう。西田が、普通の「経験」もまた、時間、空間、個人等の形式に拘束されるわけではないと言っているのは、「純粋経験」が絶えず分化発展し、それに伴って自我の内容も変化するので、特定の時空内での個人の経験に制約され続けることはない、ということです。西田は先ほど見たように、知的直観が啓示のような神秘的なものを起源とするという見方を否定し、神秘的に見えている知的直観は、実は具体的・感性的直観の内で既に働いているものが、感性的刺激から分離した形で露出したに過ぎないと主張しているので、彼の立場からすれば、話をズラしているのでなく、それなりに辻褄が合っているわけです。

西田にとってのここでのポイントはむしろ、時間、空間、個人は、「純粋経験」の中で働いている「直覚」によって、「純粋意識」の中から立ち上がってくるということでしょう。これはフィヒテやシェリングなどの「自己直観」に相当するものでしょう。直覚という少し別の言葉を使っているのは恐らく、自分自身のあり方に関わるので、客観的に「観る」というのとは異なる様相、自己の内的な感情のようなものに基づいて「覚る」という様相を呈しているからでしょう。

推論や記憶によらない「直接経験」では、意識における主客の分化が起こっていないというのは西田がここまで一貫して言ってきたことですが、問題はそれとシェリングの「同一（性）」の関係です。初期シェリングの「同一（性）」というのは、知的直観を通して見出される、主観と客観、自我と自然の「同一性」です。分かりにくいかもしれませんが、例えば「私」が「自然」を見る時、単に花とか森とか河の個別の対象を見るだけではなく、その背後に働いているものを直観しますが、同時に、それが「私」自身の内で働いている精神と同一であることを見て取ります。「同じ」ものだからこそ、鏡に映る姿のように、それが自分だと分かるわけです。芸術だと、芸術家が作品の内に自己の本質を見出す、鑑賞者も、作品の中に自己の内にあるものと共鳴するものを見出す、というのは分かりますね。「自然」は、「私」の作品でも、「私」と同じような他の人間の作品でもありませんが、シェリングに言わせれば、「私」も「自然」も、同じ「絶対者」の現われであり、共鳴しているので、「同一性」を直観することができるわけです。そういう風に考えることでシェリングは、主客分離を克服し、その根源にあるもの＝絶対者へ迫っていこうとしたわけです。

ショーペンハウアー（一七八八―一八六〇）もご存知ですね。「世界」を、理性の権化である絶対精神の自己展開として説明しようとしたカントやヘーゲルに対抗して、世界は理性を欠いた盲目的意志と、その意志によって生み出された（実体を伴わない）諸表象によって構成されると主張したことで知られています。一度はベルリン大学の私講師になり、ヘーゲルと同じ時間帯に開講したりして、張り合おうとしましたが、完敗して、その後は教職から遠ざかりました。注に出ているように、『意志と表象としての世界』（一八一九）の第六八節でショーペンハウアーは、生への意志を否定するインドの聖者の「内的で直接的な、そして直覚的な認識 die innere, unmittelbare, intuitive Erkenntniß」について語っています。〈intuitiv〉は、「考察する」とか「考量する」という意味のラテン語の動詞〈intueri〉から派生したドイツ語の名詞〈Intuition〉の形容詞形です。〈Intuititon〉と〈Anschauung〉はほぼ同義ですが、古代インド哲学とか神秘主義的な話をする時は、〈Intuition〉の方が使われる傾向があります。

ショーペンハウアー

西田は、こうした知的直観のようなものは、聖者とか天才芸術家だけではなく、全ての人の意識の中で潜在的に働いていて、赤ん坊のように純真爛漫になれば、自ずから表に現われてくると示唆しているわけです。そうした「知的直観」の浮上、顕在化もまた、「純粋経験」の発展過程に起因するわけです。

―― 知的直観を右の如く考えれば、思惟の根柢には知的直観なる者の横《よこた》わって居ることは明《あきらか》である。思惟は一種の体系である。体系の根柢には統一の直覚がなければならぬ。これを小にしては、ジェームスが「意識の流《ながれ》」においていって居る様に、「骨牌《カルタ》の一束が机上にある」という意識において、主語が意識せられた時客語が暗に含まれて居り、客語が意識せられた時主語が暗に含まれて居る、つまり根柢に一つの直覚が働いて居るのである。

ここでは西田は、知的直観を私たちの思惟の根底にあって、いろんなものを関係付け、統一的に把握することを可能にする働きとして性格付けているわけです。注にも出ているように、『心理学の諸原理』の第九章です。この章のタイトルは正確には、「思考の流れ Stream of Thought」です。ここでジェイムズは、〈the pack of cards is on the table（トランプの束がテーブルの上にある）〉という事態について考える時、私たちは主語である「トランプの束」という概念を先ず抽象的に想定し、それにいくつかの属性――束の形状、束に含まれるおおよその枚数、状態、位置など――を付与する形で肉付けしていって、最終的に一定の形のテーブルの上に載っている状態を描き出すというような概念操作をするのではなくて、〈the-pack-of-cards-is-on-the-table（「トランプの束がテーブルの上にあること」）〉としか言いようのない現象を先ずトータルに把握し、そこから、「トランプの束」と「テーブル」を取り出すのだと指摘しています。私たちは、個物をしっかりとイメージしてから、それを文へと組み立てるのだと考えがちですが、ジェイムズは先ず文に相当する現象を把握し、それを個物へと分解するのだと言っているわけです。西田はその議論にのっかる形で、直覚によってそうした総合的な把握が行われている、と言っているわけです。

西田はここから更に、意志における自己の活動の根底にも直覚による統一が働いており、この統一的直覚こそ、「真の自己」だという議論を展開します。この統一的直覚（統覚）としての自己において、異なる方向に作用する知と意が（再）合一化するということですね。この統一の自覚は宗教的覚悟に通じる、と述べて締めくくっていますね。こういう風にして西田は、通常神秘主義的に理解される「知的直観」を、プラグマティズム的な「純粋経験」論と融合することを試みるわけです。

■質疑応答

Q　ご説明を聞きながら、駅の通路などでずっと先を見ながら歩いている時のことを思い浮かべました。普通は、横も自然と視野に入っていて、人とどこでぶつかるかもしれない等と考えなくてもスムースに進んでいけます。そういう時には周囲の環境と一体化しているようで快感なのですが、ぶつかりそうになる時というのは、今のお話のように、何か障害があって自分の歩き方とか周囲の状況とか気になっていて、主体と客体が分立する。そういう運動の全体が、純粋経験であると考えればいいのでしょうか。いろんなタイミングで、どちらの方向に動くか判断をしていると思うのですが、純粋経験と判断が同時に進行しているということでしょうか。

A　西田が「判断」と言っているのは、反省的に意識に上ってくるもののことを言っているのだと思います。「判断」の介入によって、主客一体の純粋経験がいったん中断する。無意識、つまり自覚がないままに、体が知覚して考えずに方向を変えているのは、その意味での「判断」には入らないと思います。ただ、読み進めているうちに次第にはっきりしてきたように、西田は、「判断」や「推量」などの知的な働きも、「純粋経験」の分化発展過程で生じてくるものであり、広い意味での「純粋経験」に入ると考えているようです。主客分化以前の状態という、狭い意味での「純粋経験」と、主客がいったん分化しても、主体と客体をその根底において直観で統合しながら、更に発展していこうとする、広義の、「純粋経験」があるということではないかと思います。もう少し具体的に言うと、自分の行動に障害が生じ、それを意識し、何らかの形で対応したとします。その経験によって、よりうまく環境に順応できるようになったとすれば、「純粋経験」が多少の屈折をしながら、発展し続けている、と言えるでしょう。因みに、「反省」を意味する英語の〈reflection〉のもとの意味は「反射」です。進んで来た方向にもう一度「曲がること flection」です。

Q2　嬰児のような天真爛漫な状態で既に働いている

「知的直観」が、理性的な思考や、芸術や宗教を支えている「知的直観」にまで拡大しており、それらは全て「純粋経験」であるということですね。解説を聞いていてすっと入ってくる部分もあるのですが、最初は、嬰児の主客未分化状態とか、無自覚的な振る舞いとかを念頭に置いて「純粋経験」と言っていた感じだったのに、そこから派生する精神的な働きまで「純粋経験」に含めていくことに多少違和感を覚えます。ズレているのではないかとの印象を受けてしまいます。

A　それは確かにその通りだと思います。シェリングやドイツ・ロマン派が重視している「知的直観」は、あくまでも嬰児のように純粋な状態であって、そこに反省的自己意識が働くようになった時点で、主客未分化の幸福は失われるものと想定されていました。その純粋さを可能な限り、ヴァーチャルにでも回復しようとするのが芸術や宗教であるわけです。初期のヘーゲルもそういう発想をしていたのですが、それに納得できなくなって、（自らにとって疎遠になってしまった）「対象」を理性的・概念に再把握しようとする「精神」の発展という視点から、「人間」の歴史を考えるようになりました。そうやってドイツ思想史で、主客未分化を理想化するロマン主義・芸術至上主義的な思想と、ヘーゲル的な理性中心主義がはっきり分化しました。そのいずれかの極に立って考えるのが分かりやすいのですが、西田は、ロマン派的な色彩の強い「純粋経験」論を、主客の対立と融和の繰り返しによる発展を重視するヘーゲルの弁証法的な論理とを、融合しようと試みたのではないでしょうか。ロマン派的な思考は、芸術や宗教の領域にしか適用できず、現代の自然科学や社会科学がもたらした様々な知見に対応できないからだと思います。かといって、主客の対立図式で、全てを説明できるとも思えない。マッハのように、主客二項図式を見直すことを提唱する物理学者もいる。

そこで、西欧の最先端の哲学者も躊躇するような知的蛮勇を振るって、「純粋経験」概念を拡大していったのだと思います。説明不足のまま強引に話を進めているきらいはありますが、その意図は高く評価してあげてもいいのではないかと思います。

Q3　今日読んだところにスピノザの引用が出てきます

が、西田の議論自体が、実体と個別の存在の関係をめぐるスピノザの汎神論的な議論に似ていると思いました。それに関連して考えたのですが、意識の統一作用とは果たして誰のものになるのか。西田はどう考えているのでしょうか。汎神論は神の御業というところに行く。西田の記述では、意識が働いている場所は分かるのですが、その働きは誰によって、あるいは何によって引き起こされるのか？

A　スピノザ的な方向に進んでいるのは間違いないと思います。私が対象について考えているというより、私も対象も、無限の知性である「自然＝神」の一部であり、神の自己産出運動の二つの側面にすぎない、というのがスピノザの基本的考え方です。西田の「純粋経験」が「個人」の枠を超えて次第に拡大していくとすると、全てを包摂して、神の域にまで達しそうな感じがしますね。先ほど見たように第四章の最後は、宗教的覚悟の話で終わっています。第四章で大きなウェートを占めているシェリングの知的直観論はスピノザの影響を強く受けていることが知られています。ただし、一気に神まで行かないのが、西田の戦略だと思います。心理学の知見を随時参照しながら実証性を持たせようとしているのだと思います。

Q4　無自覚的に振る舞っている時でも私たちは、こっちではなくてあっちへ行こうというような〝判断〟をしていると思うのですが、そういう〝判断〟はどこで為されているのでしょうか。常識的に考えれば、〝主体〟の中でということになりそうですが、無自覚の状態というのは、主客未分化ということですから、〝主体〟が〝判断〟するというのはヘンな感じがします。

A　判断する意識と、運動する身体を二元的に分けて考えると、そういう問題が出て来るわけですが、西田はそういう二元論的な問題設定を避けているのではないか、と思います。第三章で述べられているように、西田は、原生動物の衝動的・本能的な運動の体系の中から、次第に「意志」――「意志」の本質は「注意」の焦点の移動にすぎないわけですが――を介してのコントロールという形態が発展してきた、と考えています。その「意志」を、「身体」と分離した〝精神的なもの〟として表象しようとする時、「判断」という形態が生じてきて、それが無自覚的な身体運動においても作用しているかのように思えてくるわけです。

Q　西田の議論の本筋から外れるかもしれませんが、無意識で感覚したものと言語化されたものは、ズレているということになるのでしょうか。大森荘蔵さん（一九二一―九七）は痛みがあることと、痛みがあると私が感じているという反省的意識があることは、同一だと言っていますが、その二つは本当に同じことなのか、かねてから疑問に思っています。西田と関係付けられるかどうか分かりませんが、先生のお考えをお聞かせ頂ければ幸いです。

A　両者が同一かどうかを確実に証明することはできません。無自覚的な知覚にしろ、それに対する反省的意識にしろ、どっちみち反省的自己意識の中で振り返り、再構成するしかないからです。私の「意識」に対して現われているものが、原初の〝純粋経験〟とズレているかどうかは、その〝原初の純粋経験〟は既に過ぎ去っているので、具体的な証拠によって示すことはできません。赤ちゃんだった時の自分の感性の状態を正確に証言できる人はいませんし、できると言い張っても、まともな人からは信用されません。シェリングやドイツ・ロマン派の「知的直観」論は、〝原初の純粋経験〟を理性的直観によって直接的に捉えることができるという立場です。ただしドイツ・ロマン派の中にも、ヘルダリンのように原初的経験の再現不可能性を強調する方向性や、初期のフリードリヒ・シュレーゲル（一七七二―一八二九）のように〝原初的経験〟はそれについての反省の反省の反省……の中でどんどん変貌していくのだということを強調する方向性もあります――この辺については拙著『モデルネの葛藤』（御茶の水書房）や『危機の詩学』（作品社）をご覧下さい。西田は、〝原初的な純粋経験〟とそれについての反省が同一か否かという問いには直接答えず、根っ子が繋がっていて、再統合される可能性があることを強調することで、同一であることをほのめかしているのではないかと思います。〝原初の純粋経験〟は再現前化されたものでしかないことを強調し、主客同一の幻想を解体しようとするのが、デリダ等のポスト構造主義系の思想です。

Q5　「純粋経験」において主客が同一化するということ

であれば、人間であれば必ず同じような経験をするということでしょうか。ある種の普遍性が設定されていると理解していいのでしょうか。

A　そうですね、西田は強調していないですが、人間はみな生物学的に見て同形の身体を備えていて、その身体を介して世界の中で各種の経験をしている以上、「経験」の基礎部分、物質的な知覚の部分が、ほぼすべての人に共通するのは当然のことだと思います。アメーバのような身体的衝動だけで運動している生物だったら、その種に属する個体のほぼすべてが同じように世界を知覚している、と考えていいのではないでしょうか。人間の場合、物質的な環境や刺激から相対的に自由な知的な表象体系を持っているので、その部分で違いが大きくなる可能性はあります。ただ、それは、主体と客体が分離している、「純粋経験」の高次の層の話です。下の方の、無意識に近い層、他の動物にも見られるような〝生物的な経験〟の層は、普遍的であると見ていいような気がします。ただ、先ほどもお話ししたように、主体／客体がはっきりしない層での〝原初経験〟をありのままに再現する方法がないので、〝普遍的〟なのだろうと推測するしかありません。

［講義］第二回——「実在」の考究——西田幾多郎『善の研究』第二編「実在」

知識と実践は一致するか?

今日読んでいく第二編「実在」は、前回見たように、第一編より前に書かれています。成立経緯について注に、藤田正勝さんによる説明があります。見ておきましょう。

> この第二編のもとになったのは、一九〇七年に『哲学雑誌』第二四一号に発表された「実在に就いて」という論文であるが、この論文では、表題のあとに次の文章が挿入されていた。「この論文は或る学生に自己の考を話す為の草稿として自分が予《かね》て考えて居た思想の大体を書付けたものである、それも先頃遂に鬼籍《きせき》に上った病児の介抱片手で書いたので甚《はなは》だ蕪雑《ぶざつ》不備なることは自分も知って居る、固《もと》より公の雑誌などに出す積《つも》りではなかったが友人の勧もありまた自分も他日斯《か》くの如き考を厳密に組織してみたいと思うにつけ、不完全ながらも大体の思想だけでも人に見て貰ろうて教を受ける方が自分の益であると考えたから遂にこの雑誌の余白を汚すこととした」。

藤田さんによる巻末の「解説」の「七　『善の研究』までの歩み」でもっと詳しく述べられていますが、元々一冊のまとまった本の一部として構想されたものではなくて、講義のための草稿だったものを、多少の不備があることを承知で、自分の考えを世に問う意味で論文にしたものだということですね。第二編、第三編と進んで行くうちに、全体の構想がまとまってきて、第一編を執筆したわけです。自らのテーゼを段階的に証明していくべく叙述が進められていく第一編に対して、第二編は、哲学の初学者が抱きそうな素朴な問題意識に沿うように比較的平易な構成で話を進めながら、徐々に西田の独自性を示そうとしている感じです。第一編と内容がかぶっているところが多いですが、第一編よりもいろいろと試行錯誤している跡が窺えます。その分、常識的な発想から離れられない普通の人間には分かりやすい面もあります。第一章「考究の出立点」から見ていきましょう。

—— 世界はこの様なもの、人生はこの様なものという哲学的世界観および人生観と、人間はかくせねばならぬ、かかる処に安心せねばならぬという道徳宗教の実践的要求とは密接の関係を持って居る。人は相容れない知識的確信と実践的要求とをもって満足することはできない。たとえば高尚なる精神的欲求を持って居る人は唯物論に満足ができず、唯物論を信じて居る人は、いつしか高尚なる精神的欲求に疑を抱く様になる。元来真理は一である。知識においての真理は直《ただち》に実践上の真理であり、実践上の真理は直に知識においての真理でなければならぬ。深く考える人、真摯《しんし》なる人は必ず知識と情意との一致を求むる様になる。我々は何を為すべきか、何処《いずこ》に安心すべきかの問題を論ずる前に、先《ま》ず天地人生の真相は如何《いか》なる者であるか、真の実在とは如何なる者なるかを明《あきら》にせねばならぬ。

漠然とした宗教っぽいことが書かれているような感じもしますが、ポイントは、「知識的確信」と「実践上の要求」が一致すべきこと、そして、一致した時に初めて、「真の実在」が明らかになる、ということです。背景的な説明がないので、どういう主旨なのかピンと来にくいですが、この後の字下げにしている説明的な段落から読みとれるように、哲学の歴史、特に西欧の哲学の歴史において、客観的な「知識」と、人間の行動を律する「倫理」が分離して発展してきたということを踏まえて、それを克服する必要があると問題提起しているわけです。

書店でよく見かける「○○の経営哲学」とか「▽▽が語る人生哲学」とかを〝哲学〟だと思っている人は最初から論外として（笑）、普通の哲学好きの人は、精密な論理によって私たちの日常的な常識のようなものを精密にしていくことには興味を示しますが、自分が何を為すべきか、何を目指して生きるべきかといっ

「知識的確信」と「実践上の要求」が一致すべき時に始めて、「真の実在」が明らかになる。
カントの場合
実践上の真理－実践理性批判－道徳的実践
知識上の真理－純粋理性批判－認識

※特に西欧の哲学の歴史では、哲学の内部でも、認識論と倫理学は異なった体系として発達。客観的な「知識」と、人間の行動を律する「倫理」が分離して発展してきたということを踏まえて、それを克服する必要性。

た、倫理的な問いは、論理的に正しい答えを見つけにくいし、体も動かさないといけないし、面倒なので(笑)、あまり関心を持たない傾向があります。そういうのは、宗教とか社会運動に任せるべきだという感じになります。近代に入って、西欧諸国で哲学と宗教の分離が進んだこともあって、知と実践の分離は更に進みました。

哲学の内部でも、認識論と倫理学は異なった体系として発達するようになりました。前回もお話ししたように、カントは、『純粋理性批判』では、対象は主体自身に備わっているアプリオリな形式によって構成されるので認識することが可能であるが、それを超えたところにある「物それ自体」の領域は認識不可能である、ただしどうなっているか理性によって考えることだけはできるという前提で、認識論を展開しました――「物それ自体」とは何か一言で表現するのは結構難しいのですが、我々の経験の根底にあり、経験を可能にする本質的なものだけれど、五感によって直接的に捉えることはできないもの、と理解しておけばいいでしょう。それに対して、『実践理性批判』では、人間が因果法則の支配を超えて、完全な自由意志に基づいて道徳的行為を行う時には、「物それ自体」の領域に属する道徳法則を自らの理性によって見出し、それに従って自己を律する必要があるということを強調しました。認識の場合には、外部から入って来る刺激が主体の内部において対象へと加工されることになるので、主体が受動的に振る舞うのに対し、道徳的実践の場合には、道徳法則を積極的・自発的に見出す必要があるわけです。認識は、因果法則の世界を問題にするのに対し、実践は、道徳法則の世界を問題にすると言えます。ここで西田が「真の実在」と言っているのは、カントの「物それ自体」に対応するものかもしれません。カントが、実践のために想定する必要があるけれど、認識はできないと断言したものを、認識面からも明らかにしようとする大胆な企てを意図しているのかもしれません。

字下げになっている説明的な段落も読んでおきましょう。最初から宗教的な話が出てきます。

哲学と宗教と最も能《よ》く一致したのは印度《インド》の哲学、宗教である。印度の哲学、宗教では知即善で迷即悪である。宇宙の本体はブラハマンBrahmanでブラハマンは吾人の心即アートマンAtmanである。このブラハマン即アートマンなることを知るのが、哲学および宗教の奥義であった。基督《キリスト》教は始め全く実践的であったが、知識的満足を求むる人心の要求は抑え難く、遂《つい》に中世の基督教哲学なる者が発達した。シナの道徳には哲学的方面の発達が甚《はなは》だ乏しいが、宋代以後の思想は頗《すこぶ》るこの傾向がある。これらの事実は皆人心の根柢には知識と情意との一致を求むる深き要求のある事を証明するのである。欧州の思想の発達について見ても、古代の哲学でソクラテース、プラトーを始《はじめ》とし教訓の目的が主となって居る。近代において知識の方が特に長足の進歩をなすと共に知識と情意との統一が困難になり、この両方面が相分れる様な傾向ができた。しかしこれは人心本来の要求に合うた者ではない。

注にあるように、ブラフマンとアートマンは古代インドの哲学＝宗教の概念で、ブラフマンの方が宇宙の最高原理、アートマンの方は自我を意味します。両者が最終的に一致することを意味する「梵我一如」がこの哲学の奥義だったということは、世界史の教科書で見たような気がしますね。この「梵我一如」を知るというのは、単に知識の問題ではなく、むしろ体験であり、解脱を意味していたわけです。宗教的実践の目標としての側面が強かったわけです。キリスト教の場合は、最初は神の子への信仰を中心にして、信者たちが隣人愛で結び付く実践的な宗教だったけれど、中世のスコラ哲学などでむしろ知識を重視する傾向が生まれてきて、それが近代哲学に引き継がれたわけですね。スコラ哲学は、ソクラテス（前四六九頃―三九九）やプラトンの哲学をベースにしていたわけですが、彼らも知だけを優先したわけではなくて、むしろポリスの市民としての善き生き方を追求するため、あるいは、理想のポリスを創るために、イデア（理念）を追求したことはわざわざ言うまでもないでしょう。中国の宋代以降の思想の「哲学方面の発達」というのは、主として、朱子学の理気二元論のような、抽象化された認識論のことを念頭に置いているの

だと思います。理というのは、精神的な原理で、気というのは物質的な原理です。無論、朱子学は認識論偏重ではなく、認識論と実践論が不可分に結び付いていたわけですが。

この補足からすると、西田は古代インド哲学のように、それを知ることがそのまま宗教的・道徳的実践にも通じるような、究極の真理として「真の実在」を想定していて、それを今一度、哲学的探究の目標として設定しようとしていると考えられます。ただ、それはあくまで願望であって、ちゃんとした学問的方法論に従って、それにアプローチしていくのでなければ、哲学のふりをした宗教になってしまいます。西田はどう考えているのか。

> 今もし真の実在を理解し、天地人生の真面目《しんめんもく》を知ろうと思うたならば、疑いうるだけ疑って、凡《すべ》ての人工的仮定を去り、疑うにももはや疑い様のない、直接の知識を本《もと》として出立せねばならぬ。我々の常識では意識を離れて外界に物が存在し、意識の背後には心なる物があって色々の働をなす様に考えて居る。またこの考が凡ての人の行為の基礎ともなって居る。しかし物心の独立的存在などいうことは我々の思惟の要求に由りて仮定したまでで、いくらも疑えば疑いうる余地があるのである。その外《ほか》科学という様な者も、何か仮定的知識の上に築き上げられた者で、実在の最深なる説明を目的とした者ではない。またこれを目的として居る哲学の中にも充分に批判的でなく、在来の仮定を基礎として深く疑わない者が多い。

疑えるものは全て疑うというのは、デカルトの方法的懐疑を指していると思われますが、言外にデカルトは不徹底だと示唆しているようにも読めますね。デカルトは疑い続けた結果、「我思うゆえに、我あり」という第一原理に到達した後、「精神＝考えるもの」と「物質＝延長するもの」――「延長」というのは、長さ、幅、奥行きなどの空間的拡がりのことです――の区別を前提にして、「精神」と「物質」の二元論の知の体系を構築したのですが、どうして二つに分かれるかについて明確に論証していません。仮定に留まっています。そこをもう一度疑うことはできるわけです。更に言えば、精神／物質の二元論に基づく諸科学の根拠を疑うこともできるわけです。方法的な懐疑を更に徹底して、二元論の根拠を問うというのはフッサールの現象学にも通じる発想です。ただし、フッサールが二元論を克服するのではなく、その根拠を根源に遡って基礎付けし直そうとしたのに対し、西田は心身二元論を克服する道をストレートに目指していきます。

方法的な懐疑を更に徹底して、二元論の根拠を問う
・フッサールの現象学にも通じる発想。ただし、フッサールは二元論を克服するのではなく、その根拠を根源に遡って基礎付けし直そうとした
・西田は心身二元論を克服する道をストレートに目指した。

物と心は実在するのか?

次の字下げのところも見ておきましょう。

物心の独立的存在ということが直覚的事実であるかの様に考えられて居るが、少しく反省して見ると直にその然《しか》らざることが明になる。今目前にある机とは何であるか、その色その形は眼の感覚である、これに触れて抵抗を感ずるのは手の感覚である。物の形状、大小、位置、運動という如きことすら、我々が直覚する所の者は凡て物其者《そのもの》の客観的状態ではない。我らの意識を離れて物其者を直覚することはとうてい不可能である。自分の心其者について見ても右の通りである。我々の知る所は知情意の作用であって、心其者でない。我々が同一の自己があって始終働くかの様に思うのも、心理学より見れば同一の感覚および感情の連続にすぎない、我々の直覚的事実として居る物も心も単に類似せる意識現象の不変的結合というにすぎぬ。ただ我々をして物心其者の存在を信ぜしむるのは因果律の要求である。しかし因果律に由りて果して意識外の存在を推すことができるかどうか、これが先ず究明すべき問題である。

基本的には、前回見た、「純粋経験」論と同じパターンの発想ですが、ここではいきな

り「純粋経験」という言葉は使わないで、主観＝精神／客観＝物質の二元論が成立する根拠を問い直すことによって、両者の違いを相対化し、「純粋経験」的なものを想定するための準備作業をしているわけです。論点は分かりますね。私たちは物の客観的形態というものがあるということを自明視しているけれど、実際には、それは「〇〇のように見える」とか「▽▽のように感じる」という「意識」であって、〝物〟それ自体を知覚しているわけではありません。では全ては、「意識」の主体である「心」の中で進行していて、〝物質〟は存在しないのかというと、そういうわけでもないようです。私たちは「心」、あるいは「自己」という同一の実体が存続していることを自明視しがちですが、それは実際には、「自分の中で知情意の作用が連続的に生じていると、私は今感じている」、というだけのことです。そういう知情意の作用が生じる場としての「私の心」、あるいは、そうした〝私の心〟の存在を感じている＝直観している主体としての「私」が、客観的に確認し得るような実体性と持続性を備えて存在しているかどうか分かりません。瞬間的にそういう「感じ」がするというだけなのかもしれない。この瞬間に〝私のもの〟と思える意識が作用しているのは間違いないけれど、〝私〟が過去から未来にかけて持続的に存在している、というのは、幻想あるいは錯覚である可能性は否定できません。そういう風に、客観的に実在するものとしての「心」と、その都度の「意識」の作用を区別して考えれば、前者の存在も絶対的なものではなくなります。とりあえず確かなのは、私たちが「物質」とか「心」とか呼んで実体視しているものが、私たちの「意識」の中に現われてくるということだけです。

因果律の要求が、意識の外部に「物質」や「心」が実在することを信ずるように仕向けるというのが少し分かりにくいですね。恐らく次のようなことを念頭に置いているのでしょう。現象Ａが原因になってＢが起こることは、因果律に基づく必然であることを言おうとする場合、Ａを引き起こした物質が、Ｂが起こるまで存在し続けないと、あるいは少なくとも、Ａの影響が作用し続けないと、おかしなことになります。Aがその影響ごと消滅してしまったら、Bと関係なくなるからです。心に関しても、私がAと思ったことが起点になって、私の思考が展開し、Bという観念が浮かんできた、と言えるには、Aという考えを抱いた私が、少なくともBが浮かんでくるまでは存在している必要があります。ただし、こうした因果律に基づく「存在」も、「意識」が自分の中で辻褄を合わせるためにそのように想像しているというだけのことであって、本当に実在しているという根拠はありません。

このようにデカルトの方法的懐疑を徹底することで、「物質」と「心」が実在しているかどうかの判断を宙吊りにし、それらを構成する「意識」の問題に繋げているわけですね。現象学の素朴なヴァージョンみたいな感じですね。西田がフッサールの現象学を本格的に受容するようになるのは、『善の研究』が刊行されたしばらく後のことですし、フッサール現象学を体系的に呈示した『イデーン（純粋現象学及び現象学的哲学のための考案）I』（一九一三）が刊行されるのもまだなので、現象学の考えを直接取り入れているのではないと思いますが、ジェイムズの「純粋経験」論の影響の下で、自然とフッサールに近い考えをするようになっていたのかもしれません。

> さらば疑うにも疑い様のない直接の知識とは何であるか。そはただ我々の直覚的経験の事実即ち意識現象についての知識あるのみである。現前の意識現象とこれを意識するということとは直に同一であって、その間に主観と客観とを分つこともできない。事実と認識の間に一毫《いちごう》の間隙がない。真に疑うに疑い様がないのである。

デカルトの場合は、「自我」の存在が「疑いようのない直接の知識」になるわけですが、「心」の存在をも疑い得るという立場を取る西田は、「自我」を通り越えて、「直覚的経験の事実＝意識現象についての知識」にまだ遡っていきます――更に厳密に考えれば、「意識」の存在は確実と見なしていいのか、という問題がありますが、ここではそこまで考える必要はないでしょう。「直覚的経験」というのが分かりにく

いですが、「意識現象についての知識」と同一視しているところからすると、「私は〇〇を意識している」ということを知覚としてではなく、直観として経験している、ということでしょう。

ここで重要なのは、「現前の意識現象＝これを意識するということ」、あるいは、それとパラレルな関係にある「事実＝認識」という関係でしょう。「現前」という言葉は、現代思想でもよく使われますが、英語の〈present〉に相当する言葉で、「現時点で」という意味と共に、「眼前に」という意味を併せ持っていると考えればいいでしょう。話の流れからすると、「現前の意識現象」というのは、何らかの対象や出来事が今現に私たちの眼の前に、私に意識されたものとしてあることを指すと考えればいいでしょう。それと、「これを意識すること」が等しいというのは、同義反復のような感じもしますが、西田が言いたいのは、後者、つまり「意識すること」の外に、その意識現象の本体のようなものがあるわけではなく、本当にイコールなのだということです。「事実＝認識」というのも、そういうことです。私たちの「認識」の外部に、「事実」それ自体があるわけではない。「対象」と、「物それ自体」をめぐるカントの議論に似ている感じがしますが、カントが「対象」の外部に、認識主体としての我々には捉えられない、「物それ自体」が存在する余地を残そうとしているのに対し、西田はあっさりと「意識」の外にある何かの可能性を切って捨てています。全ては「意識」の中にあるとすれば、「主観」と「客観」を隔てているように思えていた境界線は消失します。

勿論《もちろん》、意識現象であってもこれを判定するとかこれを想起するとかいう場合では誤に陥ることもある。しかしこの時はもはや直覚ではなく、推理である。後の意識と前の意識とは別の意識現象である、直覚というは後者を前者の判断として見るのではない、ただありのままの事実を知るのである。誤るとか誤らぬとかいうのは無意義である。斯《かく》の如き直覚的経験が基礎となって、その上に我々の凡ての知識が築き上げられねばならぬ。

「意識現象」でも「誤り」に陥ることがあるというわけですが、先ほどの所からの話の展開が分かりにくいですね。ここは、「事実＝認識」の間に隙間がないということと繋がっていると考えると、話の筋が通るでしょう。「事実」と「認識」が文字通りイコールであり、「意識」において「認識」されたことが「事実」の全てだとすると、「認識」と「事実」の齟齬などあり得ないし、仮に齟齬が生じたとして、それをどうやって「意識」が「認識」できるのか、という理論的な問題が生じます。現実として、私たちは自分の「認識」が「誤っていた」と、他人から指摘されなくても「意識」することがあります。その説明です。

西田は、先ほど自分が［事実＝認識］と言ったのは、現前するものに関する直覚的経験であり、後からその内容を判定したり想起したりする時には、「直覚」とは異なる、「推理」という別の形態の意識経験が生じ、その過程で「事実」と「認識」が本当に一致していたか検証される、と補足説明しているわけです。直覚的経験それ自体においては、そうした反省的契機を含んでいないので、正しい／正しくないといった判断はなされないわけですね。こういう風に言うと、あたかも意識経験は、「直覚」と「推理」という二本立てになっているかのように聞こえますが、西田は「直覚」を素材として、「推理」する意識が働く形で経験的知識が積み重ねられていくと述べて、「意識」が統一されていることを改めて強調しているわけです。この辺は、前回読んだ第一編の内容をまとめた感じですね。

哲学が伝来の仮定を脱し、新《あらた》に確固たる基礎を求むる時には、いつでもかかる直接の知識に還ってくる。近世哲学の始においてベーコンが経験を以て凡ての知識の本としたのも、デカートが「余は考う故に余在り」cogito ergo sum の命題を本として、これと同じく明瞭なるものを真理としたのもこれに由るのである。しかしベーコンの経験といったのは純粋なる経験ではなく、我々はこれに由りて意識外の事実を直覚しうるという独断を伴うた経験であった。デカートが余は考う故に余在りというのは已《すで》に直接経験の事実ではなく、已に余ありということを推理して居る。また明瞭なる思惟が物の

—本体を知りうるとなすのは独断である。

ベーコン（一五六一—一六二六）が、「知は力なり」の標語で有名な英国の哲学者・法学者で、帰納法を新しい科学、実験科学の方法論として提唱したことはご存知ですね。ベーコンと、演繹法の提唱者であるデカルトは、近代哲学の二つの潮流の始祖と見なされることが多いですが、西田は二人の共通点が、近代初期において知識を基礎付け直すべく、直接の知識＝経験へと遡及しようとしたことにある、と見ているわけです。ただし、どちらの「経験」も、直覚に基づく「純粋経験」ではない、というのがミソです。

ベーコン

ベーコンの場合は、実験や観察によって獲得できる知識を、広い意味での「経験」と見なしたので、それは「純粋経験」ではないというのは納得できますね。ベーコンによる「経験」概念の拡張の意義については、デューイが『哲学の改造』（一九一九）で論じています——拙著『プラグマティズム入門講義』（作品社）でこの点を紹介しているので、関心があればご覧下さい。実験で確かめられることの多くは、知覚によって直接確認することはできません。分子や原子があるか否かは眼で見て確かめられるわけではありません。一時話題になったSTAP細胞も、仮に実際にあったとしても肉眼では存在を確かめられません。精巧な電子顕微鏡を使えば、細胞らしきものがあるかないかを見ることができるけれど、それがどういう性質のものかは、その画像を見ていても分かりません。様々な推論によって、それがどういう性質のものか再構成するしかない。

それに比べると、デカルトの「我思うゆえに、我有り」は、直接経験の事実のような感じがしますが、西田は「私が（実体として持続的に）存在する」というのは直接的に直覚できることではなく、「私は『自分が考えている』と感じている」、という直覚的な経験に「推理」を加えることによって生み出された間接的経験にすぎないと見るわけです。同様に、「物質の存在」も、直接的に直覚されるわけではなく、「推理」の産物だということですね。

カント以後の哲学においては疑う能《あた》わざる真理として直にこれを受取ることはできぬ。余がここに直接の知識というのは凡てこれらの独断を去り、ただ直覚的事実として承認するまでである（…）。

精神としての「私」や、「物質」の存在を大前提にするのが「独断」であると、カント以降の哲学では見なされるようになったというのは分かりますね。形而上学的な独断を排除していくことに主眼を置くカントの哲学の方法論は、「批判哲学」と呼ばれます。ただ、「独断」を排除するといいながら、それを「ただ直覚的事実として承認する」というのがどういうことか分かりにくいですね。これは、「意識」の外部に、「精神」や「物質」が存在するということを無条件に前提にすることはできないけれど、「『私はある』と感じる」とか「『物質はある』と感じる」、というのは直覚的事実だと認めることはできる、ということでしょう。私がそういう風に意識していること自体は事実であるわけです。「独断」を、「○○と意識されたこと」として捉え直すわけですね。紛らわしい言い方をしているけれど、西田の言わんとしていることは分かりますね。

触覚

意識上における事実の直覚、即ち直接経験の事実を以て凡ての知識の出立点となすに反し、思惟を以て最も確実なる標準となす人がある。これらの人は物の真相と仮相とを分ち、我々が直覚的に経験する事実は仮相であって、ただ思惟の作用に由って真相を明にすることができるという。勿論この中でも常識または科学のいうのは全く直覚的経験を排するのではないが、或る一種の経験的事実を以て物の真となし、他の経験的事実を以て偽となすのである。例えば日月星辰《じつげつせいしん》は小さく見ゆるがその実は非常に大なるものであるとか、天体は動く様に見ゆるがその実は地球が動くのであるという様なことである。しかしかくの如き考は或る約束の下に起る経験的事実を以て、他の約束の下に起る経験的事実を推《お》すより起るのである。各《おのおの》その約束の下では動かすべからざる事実である。同一の直覚的事実であるのに、何故その一が真であって他が偽であるか。此《かく》の如き考の起るのは、つまり触覚が他の感覚に比して一般的でありかつ実地上最も大切なる感覚であるから、この感覚より来る者を物の真相となすに由るので、少しく考えて見れば直にその首尾貫徹せぬことが明になる。

「直接的経験」よりも、「思惟」の方がより確実であるという考え方を論駁しているわけですね。最初に科学における、その種の議論を俎上にあげています。科学には、私たちが五感で直接的に知覚することは仮の相で、真相は思考＝推論によって明らかにされる、という考え方があります。例えば、天体の大きさとか、天動説／地動説の問題では、肉眼の印象と、科学的に判明した事実が異なり、後者の方が正しいと見なされます。前者は、科学的探究のための素材にはなるけれど、そのまま真と受けとめられることはありません。それに対して西田は、これは実際には、「経験 vs. 思惟」という話ではなくて、ある一定の条件の下でなされる経験を、別の条件下での経験と比べているのではないか、と言っているわけです。科学者は、肉眼で見た時に直覚される事実と、観察や実験の結果として直覚される事実とを比較して後者を優先しているわけですが、前者も、「肉眼で見た時に直覚されるもの」として見れば間違ってはいないわけです。科学は、特定の条件の下での経験を特権化しているというわけですね。

　触覚を他の感覚に比べて一般的で重要なので科学はそれを真理の基準にしているという話が急に出てきた感じですが、「触覚」が重要だというのは、西田独自のアイデアではなくて、いろんな人が言っています。有名なのは、主観的観念論の哲学者で、「存在は知覚である Esse is percipi」という定式で知られるジョージ・バークリ（一六八五―一七五三）の議論です。バークリは『視覚新論』（一七〇九）で、五感の

ジョージ・バークリ

中では触覚だけが、真に世界に直接アクセスできると主張しました。視覚や聴覚は距離をおいて対象を捉えるので、実際とはズレることがあるけれど、触覚は直接触るからです。この議論の背景として、アイルランドの科学者ウィリアム・モリノー（一六五六―九八）が提起した、球体と立方体を触覚で区別できる生まれつき盲目の人が目が見えるようになった場合、視覚で球体と立方体を区別できるか、という問題（モリヌクス問題）があります。モリノーは、ロックとの往復書簡でこの問題を定式化していて、ロックは『人間悟性論』の中で、最初は区別できないだろう、と論じています。ディドロ（一七一三―八四）も『盲人書簡』（一七四九）でこれと同じような見解を示しています。バークリも、視覚の世界と触覚の世界の間に必然的な繋がりはないという立場を表明したうえで、そこから、触覚の役割についての考えを発展させました。私たちは、視覚によって物との距離とか物の形を把握しているようなつもりになっているけど、それは眼で見たものを後で触覚によって確認するという経験をしているうちに、見た目と、触覚による物体の直接的把握が結び付いてくるだけの話であって、視覚自体には、物体を直接的に把握する力はない、というのがその議論の骨子です。西田と同時代ではフッサールも、実在する感覚的事物や身体を構成するうえで触覚が特権的な地位を占めているという考え方を示しています。

ベンヤミン（一八九二―一九四〇）の『複製技術の時代における芸術作品』（一九三六―三九）でも、触覚の独特の役割について論じられています――これについては拙著『ヴァルター・ベンヤミン』（作品社）をご覧下さい。因みに、デリダは、西欧の哲学における触覚の特権化を批判する、『触覚、――ジャン＝リュック・ナンシーに触れる』（二〇〇〇）という著作があります。翻訳は青土社から出ています。

「直観」

本文に戻りましょう。

或る一派の哲学者に至ってはこれと違い、経験的事実を以て全く仮相となし、物の本体はただ思惟に由りて知ることができると主張するのである。しかし仮に我々の経験のできない超経験的実在があるとした所で、かくの如き者が如何にして思惟に由って知ることができるか。我々の思惟の作用というのも、やはり意識において起る意識現象の一種であることは何人も拒むことができまい。もし我々の経験的事実が物の本体を知ることができぬとなすならば、同一の現象である思惟も、やはりこれができないはずである。

「或る一派の哲学者」に注が付いていますね。注によると、「古代ギリシアのエレア学派に属する哲学者(クセノパネス、パルメニデス、ゼノンなど)」やプラトン、デカルト学派を指しているということですね。実際、次の段落ではエレア学派やプラトン、デカルトが言及されていますね。エレア学派というのは、イオニア地方(現在、トルコ)に生まれて、南イタリアのギリシアの植民地エレアで活動したとされるクセノパネス(前五六〇頃—四七〇頃)に始まる学派です。クセノパネスは、ホメロスの物語に描かれているような、人間の姿を投影した神観を批判したとされています。パルメニデス(前五一五頃—四六〇頃)はエレア生まれで、クセノパネスの弟子とされていますが、彼自身がエレア学派の始祖だと考える人もいるようです。変化しない、究極の実在としての「一者」について論じたこと、プラトンのイデア説に強い影響を与えたことが知られています。後期のプラトンの著作『パルメニデス』では、若き日のソクラテスがパルメニデスにイデア論で論破され、むしろ教えを請うような形で対話が続いていきます。あまり専門的ではない哲学史では、プラトンやアリストテレス(前三八四—三二二)の前段階の哲学者として軽く扱われることが多いのですが、ハイデガーや田辺元(一八八五—一九六二)は、彼を再評価すべきことを強調

しています。ゼノン（前四九〇頃－四三〇頃）というのは、空間上の距離が無限に分割可能であることを利用して、アキレスは自分の前を進んでいる亀を追い越せない、というゼノンのパラドクスを示したことで知られています。

エレア学派やプラトン、デカルト学派などは「思惟」中心主義的な立場を取り、「経験」で得られる知識は仮のものにすぎないと主張したけれど、西田に言わせれば、「思惟」もまた、「経験」と同様に、「意識」における現象でしかないということですね。「経験」が、「これは〇〇なものであるように見える」とか「▽▽なものであるように感じられる」という意味で「意識されること」にすぎず、実在に到達していないと言うのであれば、「思惟」も、「意識」の中で生じるわけですから、同じことです。「思惟」は「意識」の外に出て、「超経験的実在」を摑むことはできません。それができるという根拠はない。「□□だと思う」という形で「意識」しているにすぎません。

思惟と直覚とは全く別の作用であるかの様に考えられて居るが、単にこれを意識上の事実として見た時は同一種の作用である。直覚とか経験とかいうのは、個々の事物を他と関係なくその儘《まま》に知覚する純粋の受動的作用であって、思惟とはこれに反し事物を比較し判断しその関係を定むる能動的作用と考えられて居るが、実地における意識作用としては全く受動的作用なる者があるのではない。直覚は直に直接の判断である。

「思惟」と「直覚」いずれも「意識上の事実」だというのは、これまでの西田の議論からすれば、当然の主張ですね。少し分かりにくいのは、「直覚」と「経験」が受動的であるのに対し、「思惟」が能動的だと一般的に思われているという点ですね。これは、視覚や聴覚などの五感が、外界から入って来る刺激に対する反応であるのに対し、「思惟」は自発的に始動し、自らの対象を選ぶことができる、ということです。「思惟」の方が、対象から距離を取った状態で作用しているように見えるわけです。それに対して西田は、

「実地における意識作用としては全く受動的作用なる者があるのではない」、と言っているわけですが、これだけだと説明不足で分かりにくいですね。前回読んだ、第一編での議論、特にフィヒテに言及している部分から類推すると、恐らく、「意識」というのは、能動と受動の二本立てになっているわけではなく、同じ意識の作用に二つの異なった側面がある、ということでしょう。私たちは常に外に向かって意識を働かせ、それに合わせて身体も動かしている。その外に向かって行く運動において、身体が何らかの対象、あるいはそれからの刺激と遭遇し、抵抗を受けた時、知覚が作用します。その知覚によって、私たちは自らの意識と行動を修正する。そういうサイクルが成立している、と考えているのではないでしょうか。それに加えて西田は、「直覚」は純粋に受動的に働くものではなく、「判断」を含んでいると言っているわけですね。これは、対象がどういうものであるかについての「判断」です。感性的直観にせよ、理念的な存在を把握する知的直観にせよ、対象についての「判断」という意味での能動性を持っている、と言うことはできそうです。これに続く字下げの箇所では、「直覚」というのは、感性的直観だけではない、思惟の根底にあって統一するものも「直覚」である、という説明がありますね。五感から入って来る情報を調整し、対象がどういうものであるか総合的に把握する統覚作用には、「判断」が含まれていると考えられます。「判断」を伴いながら、対象を自らの「知覚–経験–思惟」の圏内に捉えることを西田は、「直観」と言っているようです。

直接経験だけが「実在」だ

続く第二章では、「意識現象が唯一の実在である」ということを、自らの主張として積極的に打ち出していきます。

—— 少しの仮定も置かない直接の知識に基づいて見れば、実在とはただ我々の意識現象即ち直接経験の事実あるのみである。この外に実在というのは思惟の要求よりいでたる仮定にすぎない。已《すで》に意識現象の範囲を脱せぬ思惟の作用に、経験以上の実在を直覚する神秘的能力なきは言うまでもなく、これらの仮定は、つまり思惟が直接経験の事実を系統的に組織するために起った抽象的概念である。

意識における「直接経験」だけが「実在」であって、その「外部」には何もない、ということですね。前回見たように、意識外部の実在を直接的に把握する能力という意味での「知的直観」を西田は神秘主義として退けます——ただし、感性的素材に基づいて、対象の本質を抽象化した形で把握するという意味での「知的直観」は、むしろ積極的に肯定し、自らの理論に取り込みます。「経験」を超えた〝実在〟というのは、直接的に経験された事実を系統的に組織化するための抽象的な概念から派生した、ということですね。これは、物の形状を系統的に説明するために幾何学的な諸概念が生まれたことや、数の法則を説明するために数学的な諸概念が生まれたことなどを念頭におけば、分かりやすいでしょう。こういう発想は、経験論を徹底して、対象の同一性、時空、因果、自我などは経験的習慣によって生み出されたものであって、必然性はないとするヒューム（一七一一－七六）の議論や、経験的な諸規則が次第に普遍的なものへと進化していくことを示唆するデューイの議論を連想しますが、字下げのところでヒュームとバークリを、自分と同じ直接経験一元論の代表として名前を挙げていますね。

このように西田は「意識」に「実在」を一元化しようとしているように見えますが、「意識」とはそもそも何か、今いちすっきりしない感じが残りますね。次にその点を論じています。

普通には我々の意識現象というのは、物体界の中、特に動物の神経系統に伴う一種の現象であると考えられて居る。しかし少しく反省して見ると、我々に最も直接である原始的事実は意識現象であって、物体現象ではない。我々の身体もやはり自己の意識現象の一部にすぎない。意識が身体の中にあるのではなく、身体はかえって自己の意識の中にあるのである。神経中枢の刺戟《しげき》に意識現象が伴うというのは、一種の意識現象は必ず他の一種の意識現象に伴うて起るというにすぎない。もし我々が直接に自己の脳中の現象を知り得るものとせば、いわゆる意識現象と脳中の刺戟との関係は、ちょうど耳には音と感ずる者が眼や手には糸の振動と感ずると同一であろう。

ここでは、「意識」を、人間や動物の身体、特に、神経系統で生じる現象だとする唯物論的な見方と、西田自身の「意識－経験」論の違いが示されています。「身体」自体が「意識現象」だというわけですね。現代人である私たちは、外界からの刺激に対して、身体の知覚作用が始動し、神経の中を情報が走って、最終的に脳に達して、そこで認識されると、「意識」なのだ、という風にイメージすることが多いです。言わば、物理的現象の反映あるいは一部として「意識」を理解しているわけですね。分析哲学の中の「心の哲学 philosophy of mind」という分野では、こういう考え方を「物理主義 physicalism」と言います。

そうした見方に対して、西田は、いや、そういう意味での〝意識現象〟が起こっている場としての「身体」自体が、私たちの意識によって構成されているではないか、と言っているわけです。先ほど見たように、私たちの「身体」が存在している事実は、私たちの「意識」の中での事実であって、「意識」の外部に本当に、物質としての身体が実在するかどうか分からないわけです。

「神経中枢の刺戟《しげき》に意識現象が伴うというのは、一種の意識現象は必ず他の一種の意識現象に伴うて起るというにすぎない」という文は、説明不足で分かりにくいのですが、西田が言いたいのは恐らく、「（私の）神経中枢に刺激があった」と感じる、あるいは考えること自体が、既に意識現象だということでしょう。私なりにもう少し分かりやすい例を出して説明してみましょう。自分の手を硬いものにぶつけると、イタイと感じますが、その時、「自分の手が硬いものにぶつかった」ことを視覚から入って来る情報に基づいて「意識」することに随伴する形で、触覚的な「イタイ」という「意識」が生じます。これは、二つの「意識現象」が連動していると見ることも、同じ「意識現象」の二つの側面と見ることもできます。そう考えると、「(私の)脳内に生じる刺激」を――何らかの機器の助けを借りて――見て「意識」することと、その刺激に対応して私の内に生じる「意識」は、同じ「意識」の二つの側面と見ることができます。両者の関係を「意識」することも含めれば、三重の「意識」が絡み合っていることになります。

このように、「意識」の外部に実在するものを想定することはできないという前提で考えれば、「意識の原因」と「意識」の関係は、実は、ある「意識」と別の形態の「意識」との関係であるということになります。こういう風にして、私たちの身体に生じるあらゆる現象を「意識現象」として捉え直すと、私たちが「意識」について抱いている先入観は解体していき、「意識」に特定の実体的な属性――例えば、感性的知覚によって作動するとか、神経刺激の産物であるとか、崇高な精神世界に通じているとか――を付与するのが難しいことが明らかになります。このようにして、外部の〝実在〟との関係を遮断することによって、純化された意識を、フッサール現象学では、「純粋意識 reines Bewußtsein」と呼びます。字下げのところを見ておきましょう。

我々は意識現象と物体現象と二種の経験的事実があるように考えて居るが、その実はただ一種あるのみである。即ち意識現象あるのみである。物体現象というのはその中で各人に共通で不変的関係を有する者を抽象したのにすぎない。

我々は、「物体現象」は客観的・普遍的なものであって、主観的な「意識現象」とは異なると考えがちですが、西田は、客観的・普遍的であるというのは、各人の意識に対して同じような現われ方をするということであって、「意識現象」にすぎないと見るわけです。西田が「普遍的関係」と呼んでいるものは、フッサール現象学で言うところの「間主観性 Intersubjektivität」です。間主観的に捉えられた現象のエッセンスを抽出したものが、「物体」として表象されるわけです。

――また普通には、意識の外の或る定まった性質を具《そな》えた物の本体が独立に存在し、意識現象はこれに基づいて起る現象にすぎないと考えられて居る。しかし意識外に独立固定せる物とは如何《いか》なる者であるか。厳密に意識現象を離れては物其者《そのもの》の性質を想像することはできぬ。単に或る一定の約束の下に一定の現象を起す不知的の或る者というより外にない。即ち我々の思惟の要求に由って想像したまでである。しからば思惟は何故にかかる物の存在を仮定せねばならぬか。ただ類似した意識現象がいつも結合して起るというにすぎない。我々が物といって居る者の真意義はかくの如くである。純粋経験の上より見れば、意識現象の不変的結合というのが根本的事実であって、物の存在とは説明のために設けられた仮定にすぎぬ。

ここは分かりやすいですね。「意識現象」の外部に「物それ自体」が実在すると想定しても、それを把握するのも、結局「意識」にすぎない、というわけです。「物」というのは思惟を進めるための仮定にすぎない。カントは、理性が「物」を想定せざるを得ない必然性を強調し、通常の認識によっては捉えられない「叡知体」の世界が実在する可能性を残したわけですが、西田は「ただ類似した意識現象がいつも結合して起るというにすぎない」、とあっさり断言し、形而上学的想定への方向性を否定します。ヒュームの方向性ですね。ヒュームは、先ほどお話ししたように、自我とか因果律などの基本的諸概念を習慣によって形成されるものと見なしました。ここで、西田は「意識現象の普遍的結合」という表現を使っていますが、この場合の「普遍的」も、先ほどの「普遍的結合」という表現の「普遍的」も、論理的必然性からしてそうなるということではなく、経験的にほぼ常にそうなることが観察される、という程度の意味でしょう。

因みに『善の研究』の二年前に、レーニンの『唯物論と経験批判』が刊行されています。レーニンはたまたま西田と同じ年の生まれですね。レーニンがこの文章を読んだとしたら、バークリと同様の主観的観念論であり、近代科学の成果を無視している、人間の意識とは無関係に存在している物理的事実があることが分からないのか、こんなのはブルジョワの反動思想だ、と激怒したことでしょう（笑）。バークリのことも言及されていますね。

> それで純粋経験の上から厳密に考えて見ると、我々の意識現象の外に独立自全の事実なく、バークレーのいった様に真に有即知 esse=percipi である。我々の世界は意識現象の事実より組み立てられてある。種々の哲学も科学も皆この事実の説明にすぎない。

〈Esse is percipi〉というのは、あるものが「存在」しているというのは、私によって「知覚」されているということと完全にイコールであって、「知覚」されたという事実を超えたところに、そのものの「実在」があるわけではない、ということです。バークリは、イギリス経験論の歴史で、ロックとヒュームの中間に位置付けられている人ですが、あまり注目されないですね。観念は経験を通して形成されるとするロックの議論や、習慣から因果律が形成されるとするヒュームの議論が分かりやすいのに対し、「存在」と「知覚」を等置するバークリの議論がピンと来にくいうえ、「経験」を否定しているように見えるからでしょう。「知覚されるもの」の本体を、「意識」の外部に見出すことができないとすると、「知覚」は本当に「経験」なのか、「意識」の中で生じる幻想ではないのか、という感じがしますね。私たちは、「経験」とは、外界で生じる現象あるいは出来事との遭遇だという考えに慣れていますから。そのため主観的観念論とか独我論と批判され、レーニンに非難される代表格になります。西田はバークリを評価しているように見えますが、そのまま肯定しているわけではありません。

レーニン

> 余がここに意識現象というのは或いは誤解を生ずる恐がある。意識現象といえば、物体と分れて精神のみ存するということに考えられるかも知れない。余の真意では真実在とは意識現象とも物

体現象とも名づけられない者である。またバークレーの有即知というも余の真意に適しない。直接の実在は受動的の者でない、独立自全の活動である。有即活動とでも云った方がよい。

「意識」を物理的現象に還元する物理主義的な見方を否定したうえで、今度は、「精神」に還元する見方を否定します。もし、精神現象という意味に「意識現象」を理解する人がいるとすれば、それは違うということですね。バークリの「有即知」が、西田の「実在」観と完全に合致しない理由として、「直接の実在は受動的の者ではない」、と述べていますね。これは〈esse=percipi〉が受動態の不定詞だということを念頭に置いているのでしょう。能動態の不定詞は、〈percipere〉です。バークリの議論では、意識によって「知覚される」ことだけが「存在」の標識になっているけれど、自分の理解では、真に実在するものは、「自立的に活動している」「能動的である」、と西田は言っているわけです。

　西田の言いたいことは分かりますが、疑問もわいてきます。私たちが「物」について知るのは、あくまでそれが私たちの五感によって「知覚」されるからです。「知覚」されるのは、それが活動して私たちの意識に干渉しているからだ、と言えないことはないですが、これまでの西田の理屈からすると、どうして「意識」の外に〝ある〟ものが活動しているかどうか、知りようがないはずです。あるいは、「意識」の中で「知覚されたもの」が能動的に活動しているということなのか？　この箇所だけでは、判然としません。とりあえず、先へ読み進めましょう。

　次の段落で西田は、全てを（「精神」でも「物質」でもないものとしての）「意識」に還元すると、いろいろと常識に反する事態が生じてくることを認め、それについての説明を試みています。

　かくの如き難問の一は、もし意識現象をのみ実在とするならば、世界は凡て自己の観念であるという独知論に陥るではないか。または、さなくとも、各自の意識が互に独立の実在であるならば、いかにしてその間の関係を説明することができるかということである。しかし意識は必ず誰かの意識でなければならぬというのは、単に意識には必ず統一がなければならぬというの意にすぎない。もしこれ以上に所有者がなければならぬとの考ならば、それは明《あきらか》に独断である。しかるにこの統一作用即ち統覚というのは、類似せる観念感情が中枢となって意識を統一するというまでであって、この意識統一の範囲なる者が、純粋経験の立場より見て、彼我《ひが》の間に絶対的分別をなすことはできぬ。もし個人的意識において、昨日の意識と今日の意識とが独立の意識でありながら、その同一系統に属するの故を以て一つの意識と考えることができるならば、自他の意識の間にも同一の関係を見出すことができるであろう。

「独知論」というのは、「独我論」のことだと考えていいでしょう。西田の言っていることは、受け容れられるかどうかは別として、はっきりしていますね。「意識」の所有者、「意識」の主体が、「私」だと最初から決めてかかるのは独断ではないか、ということです。私たちは、「意識」というと、すぐに特定の誰かの固有の「意識」であると前提し、私に「意識」されたことであれば、それは基本的に「私だけの意識経験」だと自動的に考えます。「私」は他者たちと直接的に「意識」を共有できない、というのが大前提です。言語とか身振りで、意志を伝達できるだけだと考えます。もし、自分以外のものと直接〝意識〟を共有できると主張する人がいれば、神秘主義者だと思うでしょう。そういう風に、各自の意識経験が分断され、自分だけの経験しかできないことを、ハイデガーは「各自性 Jemeinigkeit」と呼んでいますし、現代の哲学でも、「私」という意識が、この世界の中で特別の位置を占めていることをめぐる問題は、いろんな文脈で論じられています。

フランス系の現代思想だと、「私の意識」と一概に言い切ることができず、匿名性があるように思われる「無意識」の〝存在〟に言及し、「無意識」が「私」を動かしていることを巧みに指摘する形で、「自／他」の境界線を相対化していくという手法が取られるのですが、西田はそういう回り道をすっ飛ばして、いきなり、「意識」の中に「統一作用＝統覚」が働いているので、その中心点が「私」として実体化されてイメージされているだけだ、と主張するわけです。いつも同じような感情を中心にして、「意識」が統一的に、一つの方向に向かって作用するので、その感情が「私」と呼ばれるようになる、ということです。その統一作用によって制御されている範囲は未確定なので、自／他の境界線も未確定だというわけですね。

　こういう風に一気呵成に、私の意識は、自我の統一作用が及ばない外部と地続きになっていると言われると、現代人にとってはちょっとオカルトっぽい感じもしますが（笑）、西田はそういう印象を緩和するためか、昨日意識したことと、今日経験したことはそれぞれ独立に成立しているにもかかわらず、連続した意識として認識されるのだから、私の経験と他人の経験も、それぞれ独立に成立していながら、繋がっていておかしくないのではないか、と言っていますね。ただ、そうは言われても、この二つは違うような感じがしますね。他人の意識と自分の意識の境目が曖昧になったという記憶を持っている人なんてほとんどいないでしょうし、いたら、危ない人扱いされますし（笑）、昨日も今日も同じ身体に「私」という意識がへばりついているのに対し、他人の体に自分の意識がくっつくことはないので、同じことだとは感じにくいですね。

> 我々の思考感情の内容は凡て一般的である。幾千年を経過し幾千里を隔てて居ても思想感情は互に相通ずることができる。例えば数理の如き者は誰がいつどこに考えても同一である。故に偉大なる人は幾多の人を感化して一団となし、同一の精神を以て支配する。この時これらの人の精神を一と見做《みな》すことができる。

「意識」に境界線がないことを示唆する、更なる例です。「思考感情の内容」が数千年、数千里を隔てても相通ずる例として、数学を挙げているわけですね。確かに、お互いに縁もゆかりもない人が独立に思考を繰り広げて、同じ真理に到達することができます。その意味で、数学は、個人間の差を超えていますし、

数学ほど明確ではなくても、誰でも同じように考えたり、感じたりせざるを得ないことはありそうです。ただ、それは、対象の構造が同一だからと考えることも、人間の身体の構造がほぼ同一だからと見ることもできます。

西田はかなり先走って話を進めている感じですね。

> 次に意識現象を以て唯一の実在となすについて解釈に苦むのは、我々の意識現象は固定せる物ではなく、始終変化する出来事の連続であって見れば、これらの現象は何処《いずこ》より起り、何処に去るかの問題である。しかしこの問題もつまり物には必ず原因結果がなければならぬという因果律の要求より起るのであるから、この問題を考うる前に、先《ま》ず因果律の要求とは如何なる者であるかを攻究《こうきゅう》せねばならぬ。普通には因果律は直《ただち》に現象の背後における固定せる物其者の存在を要求する様に考えて居るが、そは誤である。因果律の正当なる意義はヒュームのいった様に、或る現象の起るには必ずこれに先だつ一定の現象があるというまでであって、現象以上の物の存在を要求するのではない。

どうしてここでヒュームの因果律批判を持ち出してきたかというと、私たちは通常、何らかの（私たちの意識の外部に）実在する物が、因果律に基づいて、現象を引き起こすという、物理的なイメージを抱いているからです。因果律は、物理的な性質なものであると考えるのが普通でしょう。実在する物が関与しない因果関係というのは、想像しにくいですね。先ほど見たように、意識現象自体が、外界からの刺激とか、神経内の物質の運動とかいう見方をすることもできます。西田は、ヒュームの言うように、因果律というのは、現象Aの後に現象Bが意識の中で続いて起るということが繰り返されていくうちに、その繋がりが固定的にイメージされるようになったというだけのことであるとしたうえで、原因としての「物」が外部に存在する必然性はない、と改めて確認しているわけです。原因となるべき実在が意識の外にある必然性はない、ということですね。

因果律というのは、我々の意識現象の変化を本《もと》として、これより起った思惟の習慣であることは、この因果律に由りて宇宙全体を説明しようとすると、すぐに自家撞着《じかどうちゃく》に陥るのを以て見ても分る。因果律は世界に始がなければならぬと要求する。しかしもしどこかを始と定むれば因果律は更にその原因は如何《いかん》と尋ねる、即ち自分で自分の不完全なることを明にして居るのである。

西田とドゥルーズ——潜勢力

因果律が常に厳密に作用していると仮定すると、宇宙の始めにある現象Xが起ったとすると、Xの現象である現象Yがなければならないことになります。そのYにも原因としてZがあるはず、ということになり、どこまでも続きます。それを別に矛盾だと思わない人もいると思いますが、西田は、因果の大本が分からなくなってしまうことは、実体を想定する因果律の破綻と見ているわけです。

終りに、無より有を生ぜぬという因果律の考についても一言して置こう。普通の意味において物がないといっても、主客の別を打破したる直覚の上より見れば、やはり無の意識が実在して居るのである。無というのを単に語でなくこれに何か具体的の意味を与えて見ると、一方では或る性質の欠乏ということであるが、一方には何らかの積極的性質をもって居る（例えば心理学からいえば黒色も一種の感覚である）。それで物体界にて無より有を生ずると思われることも、意識の事実として見れば無は真の無でなく、意識発展の或る一契機であると見ることができる。さらば意識においては如何、無より有を生ずることができるか。意識は、時、場所、力の数量的限定の下に立つべき者ではなく、従って機械的因果律の支配を受くべき者ではない。これらの形式はかえって意識統一の上に成立するのである。意識においては凡てが性質的であって、潜勢的一者が己《おのれ》自身を発展するのである。意識はヘーゲルのいわゆる無限 das Unendliche である。

無　⇒「潜勢的一者が己自身を発展するのである」
　→はっきりと認識し得る形をして存在していないので、何もない空白のように見えるところにも、潜勢（ポテンシャル）的に“何か”あり、それが何らかのきっかけによって、はっきりと見える形で展開するようになる。
　顕在化されていないものに、存在のステータスを付与する
　・西田の議論は、「潜勢的 virtuel／現勢的 actuel」を連続的・相対的に捉える、フランス現代思想のドゥルーズの議論に通じている。
　・ドゥルーズ『襞 Le Pli』
　ここでは物を縁どる襞の無限の折り畳み可能性という問題

　ここで、「無」といういかにも西田らしい概念が出てきましたね。文脈からすると、ここで言われている「無」は、実在する「物」の背景とか場のようなものでしょう。例えば、星が輝いている夜空を考えてみましょう。真黒な背景がないと、星は見えません。また、何もない空間のように見えるところにも、重力などの力が働いています。何もないように見えるところも、よく見ると、空間を成立させるうえで何らかの役割を果たしていることが判明するということがあります。西田はそうした相対的な意味での「無」の話を、「意識」の無限定性の話と結び付けようとしているのでしょう。「意識」が働いていないように見えるところにも実は何らかの意識作用がある、と考えるわけです。そうすると、誰の意識でもない地帯にも、「意識」が働いていてもおかしくない、ということになります。意識の主体がいないようにも見えるところでも、実は意識作用が普遍的に進行していて、私たちの意識もその一部だということでしょう。だとすると、先ほどバークリの所で出てきた、意識＝存在の能動性の話も、それなりに納得できそうです。ただ、重力などの物理的作用と、意識作用を同じように扱うのは、論理の飛躍であるような気がします。

　あと、「潜勢的一者が己自身を発展するのである」という箇所が重要です。はっきりと認識し得る形をして存在していないので、何もない空白のように見えるところにも、潜勢（ポテンシャル）的に〝何か〟あり、それが何らかのきっかけによって、はっきりと見える形で展開するようになる、ということです。無のように見える「潜勢的なもの」を、「存在」と地続きで考える西田の議論は、「潜勢的 virtuel／現勢的 actuel」を連続的・相対的に捉える、フランス現

代思想のドゥルーズ（一九二五―九五）の議論に通じているように思えます。ドゥルーズ研究をやっている檜垣立哉さん（一九六四―　）のように、ドゥルーズと西田の類似性を指摘している人もいます。顕在化されていないものに、存在のステータスを付与するのであれば、似てくるのは当然かもしれません。

　ここに一種の色の感覚があるとしても、この中に無限の変化を含んで居るといえる、即ち我々の意識が精細となりゆけば、一種の色の中にも無限の変化を感ずる様になる。今日我々の感覚の差別も斯《か》くして分化し来《きた》れるものであろう。

ここは分かりやすいですね。実はいろんな差異が潜勢的には含まれているのに、私たちには見えないので、均一的で同じもののように見えているけれど、私たちの眼にそれを弁別する能力が備われば、異なったものとして弁別されるようになる。そのように識別されることによって、全体の中に溶け込んでいた細部が、別個の存在者として認められるようになることがあるかもしれない。これはまさにドゥルーズがやっている議論です。ドゥルーズは、『襞 Le Pli』（一九八八）という著作があり、ここでは物を縁どる襞の無限の折り畳み可能性という問題が、ライプニッツ（一六四六―一七一六）やバロック文化に即して論じられます。現実に存在する物質には厚みがあるので、無限に折り畳むことはできませんが、物体の縁を細かく観察するとして、いろんな小さなくぼみがあり、それを観察して、その長さを足し合わせていくと、無限に延びていく可能性があります。くぼみを更にミクロに観察すると、くぼみの中のくぼみを発見できる可能性があるからです。中沢新一さん（一九五〇―　）が、かつてしきりに数学のフラクタル理論を援用して論じていたのはこの問題です。細かく見ていくことによって、個体の同一性・自己完結性が揺らぎ、細かい差異が見えてくるわけです。こういう視点において、西田は実際、ポストモダンに通じているのかもしれません。ただ、この手の話を文学的レトリックで一気呵成に進めていくと、オカルト扱いされます（笑）。その点でも、西田はポストモダン的なのかもしれません。

ヘーゲル、スピノザ、ソシュールと西田

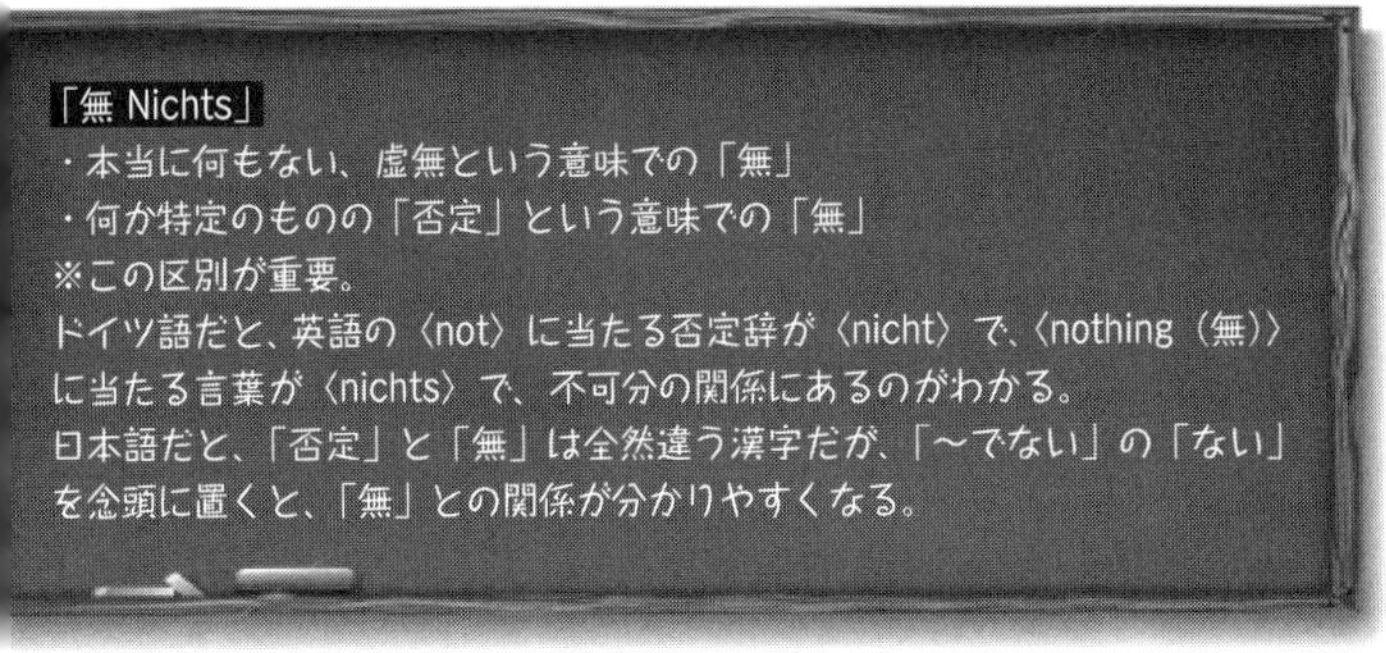
「無 Nichts」
・本当に何もない、虚無という意味での「無」
・何か特定のものの「否定」という意味での「無」
※この区別が重要。
ドイツ語だと、英語の〈not〉に当たる否定辞が〈nicht〉で、〈nothing（無）〉に当たる言葉が〈nichts〉で、不可分の関係にあるのがわかる。
日本語だと、「否定」と「無」は全然違う漢字だが、「〜でない」の「ない」を念頭に置くと、「無」との関係が分かりやすくなる。

「意識」がヘーゲルの「無限 das Unendliche」だということについても少し説明しておきましょう。『（大）論理学 Wissenschaft der Logik』（一八一二―一六）での議論を念頭に置いているのだと思います。『大論理学』というタイトルですが、私たちの知っている三段論法とか記号論理学のような話をするのではなく、私たちの思考を規定する基本的な諸概念の発展過程を論じた著作です。「存在 Sein」と「無 Nichts」の話から始まります。「無」と一口に言っても、本当に何もない、虚無という意味での「無」と、何か特定のものの「否定」という意味での「無」があります。この区別が重要です。日本語だと、「否定」と「無」は全然違う漢字を違いますが、ドイツ語だと、英語の〈not〉に当たる否定辞が〈nicht〉で、〈nothing（無）〉に当たる言葉が〈nichts〉で、不可分の関係にあることが一目瞭然です。日本語だと、「〜でない」の「ない」を念頭に置くと、「無」との関係が分かりやすくなりますね。

ヘーゲルは、いかなる否定も含まない「純粋な存在 reines Sein」には、いかなる差異（区別）も含まれていないので、「純粋な無 reines Nichts」と等しいけれど、そこに否定作用（Negation）が働いて、何かの可能性が「否定」されることによって、「規定された存在 bestimmtes Sein ＝定在 Dasein」が生じてくるという議論を展開します。〈Dasein〉は、通常のドイツ語では何か特定のものが「存在」することを意味する言葉です。〈da〉というのは、英語の〈there〉と同じように、その場に現にあることを示す副詞です。日常的には〈Sein〉と〈Dasein（そこにあること＝現にあること）〉ははっきり意味的に使い分けられているわけではありませんが、ヘー

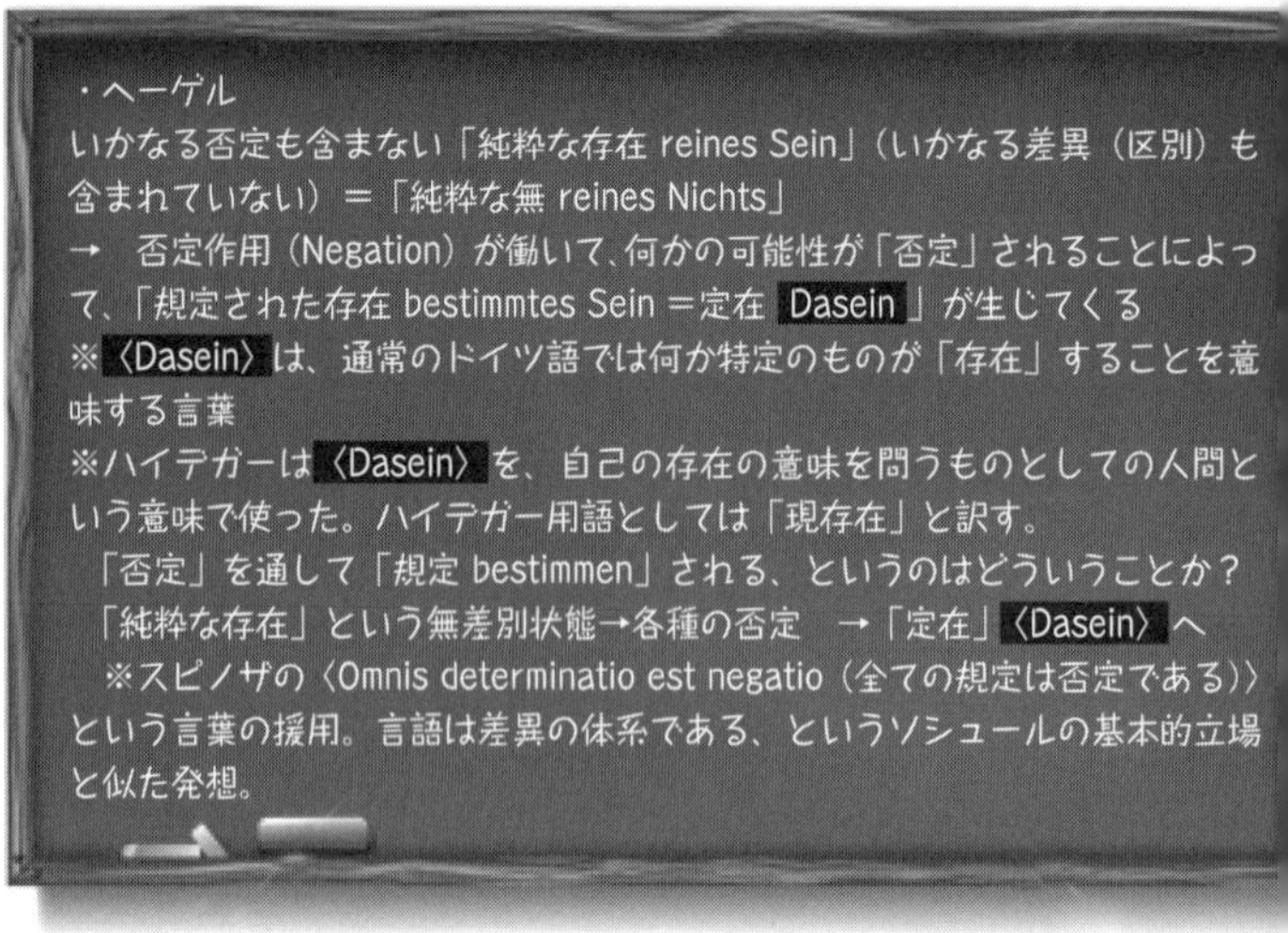
・ヘーゲル
いかなる否定も含まない「純粋な存在 reines Sein」（いかなる差異（区別）も含まれていない）＝「純粋な無 reines Nichts」
→　否定作用（Negation）が働いて、何かの可能性が「否定」されることによって、「規定された存在 bestimmtes Sein ＝定在 Dasein 」が生じてくる
※〈Dasein〉は、通常のドイツ語では何か特定のものが「存在」することを意味する言葉
※ハイデガーは〈Dasein〉を、自己の存在の意味を問うものとしての人間という意味で使った。ハイデガー用語としては「現存在」と訳す。
「否定」を通して「規定 bestimmen」される、というのはどういうことか？
「純粋な存在」という無差別状態→各種の否定　→「定在」〈Dasein〉へ
※スピノザの〈Omnis determinatio est negatio（全ての規定は否定である）〉という言葉の援用。言語は差異の体系である、というソシュールの基本的立場と似た発想。

ゲルは〈da-〉を、特定の場にあるものとして限定されているというような意味に取っているわけです。因みにハイデガーは〈Dasein〉を、自己の存在の意味を問うものとしての人間という意味で使いました。ハイデガー用語としては「現存在」と訳します。

「否定」を通して「規定 bestimmen」される、というのはどういうことか説明しておきましょう。例えば、ある人間について、「男性ではない」とか「大人でない」「白人でない」「老人ではない」「東京に住んでいない」というように、ある存在の仕方の可能性を「否定」することによって、一定の特性を持った人間として規定されるようになります。「純粋な存在」という無差別状態に、各種の否定が働くことによって、「定在」になるわけです。ヘーゲルはこれに関して、スピノザの〈Omnis determinatio est negatio（全ての規定は否定である）〉という言葉を引用しています。これ、言語は差異の体系である、というソシュール（一八五七－一九一三）の基本的立場と似た発想ですね。

それで、これと「無限なもの das Unendliche」がどう関係しているかというと、ヘーゲルは先ず、「定在」として「規定」されているだけでなく、その運動・発展の方向性が「制限 begrenzen」されている状態を、「有限性 Endlichkeit」と呼びます。「定在」のほとんどは、多かれ少なかれ、制限を受けている、「有限なもの das Endliche」であるわけですが、それぞれの「有限なもの」には、自己の制約を超えていこうとする契機が備わっています。

・「有限なもの das Endliche」：「定在」として「規定」されているだけでなく、その運動・発展の方向性が「制限 begrenzen」されている状態を、「有限性 Endlichkeit」と言う。

「有限なもの」には、自己の制約を超えていこうとする契機が備わっている。

↕

・「無限なもの das Unendliche」：「有限者」に内在し、自己超越へと働きかける。自己の限界を超えて向かっていく先に目標として想定される。

「有限なもの」自体に「無限なもの」が内在している？

「有限者」に内在し、自己超越へと働きかけるのが「無限なもの」、あるいは、自己の限界を超えて向かっていく先に目標として想定されるのが、「無限なもの」です。こういう抽象的な言い方をすると、分かりにくいと思いますが、人間の自己意識に即して考えると分かりやすいでしょう。例えば、私たちが「私は日本人であり、その事実は決して変えられない」ということを強く意識したとします。すると、その時必然的に、「日本人」ではない他の人々が想定されていることになります。すると、その他の人々と、「日本人」を含む、より大きなカテゴリーとして東アジア人とか、アジア人、人間などというより大きな範疇が見出されます。そうやって、より限定されていない有限者が浮上してきて、無限へと向かっていくわけです。自己意識ではなくても、ある限定されたものについて思考することは、そのものを、それと異なるものと関係付けることになります。先ほどの「規定＝否定」とは逆のベクトルですね。そういう運動が生じるのは、「有限なもの」自体に「無限なもの」が内在しているからだと見ることができます。

こうしたヘーゲルの弁証法的論理学を念頭に置きながら、ヘーゲルの「精神」を、「意識」に置きかえて考えているのだとしたら、ここで西田の言っていることは、スピノザやヘーゲルを受け容れられる人にとってはそれなりに説得力があるはずですが、どうも説明不足のせいで分かりにくいですね。スピノザやヘーゲルとの違いを出そうとして、敢えて、細かく参照していないのかもしれません。

「真実在」の現われ方

第三章「実在の真景」では、「真の実在」においても主客の分離も、知情意の分離もないという、前回見たのと同様の議論が展開され、それを受けて、第四章「真実在は常に同一の形式を有って居る」では、「真実在」がどのような現われ方をするかが論じられています。

> 独立自全なる真実在の成立する方式を考えて見ると、皆同一の形式に由って成立するのである。即ち次の如き形式に由るのである。先《ま》ず全体が含蓄的 implicit に現われる、それよりその内容が分化発展する、而《しか》してこの分化発展が終った時実在の全体が実現せられ完成せられるのである。一言にていえば、一つの者が自分自身にて発展完成するのである。この方式は我々の活動的意識作用において最も明に見ることができる。意志について見るに、先ず目的観念なる者があって、これより事情に応じてこれを実現するに適当なる観念が体系的に組織せられ、この組織が完成せられし時行為となり、ここに目的が実現せられ、意志の作用が集結するのである。啻《ただ》に意志作用のみではなく、いわゆる知識作用である思惟想像等について見てもこの通りである。やはり先ず目的観念があってこれより種々の観念聯合《れんごう》を生じ、正統なる観念結合を得た時この作用が完成せらるるのである。

「含蓄的」というのは、はっきりと顕在化していないけれど、潜在的可能性としてそこにある、ということでしょう。分化発展が終わってから、「実在」の全体像が明らかになるというのは逆に言えば、分化発展が終わるまでは、真の実在は見えず、限定された部分が見えるだけということです。そういうヘーゲル主義的な視点を取るよう促すことで、存在／無、精神／物質、主観／客観、自／他、理性／知覚、意志／知性といった分割を、根源的で動かしがたいものであるという私たちの常識的な視点を相対化しようとしているのだと思います。

ここで意志の「目的」の話が出てきますが、これは「目的」と共に「終わり」を意味するドイツ語の〈Ende〉を意識しているのでしょう。英語の〈end〉もそうです。先ほど出てきたヘーゲルの〈das Unendliche〉にも、〈-end-〉という綴りが入っていましたね。「終端＝限界」がないから「無限」であるわけです。最終的に到達すべき「目的」が立てられることによって、その実現に向けて運動が始まります。人間の意識における「意志」の作用では、「目的」が起点になることははっきりしていますね。ただし、自分自身でも自分の「目的」がよく分からないことがありますし、他人にはなおさら分かりません。しかし、その運動がいったん「終わり」、実在が「限界付け」られることによって、その「目的」が判明することがあります。「目的＝終わり」が明らかになることで、最初の時点では、未分化ではっきりしなかった「実在」の真の姿が見えてくるというわけですね。「意志」だけではなく、「知」や「情」も、そうした「目的＝終わり」があると考えると、「意識」は能動的な性格を持っているということになるでしょう。

> （…）意識はいかなる場合でも決して単純で受動的ではない、能動的で複合せるものである。而《しか》してその成立は必ず右の形式に由るのである。主意説のいう様に、意志が凡ての意識の原形であるから、凡ての意識はいかに簡単であっても、意志と同一の形式に由って成立するものといわねばならぬ。

「主意説」というのは、前回も見たように、意志が「意識」の本来の在り方だとする見方のことです。「意識」は必ず、何らかの「目的＝終わり」に向かって自己を組織化していく形で現実化していくわけです。これに続けて、受動的意識と能動的意識の区別も程度の差であると述べています。

> 聯想《れんそう》または記憶の如き意識作用も全然聯想の法則というが如き外界の事情より支配せらるるものでない、各人の内面的性質がその主動力である、やはり内より統一的或る者が発展すると見ることができる。ただいわゆる能動的意識ではこの統一的或る者が観念として明に意識の上に浮んで居るが、受動的意識ではこの者が無意識かまたは一種の感情となって働いて居るのである。

ここは分かりやすいですね。私たちは外界からの働きかけによって、意識の運動が始動する場合もあるので、そういう時には意識は、意志の場合と違って受動的ではないかと思いがちですが、西田はそれは、意識の「目的」が顕在化していないだけであって、何らかの「目的」を目指して変化しようとする契機が無意識のレベルで働いている、ということですね。ただ、西田のように、全ては同じ一つの意識の運動だと捉えると、どうして内／外の区別が生じるのかという疑問が生じますね。全てが一つの意識＝実在だとすれば、どうしてそこに差異が生まれ、運動が生じるのか？　これは、自我が自己自身と他者を定立するというテーゼから出発するフィヒテの知識学以来、西欧の哲学がいろいろな形で答えようとして、今に至るまで、誰もが納得できるような答えが出せなかった問題です。ヘーゲルの哲学はまさにこの問題をめぐって展開していきます。

第五章「真実在の根本的方式」に入りましょう。全ての「実在」の背後には、複数の現象を一つにまとめようとする統一作用が働いている、ということが論じられています。最初には、真の実在は、単純な「元子（原子）」であるとする議論が批判されています。デモクリトス（前四六〇頃―三七〇頃）の原子論のようなものが想定されているのでしょう。

試《こころみ》に想え、今ここに何か一つの元子があるならば、そは必ず何らかの性質または作用をもったものでなければならぬ、全く性質または作用なき者は無と同一である。しかるに一つの物が働くというのは必ず他の物に対して働くのである、而《しか》してこれには必ずこの二つの物を結合して互に相働くを得しめる第三者がなくてはならぬ、例えば甲の物体の運動が乙に伝わるというには、この両物体の間に力というものがなければならぬ、また性質ということも一の性質が成立するには必ず他に対して成立するのである。例えば色が赤のみであったならば赤という色は現われ様がない、赤が現われるには赤ならざる色がなければならぬ、而して一の性質が他の性質と比較し区別せらるるには、両性質はその根底において同一でなければならぬ、全く類を異にしその間に何らの共通なる点をもたぬ者は比較し区別することができぬ。

ここは分かりやすいですね。どのような単純な原子であっても、何らかの属性や作用を有する以上、他

のものと関係しているはずだし、その関係がどうして成立するのか考えれば、自他を繋ぐ共通の要素があるということになります。ただ、「根底において同一でなければならぬ」という言い方は強すぎる感じもしますね。共通するものがあるのは確かだけど、それを「同一」と言うべきか？　この辺は、やはり勇み足であるように思えます。

> この統一的或る者が物体現象ではこれを外界に存する物力となし、精神現象ではこれを意識の統一力に帰するのであるが、前にいった様に、物体現象といい精神現象というも純粋経験の上においては同一であるから、この二種の統一作用は元来、同一種に属すべきものである。我々の思惟意志の根柢における統一力と宇宙現象の根柢における統一力とは直《ただち》に同一である、例えば我々の論理、数学の法則は直に宇宙現象がこれに由りて成立しうる原則である。

かなり急いで話を進めている感じですね。全ての物体現象を統一するものがあるのはいいとして、それと同じレベルで精神現象を統一する意識の力があるかというと、疑問ですね。各人の意識を統一する力なら分かりますが、これまでの議論からして、またこの章での議論の文脈から見て、各人の意識の壁を超えて、全ての精神現象を統一する力があると見ているようです。そういう力があるという前提のうえで、それが物体現象を統一する力と根底において同一だと言っているわけです。そういう同一性に基づいて、私たちの論理や数学の法則と、宇宙の法則が合致するのだと主張しているわけですが、これはかなりの飛躍ですね。

九三頁から九四頁にかけて、実在は一にして多、多にして一である、という禅問答のような話が出てきます。

> 右の如く真に一にして多なる実在は自動不息でなければならぬ。静止の状態とは他と対立せぬ独存の状態であって、即ち多を排斥したる一の状態である。しかしこの状態にて実在は成立することはで

きない。もし統一に由って或る一つの状態が成立したとすれば、直にここに他の反対の状態が成立して居らねばならぬ。一の統一が立てば直にこれを破る不統一が成立する。真実在はかくの如き無限の対立を以て成立するのである。

先ほどは「統一」が強調されていましたが、完全に他を排した自己同一の状態は、ヘーゲルの『論理学』に即して見たように、純粋無と同じなので、「実在」として成立することができません。そのため、統一が成立した瞬間に、それとは異なるものが浮上してくるわけです。その両者の間に再統合の作用が生じます。ヘーゲルの弁証法でお馴染みのテーゼ（正）→アンチテーゼ（反）→ジンテーゼ（合）という図式を繰り返しながら、発展することになるわけです。

ヘーゲルは何でも理性的なる者は実在であって、実在は必ず理性的なる者であるといった。この語は種々の反対をうけたにも拘らず、見方に由っては動かすべからざる真理である。宇宙の現象はいかに些細なる者であっても、決して偶然に起り前後に全く何らの関係をもたぬものはない。必ず起るべき理由を具して起るのである。我らはこれを偶然と見るのは単に知識の不足より来るのである。

冒頭の「理性的なる者は実在であって……」という部分は注にもあるように、『法哲学綱要』（一八二一）の序文にある有名な、「理性的（vernünftig）なものは現実的（wirklich）であり、現実的なものは理性的である」というフレーズのことです。この場合の「現実的なもの」は、直接的には、現存する国家を指しており、通常は現存する国家を理性的なものとして正当化するフレーズと理解されますが、マルクス（一八一八―八三）などのヘーゲル左派は、これをむしろ、恐らくヘーゲル自身の意向に反する形で、理性的なものが現実的にならねばならない、という意味に解釈し、現存する国家への批判の論理として用いるようになりました。西田はそうした政治思想的な文脈は抜きにして、理性的な思考の結論は内面に留まることなく、現実的に展開することになり、その現実的な展開の帰結は理性的思考と一致するという一般的な意味で理解しているのでしょう。これは、実在が意識の内側から外へと展開し、「目的＝終わり」においてその真の姿を現わす、という西田の議論をより分かりやすい形で表現したものと見ることができます。

理性的なものが現実的に展開することが必然だとすると、この宇宙に実在するものには、理性に基づく必然性があることになります。そうだとすると、宇宙の全ては、一つの実在として繋がっているという西田の議論にもそれなりに説得力が出てきます。無論、宇宙の始まりは偶然ではなく、理性的な根拠に基づいている、というヘーゲル的、もしくはキリスト教的な前提を受け容れるということが大前提になりますが。

時間と実在

第六章「唯一実在」では、各人の様々な時点での意識活動が個別に成立しているのではなく、すべては連続しているということが、「時間」との関係で論じられています。

意識現象は時々刻々に移りゆくもので、同一の意識が再び起ることはない。昨日の意識と今日の意識とは、よしその内容において同一なるにせよ、全然異なった意識であるという考は、直接経験の立脚地より見たのではなくて、かえって時間という者を仮定し、意識現象はその上に顕われる者として推論した結果である。意識現象が時間という形式に由って成立する者とすれば、時間の性質上一たび過ぎ去った意識現象は再び還《かえ》ることはできぬ。時間はただ一つの方向を有するのみである。たとい全く同一の内容を有する意識であっても、時間の形式上已《すで》に同一とはいわれないこととなる。しかし今直接経験の本《もと》に立ち還って見ると、これらの関係は全く反対とならねばならぬ。時間というのは我々の経験の内容を整頓する形式にすぎないので、時間という考の起るには先《ま》ず意識内容が結合せられ統一せられて一となることができねばならぬ。しからざれば前後を連合配列して時間的に考えることはできない。されば意識の統一作用は時間の支配を受けるのではなく、かえって時間はこの統一作用に

——由って成立するのである。意識の根柢には時間の外に超越せる不変的或る者があるといわねばならぬことになる。

一つの方向に向かって過ぎ去っていくものとしての「時間」が仮定だと言っていることがミソですね。意識内容の統一作用が先ずあって、それが「時間」という形式で現われてくるということですね。「時間」より前に「作用」があるというのはイメージしにくいですが、強いて言えば、各瞬間に相当する画像を構成・配置することで、流れていくアニメ映像を作り出すような感じかもしれません。構成・配置されて、初めて時間としての流れが見えてくるわけです。西田は、そうした構成・配置が、時間の具体的な流れに先だって行われていると主張しているわけです。アニメは人間が時間をかけて順番に作らないといけないので、これだけだとまだピンと来にくいかもしれませんが、コンピューターの中で、既に出来上がって保存されている画像が、プログラムに従って自動的に構成・配置されるというイメージで考えれば、もう少し分かりやすくなるでしょう。西田は、そういうプログラムのようなものが予め「意識」に備わっていると考えているわけです。ただし、「意識」といっても、私たちの通常の主観的意識ではなくて、その根底にある、ヘーゲルの絶対精神にも、全てのものを通底する「意識」のレベルのプログラムであり、私たちから見て無意識レベルで働いているものであり、私たちはそれを恣意的にいじることはできません。通常の時間意識を超えた所で、私たちの意識がどのように展開するかを規定する作用が進行しているという考え方は、ハイデガーが『存在と時間』（一九二七）で示した見方に似ているようにも思えます。ただしハイデガーは、この統一作用を、より根源的な意味での「時間」と見ているわけですが。いずれにしても、そういう作用の実在性を実証することはできません。

——右にいった様に意識の根柢に不変の統一力が働いて居るとすれば、この統一力なる者は如何《いか》なる形において存在するか、いかにして自分を維持するかの疑が起るであろう。心理学では此の如き統一作用の本を脳という物質に帰して居る。しかしかつていった様に、意識外に独立の物体を仮定するのは意識現象の不変的結合より推論したので、これよりも意識内容の直接の結合という統一作用が根本的事実である。この統一力は或る他の実在よりして出《い》で来《きた》るのではなく、実在はかえってこの作用に由りて成立するのである。人は皆宇宙に一定不変の理なる者あって、万物はこれに由りて成立すると信じて居る。この理とは万物の統一力であって兼ねてまた意識内面の統一力である、理は物や心に由って所持せられるのではなく、理が物心を成立せしむるのである。理は独立自存であって、時間、空間、人に由って異なることなく、顕滅《けんめつ》用不用に由りて変ぜざる者である。

「統一作用」があると断定的に言ったら、そのような力はどういう形で存在しているのかという疑問が当然出て来ることを、西田も予想していたようです。あまり納得できる答えではありませんが、西田は、別の実在によってそれが生み出されたわけではなく、むしろ、この統一作用こそが、全ての「実在」を生み出した根源的事実だとして、「理」と呼び変えているわけですね。「理」という漢字を使っているのは、儒教の理気二元論の「理」が宇宙を形成する形而上学的な創造の原理のような意味を持つので、それを念頭に置いているのではないかと思います。「理」は物質でも精神でもなく、むしろ両者を生み出したものであり、当然、主観的意識における連合作用のようなものではなく、その根底にあるものだ、ということですね。

主体と無意識

第七章「実在の分化発展」に入ります。文字通り、単一の実在が分化発展するメカニズムについて論じられています。

――意識を離れて世界ありという考より見れば、万物は個々独立に存在するものということができるかも知らぬが、意識現象が唯一の実在であるという考より見れば、宇宙万象の根柢には唯一の統一力あり、万物は同一の実在の発現したものといわねばならぬ。我々の知識が進歩するに従って益々《ますます》この同一の理あることを確信する様になる。

今まで述べてきたことのまとめのようですが、ここでは私たちの知識の進歩によって、万物の根源である「同一の理＝同一の実在」があることが次第に確信されつつある、と断言していますね。

実在は一に統一せられて居ると共に対立を含んで居らねばならぬ。ここに一の実在があれば必ずこれに対する他の実在がある。而《しか》してかくこの二つの物が互に相対立するには、この二つの物が独立の実在ではなくして、統一せられたるものでなければならぬ、即ち一の実在の分化発展でなければならぬ。

二つの「実在」が「対立」することが可能であるには、両者の間に関係がないといけないわけです。西田はそうした関係性があるのは、両者がより根源的な実在に由来するからだと見ているわけです。二つの実在が両者に共通するものによって一応統一され、限界付けられると、先ほど見たように、その限界の向こうに別の実在が浮上してきます。その実在との間にも共通性が見出され、統一され、新たな実在が限界付けられると、更に次の実在が……というように無限に続くわけです。

斯《かく》の如き実在発展の過程は我々の意識現象について明《あきらか》にこれを見ることができる。例えば意志について見ると、意志とは或る理想を現実にせんとするので、現在と理想との対立である。しかしこの意志が実行せられ理想と一致した時、この現在は更に他の理想と対立して新なる意志が出《い》でてくる。かくして我々の生きて居る間は、どこまでも自己を発展し実現しゆくのである。次に生物の生活および発達について見ても、此の如き実在の方式を認むることができる。生物の生活は実に斯の如き不息の活動である。ただ無生物の存在はちょっとこの方式にあてはめて考えることが困難である様に見えるが、このことについては後に自然を論ずる時に話すこととしよう。

先ほど出てきた、「目的」志向性の強い「意志」が能動的で複合的だという話の説明になっています。ここでは、「目的」が、「現在」の状態と異なる「理想」として捉えられているわけですね。「現在」と「理想」という二つの実在の対立から、「意志」が生ずるということですね。「意志」が実現することによって、「現在」と「理想」は統一されて、新しい「現在」になるわけですが、すると、そこに再び、新たな「理想」が浮上してきて、新たな対立と統一が始動する。それが無限に続くとすると、確かに意志は「能動的」であり、ある段階の「意志」が、既にその次の段階の「意志」の出現を含意しているという意味で複合的です。

「理想」という言い方をすると、意識的生活を送る人間だけの話のように見えますが、他の生物も生きていく過程において、現在とは異なった状態になることを目指して、生活、発達しつつあることが観察できる、ということですね。これは進化論に代表される、一九世紀の生物学の進歩を念頭に置いているのだと思います。

ここから更に話を進めて、一〇四頁から一〇五頁にかけて、「主体」というのはこうした連続的統一作用の「統一する側」であり、「客体」とは統一される側であり、我々と物とはそういう関係にあると述べられていますね。認識も、対象への働きかけも、別個の個体の間の関係ではなく、同じ実在=意識の中の統一作用と見なすわけです。一〇六頁から一〇七頁にかけて、「能動／所動」の区別も、統一作用によって自らの目的を達する主体の側から見れば、「能動」であるが、それによって客体の側から見れば、「受動」であるとして、やはり同じことの両側面であると主張されています。

　次に無意識と意識の区別について一言せん。主観的統一作用は常に無意識であって、統一の対象となる者が意識内容として現われるのである。思惟について見ても、また意志について見ても、真の統一作用其者はいつも無意識である。ただこれを反省して見た時、この統一作用は一の観念として意識

エドゥアルト・フォン・ハルトマン

> 上に現われる。しかしこの時は已に統一作用ではなくして、統一の対象となって居るのである。前にいった様に、統一作用はいつでも主観であるから、従っていつでも無意識でなければならぬ。ハルトマンも無意識が活動であるといって居る様に、我々が主観の位置に立ち活動の状態にある時はいつも無意識である。これに反し或る意識を客観的対象として意識した時には、その意識は已に活動を失ったものである。

先ほど説明したように、統一作用は、主体である私たちが操作できない「無意識」のレベルで進行しているわけですね。無意識に進行するのだけれど、後で反省的に振り返った時に、主体＝主観である自分の側から、客体を統一あるいは統合する、統一作用がなされたことが意識化されるわけです。「統一作用はいつでも主観であるから、従っていつでも無意識でなければならぬ」というのが分かりにくいですが、これは、その後のハルトマンについての説明のように理解すればいいでしょう。

ハルトマンというと、新カント学派から出発して、フッサールなど現象学の影響を受けて、独特の価値倫理学や存在論を展開したニコライ・ハルトマン（一八八二―一九五〇）が有名ですが、ここでハルトマンと呼ばれているのは、注にもあるように、一世代前のエドゥアルト・フォン・ハルトマン（一八四二―一九〇六）という、ニーチェ（一八四四―一九〇〇）とほぼ同年代の哲学者です。『無意識の哲学 Philosophie des Unbewußten』（一八六九、八二）という著書で、ショーペンハウアー、ライプニッツ、ヘーゲル、シェリング等の立場を総合したうえで、意志と表象、実在的なものと理想的なもの、論理的なものと非論理的なものの双方を含む「無意識」によって、世界プロセスが進行しているとの見方を示し、当時評判になったようです。「主観の位置に立ち活動の状態にある時はいつも無意識である」、というのは、簡単に言うと、主体が能動的に活動している時には、自分を動かしているものは何かを把握していない、ということです。私たちは、自分の内から生じてくる目的や理念に従って行動している時、自分が意識的に活動していると思いますが、その目的や理念がどこから生じてくるかは分かりません。活動に没頭している時には、考えていないでしょう。考えていたら、その目的や理念に没頭し切ることはできません。その意味で、私たちは意識的・能動的に活動している時、無意識から生じてきたものによって動かされていると言えます。当該の活動を終えて振り返った時に、何が自分を動かしていたかようやく分かる、ということがあります。西田が言っているのは、そういうことでしょう。

> 心理学より見て精神現象は凡て意識現象であるから、無意識なる精神現象は存在せぬと云う非難がある。しかし我々の精神現象は単に観念の連続でない、必ずこれを連結統一する無意識の活動があって、始めて精神現象が成立するのである。

私たちは観念と観念を結び付けることによって思考したり、意志したりしているわけですが、どれとどれを組み合わせて自分の意識を形成するかを、予め意識的に決めることはできません。例えば、学者になりたいという目的を設定すると、そのための手段は限られているので、最も可能性が高く効率的な手段を見出すべく思考することが可能になるわけですが、「学者になりたい」という願望を、私が抱く必然性があるかと言えば、恐らくないでしょう。自分の知っている学者がかっこいいから、とか、仕事が何となく楽しそうに見えるとか、適当な理由を挙げることはできますが、それらにも当然、必然性はありません。しかし、全くでたらめに決まっているわけでもなく、いろんな観念が、意識の主体としての私にはっきり分からない傾向性のようなものによって結び付き、「私」の動機を形成しているように思えます。西田は、そういうのを無意識の働きと言っているのでしょう。

自然と根源現象

第八章「自然」では、これまで私たちの主観に即して論じられてきた「実在」の問題を、「自然」に応用します。冒頭で、主観から独立の「自然」という概念は抽象的概念であって、本来の実在とは異なる、と述べていますね。

自然とは、具体的実在より主観的方面、即ち統一作用を除き去ったものである。それ故に自然には自己がない。自然はただ必然の法則に従って外より動かされるのである、自己より自動的に働くことができないのである。それで自然現象の連結統一は精神現象においての様に内面的統一ではなく、単に時間空間上における偶然的連結である。いわゆる帰納法に由って得たる自然法なる者は、或る両種の現象が不変的連続において起るから、一は他の原因であると仮定したまでであって、如何《いか》に自然科学が進歩しても、我々はこれ以上の説明を得ることはできぬ。ただこの説明が精細にかつ一般的となるまでである。

ここは、ある意味分かりやすいですね。私たちは、自然に自己がなく、因果的必然性の法則によって動かされており、現象Aの後に現象Bが続くのは、その必然の法則と、その範囲内での偶然の組み合わせだというのはごく当たり前の話であり、それこそが近代科学の大前提だと思っていますね。しかし、西田はそういう機械的説明には何かが欠けていると考えているようですね。

真に具体的実在としての自然は、全く統一作用なくして成立するものではない。自然もやはり一種の自己を具えて居るのである。一本の植物、一匹の動物もその発現する種々の形態変化および運動は、単に無意義なる物質の結合および機械的運動ではなく、一々その全体と離すべからざる関係をもって居るので、つまり一の統一的自己の発現と見做《みな》すべきものである。例えば動物の手足鼻口等凡て一々動物生存の目的と密接なる関係があって、これを離れてその意義を解することはできぬ。少くとも動

――植物の現象を説明するには、かくの如き自然の統一力を仮定せねばならぬ。

自然には実は、自己があるという話に対する抵抗を少なくするため、まず動植物の話をしているわけです。動植物の場合確かに、各パーツがバラバラに存在していて、偶然結び付いていると考えるのは不自然で、何らかの統一力によって生命体として統合され、かつ一つの目的に向かって運動していると考えざるを得ません。西田はそれが無機物の結晶のようなものにも当てはまる、と主張します。生命体を統一しているものと、結晶のそれとは違うような気がしますが、西田に言わせれば、どちらも偶然に形成されたとは考えられないような仕方で組織化されている、ということでしょう。

一一四頁の字下げのところで、有機体が発達して生命現象が生じることを、近代科学は物理や化学の法則と偶然という視点から説明しようとするけれど、そこには、自然の統一力が働いているのではないか、と示唆されていますね。確かに、生命の発生の謎は現代科学でも解明しきれていません。何らかの統一的な力が働いたのではないか、と想定したくなるのは分からないでもありません。

ゲーテは生物の研究に潜心し、今日の進化論の先駆者であった。氏の説に由ると自然現象の背後には本源的現象 Urphänomen なる者がある。詩人はこれを直覚するのである。種々の動物植物はこの本源的現象たる本源的動物、本源的植物の変化せる者であるという。現に今日の動植物の中に一定不変の典型がある。氏はこの説に基づいて、凡て生物は進化し来ったものであることを論じたのである。

ゲーテが文学者であるだけでなく、ワイマール公国の宰相も務めた政治家でもあり、解剖学、植物学、光学、地質学などの自然科学的研究をし、それらの領域でも大きな業績を出していることは有名です。ゲーテは、一七八六年から八八年にかけてイタリア旅行をした際の紀行文『イタリア紀行』（一八一六－一七）の中で、全ての植物がそこから発展した原型とも言うべき「原植物 Urpflanze」に関心を持っていることを述べています。その後の植物学の著作で、「原植物」がどのような「変態」を経て発展するのか解明することを試みています。また、『色彩論』（一八一〇）の方法論的な文脈で、〈Urphänomen〉について語っています。潮出版社から出ているゲーテ全集第一四巻に、独文学者の木村直司さん（一九三四－　）の訳が出ているので、それを少し見ておきましょう。

われわれが経験において知覚することがらは、たいてい、少し注意すれば一般的な経験的分類項目に入れられる個々の場合にすぎない。これらの場合は改めて学問的分類項目の下位におかれるが、これらの項目はさらに上位の項目を指し示している。そのさい、われわれは現象するもののある種の不可欠の諸条件を詳しく知るようになる。これ以後、すべてのものは徐々に高次の規則ないし法則のもとに従属していく。しかし、これらの法則は言葉と仮説によって悟性に明らかにされるのではなく、同じ現象によって直観に対して啓示される。われわれがこれらの現象を根源現象と名づけるのは、現象界の中でそれらの上位にあるものは何もなく、これに対してそれらは、われわれが先刻登っていったように、段階的にまたそれらから日常的経験の最も卑俗な場合にまで降りていくことができるのにまったく適しているからである。われわれがこれまで提示してきたところのものは、このような根源現象である。

全ての現象は別々に起こっているのではなく、その大本、全ての現象の原型とも言うべき根源的現象のようなものがあり、それは悟性（Verstand）ではなく、直観（Anschauen）に対して啓示される、と言っているわけですね。彼の死後出版された格言集『箴言と反省』（一八三三）などにも、「根源現象」について論じた文章が含まれています。無論、偉大なる文学者ゲーテが、「根源現象」を信じていたからといって、それで西田の議論が正しいということにはなりませんが。

精神は物質ではない？

第九章は「精神」がテーマです。先ほどの「自然」の話を裏返した話、つまり、客体を「自然」として抽象化するのとは逆の方向での抽象化が問題になります。先ほど見たように、客体としての「物」は、各人の主観的経験の内の共通要素を抽出したものであって、その根底にあるのは、各人の視覚や触覚です。視覚や触覚が意識統一されることによって、「物」が実在するものとして表象されます。そこだけ強調すると、いわゆる主観的観念論者あるいは唯心論者が言うように、この世界は私の観念である、というような考え方が生まれてきます。

しからば我々が通常自然に対して精神といって居る者は何であるか。即ち主観的意識現象とは如何《いか》なる者であるか。いわゆる精神現象とはただ実在の統一的方面、即ち活動的方面を抽象的に考えたものである。前に云った様に、実在の真景においては主観、客観、精神、物体の区別はない、しかし実在の成立には凡て統一作用が必要である。この統一作用なる者は固《もと》より実在を離れて特別に存在するものではないが、我々がこの統一作用を抽象して、統一せらるる客観に対立せしめて考えた時、いわゆる精神現象となるのである。

ここは分かりやすいですね。「物質」とは質的に異なる「精神」なるものがあるのではなくて、統一作用の能動的な側面が「精神」として現われてくる、というわけですね。しかも、「実在」の外部から「精神」が干渉して、統一作用を引き起こすわけではなく、同じ「実在」の中で、統一する側＝精神と、統一される側＝物質がそれぞれ際立ってくるということですね。

例えばここに一つの感覚がある、しかしこの一つの感覚は独立に存在するものではない、必ず他と対立の上において成立するのである、即ち他と比較し区別せられて成立するのである。この比較区別の作用即ち統一的作用が我々のいわゆる精神なる者である。それでこの作用が進むと共に、精神と物体との区別が益々《ますます》著しくなってくる。子供の時には我々の精神は自然的である、従って主観の作用が微

――弱である。しかるに成長するに従って統一的作用が盛《さかん》になり、客観的自然より区別せられた自己の心なる者を自覚する様になるのである。

子供の時には精神が自然的で、主観の作用が微弱であるというのが分かりにくいですが、その前の文で述べられているように、西田は「統一的作用」が「比較区別の作用」だと考えているようです。「統一」と「比較区別」は普通の意味では真逆ですが、西田が統一作用と言っているのは、最初渾然一体となっている諸感覚をいったん視覚、触覚、聴覚などに解体し、何についての知覚なのかを区別したうえで、それらを意識的に相互に関係付ける一連の作用のことでしょう。だとすると、子供は自然に近い、つまり無意識、無自覚的な振る舞いがメインなので、精神＝主観の働きは微弱であるということになります。

先ほどの箇所の後で、実在の中にはいくつかの統一された体系があり、それらが矛盾衝突した時、統一作用が意識に上って来て、統一するものとしての「精神」が現われる、と述べられていますね。一二一頁の字下げの箇所で、「我々が或る一芸に熟した時、即ち実在の統一を得た時はかえって無意識である、即ちこの自家の統一を知らない」、と述べられていることからして、体系というのは、認識や行動を成り立たしめている、個々の要素の体系というような意味なのではないか、と思います。例えば、ピアノを演奏している人が習熟しているなら、それぞれの手の指の動き、ペタルを踏む足の動き、楽譜を追う目の動き、自分の奏でている音を追う聴覚、全体の構成を想起する記憶の作用といった、いくつかの体系が自然と統一されているけれど、未熟であれば、体系が調和せず、バラバラになる。そこで、うまく統一しようとする意識、「精神」が現われ、統一が達成されると、再び無意識化する。人間がいろんな経験をするなかで、そういうことが繰り返されるわけです。分裂が起こった時に、それを克服し、再統合すべく、「精神」が立ち上がって来るわけです。

一二一頁から一二二頁にかけて、無生物も含めて全ての実在に「精神」がある、と述べられていますね。

これはいかにも神秘主義的な表現のようですが、この場合の「精神」は、統一する作用のことなので、見た目ほど、突飛な話ではありません。ただ、そうは言っても、やはり鉱物の結晶の統一作用と、我々の意識の統一作用が根源的には同じだと言われると、違和感がありますね。それについて西田は、こう述べています。

> しかしいわゆる無心物においては、この統一的自己が未だ直接経験の事実として現実に現われて居ない。樹其者は自己の統一作用を自覚して居ない、その統一的自己は他の意識の中にあって樹其者の中にはない、即ち単に外面より統一せられた者で、未だ内面的に統一せる者ではない。この故に未だ独立自全の実在とはいわれぬ。動物ではこれに反し、内面的統一即ち自己なる者が現実に現われて居る、動物の種々なる現象（たとえばその形態動作）は皆この内面的統一の発表と見ることができる。

魂の所在と「包蔵（内展）enveloppement = involutio」

統一を自覚する自己が備わって初めて、独立の実在ということですね。その意味で、動物ではないものは、独立の実在ではないことになります。非動物に関しては、それを外から観察する主体、人間をはじめとする動物が介在することによって、「統一」が与えられることになるわけですが、その統一性は見ている者の視点によって変わるので、本当の意味での「統一」ではない、とも述べられていますね。樹は、化学者の眼から見れば、有機化合物、元素の集合体にすぎず、内的統一力を持ったものではありません。

そういう風に言うと、やはり観察する「精神」と、一方的に観察され、統一性を付与される物質は違うのではないか、という感じがしてきますが、両者が連続していることを、西田は進化論的に説明しようとします。

――今日の進化論において無機物、植物、動物、人間という様に進化するというのは、実在が漸々《ぜんぜん》その

ティヤール・ド・シャルダン

> 隠れたる本質を現実として現わし来るのであるということができる。精神の発展において始めて実在成立の根本的性質が現われてくるのである。ライプニッツのいった様に発展 evolution は内展 involution である。

自己を内面から統一する「精神」が現われてくるのは、進化の過程の必然的帰結だとして示唆しているわけですね。そういう風に考えると、精神の自覚的統一作用と、物質の無自覚的統一作用は、無関係ではなく、前者によって後者が統一されることにも必然性がある、ということになりそうです。進化の結果として、全てを統一的に把握する人間の精神が登場するという見方は、西田より少し後に、フランスのカトリック聖職者で古生物学者であるティヤール・ド・シャルダン（一八八一―一九五五）がキリスト教進化論という形で提起しました。こういう見方は、自己意識を持った理性的主体である人間の活動を通して、絶対精神が自己展開し、歴史の最後に、最終的な自己認識＝実現に至るというヘーゲルの史的弁証法を、科学的な装いでアレンジしたものと見ることができます。無論、そのヘーゲルの更に根底には、万物を名付け、支配する主体としての人間の完成によって、天地創造が完成するというユダヤ＝キリスト教神学の世界観があります。

〈evolution-involution〉という概念対それ自体はライプニッツには出てきません。単に「展開」という意味だった〈evolution〉が「進化」の意味で使われるようになったのは、ダーウィン（一八〇九―八二）の時代の話ですから、当然です。注を見ると、ライプニッツのこれに相当すると思われる発言は、『モナドロジー』（一七一四）の第七三節に出てくるとあります。工作舎から出ているライプニッツ全集の第九巻に出ている『モナドロジー』の訳を見ておきましょう。原語を入れて引用してみます。動物には魂があるけれど、魂は少しずつしか身体を替えない、つまり体を構成している物質の入れ替わりとか変態とかはあるけれど、輪廻転生はなく、まったく身体を分離した魂もないという話があって、それに続く議論です。

> そこで、まったく新しい発生も、厳密な意味での完全な死、つまり魂が分離するという意味での死もありえないことになる。われわれが発生と呼んでいるのは展開（développements）や増大のことであり、死と呼んでいるのは包蔵（enveloppements）や減少のことである。

フランス語の〈développement〉と〈enveloppement〉はそれぞれ、ラテン語の〈evolutio〉と〈involutio〉の訳として使われていたので、この箇所が〈evolution-involution〉の対比と関連していると見るのは妥当でしょう。この文脈での「展開 développement」は当然、「進化」と同じ意味ではありませんが、広がっていくというニュアンスを共有しています。ただ、これだけだと、〈développement〉が外に向かって広がるのに対し、〈enveloppement（包蔵）〉が、内に向かって包み込むという対比の意味合いがはっきり出ていませんね。実は、同じ全集第九巻に収められている『理性に基づく自然と恩寵の原理』（一七一四）の第六節でこの点がもっとはっきり表現されています。

> 言い換えれば精子的動物は別のもっと小さい精子的動物の成長したものなのであり、それと比較すれば先の精子的動物は大きい動物としてまかり通り得るのである。というのも自然においてはすべてが無限に至っているのだから。こうして、魂だけでなく動物もが不生不滅である。動物は展開されたり（développés）、包蔵されたり（enveloppés）、着せられたり、脱がされたり、変形させられたりしかしないのである。魂はその身体全体を離れてしまうことは決してなく、一つの身体から自分にとって全く新たな別の身体へと移行しはしない。

こうした箇所に出てくる「包蔵（内展）enveloppement = involutio」には、「内省→内で働く精神」という意味合いはないですが、「魂」の所在が主題になっているので、あながち西田の議論の文脈と無関係とは言えません。

本文に戻りましょう。西田は、精神と自然の関係を再定式化します。

これまでは精神を自然と対立せしめて考えてきたのであるが、これより精神と自然との関係について少しく考えて見よう。我々の精神は実在の統一作用として、自然に対して特別の実在であるかの様に考えられて居るが、その実は統一せられる者を離れて統一作用があるのでなく、客観的自然を離れて主観的精神はないのである。我々が物を知るということは、自己が物と一致するというにすぎない。花を見た時は即ち自己が花となって居るのである。花を研究してその本性を明にするというは、自己の主観的臆断をすてて、花其物の本性に一致するの意である。理を考えるという場合にても、理は決して我々の主観的空想ではない、理は万人に共通なるのみならず、また実に客観的実在がこれに由りて成立する原理である。動かすべからざる真理は、常に我々の主観的自己を没し客観的となるに由って得らるるのである。

トマス・アクウィナス

「物を知る」、つまり認識するということは、「自己が物と一致する」ということだと言い切っていますね。トマス・アクウィナス（一二二五頃―七四）は、「真理とは知性と事物の一致である Veritas est adaequatio intellectus et rei」と定義しました。近代哲学では、この一致というのは、知性が自らの内に、当該の事物の観念を形成することだと理解されてきましたが、西田のこの言い方は、文字通り、両者が一致することを暗示しているようですね。「自己が花となっている」という言い方は、露骨に神秘主義的な感じがしますが、「精神」は、自らを再統合しようとする「実在」の運動の現われだという西田のこれまでの主張からすれば、文字通り一致するのは当然、ということでしょう。それにしても、主観的憶断を捨てるというのは、宗教的な境地のような感じがします。この章の最後では、「精神が完全の状態即ち統一の状態にある時が快楽であって、不完全の状態即ち分裂の状態にある時が苦痛である」（一二六頁）と述べていますが、一方で、統一の裏面には必ず矛盾統一があるので、完全な統一は理想に留まる、とも述べています。「自己が花となる」というのも、統一の理想なのかもしれません。

神はいるのか？

最後の第十章「実在としての神」は、タイトルからして唐突な感じがしますが、西田としては、むしろこれまでの議論の集大成ということのようです。

これまで論じた所に由って見ると、我々が自然と名づけて居る所の者も、精神といって居る所の者も、全く種類を異にした二種の実在ではない。つまり同一実在を見る見方の相違に由って起る区別である。自然を深く理解せば、その根柢において精神的統一を認めねばならず、また完全なる真の精神とは自然と合一した精神でなければならぬ、即ち宇宙にはただ一つの実在のみ存在するのである。而《しか》してこの唯一実在はかつていった様に、一方においては無限の対立衝突であると共に、一方においては無限の統一である、一言にて云えば独立自全なる無限の活動である。この無限なる活動の根本をば我々はこれを神と名づけるのである。神とは決してこの実在の外に超越せる者ではない、実在の根柢が直《ただち》に神である、主観客観の区別を没し、精神と自然とを合一した者が神である。

精神と自然との統一態として無限に活動し続ける真の実在が、「神」だというわけですね。「神」が実在することの傍証として、世界の各宗教が神を想定していたことを述べた後、この世界が秩序あるものとして存在する以上、創造主としての神がいなければならないという議論など、様々な神の存在証明論があることが紹介・検討されていますが、西田はこれらの証明論は無効だと見ているようです。先ず、世界には原因がなければならぬから、原因としての神が存在しなければならないという議論――宇宙論的証明と呼ばれます――については、だったら神の原因はないのか、という疑問が出てくるではないかと指摘します。

ヤーコプ・ベーメ

次に、宇宙が合目的に秩序立って出来ているので、全知の支配者がいるはずだという議論——目的論的証明——に対しては、それを言うためには先ず万物の合目的連関を証明しなければならないが、それは明確には証明できないだろう、と指摘します。道徳的な要請から神の存在が求められるという議論——道徳論的証明——についても、以下のように退けています。

全知全能の神なる者があって我々の道徳を維持するとすれば、我々の道徳に偉大なる力を与えるには相違ないが、我々の実行上かく考えた方が有益であるからといって、かかる者がなければならぬという証明にはならぬ。此の如き考は単に方便と見ることもできる。

カントは『純粋理性批判』で宇宙論的証明と目的論的証明（自然神学的証明）に加えて、「存在」という概念の分析から神の存在の必然性を導き出す存在論的証明の三つを論駁したうえで、道徳論的証明にかけたのですが、ここから分かるように、西田はこれもあっさりと退けます。では、西田はどのように考えるのか。彼は、従来の証明は、直接経験に基づいていないとしたうえで、直接経験からの議論を試みます。

しからば我々の直接経験の事実上において如何《いか》に神の存在を求むることができるか。時間空間の間に束縛せられたる小さき我々の胸の中にも無限の力が潜んで居る。即ち無限なる実在の統一力が潜んで居る、我々はこの力を有するが故に学問において宇宙の真理を探ることができ、芸術において実在の真意を現わすことができる、我々は自己の心底において宇宙を構成する実在の根本を知ることができる。即ち神の面目を捕捉することができる。人心の無限に自在なる活動は直に神其者を証明するのである。ヤコブ・ベーメのいった様に翻《ひるがえ》された眼 umgewandtes Auge を以て神を見るのである。

我々の内にある、無限の力に訴えかけているわけです。ヤーコプ・ベーメ（一五七五－一六二四）はドイツの神秘思想家で、自らの神秘体験に基づいて、硬直化しつつあった当時のルター派の教義に異議を唱えたので、危険視された人です。新プラトン主義や錬金術で有名なパラケルスス（一四九九－一五四一）の影響も受けて、神秘主義的な自然神学の著作を多く残しています。神を「無底 Ungrund」、つまり、いかなる規定も受けないものとして捉えていたことが知られています。注にあるように、「翻された眼 das Umgewandte Auge」という文章があります。通常のキリスト教では、有限な存在である人間が神を知るには、自然を通して神の摂理を知るか、啓示によるしかないとされ、後者の方、即ち啓示としての聖書を通して神を知ることの方に重きが置かれてきましたがベーメは、自然は神の被造物であるだけでなく、自然の中に神が現前しており、自然の中に身体をもって生きる私たち自身が「無底」としての神の一部であり、自らの意志で無底との関係を作り出せることを強調しました。ベーメは神秘主義者ですが、西田は内心における直覚から「神」を求めるベーメのような神秘主義者のやり方の方が、外界の事実から神の存在を類推しようとする、理性的な人たちよりも、深くて確実だと考えているようです。

> 神は如何なる形において存在するか、一方より見れば神はニコラウス・クザヌスなどのいった様に凡《すべ》ての否定である、これといって肯定すべき者即ち捕捉すべき者は神でない、もしこれといって捕捉すべき者ならば已《すで》に有限であって、宇宙を統一する無限の作用をなすことはできないのである（De docta ignorantia, Cap. 24）。この点より見て神は全く無である。

これは、現代思想でも「否定神学」という名称で知られている考え方のことです。神は、無限の存在なので、直接的に「〜である」という形で捉えられないけれど、

「否定神学」

神は、無限の存在なので、直接的に「〜である」という形で捉えられない。けれど、「〜ではない」という否定形を通して神について考えることができる。

↕

外界の事実から神の存在を類推する理性

※西田によると、神は把握できないという意味では「無」である。が、私たち自身の内に、その働きを見出すべきだ。

ニコラウス・クザーヌス

「～ではない」という否定形で神について考えようとする否定神学は古代にもありましたが、近世ではニコラウス・クザーヌス（一四〇一－一四六）が有名です。注では、クザーヌスも神秘主義者だと述べられていますが、ベーメが職人出身の平信徒だったのに対し、クザーヌスは枢機卿になった高位聖職者で、数学や自然科学、教会政策的な著作もあります。《**De docta ignorantia**（知ある無知）》（一四四〇）は彼の主著で、直接的に把握できない神にいかにアプローチすべきかが論じられています。

西田によると、神は把握できないという意味では「無」であるが、何の痕跡もないわけではなく、私たちが三角形の全ての角の和が二直角であるという推論や絵画の霊気のようなものを感じるのは、具体的な形を持たない統一作用によるのであり、そうした宇宙の統一作用の根源が神である、ということです。目的論的証明に似ていますが、外的事実としてそうしたことを推論するのではなく、眼を転じて、私たち自身の内に、その働きを見出すべきだ、ということなのでしょう。

上来述べたる所を以て見ると、神は実在統一の根本という如き冷静なる哲学上の存在であって、我々の暖き情意の活動と何らの関係もない様に感ぜらるるかも知らぬが、その実は決してそうではない。曩《さき》にいった様に、我々の欲望は大なる統一を求むるより起るので、この統一が達せられた時が喜悦である。いわゆる個人の自愛というも畢竟《ひっきょう》此の如き統一的要求にすぎないのである。しかるに元来無限なる我々の精神は決して個人的自己の統一を以て満足するものではない。更に進んで一層大なる統一を求めねばならぬ。我々の大なる自己は他人と自己とを包含したものであるから、他人に同情を表わし他人と自己との一致統一を求むる様になる。我々の他愛とはかくの如くして起ってくる超個人的統一の要求である。故に我々は他愛において、自愛におけるよりも一層大なる平安と喜悦とを感

――ずるのである。而して宇宙の統一なる神は実にかかる統一的活動の根本である。我々の愛の根本、喜びの根本である。神は無限の愛、無限の喜悦、平安である。

最後は証明ではなくて、読者の共感に訴えかけるような議論ですね。知情意の形で現われる我々の内なる統一欲求は、個人の内で留まることなく、他者と自己の統一、お互いへの同情と愛による繋がりへと発展していく、ということですね。そういう合一化の欲求が私たちの内に働いていることが、全てを統一する神の実在の証拠だというわけです。ここまで言うと、宗教の説教みたいですね（笑）。ベーメやクザーヌスに沿って考えるのだから、宗教的になるのは当然でしょう。

第四回講義から読む和辻哲郎も、分離したものが統一されていくヘーゲル的な図式で、人間相互の関係を考えます。というより、共同体における統一作用の問題を徹底して考えたのが和辻です。

■質疑応答

Q　最初の方の、意識現象が直接経験でそれが唯一の実存だという話や、物が間主観的に構成されるという話はしっくりきました。相対的な意味での無から差異が生じて来るという話も、ノイズのような現象を考えれば、ああなるほどと思えます。最初から客観的な事象として何かが実在するということではなく、主体側が何かに反応した時に、そこに対象が現われてくるわけですね。そこまでは分かるのですが、最後の方になると話が変わってきているような印象があります。統一的なものというのが分からない。「理」というのは、ロゴスとかイデアのような普遍的なものので、それによって統一されると考えるのであれば、それなりに分かるような感じもしますが、飛躍しているように思えます。最初に言っていたことと、統一的なものをめぐる話がどう繋がっているのか、私の中で整理できません。

A　実際に飛躍しているのは間違いないと思います。それに対して西田は恐らく、飛躍だと感じるのは、あなたが近代人の常識にはまっているからではないか、と答えるような気がします。私たちにとって、西田の議論が飛躍に感じられるのは、各自の主観が自己完結していないという前提で話が進むからでしょう。私たちの多くは、知覚を通して外界と交渉しているにしろ、意識自体は自分の中で自己完結していると思っているけれど、そうではなくて、「外部」――西田に言わせれば、「外部」ではないのですが――が各人の意識の中に入り込んで、対象との統一、あるいは再統一へと私たちを動かしている。無論、そういうものが、私の内で働いており、その根底に「真の実在＝神」があると最初から前提してかかると、オカルトとか宗教になってしまうので、自己自身を超えたものと同一化しようとする意志の志向性や、幾何学の原理や物の認識の普遍性に関する事実、進化のプロセスにおける精神の登場といった傍証を徐々に積み上げながら、話を進めているわけです。論理的な証明というより、連続的な示唆ですね。半信半疑で読んでいると、おっしゃるように、いろいろひっかかりますが、いろいろ思わせぶりな彼の文体に魅せられると、説得されてしまうかもしれません。西田が言うように、近代人である私たちの多くが、万物を把握したい、理解不可能な他者を理解したいというファウスト的な欲望を抱いているのは確かですから。無論、願望があるからといって、その願望を生み出す「真の実在」の普遍性・遍在性が証明されるわけではありませんが。

Q2　原初的には直接的意識経験だけがあって、事後的に、意識の主体としての「私」が顕在化し、対象と対峙するという図式が、前回の第一編から、今回読んだところの前半の議論の基調になっていたと思います。それは、プラグマティズムのジェイムズの考え方を踏襲していると思うのですが、後半からヘーゲルの弁証法の影響が強くなっていくような感じがします。最後の、同情とか他者への愛というのが、ヘーゲル的と言えるかどうか分かりませんが。第三編「善」へ持っていくために、そういう風に議論を転回したのでしょうか？

A2　ヘーゲル的な方向に転回しているのは、西田が、個人の意識の統一という次元を超えて、宇宙全体を統一する原理を探究したかったからでしょう。個人から宇宙へ、そして神と飛躍する中間項として、社会を統一する原理としての倫理的な「善」の問題が出てくるのだと思います。最後の愛について語っている部分は、理性的な国家を論じた後期のヘーゲルではなく、愛による合一を語っていた初期ヘーゲルだと考えていたとすれば、不思議はありません。ジェイムズも、ヘーゲルやベーメ、クザーヌス、スピノザ等と同様に、神の存在を前提に議論をしますが、心理学者であることもあって、主として個人の意識に即して「純粋経験」を論じ、宇宙とか社会へとあまり強引に広げていきませんが、同じプラグマティストでも、パースであれば宇宙の進化論を想定し、個人の感情や思考、数学・幾何学や論理学の原理、自然の法則など、全てを繋ぐ「連続性」を問題にします。論理学者・自然学者であったパースは、「連続性」を論理学的に根拠付けることによって、宇宙の連続性を明らかにしようとしましたが、西田は、「意識＝経験」の意味するところを、少しずつ拡張する形で、同じことをやろうとしたのだと思います。現代の職業哲学者にはあまりそういう人はいないと思いますが、プラグマティストや西田の時代にはまだ、宇宙の全てを同じ原理で解明しよう、というヘーゲル的な野心を抱く哲学者は少なくなかったと思います。神秘主義的な側面も含めたプラグマティズムの全体像については、拙著『プラグマティズム入門講義』をご覧下さい。

第二編で「実在」をめぐる、拡大した意味での「認識論」、つまり自我の枠を超える統一作用に定位した認識論を展開したあと、それを前提として第三編で「善」を論じているのは、「認識」と「実践」の統一という近代哲学の重大な課題を意識しているからではないかと思います。冒頭でカントに即してお話ししたように、主体と客体を分離して考え、（神あるいは善の理念によって支配される）道徳法則の世界は客観的な認識は不可能と考える近代哲学では、主体にとっての認識の厳密さと、実践を導く規則は別問題にならざるを得ません。認識論と倫理学は、相互にあまり接点のない異なった部門になりました。プラトンやアリストテレスが認識と実践を一体のものと考えていたのとは対照的です。そこでフィヒテに始まるドイツ観念論が、認識と実践を再統合する知の体系を目指すことになりました。ヘーゲルの哲学は、歴史という形で、両者を媒介する試みだったと見ることができます。歴史の中で理性は実践を重ねながら、より普遍的な真理、絶対精神の眼から見た真理へと近づいていくと見るわけです。

一九世紀後半、マルクスなどのヘーゲル左派の攻撃によって、ヘーゲルの歴史哲学が現実の歴史に対応しない観念的なものと見なされるようになり、そうした試みはいったん挫折した形になりましたが、新カント学派やプラグマティズム、ルカーチ（一八八五—一九七一）などのマルクス主義哲学、実存主義哲学などは、もう一度、認識と実践の統一を目指すようになったと見ることができます。東洋人では西田は、仏教とか儒学、西洋のまともな哲学者にとっては、神秘主義のイメージがあってなかなか使いづらいベーメやクザーヌスとかを持ちだして、その統一の試みに参戦しようとしたのではないかと思います。

Q3　認識論と実践論の統一ですか？　新カント学派とプラグマティズムの？

A3　マルクス主義やプラグマティズムが、認識と実践の分離を、実践優位の形で試みたことは言うまでもないでしょう。実存主義哲学はあまり表だって掲げませんが、決意とか覚悟によって、認識の桎梏を超えて行こうとする立場であると言えるでしょう――ハイデガーも、本人は否定していますが、実存主義の哲学者と見なされることが多いです。新カント学派、特に西南学派は、価値の客観的認識可能性を探究する価値哲学と呼ばれる領域を切り開いたので、そこを起点に、分離した認識と実践を媒介しようとしたのだと見ることができます。西田が、新カント学派とプラグマティズムの融合を考えていたかどうかまでは分かりませんが、『善の研究』を出す少し前から、新カント学派を積極的に研究し、強く影響を受けたことは知られています。新カント学派と、プラグマティズムは全然違うようですが、カント的二分法をどうにかしようとする問題意識は共有しており、そこに西田も共鳴しているのではないかと思います。

［講義］第三回――「善」の考究――西田幾多郎『善の研究』第三編「善」

・前回のおさらい
唯一の「実在」である「純粋経験」から分化→主体と客体、自己と他者→その間に、
「実在」の究極の根拠である「神」に由来する統一作用が働いている

※純粋経験は、宇宙が相対的な意味での無の中から分化し、かつ再統合するプロセス全体を包摂している。つまり、「純粋経験」は最終的には個人の意識ではなく、宇宙の究極的な実在につながっている。

前回まで読んだところから、主体と客体は、唯一の「実在」である「純粋経験」より分化したものであり、主体と客体、自己と他者の間には、「実在」の究極の根拠である「神」に由来する統一作用が働いている、と西田が主張していることが分かりました。純粋経験は、宇宙が相対的な意味での無の中から分化し、かつ再統合するプロセス全体を包摂している、という見方をしています。つまり、純粋経験は最終的には個人の意識ではなく、宇宙の究極的な実在に繋がっているわけです。

行為とは何か?

今回読む「第三編　善」では倫理学の問題が扱われています。今まで読んだところでは、西欧の哲学者の議論を細かく参照しながら、西田独自の考えを展開していくスタイルになっていましたが、この編は学説紹介のような部分が結構多いです。「善」を論じているのに、ちゃんと学説しているというのが意外ですね。

第一章と第二章では「行為」とは何かが論じられています。「善」をめぐる議論で、どうして「行為」について論じられているかというと、私たちの「行為」が完全に因果法則によって規定され、「自由意志」というのは脳の中で生じる幻想にすぎないということになれば、「善」を目的に「行為」するという意味での倫理は成り立ちようがないからです。カントの『実践理性批判』も、何をどうすれば道徳的な行為になるのか具体的に論じているわけではなく、自由な行為とはどういうものか、何をもって自由意志による行為と言えるのかをかなり抽象的に論じています。

行為というのは、外面から見れば肉体の運動であるが、単に水が流れる石が落つるという様な物体的運動とは異なって居る。一種の意識を具《そな》えた目的のある運動である。しかし単に有機体において現われる所の目的はあるが、全く無意識である種々の反射運動や、やや高等なる動物において見る様な目的ありかつ多少意識を伴うが、未だ目的が明瞭に意識されて居らぬ本能的動作とも区別せねばならぬ。行為とは、その目的が明瞭に意識せられて居る動作の謂《いい》である。我々人間も肉体を具えて居るからは種々の物体的運動もあり、また反射運動、本能的動作もなすことはあるが、特に自己の作用というべき者はこの行為にかぎられて居るのである。

ここは分かりやすいですね。「行為」とは、「意識を具えた目的のある運動」であって、「無意識の反射運動」とは区別されるわけです。「意識を具えた目的」があるということは、物体である身体に作用する因果法則に縛られない、ということでもあります。

この行為には多くの場合において外界の運動即ち動作を伴うのであるが、無論その要部は内界の意識現象にあるのであるから、心理学上行為とは如何なる意識現象であるかを考えて見よう。行為とは右にいった様に意識されたる目的より起る動作のことで、即ちいわゆる有意的動作の謂である。ただし行為といえば外界の動作をも含めていうが、意志といえば主として内面的意識現象をさすので、今行為の意識現象を論ずるということは即ち意志を論ずるということになるのである。さて意志は如何にして起るか。元来我々の身体は大体において自己の生命を保持発展するために自《おのずか》ら適当なる運動をなす様に作られて居り、意識はこの運動に副《そ》うて発生するので、始《はじめ》は単純なる苦楽の情である。しかるに外界に対する観念が次第に明瞭となりかつ聯想《れんそう》作用が活潑になると共に、前の運動は外界刺戟《しげき》に対して無意識に発せずして、先ず結果の観念を想起し、これよりその手段となるべき運動の観念を伴い、而して後運動に移るという風になる、即ち意志なる者が発生するのである。それで意志の起るに

は先ず運動の方向、意識上にていえば聯想の方向を定むる肉体的もしくは精神的の素因というものがなければならぬ。この者は意識の上には一種の衝動的感情として現われてくる。こはその生受的なると後得的なるとを問わず意志の力とも称すべき者で、ここにこれを動機と名づけて置く。次に経験に由りて得、聯想に由りて惹起《じゃっき》せられたる結果の観念即ち目的、詳しくいえば目的観念という者が右の動機に伴わねばならぬ。この時漸《ようや》く意志の形が成立するので、これを欲求と名づけ、即ち意志の初位である。この欲求がただ一つであった時には運動の観念を伴うて動作に発するのであるが、欲求が二つ以上あった時にはいわゆる欲求の競争なる者が起って、そのうち最も有力なる者が意識の主位を占め、動作に発する様になる。これを決意という。我々の意志というのはかかる意識現象の全体をさすのであるが、時には狭義においてはいよいよ動作に移る瞬間の作用或いは特に決意の如き者をいうこともある。

ここで、「行為」という概念を細かく規定しています。これまでの直感的に書き進めているような感じの強かった西田の文章に比べて、論文っぽい感じになっています。先ほどの大雑把な「行為」の定義だと、意識された目的を伴う「動作」全体が入ってしまうけど、「行為」の中核にある「意志」は「内面的意識現象」であると断っていますね。「意志」については第一編や第二編で論じられていたので、ここでは省略しますが、面白いのは、第一編、第二編では主体／客体、精神／物質が、「純粋経験」から分化したものであり、根っこにおいて同一であることを強調する必要上、「意志」が内面的なものであることはあまり際立たせていなかったのが、ここでは、逆に「意志」の内面性を強調していることです。「善」を論じる以上、「意志」に自律性がないと意味がないからでしょう。

カントであれば、理性によって見出される道徳法則に自発的に従うのでない限り、真の「自由意志」でないとして、これを、因果法則によって形成される欲求や傾向性と峻別しますが、ここでの西田の書き方は微妙ですね。「意志」の元は、自己の生命維持の運動に即して生じる快楽と苦痛の感情だということですね。しかし、外界の刺激に対応する観念が次第に明瞭になると共に、相互に連結（associate）するようになると、自分のこれからの動作に対してどういう結果が生じるか予想し、その結果＝目的の実現を目指して動くようになる、そこで「意志」が生じる、というわけですね。よくある経験論の議論のようですが、明確な観念によって自らの動作の結果をコントロールしようとするようになるまでは、「意志」ではないと断っているところが微妙な感じです。

観念が連想（連結）していく方向を定める衝動的感情が「動機」で、この「動機」と「目的」が明確に結び付いたものが、「欲求」だというわけですね。「欲求」という言葉は現代では、身体的欲求を意味することが多いですが、西田は、それを「動機」と呼んで、「欲求」の方はむしろ、「目的」を明確に志向するようになった「意志」の初期状態を指す言葉として使っているようですね。

その意味での「欲求」が単一であれば、それがそのまま「意志」になるわけですが、複数の欲求が同時に生じて、それらを同時に実現することが困難な時には、どちらか選択する「決意」が必要になるというわけです。これが狭い意味での「意志」だということですね。ここまでは、現代の「心の哲学」でもよく見られるような議論の定石に近い説明の仕方をしている感じですね。

行為の要部は実にこの内面的意識現象たる意志にあるので、外面の動作はその要部ではない。何らかの障碍のため動作が起らなかったとしても、立派に意志があったのであればこれを行為ということができ、これに反し、動作が起っても充分に意志がなかったならばこれを行為ということはできぬ。意識の内面的活動が盛《さかん》になると、始より意識内の出来事を目的とする意志が起ってくる。かかる場合においても勿論《もちろん》行為と名づけることができる。心理学者は内外という様に区別をするが、意識現象としては全然同一の性質を具えて居るのである。

意志とは何か？

先ほど既に、「行為」の本質は内面的意識現象としての「意志」であるという話が出てきましたが、ここでは、何かの障壁のために実際に動作がなくても、「意志」があるのであれば、「行為」だと言っています。そこから更に進んで、意識内の出来事も「意志」があれば、「行為」だと言っていますね。カント的な「意志」論に近付いていている感じがします。

> 心理学から見れば、意志は観念統一の作用である。即ち統覚の一種に属すべき者である。意識における観念結合の作用には二種あって、一つは観念結合の原因が主として外界の事情に存し、意識においては結合の方向が明《あきらか》でなく、受動的と感ぜらるるので、これを聯想といい、一つは結合の原因が意識内にあり、結合の方向が明に意識せられて居り、意識が能動的に結合すると感ぜらるるので、これを統覚という。しかるに右にいったように、意志とは先ず観念結合の方向を定むる目的観念なる者があって、これより従来の経験にて得たる種々の運動観念の中について自己の実現に適当なる観念の結合を構成するので、全く一の統覚作用である。

「統覚」についてはこれまでもいろいろと論じられてきましたが、ここでは、「観念」を結合するという意味での「統覚」が問題になっているわけですね。西田の区別によると、「観念結合」には二種類あって、外界からの影響の下で、受動的に何となく観念が結合するのが「連想」で、意識の内に原因があって能動的に結合されるのが「統覚」だということですね。これまでの「統覚」よりも意味が狭くなっているような感じもしますが、意識の中に入ってくる様々な要素がいったん観念になって、それらが結合するのだとすれば、そうした観念結合を「統覚」と考えてもいいでしょう。「目的」を最上位の「観念」として、それまでの運動の経験を通して得られた諸観念が結合＝統覚されたものが、「意志」だということですね。

次に、この意味、つまり観念統合という意味での統覚作用に属するものとして、「意志」の他に、「思惟」と「想像」があるとして、両者との異同を吟味していますね。統一の法則が違うということですね。

> 先ず想像と意志とを比較して見ると、想像の目的は自然の模擬であって、意志の目的は自身の運動である。従って想像においては自然の真状態に合う様に観念を統一し、意志では自己の欲望に合う様に統一するのである。しかし精《くわ》しく考えて見ると、意志の運動の前には必ず先ず一度その運動を想像せねばならず、また自然を想像するには自分が先ずその物になって考えて見なければならぬ。ただ想像というものはどうしても外物を想像するので、自己が全くこれと一致することができず、従って自己の現実でないという様な感がする。即ち或る事を想像するというのとこれを実行するというのとはどうしても異なる様に思われるのである。しかし更に一歩を進めて考えて見ると、こは程度の差であって性質の差ではない。想像も美術家の想像において見るが如く入神の域に達すれば、全く自己をその中に没し自己と物と全然一致して、物の活動が直《ただち》に自己の意志活動と感ぜらるる様にもなるのである。

「想像」の「目的」は、自然の模倣であるのに対し、「意志」の「目的」は先ほど見たように、欲望——現代の哲学系の用語としては、生物学的で直接的な「欲求」に対して、慣習や想像によって構成された「欲望」が対置されることが多いのですが、この西田の文脈では、先ほどの「欲求」と同義と見ていいでしょう——の実現である、といったん区別したうえで、両者の相互依存関係を説明しているわけですね。意志によって運動する準備作業としての、運動する自分の体位の変化の「想像」と、本当に模倣すべく対象になりきろうとする、あるいは一致しようとする「意志」。そういう言い方をすると、後者の場合、本当に物になろうと意志する人は、無邪気な幼児か、神秘主義者か、相当おめでたい人（笑）を除いていないので、「意志」とは言えないではないか、という疑問が出てきますね。そういう疑問に対して、いや、たしかに日常的にはそうだけど、本格的な芸術家を想定すれば、真の模倣のための「想像」と、自己創造の「意志」が一致してくる、と言っているわけです。この芸術家の話は、客体に働いている統一作用と、主体の側での意志を中心とした統覚作用が最終的に一致するという第二章での議論の伏線かもしれません。

> 次に思惟と意志とを比較して見ると、思惟の目的は真理にあるので、その観念結合を支配する法則は論理の法則である。我々は真理とする所の者を必ず意志するとは限らない、また意志する所の者が必ず真理であるとは考えて居らぬ。しかのみならず、思惟の統一は単に抽象的概念の統一であるが、意志と想像とは具体的観念の統一である。これらの点において思惟と意志とは一見明に区別があって、誰もこれを混ずる者はないのであるがまた能《よ》く考えて見ると、この区別もさほどに明確にして動かすべからざるものではない。意志の背後にはいつでも相当の理由が潜んで居る。その理由は完全ならざるにせよ、とにかく意志は或る真理の上に働くものである、即ち思惟に由って成立するのである。

「思惟」の場合は、論理・概念的な意味での「真理」を目指して観念（抽象的概念）が結合されるわけですね。意志されるものと、「真理」が一致するとは限らないというのは、例えば、数学や論理学の論証とか、もっとレベルを落とせば、学校で試験の問題を解いている時のことを考えれば、いいでしょう。「真理」に到達したいという意志はありますが、どういうものを〝真理〟にしたいか、その内容を意志する人は通常はいないですね。私たちは神ではないので。意志と想像が具体的な観念の統一であるというのは、それぞれ統一されるのが、外界に存在する具体的な物に対応する観念だからです。具体的な物を模倣する「想像」と、抽象的な概念を操作する「思惟」を区別しているわけですね。

そういう風に区別した後で、今度は、「意志」が形成されるには、何らかの形で「理由」が必要であり、そこに「思惟」が関与すると指摘することで、両者の繋がりを強調するわけです。

> 斯く考えて見ると、思惟、想像、意志の三つの統覚はその根本においては同一の統一作用である。そのうち思惟および想像は物および自己の凡てに関する観念に対する統一作用であるが、意志は特に自己の活動のみに関する観念の統一作用である。これに反し、前者は単に理想的、即ち可能的統一であ

るが、後者は現実的統一である、即ち統一の極致であるということができる。

前々回、前回と同様に、ここでも、「意志」が意識の統覚（統一）の中心であるという話に落ち着いていますね。「思惟」や「想像」による統一が「物および自己の凡てに関する観念」に対するものだというのが分かりにくいですが、これは、単純に自分自身だけでなく、自分以外のものを思惟したり、想像したりする場合もある、ということでしょう。「意志」の場合、自己の外部に存在する物に影響を与え、何かを実現することを目指すものの、直接的には、「自分の活動」に関する観念を統一するだけでいい、ということでしょう。その意味で、現実的に統一することが可能だということでしょう。それに対して、「思惟」と「想像」は、外的な事物に関する観念とか、抽象的概念など、自分ならざるものに関する観念の統一なので、自分の思うようにはならず、「理想的」もしくは「可能的」に留まることが多い、ということでしょう。

「微妙幽遠なる人生の要求」を単に「生活慾」より説明しようとするのは困難

「第二章　行為　下」に入りましょう。前章では、行為を意識現象として記述したわけですが、この章では、意識現象としての行為の核になる「意志の統一力」がどこから来るのか、それが「実在」という観点から見てどのような意味を持つのかが論じられています。一四二―四三頁では、物質以外に実在なしという立場から、「意志」も物質的なものに還元しようとする科学者、特に生理学者の見解を紹介したうえで、それを批判します。「微妙幽遠なる人生の要求」を単に「生活慾」より説明しようとするのは困難だということですね。

――もし科学者のいう様に我々の意志は有機体の物質的作用より起る者とするならば、物質は如何なる能力を有するものと仮定せねばならぬであろうか。有機体の合目的運動が物質より起るというには二つの考え方がある。一つは自然を合目的なる者と見て、生物の種子においての如く、物質の中にも合目的力を潜勢的に含んで居らねばならぬとするので、一つは物質は単に機械力のみ具するものと見て、合目的なる自然現象は凡て偶然に起るものとするのである。厳密なる科学者の見解はむしろ後者にあるのであるが、余はこの二つの見解が同一の考え方であって、決してその根柢までを異にせるものではないと思う。後者の見解にしてもどこかに或る一定不変の現象を起す力があると仮定せねばならぬ。機械的運動を生ずるにはこれを生ずる力が物体の中に潜在すると仮定せねばならぬ。かくいいうるならば、何故に同じ理由に由りて有機体の合目的力を物体の中に潜在すると考えることができぬか。或いは有機体の合目的運動の如きは、かかる力を仮定せずとも、更に簡単なる物理化学の法則に由りて説明することが出来るという者もあろう。しかしかくいえば、今日の物理化学の法則もなお一層簡単なる法則に由りて説明ができるかも知れぬ。否《いな》知識の進歩は無限であるから必ず説明されねばならぬと思う。かく考うれば真理は単に相対的である。余はむしろこの考を反対となし、分析よりも綜合に重きを置いて、合目的なる自然が個々の分立より綜合にすすみ、階段を蹈《ふ》んで己《おのれ》が真意を発揮すると見るのが至当であると思う。

「意志」は有機体の物質的作用に起因するという見方をいったん二つに分けたうえで、実はその内の一方はもう一方と同じである、としているわけですが、この整理の仕方は結構強引な感じがします。先ず、自然の中に合目的な連関があって、その目的が人間の「意志」を通して現われる、という見方と、そうした合目的性に見えるものは実は、物体の機械的運動の偶然の帰結にすぎない、という見方の二つを呈示したうえで、一見より科学的に見える後者も、前者と実質的に同じだと言っていますね。どうしてそう言えるのか、説明があまり整理されていないので分かりにくいですが、西田が言いたいのは恐らく、仮に単純な機械的法則による運動が偶然に合成されたものとして有機体が形成されたとしても、よりマクロあるいは

ミクロな視野で見れば、機械的法則の偶然の結合によってそういう有機物が生み出されるメタ法則のようなものが、科学によって発見される可能性は排除できないし、実際、科学者たちはそういうものを発見しようとしているのだろう、だって本当に全ては偶然だとしたら、科学者の仕事なんて意味ないでしょう、ということでしょう。どこかで合目的性を想定して仕事をしているんだから、結局は、前者と同じだ、というわけです。ただ、突っ込みを入れると、それは科学者の研究の内面的動機の問題であって、実際の物質の運動法則とは別の話なので、論点がズレているように思えます。わざとずらしているのかもしれません。

更に余が曩《さき》に述べた実在の見方に由れば、物体というのは意識現象の不変的関係に名づけた名目にすぎないので、物体が意識を生ずるのではなく、意識が物体を作るのである。最も客観的なる機械的運動という如き者も我々の論理的統一に由りて成立するので、決して意識の統一を離れたものではない。

「意識」から「物体」が生ずるという言い方をすると、神秘主義のように聞こえますが、前々回、前回と見たように、西田は、「意識」を私たちそれぞれの内面にのみあるものではなく、宇宙全体が一つの「意識」の運動に貫かれていて、それが分化したものが各人の「意識」として現われてくる、という立場を取っています。そういう前提の下で、各人の「意識」が、自らにとっての対象を、統一的に捉えるために「物」という虚構を作り出していると言っているわけです。第二編の第八章では、自然界の「物」は、私たちの経験の中の共通要素を抽出して、一つにまとめて表象したものにすぎない、という話が出てきましたね。これは、私の「意識」の側から見た話ですが、翻って、「物」の側にも「意志」が働いているかもしれないという話が出てきます。これも第二編の第九章に既に出てきた話ですが、ここではもう少し思い切った表現が使われています。

意志は我々の意識の最も深き統一力であって、また実在統一力の最も深遠なる発現である。外面より見て単に機械的運動であり生活現象の過程であるものが、その内面の真意義においては意志であるのである。恰《あたか》も単に木であり石であると思って居たものが、その真意義においては慈悲円満なる仏像であり、勇気満々たる仁王であるが如く、いわゆる自然は意志の発現であって、我々は自己の意志を通して幽玄なる自然の真意義を捕捉することができるのである。

先ほどは「意志」をかなり限定的に定義していましたが、ここでは、その定義を広げて、自然、万物の中に働いている統一作用が広い意味での「意志」であって、私たちの個別の「意志」はそれに対応している、というわけですね。強引な感じがしますが、これを言っておかないと、西田独自の「行為」論へ繋げられないので、布石を打っておいたのでしょう。第二章は比較的短く終わって、「第三章　意志の自由」に移ります。

自由な意志は、果たしてあるのか？

タイトルからして、カントの自由意志論のような方向に行くのではないかという連想が働きますが、読んでいくと、一方的にカント的な議論を支持しているのではないことが分かります。

意志は心理的にいえば意識の一現象たるに過ぎないが、その本体においては実在の根本であることを論じた。今この意志が如何《いか》なる意味において自由の活動であるかを論じて見よう。意志が自由であるか、はたまた必然であるかは久しき以来学者の頭を悩ました問題である。この議論は道徳上大切であるのみならず、これに由りて意志の哲学的性質をも明《あきらか》にすることができるのである。

先《ま》ず我々が普通に信ずる所に由って見れば、誰も自分の意志が自由であると考えぬ者はない。自分が自分の意識について経験する所では、或る範囲において或る事を為すこともできればまた為さぬこ

「自由意志」
1、因果律から自由な「意志」があるのか
2、因果律に基づく必然性によって「意志」の内容が決まるのか
西欧哲学において論じられてきた。
3、西田哲学
　私たちが日常的に、自分の「意志の自由」についてどう感じているか→
　「責任、無責任、自負、後悔、賞賛、非難」などの道徳的観念は、意志の自由が前提されているからこそ、意味を成す。
　※「責任」に即して考えると分かりやすい→英語で「責任」は〈responsibility〉。「応答する」という意味の動詞〈respond〉をいったん形容詞化したうえで、名詞化した言葉。近年、ポストモダン系の倫理学で強調されるように、［責任＝応答可能性］と考えることができる。

ともできる。即ち或る範囲内においては自由であると信じて居る。これがために責任、無責任、自負、後悔、賞讃、非難等の念が起ってくるのである。

最初に、因果律から自由な「意志」があるのか、それとも因果律に基づく必然性によって「意志」の内容が決まるのかという問題が、西欧哲学において論じられてきたことを説明し、次に、私たちが日常的に、自分の「意志の自由」についてどう感じているかを確認しています。そのうえで、「責任、無責任、自負、後悔、賞賛、非難」などの道徳的観念は、意志の自由が前提されているからこそ、意味を成すと述べているわけですね。これは倫理学の議論に慣れている人なら、当たり前だと思うところでしょうが、そうでないと、唐突な感じがするかもしれません。

「責任」に即して考えると分かりやすいでしょう。意志の自由があり、自分の行為を制御できないような存在に対しては、責任を問うことはできません。というより無意味です。英語で「責任」は〈responsibility〉といいますが、これは、「応答する」という意味の動詞〈respond〉をいったん形容詞化したうえで、名詞化した言葉です。近年、ポストモダン系の倫理学で強調されるようになりましたが、［責任＝応答可能性］と考えることができます。応答することのできる理性のない者に、「責任」を問うことは無意味です。日本の刑法三九条の「心神喪失者の行為は、罰しない」とか「心身耗弱者の行為は、その刑を減軽する」で定められているのは、そうした状態の人は、自らの行為を制御する「自由意志」

がない、あるいは、その働きが普通の人に比べて低下しているので、「責任」を負わせることができないわけです。ある意味、動物に近い存在になっているわけです。「動物」は、「自由意志」で自己の行為を制御しているようには見えないし、「責任」を問うても応えません。他の道徳的行為も、「自由意志」がなくて、生物学的な欲求とか、物理的な必然性によって全面的に規定されているとしたら、それを善い／悪いと評価しても仕方ないわけです。

凡《すべ》て外界の事物に属する者は我々はこれを自由に支配することはできぬ。自己の身体すらもどこまでも自由に取扱うことができるとはいわれない。随意筋肉の運動は自由のようであるが、一旦病気にでもかかればこれを自由に動かすことはできぬ。自由にできるというのは単に自己の意識現象である。しかし自己の意識内の現象とても、我々は新に観念を作り出す自由も持たず、また一度経験した事をいつでも呼び起す自由すらも持たない。真に自由と思われるのはただ観念結合の作用あるのみである。即ち観念を如何に分析し、如何に綜合するかが自己の自由に属するのである。勿論《もちろん》この場合においても観念の分析綜合には動かすべからざる先在的法則なる者があって、勝手にできるのではなく、また観念間の結合が唯一であるか、または或る結合が特に強盛であった時には、我々はどうしてもこの結合に従わねばならぬのである。

身体は因果法則に支配されているので、完全に自由にすることができないのは当然として、自己の意識の中で「観念」を作り出すことにおいても完全には自由でない、ということが指摘されていますね。私たちの経験や想像力、思考能力には限界があるので、ありとあらゆる「観念」を自由に生み出すことはできません。自分で経験したことであっても、自由に思い出すことはできません。私たちに自由にできるのは精々、手持ちの観念を「結合」することくらいだというわけです。ただ、その「結合」にしても、一定の法則があるので、全く自由に組み合わせることはできません。例えば、「犬」という観念を、「四足」とか

「吠える」「かみつく」「かわいい」……といった、他の観念と結び付けて、犬に関する判断や文をいろいろ作ることができます。ただ、「犬」を主語にした時、述語にできる「観念」は限定されています。しかも、たった今「犬」に噛みつかれたとしたら、その犬に、「かわいい」という観念を結び付けるのはほぼ無理ですね（笑）。結局のところ、観念結合の可能性が二つ以上ある時に、どちらを選択するかという自由しかないわけです。

自由意志論を主張する人は、多くこの内界経験の事実を根拠として立論するのである。右の範囲内において動機を選択決定するのは全く我々の自由に属し、我々の他に理由はない、この決定は外界の事情または内界の気質、習慣、性格より独立せる意志という一の神秘力に由るものと考えて居る。即ち観念の結合の外にこれを支配する一の力があると考えて居る。これに反し、意志の必然論を主張する人は大概外界における事実の観察を本《もと》としてこれより推論するのである。宇宙の現象は一として偶然に起る者はない、極めて些細なる事柄でも、精《くわ》しく研究すれば必ず相当の原因をもって居る。この考は凡て学問と称するものの根本思想であって、かつ科学の発達と共に益々《ますます》この思想が確実となるのである。自然現象の中にて従来神秘的と思われて居たものも、一々その原因結果が明瞭となって、数学的に計算ができる様にまで進んできた。今日の所でなお原因がないなどと思われて居るものは我々の意志くらいである。しかし意志といってもこの動かすべからざる自然の大法則の外に脱することはできまい。

自由意志論は、先ほどの観念結合に際しての選択を行う、外界の因果連鎖とか本人の気質、習慣、性格などとは独立の力として、「自由意志」を想定しているというわけですね。こうした気質、習慣、性格などをまとめて、カント哲学では「傾向性 Neigung」と言います。サンデル（一九五三－　）の『これからの「正義」の話をしよう Justice』（二〇〇九）にも「自由意志」対「傾向性」の説明が出ているので、この本を買って持っている人は読み返してみるといいでしょう。
そうした形での「自由意志」論に対置されるのが、宇宙のいかなる現象も原因なしに生じることはないという科学的な見方です。人間の意志に関してはまだ完全に解明し切れていないけれど、そのうちに解明できるはずだ、というわけです。「心の哲学」の物理主義はそういう立場を取ります。では、西田自身は、どういう立場を取るのか。

さてこの二つの反対論のいずれが正当であろうか。極端なる自由意志論者は右にいった様に、全く原因も理由もなく、自由に動機を決定する一の神秘的能力があるという。しかしかかる意義において意志の自由を主張するならば、そは全く誤謬《ごびゅう》である。我々が動機を決する時には、何か相当の理由がなければならぬ。たとい、これが明瞭に意識の上に現われて居らぬにしても、意識下において何か原因がなければならぬ。またもしこれらの論者のいう様に、何らの理由なくして全く偶然に事を決する如きことがあったならば、我々はこの時意志の自由を感じないで、かえってこれを偶然の出来事として外より働いた者と考えるのである。従ってこれに対し責任を感ずることが薄いのである。自由意志論者が内界の経験を本として議論を立つるというが、内界の経験はかえって反対の事実を証明するのである。

神秘主義的なイメージのある西田は、原因を持たない神秘的な力の介入を支持しそうな印象がありますが、むしろ、そういう考えを否定します。我々の動機には何らかの「理由」がなければならない、というわけですね。現代の分析哲学、特にドナルド・デイヴィドソン（一九一七―二〇〇三）とか、ローティ（一九三一―二〇〇七）などのネオ・プラグマティズム系の議論では、物理的因果関係における「原因」と、人間の行為における、間主観的に通用する「理由」とを区別するのが当たり前になっていますが、ここでの言い方を見る限り、西田は、原因と理由をはっきり区別しているのかどうか微妙ですね。ただ、はっきり区別しているかどうかはおいておいても、自分の意識の中での意志形成に「理由」が介在していたかどうか、つまり「理由」が意識されていたかどうかが、「責任」の感じ方を左右すると言っているわけですから、ここで言われている「理由」は、単純に物理的なものではなく、自分の行為を正当化する根拠という意味合いを含んでいるのは確かでしょう。西田は、いかなる理由もなく、いわば偶然によって行為が決定されるということは、私たちの内的経験に反する、と言っているわけです。

・自由意志論：観念結合に際しての選択を行う、外界の因果連鎖とか本人の気質、習慣、性格などとは独立の力として「自由意志」を想定
・「傾向性 Neigung」：気質、習慣、性格など。カント哲学の概念。
・宇宙のいかなる現象も原因なしに生じることはないという科学的な見方→人間の意志に関してはまだ完全に解明し切れていないけれど、その内に解明できるはず→「心の哲学」の物理主義
・西田：神秘主義的なイメージのある西田は、原因を持たない神秘的な力の介入を支持しそうな印象があるが、むしろ、そういう考えを否定。我々の動機には何からの「理由」がなければならない。

次に必然論者の議論について少しく批評を下して見よう。この種の論者は自然現象が機械的必然の法則に支配せらるるから、意識現象もその通りでなければならぬというのであるが、元来この議論には意識現象と自然現象（換言すれば物体現象）とは同一であって、同一の法則に由って支配せらるべきものであるという仮定が根拠となって居る。しかしこの仮定は果して正しきものであろうか。意識現象が物体現象と同一の法則に支配せらるべきものか否かは未定の議論である。斯《かく》の如き仮定の上に立つ議論は甚《はなは》だ薄弱であるといわねばならぬ。たとい今日の生理的心理学が非常に進歩して、意識現象の基礎たる脳の作用が一々物理的および化学的に説明ができたとしても、これに由りて意識現象は機械的必然法に因って支配せらるべき者であると主張することができるだろうか。例えば一銅像の材料たる銅は機械的必然法の支配の外に出でぬであろうが、この銅像の現わす意味はこの外に存するではないか。いわゆる精神上の意味なるものは見るべからず聞くべからず数うべからざるものであって、機械的必然法以外に超然

――たるものであるといわねばならぬ。

西田は基本的には、精神と物質はいずれも「意識＝実在」から分化したものであって、根底において同一であるという見解を取っているわけですが、ここでは論証のために、物体現象と意識現象が同じ性質のものであるかどうか分からないので、一応別物として扱うべきだという前提に立ったうえで、原因がなく生じる現象はないという物体現象に関する原理を、意識現象にそのまま適用するのはおかしくないか、と示唆しているわけです。そのうえで、私たちが諸事物に見出す、精神的な「意味」は、物体現象とは異なる次元にあるのではないか、と主張します。このように、「意味」と、物理的因果連関を切り離すというのは、現代のネオ・プラグマティストも使う論法です。

これを要するに、自由意志論者のいう様な全く原因も理由もない意志はどこにもない。かくの如き偶然の意志は決して自由と感ぜられないで、かえって強迫と感ぜらるるのである。我々が或る理由より働いた時即ち自己の内面的性質より働いた時、かえって自由であると感ぜられるのである。つまり動機の原因が自己の最深なる内面的性質より出でた時、最も自由と感ずるのである。しかしそのいわゆる意志の理由なる者は必然論者のいう様な機械的原因ではない。我々の精神には精神活動の法則がある。精神がこの己《おのれ》自身の法則に従うて働いた時が真に自由であるのである。

少し込み入ってきましたね。先ず、原因も理由もないという意味で、偶然な意志というものがあるとすれば、それは私たちにとって自由ではなく、強迫だと感じられるということですね。自由意志と必然が対立すると考えられがちですが、偶然も、自由意志とは相容れません。では、どういう時に私たちが「自由」と感じるかと言えば、私たちの深奥な内面的性質に由来する「理由」が、私たちを動かす「動機」へと転化した場合です。そういう「理由」を生み出す、精神活動の法則が、物質的因果法則とは異なった次元で働いているわけですね。これは、理性によって見出される「道徳法則」に従って自らの行為を律すること＝自律が、自由の本質であるとするカントの議論に近いですね。

二つの自由

自由には二つの意義がある。一は全く原因がない即ち偶然ということと同意義の自由であって、一は自分が外の束縛を受けない、己自《みずか》らにて働く意味の自由である。即ち必然的自由の意義である。意志の自由というのは、後者における意味の自由である。しかしここにおいて次の如き問題が起ってくるであろう。自己の性質に従うて働くのが自由であるというならば、万物皆自己の性質に従って働かぬ者はない、水の流れるのも火の燃えるのも皆自己の性質に従うのである。しかるに何故に他を必然として、独り意志のみ自由となすのであるか。

西田は偶然という意味での自由ではなく、自己の性質に従って動く自由が問題であるとしたうえで、後者の意味での自由を、純粋な「自然現象」と、「意志の自由」に基づく現象に分けて考えるべきではないかと問題提起しているわけです。次の段落で、二つに分けるべき根拠が述べられています。

いわゆる自然界においては、或る一つの現象の起るのはその事情に由りて厳密に定められて居る。或る定まった事情よりは、或る定まった一の現象を生ずるのみであって、毫釐《ごうり》も他の可能性を許さない。自然現象は皆かくの如き盲目的必然の法則に従うて生ずるのである。しかるに意識現象は単に生ずるのではなくして、意識されたる現象である。即ち生ずるのみならず、生じたことを自知して居るのである。而《しか》してこの知るといい意識するということは即ち他の可能性を含むということである。我々が取ることを意識するということはその裏面に取らぬという可能性を含むというの意味である。更に詳言すれば、意識には必ず一般的性質の者がある、即ち意識は理想的要素をもって居る。これでなければ意識ではない。而してこれらの性質があるということは、現実のかかる出来事の外更《ほか》に他の

—可能性を有して居るというのである。

自然現象が必然性の法則によって、他のいかなる可能性も含まないように規定されているという断定は、現代の自然科学者であれば首をかしげそうな気もしますが、言いたいことは分かりますね。人間の「意識現象」の場合、例えば、「私は気分が悪い」という意識が生じたとすれば、「私は『気分が悪い』と感じている」という意識も生じてきます。この第二の意識には、「意識」には、「他の可能性」、つまり、現に生じているのとは別の事態が起こる可能性が含まれています。第二の意識が第一の意識に影響を与える可能性です。先ほど出てきた、「選択」の問題です。現代の「心の哲学」の責任論や刑法の基礎理論では、「他行為可能性」という言い方をします。別の行為をすることもできたのに、負の帰結をもたらした当該行為を行ったから、行為の主体として「責任」を問われる、というわけです。ただ、ここでの西田の言い方は、少し微妙な感じがします。「意識する」あるいは「知る」ということが、「他の可能性」を含むという言い方をしていますが、これはそうなる可能性が——その意識の主体とは独立に——現実的・客観的にあるということなのか、それとも、「他の可能性」があることが「意識」されているだけで、そういう可能性が客観的に実在するかどうか分からないのか。どっちとも取れますね。わざとそういう言い方をしているのかもしれません。これまでの西田の論法からすれば、『客観的』であるか否か、というのも『意識』の問題であるので、結局同じことだ」、という答えが返ってきそうな気がします。

分かりにくいのが、「意識」に必ず含まれているという、「一般的性質のもの＝理想的要素」です。これは恐らく、「この場面で私は本当は～すべきである」、という形で意識を誘導する、カントの道徳法則に相当するようなものでしょう。それが「意味」とか「理由」として現われて来る、ということでしょう。

それで意識の自由というのは、自然の法則を破って偶然的に働くから自由であるのではない、かえって自己の自然に従うが故に自由である。理由なくして働くから自由であるのではない、能《よ》く理由を知るが故に自由であるのである。我々は知識の進むと共に益々《ますます》自由の人となることができる。人は他より制せられ圧せられてもこれを知るが故に、この抑圧以外に脱して居るのである。更に進んでよくその已《や》むを得ざる所以《ゆえん》を自得すれば、抑圧がかえって自己の自由となる。ソクラテースを毒殺せしアゼンス人よりも、ソクラテースの方が自由の人である。パスカルも、人は葦《あし》の如き弱き者である、しかし人は考える葦である、全世界が彼を滅さんとするも彼は彼が死することを、自知するが故に殺す者より尚《たっと》しといって居る。

ここからすると、西田が「理由」だと言っているのは、単に、「この場合は〜した方がいい」という程度の行動指針のようなものではなくて、「理性の主体としての人間はこういう場合には〜すべきである」、という道徳法則、というより、普遍的なロゴスとかイデアのようなものを想定しているように見えます。哲学者として自分の行動すべき「理由」を知っていて、自己を律しようとしているソクラテスやパスカル（一六二三―一六六二）が、最も自由だということになるわけです。「考える葦 **roseau pensant**」の話は有名なので、説明するまでもないですね。このくだりは、彼の死後出版された『パンセ（思考）Pensées』（一六七〇）に出てきます。ただ、そうだとすると、最初に出てきた、私たちの意識の内の観念結合の法則にまで及んでいる必然性の法則と、「理由」に基づく「自由意志」の間に矛盾はないのか、自分はちゃんとした〝理由〟を見つけ、〝自由意志〟でそれに従っているというのは思い込みで、実は何らかの「傾向性」に従っているのではないか、という疑問が生じてきます。これは、因果法則を超えた道徳法則の実在をどうやって証明あるいは説明するのかというのは、カント哲学の最大の難問です。西田はこれについてちゃんと説明していません。彼の言っていることに整合性を与えようとすれば、観念結合の法則はあるが、それによって全面的に規定されるわけではなく、そこに「理由」に基づく選択の余地がある、と想定するしかないでしょう。しかも、その〝余地〟というのは、必然性の空白に生じる「偶然」という形を取ること

はできません。「理由」によってその〝余地〟が埋められることが予定されているのか、それとも、「理由」による結合が「傾向性」に基づく結合に取って代わることが可能性であるという意味での〝余地〟であるのか、そのいずれかでしょう。また、ソクラテスは、その意志を行動に移して実行したわけですから、単に意識の中で傾向性に打ち勝つだけでなく、身体を動かす力も、「理由」にないといけません。私たちの身体をめぐって、物理的因果法則と、「理由」に導かれる「自由意志」の力はどういう関係にあるのか。多分、西田はそういうところまで詰めて考えてはいないと思います。

価値、真善美とは何か?

「第四章　価値的研究」に入りましょう。最初に現象や出来事の探究には、いかにしてそうなったのか、あるいは、何故そうならざるを得ないのかその理由や原因を問う場合と、何のためにそれが起こったかを問う場合があり、前者は理論的研究で、後者は実践的研究だ、と述べられていますね。前の章だと、物理的因果法則による原因と、人間の意志的行為の理由を区別していた感じだったのに、ここでは、理由を原因に含めている感じですね。用語がきっちり定義されていない感じがします。ただ、意識化された「目的」を、因果法則的なものから区別しようとしていることは分かりますね。

最初に、無機物の世界については、何故起こったかという問いを立てることはできるが、何のためにという目的を立てることはできない、すなわち「目的」がない、と述べていますね。玉突台の玉は、内面的な目的によって動くのではなく、外的な力によって動くわけです。内面的力があるのかもしれないが、確かめられない。それに対して動植物の場合、「内面的力目的」が明らかになるので、「原因」と「目的」が区別されると言っています。動植物に「目的」があるという言い方をすると、何か擬人化しているような感じがしますが、西田がここで「目的」と言っているのは、その生物の生存や発達のことのようなので、それほどおかしな話ではなさそうです。物理的な原因から、生命の維持・発達という、その生物に固有の目的が自立化し、両者が対立することもあるわけです。そういうのが目的だとすると、宇宙全体に合目的連関があると最初から設定する、アリストテレスとか中世のキリスト教などよりは、近代人にも受け入れやすい設定で考えているようです。今のところは（笑）。

そうやって問題設定したうえで、「如何なる現象が最も目的に合うて居るか、現象の価値的研究をせねばならぬようになる」、と述べていますね。ということは、「目的」との適合性という観点から「価値」を捉えている、もう少し詳しく言うと、「目的」の達成それ自体を、一番大きな価値として、それにどれだけ近いかを「価値」の尺度にしようとしている、ということでしょう。価値論（Axiologie）は、新カント学派、特に西南学派と呼ばれるヴィンデルバント（一八四八―一九一五）やリッケルト（一八六三―一九三六）にとって重要な研究テーマです。

生物の現象ではまだ、その統一的目的なる者が我々人間の外より加えた想像にすぎないとしてこれを除去することもできぬではない。即ち生物の現象は単に若干の力の集合に依りて成れる無意義の結合と見做《みな》すこともできるのである。独り我々の意識現象に至っては、決してかく見ることはできない、意識現象は始《はじめ》より無意義なる要素の結合ではなくして、統一せる一活動である。思惟、想像、意志の作用よりその統一的活動を除去したならば、これらの現象は消滅するのである。これらの作用については、如何にして起るかというよりも、如何に考え、如何に想像し、如何に為すべきかを論ずるのが、第一の問題である。ここにおいて、論理、審美、倫理の研究が起って来る。

他の生物に関しては人間が勝手に「統一的目的」を設定しただけかもしれない、という可能性は認めたうえで、「意識現象」に関しては、諸々の作用＝行為を貫く、統一的目的があり、そういう「目的」がないとすれば、〝意識現象〟なるものはそもそも存在しないことになるので、「意識現象」に特化した実践的研究が必要だということになるわけです。「論理」を理論的研究ではなく、実践的研究の対象とするというのはヘンな感じがしますが、ここで言う「論理」は、人間の思考の流れを規定している「論理」のことでしょう。自然科学的な諸法則の基礎として見出される論理と、人間の思考や規定している論理がどういう関係にあるのかはかなり難しい問題で、この問題をめぐる考察からフッサールの現象学が生まれたわけですが、ここでは深入りする必要はないでしょう。「思惟」と「論理」、「想像」と「審美」、「意志」と「倫理」がそれぞれ対応しているわけです。真善美ですね。

で、これら心の三つの側面に対応する三つの研究領域での探究に、「価値」はどのように関係するのか。

或る学者の中には存在の法則よりして価値の法則を導き出そうとする人もある。しかし我々は単にこれよりこれが生ずるということから、物の価値的判断を導き出すことは出来ぬと思う。赤き花はかかる結果を生じ、または青き花はかかる結果を生ずという原因結果の法則からして、何故にこの花は美にしてかの花は醜であるか、何故に一は大なる価値を有し、一はこれを有せぬかを説明することはできぬ。これらの価値的判断には、これが標準となるべき別の原理がなければならぬ。

「存在」から「価値」を導き出せないというのは、現代哲学で「ヒュームの法則 Hume's law」として知られるものです。ヒュームは主著である『人間本性論』（一七三九）の第三巻第一部第一節で、「である is／でない is not」と「べき ought／べきでない ought not」は別の種類の言明であると述べています。その後、ベンサム（一七四九―一八三二）などの功利主義が、快／不快のような自然科学的に確認可能な事実を倫理の基礎にしようとしましたが、西田は恐らく功利主義のようなものを念頭に置いているのではないか、と思います。それに対して、新カント学派は、価値と事実を区別する所から議論を始めます。

我々の思惟、想像、意志という如き者も、已《すで》に事実として起った上は、いかに誤った思惟でも、悪しき意志でも、また拙劣なる想像でも、尽《ことごと》くそれぞれ相当の原因に因って起るのである。人を殺すとい

「ヒュームの法則 Hume's law」

「存在」から「価値」を導き出せない。

「である is／でない is not」VS.「べき ought／べきでない ought not」
※ヒュームの主著『人間本性論』(1739)の第3巻第1部第1節を参照
→　その後、
・ベンサム(1749－1832)などの功利主義：快／不快のような自然科学的に確認可能な事実を倫理の基礎
・新カント学派：価値と事実を区別する議論を始める。

う意志も、人を助くるの意志も皆或る必然の原因ありて起り、また必然の結果を生ずるのである。この点においては両者少しも優劣がない。ただここに良心の要求とか、または生活の欲望という如き標準があって、始めてこの両行為の間に大なる優劣の差異を生ずるのである。或る論者は大なる快楽を与うる者が大なる価値を有するものであるという様に説明して、これに由りて原因結果の法則より価値の法則を導き得た様に考えて居る。しかし何故に或る結果が我々に快楽を与え、或る結果が我々に快楽を与えぬか、こは単に因果の法則より説明はできまい。我々が如何なるものを好み、如何なるものを悪《にく》むかは、別に根拠を有する直接経験の事実である。心理学者は我々の生活力を増進する者は快楽であるという、しかし生活力を増進するのが何故に快楽であるか、厭世家はかえって生活が苦痛の源であるとも考えて居るではないか。また或る論者は有力なる者が勝ちある者であると考えて居る。しかし人心に対し如何なる者が最も有力であるか、物質的に有力なる者が必ずしも人心に対して有力なる者とは云えまい、人心に対して有力なる者は最も我々の欲望を動かす者、即ち我々に対して価値ある者である。有力に由りて価値が定まるのではない、かえって価値に由りて有力と否とが定まるのである。

文章の流れが分かりにくいですが、ここでは人間の意志をも支配している原因－結果の必然性の法則とは別個に「価値の法則」は成立するということが主張されています。何らかの原因で人を殺すという意志が生じて、実際に殺すのも、別の何かの原因で人を助けようという意志が生じて、実際に助けるのも、どちらも必然性の法則に従って出来事が生じたというだけで、その二つを直接比べても価値の優劣はないということですね。しかし、そこに良心の要求とか、快楽／苦痛といった別の基準が関わってくる時、価値の優劣の問題が生じるというわけですね。「快楽」や「欲望」を因果法則から独立の基準として扱うのはヘンな感じがしますが、恐らく西田は同じ物理的刺激でも人によって望ましいものであったりそうでなかったりするので、そうした受けとめられ方の差異をもたらしているものを「価値」として捉えているのだと思います。

第五章から第九章までは、従来の西欧の倫理学説の検討です。それに合わせて結構オーソドックスな哲学者のような感じの記述になっています。最初に、諸価値の内の「善」に焦点を当てていくと論じています。これ自体はオーソドックスなのですが、どうして「真」とか「美」、あるいは「正義」とか「名誉」でなくて「善」なのか、という説明がありません。恐らくこれまで西田自身の議論と、カントの「自由意志→善意志」論の文脈に沿って、意識活動の中心に位置する「意志」の核心的な要素である「自由意志」が「善」を志向しているので、「善」が最も重要である、と暗黙の内に前提にしているのでしょう。

倫理学と直観主義

古来の倫理学説を大別すると、大体二つに別れる。一つは他律的倫理学説というので、善悪の標準を人性以外の権力に置こうとする者と、一つは自律的倫理学説といって、この標準を人性の中に求めようとするのである。外になお直覚説というのがある、この説の中には色々あって、或る者は他律的倫理学説の中に入ることができるが、或る者は自律的倫理学説の中に入らねばならぬものである。今先ず直覚説より始めて順次他に及ぼうと思う。

倫理学は、人間自身の内に善悪の基準があるという前提に立つのが「自律」的学説で、宗教のように、

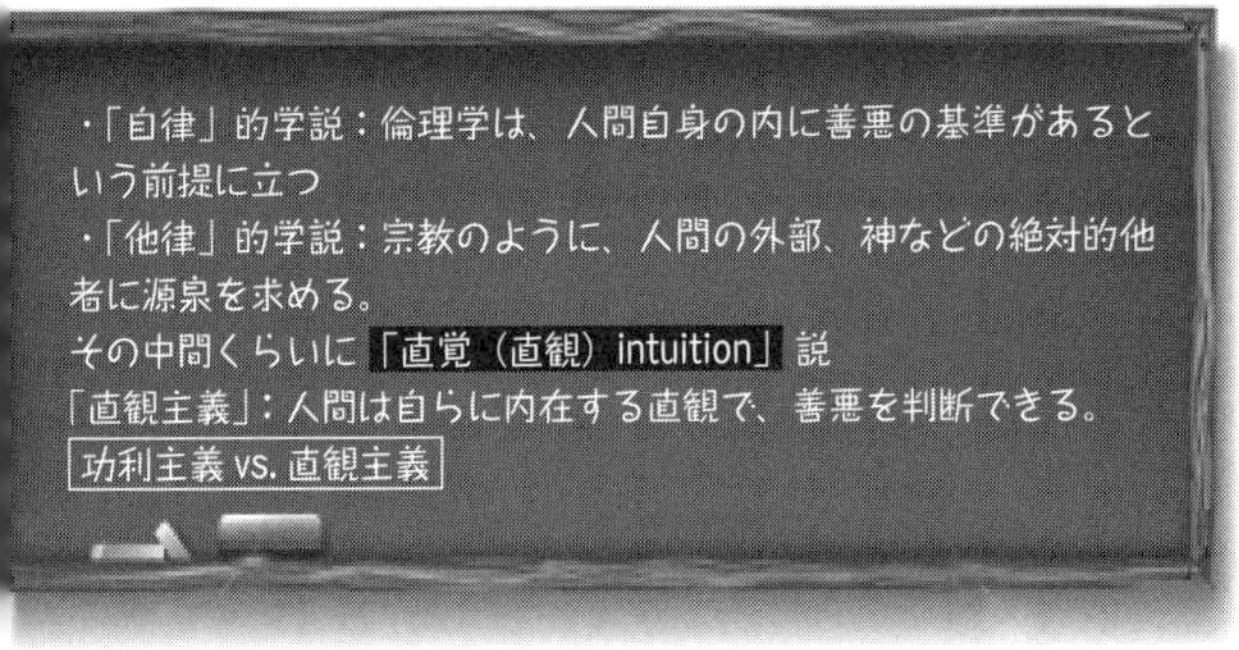
・「自律」的学説：倫理学は、人間自身の内に善悪の基準があるという前提に立つ
・「他律」的学説：宗教のように、人間の外部、神などの絶対的他者に源泉を求める。
その中間くらいに「直覚（直観）intuition」説
「直観主義」：人間は自らに内在する直観で、善悪を判断できる。
功利主義 vs. 直観主義

人間の外部、神などの絶対的他者に源泉を求める「他律」的学説に大きく分かれ、その中間くらいのところに、「直覚（直観）intuition」説というのがあるということですね。「直観主義」という名称は、現代の倫理学の議論でもしばしば耳にします。結構、古くからある立場のようです。京大の児玉聡さん（一九七四–）の『功利と直観——英米倫理思想史入門』（二〇一〇）という本で、ホッブズ以来、英米の倫理学には、「功利主義」と対置される「直観主義」の系譜があることが紹介されています。快楽とか、具体的な効用を増すことを基準にする「功利主義」的な思想に対し、人間は自らに内在する直観で、善悪を判断できるというのが「直観主義」です。

　児玉さんの本によると、「直観主義」には、理性による直観を想定するものと、道徳感情による直観を想定するものがあり、この『善の研究』でも紹介されている、ラルフ・カドワース（一六一七–八八）やヘンリー・モーア（一六一四–八七）といったケンブリッジ・プラトニズム（プラトン学派）が理性の方だとすると、スコット啓蒙主義の元祖で、道徳感覚（moral sense）論の基礎を築いたフランシス・ハチスン（一六九四–一七四六）や、『道徳感情論』（一七五九）の著者としてのアダム・スミス（一七二三–九〇）の議論が感情型です。ケンブリッジ・プラトニズムというのは、一七世紀のケンブリッジ大学の学者のグループで、中世以来の古いタイプの神学を批判し、プラトンやプロティノス（二〇五頃–二七〇）の文献研究を通して、理性と信仰の調和を目指した人たちのことです。

　また、ロールズ（一九二一–二〇〇二）の『正義論』（一九七一）でも、直観主義に対する批判にかなりの紙幅が割かれています。直観によって様々な道徳原理を見出すことは可能かもしれないが、それではどの道徳原理を優先すべきか決められ

「直観主義」

1、理性による直観を想定するもの
ラルフ・カドワースやヘンリー・モーアといったケンブリッジ・プラトニズム（プラトン学派）が理性型
※ケンブリッジ・プラトニズム；17世紀のケンブリッジ大学の学者のグループ。中世以来の古いタイプの神学を批判し、プラトンやプロティノスの文献研究を通して、理性と信仰の調和を目指した人たち。

2、道徳感情による直観を想定するもの
スコット啓蒙主義の元祖で、道徳感覚（moral sense）論の基礎を築いたフランシス・ハチスンや、『道徳感情論』の著者としてのアダム・スミスの議論が感情型

ロールズの『正義論』

※直観主義に対する批判にかなりの紙幅が割かれている。

直観によって様々な道徳原理を見出すことは可能かもしれないが、それではどの道徳原理を優先すべきか決められない→功利主義の方が明確な基準を提供できる→そのうえで、功利主義の限界を指摘し、有名な「無知のヴェール the veil of ignorance」の下にある当事者たちによる正義の二原理の選択という図式を展開。

ないとして、功利主義の方が明確な基準を提供できることを指摘しています。そのうえで、功利主義の限界を指摘し、有名な「無知のヴェール the veil of ignorance」の下にある当事者たちによる正義の二原理の選択という図式を展開します。ロールズ自身は明言していませんが、この「無知のヴェール」の下で、当事者たちの直観を一致させる方向に想像力が働くという見方をすることができます――ロールズについては、拙著『いまこそロールズに学べ』（春秋社）で論じていますので、関心があれば、こちらをご覧下さい。

直観主義による「正義」を、どのように功利主義に代表される効率性・公平性と組み合わせるかという問題は、ミル（一八〇六―七三）の次の世代の功利主義を代表する哲学者ヘンリー・シジウィック（一八三八―一九〇〇）が『倫理学の諸方法』（一八七四）で提起しています。その問題意識がロールズに継承されている、とされています。

　この学説の中には種々あるが、その綱領とする所は我々の行為を律すべき道徳の法則は直覚的に明なる者であって、他に理由があるのではない、如何なる行為が善であり、如何なる行為が悪であるかは、火は熱にして、水は冷なるを知るが如く、直覚的に知ることが

できる、行為の善悪は行為其者《そのもの》の性質であって、説明すべき者でないというのである。なるほど我々の日常の経験について考えて見ると、行為の善悪を判断するのは、かれこれ理由を考えるのではなく、大抵《たいてい》直覚的に判断するのである。いわゆる良心なる者があって、恰《あたか》も眼が物の美醜を判ずるが如く、直《ただち》に行為の善悪を判ずることができるのである。[…]

直覚説は簡単であって実践上有効なるにも拘らず、これを倫理学説として如何ほどの価値があるであろうか。直覚説において直覚的に明であるというのは、人性の究竟《きゅうきょう》的目的という如きものではなくて、行為の法則である。勿論《もちろん》直覚説の中にも、凡《すべ》ての行為の善悪が個々の場合において直覚的に明であるというのと、個々の道徳的判断を総括する根本的道徳法が直覚的に明瞭であるというのと二つあるが、いずれにしても或る直接自明なる行為の法則があるというのが直覚説の生命である。しかし我々が日常行為について下す所の道徳的判断、即ちいわゆる良心の命令という如き者の中に、果して直覚論者のいう如き直接自明で、従って正確で矛盾のない道徳法なる者を見出しうるであろうか。先ず個々の場合について見るに、決してかくの如き明確なる判断のないことは明である。我々は個々の場合において善悪の判断に迷うこともあり、今は是《ぜ》と考えることも後には非と考えることもあり、また同一の場合でも、人に由りて大《おおい》に善悪の判断を異にすることもある。

先ず、直覚説というのは、五感で物理的対象を知覚するのと同じくらいの確かさで、道徳法則を知覚できる説だと、ごく簡潔に説明されていますね。直覚（直観）によって捉えることができる、ということは主張するけれど、その道徳法則が自分自身の理性によって構成されるものか、神のようなものによって与えられるのかという点に関しては両義的なので、「自律／他律」のいずれかにはっきり振り分けることはできないわけです。

西田は直覚説にあまり意味がないと考えているようです。分かりにくい言い方をしていますが、恐らく言いたいのは、自律か他律かがはっきりしている倫理学説だと、人間本性にとっての「究極目的」を探究することに繋がりやすいけれど、直覚説は、「直観」が働くことに注目しているだけなので、そういう発展は望めない、ということでしょう。現在、メタ倫理学と呼ばれるような、理論的基礎付けのような話にはあまり意義を見出せないのでしょう。特に、普通の人間の個々の行為に関して、それを導く道徳的直観が働いたかどうかなどと論じても意味がない、そんな「自明の原則」などあるはずがない、と述べていますね。一六三頁では、忠孝や智勇仁義などはそうした原則であるかのように見られがちだが、個々の場合には、どうすることがそれぞれの価値を実現したことになるのか曖昧だし、それらの価値同士が対立することもあるので、自明ではない、と述べられていますね。これは、実はロールズの直観主義批判の骨子でもあります。

右に論じた如く、直覚説はその主張する如き、善悪の直覚を証明することができないとすれば、学説としては甚《はなは》だ価値少きものであるが、今仮にかかる直覚があるものとして、これに由りて与えられたる法則に従うのが善であるとしたならば、直覚説は如何なる倫理学説となるであろうかを考えて見よう。純粋に直覚といえば、論者のいう如く理性に由りて説明することができない、また苦楽の感情、好悪の欲求に関係のない、全く直接にして無意義の意識といわねばならぬ。もしかくの如き直覚に従うのが善であるとすれば、善とは我々に取りて無意義の者であって、我々が善に従うのは単に盲従である、即ち道徳の法則は人性に対して外より与えられたる抑圧となり、直覚説は他律的倫理学と同一とならねばならぬ。しかるに多くの直覚論者は右の如き意味における直覚を主張して居らぬ。或る者は直覚を理性と同一視して居る、即ち道徳の根本的法則が理性に由りて自明なる者と考えて居る。しかしかく云えば善とは理に従う事であって、善悪の区別は直覚に由って明なるのではなく、理に由りて説明しうることとなる。また或る直覚論者は直覚と直接の快不快、または好悪ということを同一視

して居る。しかしかく考えれば善は一種の快楽または満足を与うるが故に善であるので、即ち善悪の標準は快楽または満足の大小ということに移って来る。かくの如く直覚なる語の意味に由って、直覚説は他の種々なる倫理学説と接近する。

ここでは、直覚説にある程度内在した批判が試みられています——あくまでもある程度ですが。ここでの西田の主張のポイントは、直覚が「私」に対して何かを語りかけているとしても、何故、それに従うべきか説明することができない、ということです。説明の仕方が分かりにくいので、図式的に整理しておきましょう。先ず、直覚の実体が理性であれ感情であれ、「直覚が命じているのだから、そうすべき」、というのが文字通りの意味での直覚説のはずだけれど、それだと何のために従うのか分からない、自分にとっては全く無意味だけど、とにかく従う、ということにしかならない、それは神などを起源とする他律説と同じだということです。そういう原理的な問題を指摘したうえで、ただし、そういう立場の直覚論者はほとんどおらず、どうして「直覚」に従うべきか、の説明をしようとする、と指摘します。そういう現実の直覚論者に対する批判を、純粋な理性説の場合と、快／不快を基準にする説の場合に分けて展開しています。直覚の実体が理性であり、直覚に従って道徳法則を発見するのは、理性によって数学とか幾何学の公理を発見するのと本質的に同じである、ということにすると、それは実際には、理性に従っていることになります。それを直覚説と呼ぶ意味はありません。理性を起源とする説については第七章で検討されています。もう一方の快／不快を基準にするというのは、恐らく道徳感覚における快／不快のことを言っているのだと思いますが、それだと、快をもたらす感覚だから善、そういう感覚をもたらす行為だから善ということになり、善／悪の基準は快／不快だということになります。これだと、功利主義ですね。功利主義については、第八章で論じられています。いずれにしても、「直覚」それ自体とは別のところに、「善」の基準を求めることになるので、直覚説に拘る理由はなくなります。この辺は、飛躍しないで理路整然と話が進んでいる感じですね。ちゃんと番号とか付けて整理すると、現代の分析哲学のテクストみたいになりそうです。学説批判の部分なので、そうなって当然かもしれません。

他律の倫理学

「第六章　倫理学の諸説　その二」では、他律の倫理学が検討されています。他律説のことを「権力説」と呼び換えています。現代日本語の語感からすると、ヘンな感じがしますが、この場合の「権力」は必ずしも政治的機構とか組織化された暴力を背景にした通常の意味での権力のことではなく、「権威を持った力」というような抽象的な意味です。圧倒的な威厳を秘めた力に対して服従することを、倫理の起源とするような考え方です。私たちの道徳判断は、師父の教訓、法律、制度等によって培われるので、こういう説が起こって来るのは当然だと述べていますね。

倫理学史上に現われたる権力説の中では、君主を本としたる君権的権力説と、神を本としたる神権的権力説との二種がある。神権的倫理学は基督《キリスト》教が無上の勢力をもって居った中世時代に行われたので、ドゥンス・スコトゥスなどがその主張者である。氏に従えば神は我々に対し無限の勢力を有するものであって、しかも神意は全く自由である。神は善なる故に命ずるのでもなく、また理のために為すのでもない、神は全くこれらの束縛以外に超越して居る。善なるが故に神これを命ずるのではなく、神これを命ずるが故に善なるのである。氏は極端にまでこの説を推論して、もし神が我々に命ずるに殺《さつ》戮《りく》を以てしたならば、殺戮も善となるであろうとまでにいった。また君権的権力説を主張したのは近世の始《はじめ》に出た英国のホッブスという人である。氏に従えば人性は全然悪であって弱肉強食が自然の状態である。これより来《きた》る人生の不幸を脱するのは、ただ各人が凡ての権力を一君主に託して絶対にその命令に服従するにある。それで何でもこの君主の命に従うのが善であり、これに背《そむ》くのが悪である

——といって居る。

ドゥンス・スコトゥス（一二六六？—一三〇八）がトマス・アクウィナスの次世代のスコラ哲学の大物で、有名な普遍論争にも関与していたことはご存知ですね。トマスが神と人間の本質として「理性」を重視するのに対して、スコトゥスは「意志」を重視していたことが知られています。それが、ここでの議論と関係しています。つまり、何か「善」のイデアのようなものが予め与えられていて、神がそれを知り、その実現を意志するようになる、ということではなくて、神の意志は絶対的に自由であり、被造物である人間にとっては、それに従うこと自体が「善」である、と考えるわけです。理性によって神の意志を合理的に説明しようとすることはできないし、そうすべきではないという立場です。

ホッブズが自然状態における危険を回避するため、人々が主権者に対して自らの自然権を譲渡することによって国家（Commonwealth）が生まれ、その国家が成立した後は、主権者に絶対的に従う義務が生じると論じたのは有名ですね。ただ、恐らくご承知だと思いますが、ホッブズは「主権者sovereign」というのは、必ずしも一人の君主ではなく、人々の集合体（assembly of men）、つまり議会だということもありうると述べていますし、従うことが善だと言っているわけでもありません。契約を結んだ以上、主権者に抵抗することはできないと言っているだけです。この辺は雑ですが、この時代にはホッブズの思想がそれほど知られていなかったので、雑になるのは致し方ないような気もします。因みに、ワイマール期のドイツの法

普遍論争

トマス・アクウィナス（1225？—74）
「理性」を重視
VS.
ドゥンス・スコトゥス（1266？—1308）
神と人間の本質として「意志」を重視

※スコトゥスの立場：何か「善」のイデアのようなものが予め与えられていて、神がそれを知り、その実現を意志するようになる、ということではなくて、神の意志は絶対的に自由であり、被造物である人間にとっては、それに従うこと自体が「善」である、と考える。理性によって神の意志を合理的に説明しようとすることはできないし、そうすべきではない。

学者カール・シュミット（一八八八―一九八五）は、ホッブズは、権威を持った主権者の意志を政治の本質と見なしており、それは神の意志によって政治を基礎付けるキリスト教神学を継承するものである、という見方を示しています――この点については、拙著『カール・シュミット入門講義』（作品社）をご覧下さい。

権力説においては何故に我々は善をなさねばならぬかの説明ができぬ、否《いな》説明のできぬのが権力説の本意である。我々はただ権威であるからこれに従うのである。何か或る理由のためにこれに従うならば、已《すで》に権威其者《そのもの》のために従うのではなく、理由のために従うこととなる。或る人は恐怖ということが権威に従うための最適当なる動機であるという、しかし恐怖ということの裏面には自己の利害得失ということを含んで居る。しかしもし自己の利害のために従うならば已に権威のために従うのではない。ホッブスの如きはこれがために純粋なる権威説の立脚地を離れて居る。

「権力」と「権威」を用語として使い分けているかどうか微妙ですが、文の流れからすると、本来の意味での「権力」が「権威」だということではないかと思います。つまり、とにかく理由なしに、神のように圧倒的にすごいもの＝権威に従うのが本質なのだけど、恐怖ゆえに〝権威〟に従うのであれば、それは組織化された力としての権力を恐れているのであるから、本来の権威（権力）説ではない、ということでしょう。これに続く箇所では、権威への服従は、「～になりそうだから、怖い」という理由によるのではなく、端的な恐れ、畏敬へと純化された恐れでないといけないはず、ということが述べられていますね。そういう、権威に対する無根拠な服従こそが、倫理説における、本来の「道徳的動機」だとすると、いろいろな理由を考えないで、とにかく従う無知な者が、最も善人だということになります。そうすると、人間の知的進歩と、道徳は相反するということになります。また、自分なりに理由を見つけて行為することも、権威に従っていないので、どういう内容であれ、善行ではないことになってしまいます。何かヘンな感じになりますね。西田はそこを強調したいわけです。

権威説よりはかくの如く道徳的動機を説明することができぬばかりでなく、いわゆる道徳法というものもほとんど無意義となり、従って善悪の区別も全く標準がなくなってくる。我々はただ権威なる故に盲目的にこれに服従するというならば、権威には種々の権威がある。暴力的権威もあれば、高尚なる精神的権威もある。しかしいずれに従うのも権威に従うのであるから、斉《ひと》しく一であるといわねばならぬ。即ち善悪の標準は全く立たなくなる。

このまとめは分かりやすいですね。暴力が怖いから従うのであれ、とにかく畏怖の念を抱くから従うのであれ、そこには善／悪の基準はありません。「私が従っている権威だから、善だ！」、とでも言うしかありません。それだと、倫理学説とは言えないわけです。

自律の倫理学

そういうわけで、「第七章　心理学の諸説　その三」以降では、自律説が検討対象になります。まず、自律的倫理学には三種類あると述べています：①理性を基礎と見なす合理説または主知説、②苦楽の感情を基礎と見なす快楽説、③意志の活動を基礎と見なす活動説。この章では、①を検討するということですね。

合理的もしくは主知的倫理学 dianoetic ethics というのは、道徳上の善悪正邪ということと知識上の真偽ということとを同一視して居る。物の真相が即ち善である、物の真相を知れば自《おのずか》ら何を為さねばならぬかが明《あきらか》となる、我々の義務は幾何学的真理の如く演繹《えんえき》しうる者であると考えて居る。それで我々は何故に善を為さねばならぬかといえば、真理なるが故であるというのである。

善を知的な意味での真理と同一視する立場だということですね。何が事物の正しい在り方なのか分かれば、自分がやるべきことも分かる。どうして知ることが行為と直結するのかというと、人間は理性を備えた存在なので、行為もまた理性的なものになるはずだ、というわけですね。

この説は一方においてはホッブスなどの様に、道徳法は君主の意志に由りて左右し得る随意的の者であるというに反し、道徳法は物の性質であって、永久不変なることを主張し、また一方では、善悪の本を知覚または感情の如き感受性に求むる時は、道徳法の一般性を説明することができず、義務の威厳を滅却し、各人の好尚を以て唯一の標準とせねばならぬ様になるのを恐れて、理の一般性に基づいて、道徳法の一般性を説明し義務の威厳を立せんとしたのである。

「ホッブスなどの様に、道徳法は君主の意志に由りて左右し得る随意的の者であるというに反し、道徳法は物の性質であって、永久不変なることを主張」する、というフレーズが分かりにくいですね。道徳法は君主の意志次第でどうにでもなるというのがホッブズなどの説で、合理説はそれに対して、「物の性質」だと考えるわけです。この場合の「物の性質」というのは、狭い意味での物質の性質ではなく、この世界を構成する事物の客観的性質だということでしょう。事物の存在の法則に根ざしているので、誰かの恣意によって左右されることはない、というわけです。その次の文も少し分かりにくいですが、こちらは、「善悪の本を知覚または感情の如き感受性に求むる」説と、合理説が対立しているということです。感受性は変わりやすいものだし、人によっても違うので、それを基準にすると、「義務」が流動化し、下手をすれば空洞化するので、抽象的な概念体系としての「理」の一般性に依拠すべきだ、という立場を取るわけです。

このような形で「理性」の存在を信じ、それに依拠しようとする合理説は、先ほど見た、理性を直覚の本質と見なすタイプの直覚説と同じものではないのかと思えてきます。それに対して西田は、全ての直覚説が理性を直覚の本質と見ているわけではないので、両者を区別すべきだと述べていますね。

余は合理説の最醇《さいじゅん》なる者はクラークの説であると考える。氏の考に依れば、凡《すべ》て人事界における物の関係は数理の如く明確なる者で、これに由りて自ら物の適当不適当を知ることができるという。例

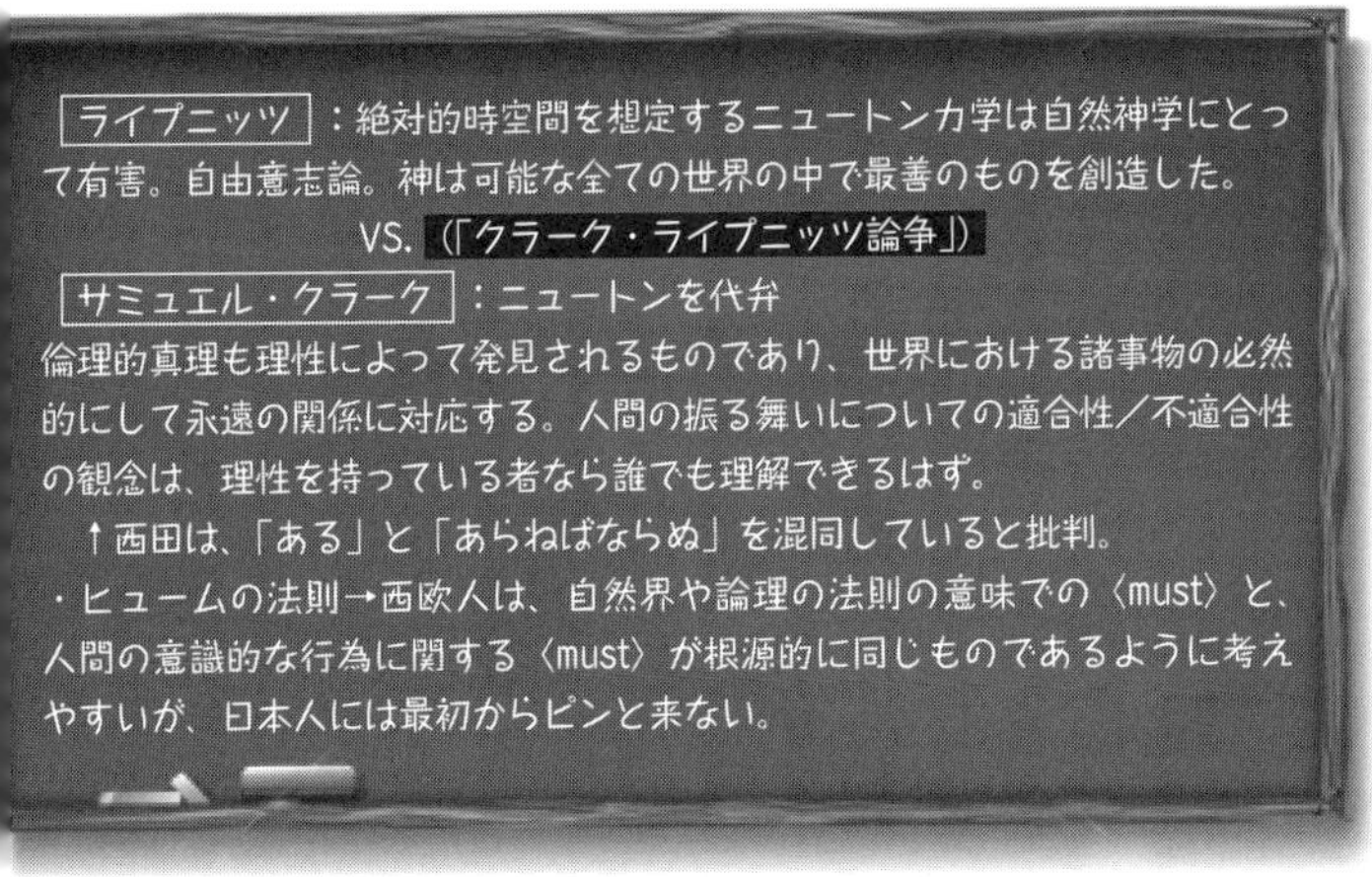
ライプニッツ：絶対的時空間を想定するニュートン力学は自然神学にとって有害。自由意志論。神は可能な全ての世界の中で最善のものを創造した。

VS.（「クラーク・ライプニッツ論争」）

サミュエル・クラーク：ニュートンを代弁
倫理的真理も理性によって発見されるものであり、世界における諸事物の必然的にして永遠の関係に対応する。人間の振る舞いについての適合性／不適合性の観念は、理性を持っている者なら誰でも理解できるはず。

↑西田は、「ある」と「あらねばならぬ」を混同していると批判。
・ヒュームの法則→西欧人は、自然界や論理の法則の意味での〈must〉と、人間の意識的な行為に関する〈must〉が根源的に同じものであるように考えやすいが、日本人には最初からピンと来ない。

えば神は我々より無限に優秀なる者であるから、我々はこれに服従せねばならぬとか、他人が己《おのれ》に施《ほどこ》して不正なる事は自分が他人に為しても不正であるという様な訳である。氏はまた何故に人間は善を為さねばならぬかを論じて、合理的動物は理に従わざるべからずといって居る。時としては、正義に反して働かんとする者は物の性質を変ぜんと欲するが如き者であるとまでにいって、全く「ある」ということと「あらねばならぬ」ということを混同して居る。

サミュエル・クラーク（一六七五―一七二九）は、注にも出ているように、英国の哲学者・神学者で、ニュートン（一六四三―一七二六）を代弁する形で、ライプニッツと論争した（「クラーク・ライプニッツ論争」）ことで有名な人です。この論争のきっかけは、絶対的時空間を想定するニュートン力学は自然神学にとって有害であるとの見解をライプニッツが示したことに対して、クラークがニュートンを擁護しようとしたことから始まっています。自由意志や、神は可能な全ての世界の中で最善のものを創造したというライプニッツの説の妥当性なども話題になりました。

クラークは、倫理的真理も理性によって発見され、世界における諸事物の必然的にして永遠の関係に対応するという見方をしていたようです。そうした諸事物の関係に対応して、人間の振る舞いについての適合性／不適合性の観念が生じてきて、それは理性を持っている者なら誰でも理解できるはず、ということです。

そうしたクラークの考え方に対して西田は、「ある」と「あらねばならぬ」を混同していると、批判しているわけです。ヒュームの法則です。日本語にすると分かりにくくなりますが、「あらねばならない」に当たる英語は〈must〉、ドイツ語は〈müssen〉ですが、これらには、「〜せねばならない」という義務の意味と、「〜のはずだ」という論理的・法則的必然性の意味がありますね。「〜べきである（はずである）」と訳される〈should〉と〈sollen〉にもそうした二重の意味がありますね。西洋人は同じ言葉で表現しているので、自然界や論理の法則の意味での〈must〉と、人間の意識的な行為に関する〈must〉が根源的に同じものであると考えやすいですが、日本人にはあまりピンと来ない話ですね。

> 合理説が道徳法の一般性を明にし、義務を厳粛ならしめんとするは可なれども、これを以て道徳の全豹《ぜんぴょう》を説き得たるものとなすことはできぬ。論者のいう様に、我々の行為を指導する道徳法なる者が、形式的理解力によりて先天的に知りうる者であろうか。純粋なる形式的理解力は論理学のいわゆる思想の三法則という如き、単に形式的理解の法則を与うることはできるが、何らの内容を与うることはできぬ。論者は好んで例を幾何学に取るが、幾何学においても、その公理なる者は単に形式的理解力に由りて、明になったのではなく、空間の性質より来るのである。幾何学の演繹的推理は空間の性質についての根本的直覚に、論理法を応用したものである。倫理学においても、已《すで》に根本原理が明となった上はこれを応用するには、論理の法則に由らねばならぬであろうが、この原則其者《そのもの》は論理の法則に由って明になったのではない。例えば汝の隣人を愛せよという道徳法は単に理解力に由りて明であるであろうか。我々に他愛の性質もあれば、また自愛の性質もある。しかるに何故にその一が優って居て他が劣って居るのであろうか、これを定むる者は理解力ではなくして、我々の感情または欲求である。

説明不足で分かりにくいですが、西田が言いたいのは、論理学や数学などにおいて発揮される理性的推

論というのは、主として「形式的理解力」の問題であって、それによって「内容（中身）」が与えられるわけではない、ということでしょう。「形式的理解力」を、形式的論理に置き換えて考えると、かなり分かりやすくなります。数学や論理学は、「形式」的に厳密な推論を展開できますが、それは形式に特化し、中身についての判断にはタッチしないからです。$(x+a)(x-a)=x^2-a^2$というように数式を展開することはできるけれど、xやaの中身を論じることはない。幾何学では、公理から定理を導き出す時には、そうした形式的論理だけで対処できるけど、これは本来、空間の性質に関する学問のはずなので、空間の本性に即して、出発点となる公理を決めないといけない。しかし、形式的論理では、公理を導き出せない。空間に関する根本的直覚に依拠せざるを得ない、というわけです。これは、まさにフッサールが数学基礎論から現象学へと歩み出すきっかけとなった問題です――フッサールの『幾何学の起源』（一九三九）に、デリダがその何倍もの分量の「序説」（一九六二）を付けていて、両方併せたものが翻訳されているので、関心のある方はご覧下さい。それと同じように、倫理学でも大前提となる公理から、個別の状況における正しい行為、善いことを導き出すことはできるかもしれないが、大前提となる価値、及びその価値の序列を決定するには、感情とか欲求、あるいはそれに基づく直観によるしかないわけです。

次に論者は何故に我々は善を為さねばならぬかということを説明して、理性的動物なるが故に理に従わねばならぬという。理を解する者は知識上において理に従わねばならぬのは当然である。しかし単に論理的判断という者と意志の選択とは別物である。論理の判断は必ずしも意志の原因とはならぬ。意志は感情または衝動より起るもので、単に抽象的論理より起るものではない。己の欲せざる所人に施す勿《なか》れという格言も、もし同情という動機がなかったならば、我々に対してほとんど無意義である。もし抽象的論理が直《ただち》に意志の動機となり得るものならば、最も推理に長じた人は即ち最善の人といわねばならぬ。しかるに事実は時にこれに反して知ある人よりもかえって無知なる人が一層善人である

ことは誰も否定することはできない。

ここは分かりやすいですね。仮に理性で分かっても、それを実行する動機がないと、どうしようもない、ということになります。理性は動機を提供できない、ということですね。先ほどの権威性の場合とは逆に、合理説では最も理知的な人が最も善人になるはずですが、これはヘンですね。しかも、現実には「無知な人」の方がより善人である傾向があるではないか、と示唆しているわけです。ただ、これは統計的な話ではありませんし、私たちが何をもって善人と判断しているかはかなり曖昧な〝直観〟、というより何となくの印象による話なので、ちゃんとした反証ではありませんね。ただ、自分が否定しようとしている前提から極端な〝結論〟を導き出してみせて、これは直観とか常識にあまりにも反する、と示唆するのは、現代の分析系の倫理学でも使う手法なので、さほど不当ではないかもしれません。

ディオゲネスとアレクサンダー大王

次に合理説の哲学を「実践」した人として、ディオゲネス（前四一二頃－三二三）に始まる犬儒学（キニク）派やストア派について述べられていますね。ディオゲネスというと、樽に入って犬のような生活をしていたこと、アレクサンダー大王（前三五六－三二三）が彼に興味を持って会いに行って、日向ぼっこをしている彼に、何か私にしてほしいことはないかと聞かれて、あなたたちのせいで日蔭になっているので、どいてほしいと言われた、というエピソードが有名ですね。キニク（犬儒）という呼称は、「犬のような」という意味のギリシア語〈kynikos〉に由来します。英語の〈cynic〉〈cynical〉はこれから派生した言葉です。「犬」ということから、どちらかと言うと、知性を捨てて野生に生きるようなイメージがありますが、西田がそれを「合理説」と呼んでいるのはかなり意外な感じがしますね。ストア学派も、カタカナ語として使われている「ストイック」の語源になっているくらいですから、禁欲して余計なことを考えないで、質素に暮らすようなイメージがありますが、これが「合理説」だというのも意外ですね。犬儒学派についての西田の記述を見ておきましょう。

> この派はソクラテースが善と知とを同一視するに基づき、凡ての情慾快楽を悪となし、これに打克《うちか》って純理に従うのを唯一の善となした、しかもそのいわゆる理なる者は単に情慾に反するのみにて、何らの内容なき消極的の理である。道徳の目的は単に情慾快楽に克ちて精神の自由を保つということのみであった。有名なるディオゲネスの如きがその好模範である。その学派の後またストア学派なる者があって、同一の主義を唱道した。ストア学派に従えば、宇宙は唯一の理に由りて支配せらるる者で、人間の本質もこの理性の外にいでぬ、理に従うのは即ち自然の法則に従うのであって、これが人間において唯一の善である、生命、健康、財産も善ではなく、貧苦、病死も悪ではない、ただ内心の自由と平静とが最上の善であると考えた。その結果犬儒学派と同じく、凡ての情慾を排斥して単に無慾Apathie たらんことを務むる様になった。

キニク学派には、ディオゲネスの他に、彼の師でソクラテスの弟子にあたり、理性と徳に関する独自の理論を展開したアンティステネス（前四四五頃—三六五頃）とか、ディオゲネスの弟子で、心の曇りを取り払って、あるがままの世界を見ることの重要さを説いた、テーバイのクラテス（前三六五頃—二八五頃）とかがいて、全体としてまとめると、ここで西田が述べているように、情欲や快楽を抑制して、理性によって真実を見ることができる状態に到達することを目指す思想、ということになるようです。キニク学派の影響を受けたストア学派は、そうした精神の自由を目指す倫理学を、宇宙を支配する理法と結び付けた体系を展開し、無情念（アパテイア）を目指すようになったわけです。因みに、無気力を意味する英語の〈apathy〉はこのギリシア語の〈apatheia〉から来ています。

こういう風に紹介した後、西田は、理性によって情欲に打ち克つというだけではやはり、善の行為をする動機にはならない、情欲以上の「目的」が必要なはずだ、ということでこの章を締め括ります。

快楽主義の倫理学

「第八章　倫理学の諸説　その四」では、快楽を原因とする説が検討されています。まず、快楽説には二種類あって、一つが「利己的快楽説」、もう一つが「公衆的快楽説」だと述べられていますね。利己的快楽説というと、他人を利用するエゴイズムを連想しますが、西田自身が説明しているように、この場合の利己的快楽というのは、「個人としての自己の快楽」という意味です。代表としてキレーネ学派とエピクロス（前三四一―二七〇）が挙げられていますね。キレーネ学派というのは少し耳慣れない言葉ですが、注に出ているように、北アフリカのキュレネ（現在リビア）出身で、ソクラテスの弟子だとされるアリスティッポス（前四三五頃―三五五頃）が創始者とされます。アリスティッポスは、西田が述べているように、素朴な意味での快楽、特に肉体の刹那的な快楽の追求こそが人生の目的と主張したとされています。エピクロスについては、日本の倫理や世界史の教科書にも出てくる人なのでご存知ですね。因みに、マルクスの学位論文のタイトルが「デモクリトスとエピクロスとの自然哲学の差異」（一八四一）なので、その方面から関心を持っている人もいるかと思います。彼の場合は、刹那的で肉体的な快楽よりも、長期的に安定する精神的快楽を重視しました。贅沢な生活とか権力、名声のような不必要な欲求は断念し、自然的欲求の充足に専念することで、苦痛や恐怖を避け、「心の平和 tranquility of mind＝アタラクシア」を得ようとしたわけです。エピクロスにとっては、ひっそりと隠遁した生活で「心の平安」を得ることを、「快楽」というのは日本語の語感としてはヘンですが、これは西田が言っているように、苦痛がないという消極的な意味での「快楽」だと考えればいいでしょう。

次に「公衆的快楽説」が検討されます。功利教（功利主義）のことです。個人ではなく、公衆にとっての快楽を追求するのが功利主義です。ベンサムとミルの名前が出ていますね。善（幸福）とは快楽だと見なしたベンサムは、強度、長短、確実性などを基準とした快楽計算を行うことによって、最大多数の最大幸福を実現することこそが道徳と立法の原理であるべきだと主張しました。ミルは、最大幸福の原理が、多数派による専制に転化してしまうことを懸念して、自由の原理によって抑制する必要のあることを主張しました。西田は快楽説について結構普通の解説をしています。個人の快楽よりも、最大多数の幸福を優先すべき理由がはっきりしない、と言っていますね。確かにベンサムやミルはその理由を説明していないのですが、法哲学者の安藤馨さん（一九八二－　）は、『統治と功利』（二〇〇七）という本で、功利主義には個人の行為を問題にするものもあるけれど、基本的には統治の原理である、という立場で功利主義の理論的特性を細かく描き出しています。確かに、統治の原理だと考えると、この問題はあっさり解消しますが、哲学者の西田としては、統治の原理だからといって、納得できなかったでしょうが。西田がベンサムやミルなどもきちんと視野に入れているというのは、今から見ると面白いですね。

一八一頁から快楽説の批判に入ります。

> 先《ま》ず快楽説の根本的仮定たる快楽は人生唯一の目的であるということを承認した処《ところ》で、果して快楽説に由りて充分なる行為の規範を与うることができるであろうか。厳密なる快楽説の立脚地より見れば、快楽は如何なる快楽でも皆同種であって、ただ大小の数量的差異あるのみでなければならぬ。もし快楽に色々の性質的差別があって、これに由りて価値が異なるものであるとするならば、快楽の外に別に価値を定むる原則を許さねばならぬこととなる。

これはよく指摘される問題です。「快楽」は全て対等に扱うのが快楽主義としての功利主義であるとしたら、「快楽」をもたらす複数の行為や政策を同時に実行することが不可能である場合、どれを選ぶかという問題が出てきます。快楽にもいろいろな種類があり、全て対等ではないという考え方があります。快

楽の質的な上下を設定するミルの質的功利主義はそういう考え方です。西田は、このミルの考え方を象徴する有名な「豕《ぶた》となりて満足するよりはソクラテースになって不満足なることは誰も望む所である」というフレーズを引用していますね。東大の総長だった大河内一男（一九〇五−八四）が卒業式で、「太った豚になるより、痩せたソクラテスになれ」と訓示したのは有名な話です。大河内は、労働・社会政策を専門とする経済学者ですが、ミルは、労働問題が浮上してきた時代の古典派経済学者で、社会主義にも一定の理解を示していたので、ミルの名前が出てくるのは、ごく自然です。

ミルのように「質」という要素を持ち込めば、快楽を区別し、快楽主義を、私たちの常識的な倫理・正義感覚に合うように調整することができますが、西田に言わせれば、これでは、快楽と異なる基準を持ち込んだことになります。これはミルに対するスタンダードな批判です。

エピクロスやベンサムは、快楽は同一で数量的に異なるだけだという立場を取りましたが、それに対して西田は、快楽の数量によって行為の価値を定めることがそもそも可能なのかという問いを投げかけます。快楽の感情は、一人の人の中でも時と場合によって変化しやすいし、ある快楽が他の快楽より強いかどうかははっきりしない。どの快楽をどのくらいの強度でどれくらい継続させるのが適当か分からない。肉体の快楽と精神の快楽のどちらが強いか、富と名誉とどちらが大切か、といったことはなかなか決定できません。

凡て人は快楽を希望し、快楽が人生唯一の目的であるとはこの説の根本的仮定であって、またすべての人のいう所であるが、少しく考えて見ると、その決して真理でないことが明である。人間には利己的快楽の外に、高尚なる他愛的または理想的の欲求のあることは許さねばなるまい。たとえば己の慾を抑えても、愛する者に与えたいとか、自己の身を失っても理想を実行せねばならぬという様な考は誰の胸裡《きょうり》にも多少は潜み居るのである。

べタな議論ですが、人間には自己の快楽の他に、他愛とか理想への欲求のようなものがあるではないか、という批判です。無論、こういう指摘をぶつけただけではちゃんとした批判にはなりません。西田はここで、自己犠牲によって快楽が得られるのであれば、自己犠牲的な行為をすることもあり得ることを、快楽主義者も認めるだろう、と仮定したうえで、その欲求はどこから来るのか、という問いを立てることで、議論を自分の有利な方へ引っ張っていきます。この仮定自体は、必ずしも不当ではありません。ベンサム的な快楽主義者は、どのような欲求に起因するのであれ、「快楽」それ自体を肯定するはずですし、他人からは到底快楽には見えない自己犠牲的に見える行為をする人がいるのは事実なので、快楽主義者がこういう態度を取ることは十分予想できます。

しかしいかなる人もまたいかなる場合でも欲求の満足を求めて居るということは事実であるが、欲求の満足を求むる者が即ち快楽を求むる者であるとはいわれない。いかに苦痛多き理想でもこれを実行し得た時には、必ず満足の感情を伴うのである。而してこの感情は一種の快楽には相違ないが、これがためにこの快感が始《はじめ》より行為の目的であったとはいわれまい。かくの如き満足の快感なる者が起るには、先ず我々に自然の欲求という者がなければならぬ。この欲求があればこそ、これを実行して満足の快楽を生ずるのである。しかるにこの快楽あるがために、欲求は凡て快楽を目的として居るというのは、原因と結果とを混同したものである。我々人間には先天的に他愛の本能がある。これあるが故に、他を愛するということは我々に無限の満足を与うるのである。しかしこれがために自己の快楽のために他を愛したのだとはいわれない。

シンプルな話のようですが、哲学的に重要なことを述べています。人間が「欲求」によって行為するのは確かだけれど、それを達成した時の満足の感情としての「快楽」は、「結果」であって、その「快楽」を求める「欲求」が最初からあった、とは言えないわけです。カントの倫理学が、意志における「動機」、道徳法則に従って善を為そうとする意志を重視するのに対し、功利主義が「帰結主義」だというのはよく知られた話です。功利主義が「結果」だけに着目し、単純に、最大の快楽をもたらす行為を良しとするだけであれば、西田の言っている他者のための自己犠牲と別に矛盾しないのですが、西田に言わせれば、「快楽」が人生の目的であり、人々を動機付けるものでないとすれば、その「快楽」によって行為の良し悪しを判断すべき理由などないわけです。無論、西田の側も、他者への愛が行為の動機になると立証できているわけではないですが、快楽主義の根拠付けの弱い所を突いていると言うことはできないでしょう。

この後、一八五頁で、快楽主義者の中には、快楽を直接の目的としない行為が存在することを認めたうえで、それは元は快楽を目的とする行為であったものが、個人の生涯、あるいは、生物進化の過程で、習慣化し、第二の天性となったのだ、と主張する人たちがいるということが言及されていますね。進化の過程で、習慣が第二の天性になるというのは、突然変異と適者生存によって進化が進行するのだとすると、おかしな話ですね。西田もそのことを指摘しています。仮に、元々意識であった行為が次第に、無意識的な行為になっていくということがあり得たとしても、それが進化の法則に基づいているとは言えないし、全ての利他的行為がそうした起源を持つ、と言い切ることはできません。

因みに、現代の「進化倫理学 evolutionary ethics」と呼ばれる分野では、結果的に利他的行為をする遺伝子を持った個体を多く含む群が、利己的な個体ばかりの群より生存に有利な可能性があるという議論をします。そういう考え方が正しいとすると、利他的な本性が進化によって発達したというのは、あながち見当外れではないことになります。ただ、その場合、利他的な行動をする人には、利他性の強い遺伝子があるということになるので、西田の言っていること、つまり、習慣とは関係なく、利他的な行為をしたいという欲求をもともと持っている人がいるという主張との間に矛盾は生じません。

――　上来論じ来《きた》った様に、快楽説は合理説に比すれば一層人性の自然に近づきたる者であるが、この説に由れば善悪の判別は単に苦楽の感情に由りて定めらるることとなり、正確なる客観的標準を与うることができず、かつ道徳的善の命令的要素を説明することはできない。

合理説よりは、人間本性に近付いたと一応評価しているわけですね。あと、「道徳的善」が、単に何がより好ましいか勧めるだけでなく、「命令」という形を取るという重要な指摘がなされています。功利主義は、「～したければ、～しなさい」という条件文にはうまく対応していますが、無条件に「～せよ」という絶対的命令とは相性が悪いですね。無論、そういう道徳的命令は幻想であるとして切って捨てれば、話は簡単になりますが、そういうものがあるとすれば、それを快楽主義的功利主義で説明するのは難しいですね。「～を徹底的に味わえ」、というような道徳的命令が私たちの内に働いているというのは、何かヘンですね。文学的表現としてそういう言い方をすることはありますが。そういうわけでカントは、「～したければ、～しなさい」という「仮言命法 hypothetischer Imperativ」ではなくて、端的に「～しなさい」と命じる「定言命法 kategorischer Imperativ」こそが、本来の道徳的命題であるという立場を取りました。

善をなすは、意志なり

「第九章　善（活動説）」に入りましょう。これまでの他律説、合理説、快楽説を振り返ったうえで、やはり「意志」が重要であるとの立場を表明します。第一章で「行為」において「意志」が中心的な役割を果たすことを確認したのは、ここに至る伏線だったわけです。

それで善は何であるかの説明は意志其者《そのもの》の性質に求めねばならぬことは明である。意志は意識の根本的統一作用であって、直《ただち》にまた実在の根本たる統一力の発現である。意志は他のための活動ではなく、己《おのれ》自らのための活動である。意志の価値を定むる根本は意志其者の中に求むるより外はないのである。意志活動の性質は、嚮《さき》に行為の性質を論じた時にいった様に、その根柢には先天的欲求（意識

> の素因）なる者があって、意識の上には目的観念として現われ、これによりて意識の統一するにあるのである。この統一が完成せられた時、即ち理想が実現せられた時我々に満足の感情を生じ、これに反した時は不満足の感情を生ずるのである。行為の価値を定むる者は一にこの意志の根本たる先天的要求にあるので、能《よ》くこの要求即ち吾人の理想を実現し得た時にはその行為は善として賞讃せられ、これに反した時は悪として非難せられるのである。そこで善とは我々の内面的要求即ち理想の実現、換言すれば意志の発展完成であるということとなる。斯《かく》の如き根本的理想に基づく倫理学説を活動説 energetism という。

これまでの話とどう関係するのか分かりにくいですが、西田がここで主張しているのは、これまで見てきた学説は、意志に外部から与えられる目的を問題にしてきたのだけれど、「意志」それ自体に内在する「欲求」というものがあるはずなので、そこに焦点を当てるべきだということです。その内在する「欲求」が、「目的＝理想」として表象され、それに向かって意識と行為が統一される、ということですね。その「理想」の実現が、「善」だということになるわけです。その実現から満足＝快楽が生じるのだけど、それは結果であって、大事なのは、「目的」を生み出した「欲求」であるわけです。「活動説 energetism」というのは耳慣れない言い方ですが、字下げになっている次の段落で説明されていますね。見ておきましょう。

> この説はプラトー、アリストテレースに始まる。特にアリストテレースはこれに基づいて一つの倫理を組織したのである。氏に従えば人生の目的は幸福 eudaimonia である。しかしこれに達するには快楽を求むるに由るにあらずして、完全なる活動に由るのである。

アリストテレスのことだと考えると、少し分かりやすくなります。〈energetism〉というのは、アリストテレスの「エネルゲイア（現実態）energeia」を念頭に置いた造語でしょう。〈energeia〉から派生した「エネルギー energy」からの連想で、形のない潜在的な力のようなものを連想しがちですが、そうではなくて、可能態（dynamis）が現実化したものが「エネルゲイア」です。これと「幸福」がどう関係するのかが説明不足で分かりにくいですが、要は、何か特定の状態にあることが「幸福」だということではなく、そこに至るように「活動」することが、大事だという話です。「現実態」と訳すと、もう既に活動が終わって完成しているように聞こえますが、〈energeia〉というのは、英語の〈work〉に相当する、「仕事」あるいは「作品」を意味する〈ergon〉からアリストテレスが作り出した言葉で、英語にすると、〈being at work〉、つまり「作業（活動）中」というような意味合いもあるようです。

> 世のいわゆる道徳家なる者は多くこの活動的方面を見逃して居る。義務とか法則とかいって、徒《いたずら》に自己の要求を抑圧し活動を束縛するのを以て善の本性と心得て居る。勿論《もちろん》不完全なる我々はとかく活動の真意義を解せず岐路に陥る場合が多いのであるから、かかる傾向を生じたのも無理ならぬことであるが、一層大なる要求を攀援《はんえん》すべき者があってこそ、小なる要求を抑制する必要が起るのである、徒らに要求を抑制するのはかえって善の本性に悖《もと》ったものである。善には命令的威厳の性質をも具《そな》えて居らねばならぬが、これよりも自然的好楽というのが一層必要なる性質である。いわゆる道徳の義務とか法則とかいうのは、義務或いは法則其者に価値があるのではなく、かえって大なる要求に基づいて起るのである。この点より見て善と幸福とは相衝突せぬばかりでなく、かえってアリストテレースのいった様に善は幸福であるということができる。

ここは分かりやすいですね。この箇所のポイントは二つあります。一つは、世の中の道徳家は、自己の欲求を抑えることばかり強調する傾向があるけれど、それは小さい欲求を抑えて、より大なる欲求を実現するためであるはずだ、ということです。意志の活動的本質に属する大なる欲求を実現することが、「善」であるわけです。もう一つは、「道徳法則」に起因する「義務」と、「幸福」の関係です。先ほどは、功利主義だと、結果としての「幸福」だけ強調して、「道徳法則」の命令的側面が説明できないという話でし

西田の倫理学

近代倫理学の二つの極

・結果としての幸福だけを重視する功利主義

・幸福を道徳から切り離すカント主義

→　西田：いずれからも距離を取って、アリストテレス的方向に向かっている。

※現代の倫理学や政治哲学では、サンデルの「共通善 good life」に代表されるように、カント的な自律よりも、共同体の中での活動を重視する、アリストテレス的な方向への傾斜が強まっている。アーレントも広い意味で、アリストテレス主義者。この意味で、西田は意外と現代的。

たが、ここで、「道徳法則」それ自体が重要なのではなくて、大いなる欲求の実現を目指す「活動」の妨害物を排除するために「道徳法則」はある、という形で答えを出しているわけです。そう考えると、「道徳法則」に従って自己を律するという意味での「善」と、欲求が成就することによる「幸福」は矛盾しないどころか、最終的には合致する、ということですね。アリストテレス倫理学の目指すところである「エウダイモニア」という概念は、通常は「幸福 happiness」と訳されますが、語源的には〈good〉を意味する〈eu〉と、「精神 spirit」を意味する〈daimon〉を合成した言葉なので、「善」と訳した方がいい場合もあります。西田はこういう風に、「意志」の本性としての活動を核にして、「幸福」と道徳的な「善」を統一的に説明しようとしているわけです。

この説明から分かるように、西田の倫理学は、近代倫理学の二つの極とも言うべき、結果としての幸福だけを重視する功利主義と、幸福を道徳から切り離すカント主義のいずれからも距離を取って、アリストテレス的方向に向かっていると言えそうです。現代の倫理学や政治哲学では、サンデルの「共通善 good life」に代表されるように、カント的な自律よりも、共同体の中での活動を重視する、アリストテレス的な方向への傾斜が強まっています。アーレント（一九〇六－七五）も広い意味で、アリストテレス主義者です――この点については、拙著『ハンナ・アーレント「人間の条件」入門講義』（作品社）をご覧下さい。この意味で、西田は意外と現代的です。

― さて善とは理想の実現、要求の満足であるとすれば、この要求といい理想という者は何から起ってくるので、善とは如何なる性質の者であるか。意志は意識の最深なる統一作用であって即ち自己其者の活動であるから、意志の原因となる本来の要求或いは理想は要するに自己其者の性質より起るのである、即ち自己の力であるといってもよいのである。我々の意識は思惟、想像においても意志においてもまたいわゆる知覚、感情、衝動においても皆その根柢には内面的統一なる者が働いて居るので、意識現象は凡《すべ》てこの一なる者の発展完成である。而《しか》してこの全体を統一する最深なる統一力が我々のいわゆる自己であって、意志は最も能くこの力を発表したものである。かく考えて見れば意志の発展完成は直に自己の発展完成となるので、善とは自己の発展完成 self-realization であるということができる。即ち我々の精神が種々の能力を発展し円満なる発達を遂《と》げるのが最上の善である（アリストテレースのいわゆる Entelechie が善である）。

私たちの意識の根底にあって、意識全体を統一している「意志」を生み出している最も根源的な欲求が発展完成することを、「善」と考えているわけですね。「エンテレケイア entelecheia」というのもアリストテレスの造語で、「目的＝終わり telos」に到達した状態、つまり完成した状態という意味です。「意志」に元々備わっている「目的」が実現されることが、「善」であるわけですね。

この観点から見ると、「善」と「美」が一致してくる、と述べていますね。物が理想通りに実現する時に、「美」が感じられるからです。西田が指摘しているように、古代ギリシア、特にプラトンにはそういう考え方があります。近代では、ゲーテと共に古典主義のドイツ文学を牽引したシラー（一七五九－一八〇六）が、善と美が本質において一致するという見方を示しています。

また一方より見れば善の概念は実在の概念とも一致してくる。かつて論じた様に、一の者の発展完成というのが凡て実在成立の根本的形式であって、精神も自然も宇宙も皆この形式において成立して居る。して見れば、今自己の発展完成であるという善とは自己の実在の法則に従うの謂である。即ち

「エンテレケイア entelecheia」
アリストテレスの造語で、「目的＝終わり telos」に到達した状態、つまり完成した状態という意味→「意志」に元々備わっている「目的」が実現されることが、「善」である⇒この観点から見ると、「善」と「美」が一致してくる。物が理想通りに実現する時に、「美」が感じられる。
：古代ギリシア、プラトン。近代では、ゲーテとシラーがこの立場
西田：人間や事物が発展し、「エンテレケイア」に到達した時に、「真実在」と呼んでいるものが、明らかになる、その意味で、善は、実在と一致。→「道徳法則」に基づく「善」は、「真実在＝エンテレケイア」への発展過程を促すものとして説明することができる。
※ただし、善と一致するのは、単なる抽象的な知識ではなく、体得されたものでなければならない。by 西田

自己の真実在と一致するのが最上の善ということになる。そこで道徳の法則は実在の法則の中に含まるる様になり、善とは自己の実在の真性より説明ができることとなる。いわゆる価値的判断の本である内面的要求と実在の統一力とは一つであって二つあるのではない。存在の価値とを分けて考えるのは、知識の対象と情意の対象とを分つ抽象的作用よりくるので、具体的真実在においてはこの両者は元来一であるのである。乃《すなわ》ち善を求め善に遷《うつ》るというのは、つまり自己の真を知ることとなる。合理論者が真と善とを同一にしたのも一面の真理を含んで居る。

人間や事物が発展し、「エンテレケイア」に到達した時に、西田が「真実在」と呼んでいるものが、明らかになるわけですから、その意味で、善は、実在と一致すると言えます。そうだとすると、「道徳法則」に基づく「善」は、「真実在＝エンテレケイア」への発展過程を促すものとして説明することができます。第四章で論じられていた「価値」も、「真実在」へ至ろうとする統一力の観点から説明できます。合理論者の「真＝善」という主張も、諸事物を静止の状態において捉えているのではなく、「エンテレケイア」への発展過程を視野に入れているのだとすれば、あながち間違いではないということになります。ただし、西田は、善と一致するのは、単なる抽象的な知識ではなく、体得されたものでなければならない、と但し書きを入れていますね。これまでの各章のやや散漫に見えた記述は、この見方を正当化するための布石だった

わけですね。

中庸と調和

「第十章　人格的善」に入りましょう。第九章で明らかになった「善」というのは、エンテレケイアに向かって運動する、あらゆる事物に共通の本性としての「善」でしたが、この章では「人格」的な存在である人間に固有の「善」が論じられます。

我々の意識現象には一つも孤独なる者がない、必ず他と関係の上において成立するのである。一瞬の意識でも已《すで》に単純でない、その中に複雑なる要素を含んで居る。而《しか》してこれらの要素は互に独立せるものではなくして、彼此《ひし》関係上において一種の意味をもった者である。啻《ただ》に一時の意識が斯《かく》の如く組織せられてあるのみではなく、一生の意識もまた斯の如き一体系である。自己とはこの全体の統一に名づけたのである。

して見ると、我々の要求というのも決して孤独に起るものではない。必ず他との関係上において生じてくるのである。我々の善とは或る一種または一時の要求のみを満足するの謂《いい》でなく、或る一つの要求はただ全体との関係上において始めて善となることは明である。例えば身体の善はその一局部の健康でなくして、全身の健全なる関係にあると同一である。

「我々の意識現象には一つも孤独なる者がない、必ず他と関係の上において成立する」という言い方は、個人の意識は必ず他者の意識と連動しているという間主観的な話なのか、それとも、個人が意識する内容は、自己完結しているわけではなく、相互に連関しているという話なのか、どっちとも取れますが、話の流れからすると、主として後者が念頭に置かれているのでしょう。ある瞬間に意識されている内容が連関しているだけでなく、長い時間の流れの中で統一されている、というわけです。そう考えると、「善」も、

> 「中庸」についての教科書的な解説
>
> 数量的に真ん中という意味ではなくて、体系的秩序が保たれていること。
>
> ⇩
>
> 西田：体系的秩序が、本能活動ではなくて、精神活動、言い換えれば、観念的活動に対応していること、根底にある「理性の法則」から見て、秩序に適っている、ということが肝心。
>
> 意識的統一力が順調に発展するよう、理性が制御している。その理性の禁止命令に違反しないように行為することが中庸。

個別の行為や出来事ごとに判定するのではなく、全体の中で考えねばならないことになります。

そうなると、だから調和とか中庸が重要だという話になりそうです。アリストテレスが「中庸 mesotes」を重視したのは有名ですね。儒教の四書の一つに『中庸』があります。しかし、西田は調和や中庸の意味をはっきりさせないで、それらが重要だと言っても仕方ないと指摘します。

> 調和とは如何なる意味においての調和であるか、中庸とは如何なる意味においての中庸であるか。意識は同列なる活動の集合ではなくして統一せられたる一体系である。その調和または中庸ということは、数量的の意味ではなくして体系的秩序の意味でなければならぬ。しからば我々の精神の種々なる活動における固有の秩序は如何なるものであるか。我々の精神もその低き程度においては動物の精神と同じく単に本能活動である。即ち目前の対象に対して衝動的に働くので、全く肉慾に由りて動かされるのである。しかし意識現象はいかに単純であっても必ず観念の要求を具《そな》えて居る。それで意識活動がいかに本能的といっても、その背後に観念活動が潜んで居らねばならぬ（動物でも高等なる者は必ずそうであろうと思う）。

先ず、アリストテレスとか論語の「中庸」についての教科書的な解説にも書いてあることですが、数量的に真ん中という意味ではなくて、体系的秩序が保たれていることだ、という点が確認されていますね。

次に、その体系的秩序が、本能活動ではなくて、精神活動、言い換えれば、観念的活動に対応していることが強調されているわけですが、何故ここでそれを強調しているのか、説明不足で少し分かりにくいですね。恐らく、物理的な秩序だけでなく、一九七頁にあるように、観念的活動の更に根底にある「理性の法則」から見て、秩序に適っている、ということが肝心だ、と言いたいのでしょう。無論、それだけ言うと、合理説と同じようになってしまうので、それが全てではないと断っています。

もし我々の意識が種々なる能力の綜合より成って居て、その一が他を支配すべき様に構成せられてある者ならば、活動説における善とは右にいった如く理性に従うて他を制御するにあるといわねばならぬ。しかし我々の意識は元来一の活動である。その根柢にはいつでも唯一の力が働いて居る。知覚とか衝動とかいう瞬間的意識活動にも已にこの力が現われて居る。更に進んで思惟、想像、意志という如き意識的活動に至れば、この力が一層深遠なる形において現われてくる。我々が理性に従うというのも、つまりこの深遠なる統一力に従うの意に外ならない。しからずして抽象的に考えた単に理性というものは、かつて合理説を評した処に述べたように、何らの内容なき形式的関係を与うるにすぎないのである。この意識の統一力なる者は決して意識の内容を離れて存するのではない、かえって意識内容はこの力に由って成立するものである。

つまり、意識的統一力が順調に発展するよう、理性が制御しているわけですね。その理性の禁止命令に違反しないように行為することが、中庸ということになるのでしょう。

勿論《もちろん》意識の内容を個々に分析して考うる時は、この統一力を見出すことはできぬ。しかしその綜合の上に厳然として動かすべからざる一事実として現われるのである。例えば画面に現われたる一種の理想、音楽に現われたる一種の感情の如き者で、分析理解すべき者ではなく、直覚自得すべき者である。而して斯の如き統一力をここに各人の人格と名づくるならば、善は斯の如き人格即ち統一力の維持発展にあるのである。

自己実現に向かっての運動を主導し、「善」の担い手でもある「統一力」それ自体は、音楽に表われている感情のようなもので、知覚したり、論理的に分析することができず、ただ直覚することしかできないものであり、それを「人格」と名付けるということですね。道徳的行為の主体としての「人格」を想定するのは、倫理学なので当然のことですが、「人格」自体の本質は合理的に捉えられない、ということになります。この意味でも、合理説は成り立たないわけです。

人格の力

次の段落で「人格の力」について説明がありますね。動植物の生活力のような自然的物理力でも、本能のような無意識的な能力でもなく、意識の統一力であると述べています。エンテレケイアへと向かって行く「活動」の主体である「人格」をどう捉えるかが、西田の倫理学の構想において重要な意味を持つようです。

しかしかくいえばとて、人格とは各人の表面的意識の中心として極めて主観的なる種々の希望の如き者をいうのではない。これらの希望は幾分かその人の人格を現わす者であろうが、かえってこれらの希望を没し自己を忘れたる所に真の人格は現われるのである。さらばとてカントのいった様な全く経験的内容を離れ、各人に一般なる純理の作用という如き者でもない。人格はその人その人に由りて特殊の意味をもった者でなければならぬ。真の意識統一というのは我々を知らずして自然に現われ来る純一無雑の作用であって、知情意の分別なく主客の隔離なく独立自全なる意識本来の状態である。我々の真人格は此《か》くの如き時にその全体を現わすのである。

表面的意識の中心にある「極めて主観的なる種々の希望」というのが少し分かりにくいですが、恐らく、「私は弱者に対して常にやさしく接したい」とか「空気など読まずに、正しいことを実現したい」「自分の良心に誠実にありたい」といった主観的願望のようなものでしょう。それは、その人の人格の部分的な

「現われ」かもしれないが、そのものではない。かといって、カントの言うように、その人が身体をもってこの世界に生きている内に経験してきた様々な内容から切り離された、普遍的な、つまりあらゆる人に共通の理性の働きが人格だというのでもない。その人に固有の性格、個性を備えている。その意味でアリストテレス的な人格です。

しかし、人格の本当の姿は、先ほど言ったように、理性的に捉えられるものではなく、むしろ本人が自覚しないうちに、「自然に」現われてくるものです。「自然に」というのは、日々の立ち居振る舞いとか、倫理的なことが問題になる様々な場面でのその都度の判断の仕方から、読み取れる、ということでしょう。「主客の隔離なく独立自全なる」というのも、そういうことでしょう。行為する自分とその行為を反省的に見つめる自分の分離、ヘーゲルの用語で言うと、即自と対自の緊張関係のようなものを──意識するのではなく── 〝自然と〟超えたところで、まさに統一力の全体的現われのような感じで、「人格」的なものが現われる、ということでしょう。

ただ、「人格」が各人に固有のものであり、その本性は無自覚的に現われるということにしてしまうと、どういう行為が「統一力の独立自全なる」現われとしての道徳なのか、第三者的に見てはっきり判定できる基準がなくなりそうです。また、個人ごとに「人格」の在り方が異なるとすると、統一的な判定基準はそもそもない、ということになりそうです。

個人主義は共同主義とは相反するのか?

「第十一章　善行為の動機（善の形式）」では、そうした疑問にある程度答えることが試みられています。まず、第十章を受けて、あらゆることは、「人格的要求」との関係でのみ「価値」を持つ、ということが確認されます。富貴、権力、健康、技能、学識も、「人格的要求」に資する限りでのみ「善」であり、そのマイナスに働ければ、むしろ「悪」である、ということですね。二〇二頁で、物の価値は外から与えられるものだから相対的であり、人格こそ絶対的価値を持つ、というカントの議論についてのコメントがありますね。自分自身や他者の人格（Persönlichkeit）を手段（Mittel）ではなく、目的（Zweck）それ自体として扱えという『人倫の形而上学の基礎付け』（一七八五）や『実践理性批判』での有名な主張は、そういう文脈で理解できる、ということですね。これは興味深い指摘です。「人格」というものを、カント自身が言うような、理性の法則を実体化したようなものとしてではなく、アリストテレス―西田流に、自己実現へと向かって行く活動の統一力と考えた方が、どうして「人格」が大事なのか納得しやすくなりますね。

そこで、「人格それ自体を目的とする善行為」とは、どういう性質の行為か、それは道徳的と呼ぶに値するのか、その客観的性質を明らかにする必要があるわけですが、その準備として先ず、その主観的性質、「動機」を明らかにしたい、と述べられていますね。先ず、「我々の全人格の要求は我々が未だ思慮分別せざる直接経験の状態においてのみ自覚することができる」（二〇二頁）と述べられていますね。第一編、第二編で論じられていた「直接経験＝純粋経験」と、「人格の内面的要求」が繋がっているわけです。直接経験で直覚される内面的要求の声、普通の倫理学の用語で言えば、良心の声に従い、それを動機に行為することが「善行」だということになります。そうすると、自分の内面的要求に対して誠実な状態、幼子のように天真爛漫である状態こそが、善行をしている状態ということになります。しかし、そうだとすると、さっき言ったように、自分勝手な善の基準で行動することを正当化することになってしまいそうです。

自己の内面的必然性とか天真の要求とかいうのは往々誤解を免れない。或る人は放縦《ほうしょう》無頼《ぶらい》社会の規律を顧みず自己の情欲を検束《けんそく》せぬのが天真であると考えておる。しかし人格の内面的必然即ち至誠というのは知情意合一の上の要求である。知識の判断、人情の要求に反して単に盲目的衝動に従うの

謂ではない。自己の知を尽し情を尽した上において始めて真の人格的要求即ち至誠が現われてくるのである。自己の全力を尽しきり、ほとんど自己の意識がなくなり、自己が自己を意識せざる所に、始めて真の人格の活動を見るのである。

知情意をそれぞれ全面的に働かせ、それらが調和した時になって初めて、余計な自意識のようなものを乗り越えて、自己の活動に調和が生まれた時に初めて、「人格」が本来の働きをするようになる、というわけですね。言っていることは分かりますが、ハードルを上げすぎて、修業をして悟りを開く話みたいになっていますね。この後の画家の真の人格、オリジナリティは、永年苦心して、「技芸内に熟して意到り筆自ら随《したが》う」ようになった時に初めて現われる、というのはまさにそういうことですね。

自己の真摯《しんし》なる内面的要求に従うということ、即ち自己の真人格を実現するということは、客観に対して主観を立し、外物を自己に従えるという意味ではない。自己の主観的空想を消磨し尽して全然物と一致したる処に、かえって自己の真要求を満足し真の自己を見る事ができるのである。一面より見れば各自の客観的世界は各自の人格の反影であるということができる。否《いな》各自の真の自己は各自の前に現われたる独立自全なる実在の体系其者《そのもの》の外にはないのである。それで如何なる人でも、その人の最も真摯なる要求はいつでもその人の見る客観的世界の理想と常に一致したものでなければならぬ。

難しそうな言い方をしていますが、要は、独りよがりの善行というのは本来ありえず、真の人格が現われてくる時、個人の内面的欲求と、客観的世界の秩序が一致しているはずだ、ということです。先ほどの画家の話も、画家の内面的要求と、描かれる対象、作品を構成する素材がちゃんと一致して初めて成り立つことだと言えます。無論、芸術の場合は置いておくとしても、普通の人間の行動において、主観的要求と客観的世界の理想が一致する保証はあるのか、という疑問が出てきますが、これまで見てきたように、西田は、主観と客観はいずれも、真実在としての「純粋経験」の現われで、根底において繋がりながら生成運動を続けているると考えているので、その前提の下では、主観的欲求と、客観的世界の理想が一致するのはむしろ当然です。

しかし更に一歩を進めて考えて見ると、真の善行というのは客観を主観に従えるのでもなく、また主観が客観に従うのでもない。主客相没し物我相忘れ天地唯一実在の活動あるのみなるに至って、甫めて善行の極致に達するのである。物が我を動かしたのでもよし、我が物を動かしたのでもよい。

――主客が一致するというレベルを超えて、宇宙の「唯一の実在」の活動に溶け込んだ時に、真の「善行」になるというわけです。そこまでいくと、確かに自分勝手というのはあり得ないことになりますが、そうなるともはや、「個人による主体的な行為」、という、私たちが倫理・道徳について抱いている通常のイメージからかけ離れて、宗教の世界に入っているような感じですね。

第十一章で、道徳行為を行う人格と、その動機が論じられているのに対し、「第十二章　善行為の目的（善の内容）」では、その実現を目指すべき客観的結果について論じられています。先ず、「意識の統一力」であると共に「実在の統一力」である「人格」は、「個人」において実現されるものであるとして、「個人性」を強調します。「個人の実現」を「目的」とせねばならないと言っていますね。

その一方で、「個人的善」は「私利私欲」とは異なっており、「個人主義」と「利己主義」は厳しく区別しなければならないと言っていますね。物質欲にふけり、自己の快楽をほしいままに貪るのは、かえって「個人性」を没することであり、個人は社会の中にあってこそ十分に活動、個人性を発揮することができる。社会の方も、それによって進歩することができる。その意味で、「個人主義」と「共同主義」は相反するものではなく、一致する、というわけですね。これはまさにアリストテレスの考え方、現代で言うと、サンデルなどのコミュニタリアンの考え方ですね。アリストテレスが『政治学』で、人間は社会的動物であると言ったのは、動かしがたい真理であると思う、と述べていますね。厳密に言うと、「ポリス（政治）

的動物 zoon politicon」です。「社会的動物」という言い方は、トマス・アクウィナスがこれをラテン語の〈animal socialis〉と訳したことに由来するわけですが、アーレントは、単にヒトの集合体を意味するにすぎない「社会」と、公／私の領域区分を基礎とする秩序を持った「政治体（ポリス）」は違うと指摘しています――これについては、拙著『ハンナ・アーレント「人間の条件」入門講義』をご覧下さい。西田のこの議論の文脈では、そこに拘る必要はないでしょう。

人間が共同生活を営む処には必ず各人の意識を統一する社会的意識なる者がある。言語、風俗、習慣、制度、法律、宗教、文学等は凡てこの社会的意識の現象である。我々の個人的意識はこの中に発生しこの中に養成せられた者で、この大なる意識を構成する一細胞にすぎない。知識も道徳も趣味も凡て社会的意義をもって居る。（…）いわゆる個人の特性という者はこの社会的意識なる基礎の上に現われ来《きた》る多様な変化にすぎない、いかに奇抜なる天才でもこの社会的意識の範囲を脱することはできぬ。かえって社会的意識の深大なる意義を発揮した人である（…）。真に社会的意識と何らの関係なき者は狂人の意識の如きものにすぎぬ。

「社会的意識」あるいは「共同的意識」が先ずあって、そのバリエーションとして各人の意識があるということですね。では、それは個人的意識と同じように、つまり一つの人格として実在するのか。デンマークの哲学者・神学者で、西田がしばしば参照するハラルド・ヘフディング（一八四

「個人主義」と「共同主義」は相反するものではなく、一致する。
「個人的善」≠「私利私欲」（利己主義）
物質欲にふけり、自己の快楽をほしいままに貪るのは、かえって「個人性」を没することであり、個人は社会の中にあってこそ十分に活動、個人性を発揮することができる。社会の方も、それによって進歩することができる。→これはまさにアリストテレスの考え方、※現代で言うと、サンデルなどのコミュニタリアンの考え方。
アリストテレスは『政治学』で、人間は社会的動物と定義→厳密に言うと、「ポリス（政治）的動物 zoon politicon」。※アーレントは、単にヒトの集合体を意味するにすぎない「社会」と、公／私の領域区分を基礎とする秩序を持った「政治体（ポリス）」は違うと指摘。

ハラルド・ヘフディング

三―一九三一）は、『倫理学』（一八七六）で、社会的意識の実在性を否定しました。ヘフディングは最初はキルケゴール（一八一三―五五）の影響を受け、後に実証主義に転向した人で、哲学史や心理学の研究で知られていて、その著作の多くがドイツ語訳されていて、西田もドイツ語訳を読んでいたようです。西田は、実証的分析を通して統一した自己を見出せないからといって、実在しないとは言えない、個人の意識だって、分析したからといって、統一した自己を見出すことはできない、という視点から、ヘフディングに反対します。個人の場合、種々の現象が自己という統一的なものがないと説明できないから、自己があると想定されるのであって、社会に関しても同じことが言えるのではないか、というわけです。

> 社会的意識も同一の理由に由って一つの生きた実在と見ることができる。社会的意識にも個人的意識と同じ様に中心もある連絡もある立派に一の体系である。ただ個人的意識には肉体という一つの基礎がある。これは社会的意識と異なる点であるが、脳という者も決して単純なる物体でない、細胞の集合である。社会が個人という細胞に由って成って居ると違う所はない。

肉体という実体がある個人と、社会を同じように扱う論拠としてはかなり強引ですが、西田はこうやって、個人的意識は社会的意識という身体の細胞のようなものだと見なします。これに続けて、私たちの欲望のほとんどは社会的な性格のものであり、私たちの欲望から他愛的要素を除いたら、ほとんど何も残らない、と言っていますが、「社会的＝他愛」というのはかなり強引ですね。名誉とか権力とか金銭欲とかは、社会的欲望だけど、他愛とは言えません。他者がいなければ、成立しないとは言えますが。それらもまた、社会的自己に起因する、各人の自己の欲望が変形したものであって、最初から個体単独の欲望ではない、というような言い方をすることもできそうですが、実証するのは難しそうです。

次に、社会的善の階級（階層）について論じています。我々の人格が、社会的に発展していく第一段階として「家族」が取り上げられていますが、彼は「男女相合して一家族を成すの目的は、単に子孫を遺《のこ》すというよりも、一層深遠なる精神的（道徳的）目的をもって居る」として、プラトンの『シンポジオン（饗宴）』に出てくる、人間はもともと、雌雄一体（アンドロギュノス）の完全な姿だったのに、神によって切り離されたので、お互いを求めるようになった、という説明が紹介されていますね。

これに続けて、人間は肉体でも精神でも、男性的要素と女性的要素の結合から成るという、オーストリアの哲学者オットー・ヴァイニンガー（一八八〇―一九〇三）の考え方が言及されています。この議論が展開されている『性と性格 Geschlecht und Charakter』（一九〇三）では、男性的要素が能動的・生産的・意識的であるのに対し、女性的要素が受動的・非生産的・無意識的と性格付けられているので、女性蔑視的だということで批判を受けました。ユダヤ人、ユダヤ教を女性的な存在として位置付けたことも物議を醸しました。ヴァイニンガー自身はユダヤ人ですが、この著作を出す一年前にキリスト教に改宗しています。かなりの極論なのですが、文学的に魅力的な文体でそれを表現したので、その死後、神格化されて多くの支持者を得、ドイツ語圏の多くの文学者、思想家に影響を与えました。ウィトゲンシュタイン（一八八九―一九五一）も、ヴァイニンガーの影響を受けたことが知られています。世紀転換期のウィーンの文化・文学を研究している人にとっては重要人物でも、一般的にはあまり知られていませんね。西田が彼に言及しているのは意外な感じがします。

オットー・ヴァイニンガー

これに続いて、社会的意識の発展は、家族という小団体を超えて、精神的にも物質的にもより大きな社会的団体の中で進行する、と述べられていますね。「我々の意識活動の全体を統一し、一人格の発現とも見做すべき者」は、

社会的意識の発展

「家族」（小団体）→精神的にも物質的にもより大きな社会的団体の中で社会は発展する→「国家」：「我々の精神の根底である共同精神の発現」こそが、国家の本体（目的）。国家の制度や法律が共同精神の現われ。→現段階での共同意識の最大の発現は国家→これで終わりではなく、これから、国家の制約を超えた、人類的社会が現われてくるであろうことを示唆。

※こうした歴史哲学的な見方は、ヘーゲルに近い。和辻哲郎によってより本格的に展開され、説得力がある形で肉付けされる。

「国家」だということですね。そこで、「国家の目的」が問題になります。国家の目的は、主権的な威力の発揮であるとする説と、個人の発展の調和であるとする説の双方を退けて、西田は、「我々の精神の根底である共同精神の発現」こそが、国家の本体であり、目的であるとしています。国家の制度や法律が共同精神の現われだというわけです。西田の前提からすると、当然そうなりますが、これだと、自分の定義に合わせて、話を組み立てているだけで、論証にはなっていない感じがします。

現段階での共同意識の最大の発現は国家であるけれど、これで終わりではなく、これから、国家の制約を超えた、人類的社会が現われてくるであろうことを示唆していますね。こうした歴史哲学的な見方は、西田自身が述べているように、ヘーゲルに近いですし、次回以降読む和辻哲郎の考え方に近いものです。こうした共同性の段階のような話は、和辻によってより本格的に展開され、説得力がある形で肉付けされていきます。

完全なる善行とは何か?

では、第三編の最終章「第十三章　完全なる善行」を見ていきましょう。これまでの議論を受けて、「善行」の完全な形態が論じられています。最初に、「善とは一言にていえば人格の実現である」としたうえで、「人格の実現」は二つの視点から解釈できるとしています。一つは、内からの視点から見て、意識統一して、最終的に主客相没する境地にまで至ること、もう一つは、外からの視点から見て、個人性の発達という次元を超えて、人類一般の統一的発達に合流すること。前者は第十一章、後者は第十二章の内容ですね。ここまでの議論の流れから当然ですが、西田は、この二つの局面は矛盾しないとします。「仏教の根本的思想である様に、自己と宇宙とは同一の根柢をもって居る、否直《いなただち》に同一物である」。従って、個人が自分の全人格をかけて実践する善と、人類全体の善は一致するというわけです。

この前提に立って西田は、「善の事実」、つまり社会的に善と見なされることと、個人の内面から発する「善の要求」が一致しないように見えることもあるが、それは、いずれも「善」の意味について深く考えていないことから生じる見かけ上の矛盾にすぎない、ということですね。そもそも何をもって社会にとっての善と言えるのかなかなか判定するのが難しいし、仮に悪しき動機の行為が、真の社会的善の発展に貢献したとしても、それは善行の手段ではあっても、善行そのものではないと述べていますね。また個人としての至誠が、人類の至上の善と衝突すると感じているとしたら、それは至誠という言葉をちゃんと理解していない、それは私たちが作為したものではなくて、自然の事実であり、全ての人間の共通の理性によって認められるはずだ、と述べていますね。

右に述べた様な理由に由って、我々の最深なる要求と最大の目的とは自ら一致するものであると考える。我々が内に自己を鍛錬して自己の真体に達すると共に、外自ら人類一味の愛を生じて最上の善目的に合う様になる、これを完全なる真の善行というのである。かくの如き完全なる善行は一方より見れば極めて難事の様であるが、また一方より見れば誰にもできなければならぬことである。道徳の事は自己の外にある者を求むるのではない、ただ自己にある者を見出すのである。世人は往々善の本質とその外殻とを混ずるから、何か世界的人類的事業でもしなければ最大の善でない様に思って居る。しかし事業の種類はその人の能力と境遇とに由って定まるもので、誰にも同一の事業はできない。

最も深い内面からの要求と、人類にとっての最大の目的が一致した時に、「完全なる真の善行」になるというわけですね。相当ハードルを高くした感じですが、その一方で、道徳は自分の分を超えたものすごいことをやるという話ではなく、人類全体の事業の中で自分のパートとして割り当てられたことをやればいいのだ、という常識的なところに着地させたわけです。ハードルを高くしておいて、できることから始めたらいいですよ、というのは宗教の説法でよくあるパターンです。

［…］真の善とはただ一つあるのみである、即ち真の自己を知るというに尽きて居る。我々の真の自己は宇宙の本体である。真の自己を知れば啻に人類一般の善と合するばかりでなく、宇宙の本体と融合し神意と冥合《めいごう》するのである。宗教も道徳も実にここに尽きて居る。

実際に、［善＝真の自己を知ること＝宇宙の本体と融合すること］、という神秘主義的な境地を持ちだしたわけですね。

「第四編　宗教」は、ごく簡単に要約すると、第一章で宗教的要求は意識の統一の要求、宇宙との合一の要求であると述べられ、第二章で、それは神との同一の要求であり、私たちは自己の根底に神を見出すという議論へと繋がります。第三章では、その神とは宇宙の統一者であり、実在の根底である、しかも単なる抽象的意味での統一ではなく、生きた精神であると論じられています。ジェイムズの『宗教的経験の諸相』（一九〇二）も引用して、我々の通常の意識が薄らいでいくと、無限の実在が立ち現われて来る、ということが示唆されています。通常のキリスト教よりも、汝の自己を離れて、神の自己と一体となれと説いた、中世末期の神学者マイスター・エックハルト（一二六〇頃－一三二八頃）や、クザーヌス、ベーメのような神秘主義に近い神観です。第四章では、神＝世界であり、我々の個人性の発展は神の発展の一部であること、及び、悪というのは、実在体系としての神が分化発展した過程で生じる「矛盾衝突」であって、絶対的悪というものはなく、この矛盾としての悪との遭遇を通して、人間は神の本質をより深く知り、精神的に向上できることが主張されています。西田本人も認めているように、汎神論的な方向に傾斜している感じです。この本全体の最終章でもあるはずの第五章「知と愛」は、西田本人の説明があるように、元々この本全体の構想とは別の意図で書いたのだけれど、テーマ的に関連しているからということで付録的に収録されたもので、タイトルから予想されるように、主客合一という点で両者は同じ作用であり、宗教においては、人格的存在である神や仏を知るということは、愛することでもある、という主旨のことが述べられています。第四編は、第三編で真の実在の発展への貢献＝善行として語られていたことを、宗教経験として捉え直した感じになっています。

■質疑応答

Q　現代のリベラリズムの政治哲学では、諸個人の「善」は矛盾衝突するので、それを調整するために「正義」の原理が必要になるという前提で議論が進められますが、西田はどう考えていたんでしょうか。サンデルのようなコミュニタリアンに近いのではないか、というお話でしたが。

A　西田には、現代的な意味での「正義」の概念はないと思います。個人性は、神＝宇宙＝真実在の発展の一部であり、諸個人にとっての「善」が対立するように見えるのは表面的なことであり、本来、彼らが属する「共同体」の善に一致するはず、というのが西田の考えですから、ロールズが言っているような「正義の原理」が入って来る余地はありません。仮に〝正義〟に相当するものが必要になるとしても、人々が自己と共同体の一致を見出すことができないでいる間の暫定的な措置でしかないでしょう。共同体的な善へと、諸個人の善が統合されるヴィジョンを描いている点で、コミュニタリアン的です。しかし現代のコミュニタリアンが、「共通善」を形而上学的に根拠付けることを回避しているのに対して、西田は、アリストテレスのエネルゲイア論やヘーゲルの歴史哲学を援用して、自己と共同体、更には宇宙全体が一致していく道筋を描き出そうとしています。

Q2　現代の行動経済学や、それと関連する進化心理学、神経心理学で、利他性や共同性の存在理由が説明されつつあることを考えると、彼の言う「善行」は必ずしも非科学的な発想ではないと思います。ただ、観察可能な因果関係とは別の次元で働く統一作用を想定するのは、自然科学に反するとは言えないまでも、それとは異なる次元の話だと思います。彼は露骨に科学を無視することは避けながら、というより、進化論の成果を利用しながら、宇宙進化論を描こうとしているのではないかと思います。

A2　おっしゃる通り、宇宙進化論を描いていると思います。パースの宇宙進化論のように、数学や物理学によって基礎付けられた議論ではなく、どちらかと言うと、先ほど言ったように、アリストテレスのエネルゲイア論を素朴に拡大したような感じですが、宇宙－人類－共同体－個人がそれぞれ進化発展して、最終的に全てが調和していくようなイメージですね。

宇宙全体が「進化」しており、そこに含まれている私たちの視点自体も進化しているとすれば、現在、社会の中の価値観がバラバラで、利他性の原理が十分働いていないように見えても、将来、みんなが自分の立ち位置を理解して、調和的に行動し、中庸が実現するのではないか、と期待することができると思います。

Q2　現在の進化心理学を含めた理系的な議論には、「目的」という概念はないと思います。

A2　それはその通りでしょう。個人の行為の「目的」は心理学などによって実証的に確かめることができますが、西田も認めるように、それと同じレベルで社会の「目的」を確かめることはできませんし、ましてや、進化の「目的」を確かめることはできません。近代科学は、「目的因」なしで、諸現象を説明しようとするものですから。西田の宇宙進化論的な発想は、近代科学に根差したものではありません。ただ、近代科学も、「目的因」的なものが絶対にないということを証明することはできません。物理的法則を超えた次元で、そういうものが働いている、という主張は非科学的ではありますが、先ほどおっしゃったように、矛盾しているわけではないので、完全に論破することはできません。西田にとっては、それは証明すべきものではなく、「直覚」によって自然と見出されるものなのでしょう。

Q3　エンテレケイアにおいて音楽や芸術における美と、善が一致するという話に興味を持ちました。西田は、完全な美を想定しているように思えます。

A3　そこは微妙ですね。今回読んだところに見られるように、ある人格の行為が主客の分離を超えて、真実在に達した時に、完全な美が現われると言っているのは間違いありませんが、それが芸術作品として具体化すると考えているのかどうかはっきりしません。西田には、『芸術と道徳』（一九二三）という著作もありますが、これは論文集で、芸術と直接関係ない論文も入っていますし、芸術に関する論文も、同一のテーマを扱っているようには見えません。純粋経験論に基づく行為論の見地から芸術について語っているという感じで、作品に即して美の本質論を展開しているわけではありません。西田が哲学的に関心を持っていたのは、美的様相を呈する行為、創造的行為（ポイエシス）であって、物として存在する作品の様式ではないと思います。作品の様式に関しては、ご存知のように、和辻が「日本の精神」と関連付けてかなり突っ込んだ議論をしています。和辻になると、美と風土・歴史性が結び付いてくるので、「完全な美」というような発想からはかえって遠ざかっているような気もします。

［講義］第四回――「倫理」の考究――和辻哲郎『人間の学としての倫理学』第一章前半

画期的な日本の倫理学

「序」の日付に昭和九年、一九三四年とありますね。この年、和辻は京大から東大に移って、倫理学の教授に就任しました。『善の研究』から二三年経ち、日本において、哲学という学問がそれなりに定着してきた時期の著作です。巻末の子安宣邦さん（一九三三―）の解説にあるように、『人間の学としての倫理学』は、和辻最初の倫理学的著作です。和辻は東京帝大の哲学科を卒業した後、結構若い時から、『ニイチェ研究』（一九一三）とか『ゼエレン・キエルケゴオル』（一九一五）といった哲学書とか、仏教美術の評論である『古寺巡礼』（一九一九）とかたくさんあるのですが、倫理学の著作としてはこれが最初です。倫理学上の主著『倫理学』は三年後の一九三七年に上巻が刊行されます。三巻本で下巻が刊行されるのは、戦後の一九四九年です。現在、岩波文庫で四分冊で出ています。『人間の学としての倫理学』はこの来るべき主著の序論のような内容になっていますが、子安さんも言っているように、単なる序論の域を超えて、日本の倫理学の独自性を模索するユニークな視点を示した、画期的な著作だと見る人が多いです。

和辻は京大助教授時代の一九二七年から二八年にかけてドイツに留学しています。この二七年に、ハイデガーの『存在と時間』が刊行されています。この本や『倫理学』を読めば分かるように、和辻はハイデガーの方法論から強く影響を受けています。和辻とハイデガーは同じ一八八九年生まれですね。ただし、一方的にハイデガーに賛同しているわけではありません。『存在と時間』が、タイトル通り、「時間」という視点から「存在」論が展開されていますが、和辻は空間という要素も重要であり、それがハイデガーには欠けているとして、独自の空間を重視した存在論―倫理学を展開します。そうした考え方と、留学時の旅の経験に基づいて、有名な『風土――人間科学的考察』を三五年に刊行しています。

では、冒頭から読んでいきましょう。

倫理学という意味

倫理学とは何であるかという問いに答えて、それは倫理あるいは道徳に関する学であると言うならば、そこには一切が答えられているとともにまた何事も答えられておらない。倫理学は「倫理とは何であるか」という問いである。だからそれがかかる問いであるとして答えられるのは正しい。しかしそれによってこの問いの中味には全然触れられるところはないのである。従ってこの問いの中味は倫理学自身によって明らかにせられるほかはない。

何だか禅問答のようで、分かったか分からないのかすっきりしない文ですね。要は、歴史学とか経済学とか法学だと、その研究の対象となる「歴史」とか「経済」とか「法」とは何なのかある程度はっきりしていて、教科書的なものは冒頭でその対象領域を定義してから話を始めるけど、倫理学の対象である「倫理」の場合は、そうはいかない。「倫理とは何か」自体がはっきりしない。倫理学者にとっても自明ではない。だから、倫理学は先ず「倫理」とは何かを定義することを試みなければならない。自分はそれをやろうとしている、というわけです。

これは倫理学という学問の基盤の弱さを認める消極的な発言にすぎないようにも見えますが、見方を変えれば、今まで意味がはっきりしないにもかかわらず、何となく通用してきた「倫理」という言葉の意味を明らかにすることを通して、新しい倫理学を築き上げようとする、マニフェストと見ることもできます。実際、「倫理」という言葉の意味の分析から話を始めます。

我々は倫理という言葉によって表現せられたことの意味を問うている。そうしてその言葉は我々が作り出したものでもなければまた倫理学という学問の必要によって生じたものでもない。それは一般の言語と同じく歴史的・社会的なる生の表現としてすでに我々の問いに先だち客観的に存しているのである。

現代の分析哲学：日常言語は曖昧で非論理的であるので、基本的な用語を自ら厳密に定義しようとすることが多い
和辻；学者が勝手に作り出した言葉ではなく、「歴史的・社会的なる生の表現」としての「倫理」の意味するところを解明しようとしている→基本的に「解釈学」の発想

現代の分析哲学は、日常言語は曖昧で非論理的であるので、基本的な用語を自ら厳密に定義しようとすることが多いですが、和辻はその逆に、学者が勝手に作り出した言葉ではなく、「歴史的・社会的なる生の表現」としての「倫理」の意味するところを解明しようとしているわけです。読み進めていくと次第に分かってくるのですが、基本的に「解釈学」の発想です。言語を「生の表現」と見なし、そこに表現されている、「歴史的な生」を読み解く「解釈学的方法」について、この本の最後の第一六節で解説されています。「解釈学 Hermeneutik」というのは、字面から連想されるように、元々古典文献解釈の方法論だったのですが、そこから拡張され、古典的なテクストだけでなく、あらゆる言語表現、更には、芸術作品も含めて、人間の記号的な営み一般を対象とし、そうした「作品」から、その時代や地域に属する人々の生の在り方を読み取る、哲学的方法論へと発展していきました。近代の「解釈学」の基礎を確立したのは、ディルタイ（一八三三―一九一一）です。ディルタイは、「解釈学」を「精神科学 Geisteswissenschaften」の共通の方法論にしようとしました。ディルタイは、自然科学的な分析では捉え切れない、人間の「生」を、歴史的な連関や、「体験 Erlebnis」に即して理解しようとする、「生の哲学 Lebensphilosophie」と呼ばれる哲学の潮流の元祖ともされます。第一六節では、ハイデガーも解釈学的なアプローチの哲学者として紹介されています。ハイデガーの場合、「生」が表現されているのではなく、「存在」が現われていると考えるわけですが。

そもそも「倫理」という言葉とは？

ハイデガーは、重要概念を分析する際、その概念の歴史的・思想史的起源に遡ったり、日常的な用法に

含まれている、〝隠された意味〟を深堀りしたりして、常識とはかけ離れた〝深い意味〟を引き出すのが得意です。彼は、彼の哲学観から見て特別な言語であるドイツ語とギリシア語でそれをやるわけですが、和辻はそれを日本語で行おうとするわけです。

> そこで我々はこの言葉を手がかりとして出発することができる。倫理という言葉はシナ人が作って我々に伝えたものであり、そうしてその言葉としての活力は我々の間に依然として生き残っているのである。この言葉の意味は何であろうか。その意味の上に我々はいかなる概念を作り得るであろうか。倫というシナ語は元来「なかま」を意味する。この意味は精力絶倫というごとき用法において今なお生きている。礼記に、人を模倣することは必ずその倫（なかま）においてすという句がある。これは、模倣が社会であるというタルドの考えを逆に言ったようなものであるが、それだけに倫の共同態としての意味を明白に語っている。

漢字に秘められた、日本人には分かりにくい〝本来の意味〟に訴えかけているわけですね。ただし、全く日本語と関係ない意味に言及しても、日本人の生や世界観をそこから読み取ることはできないので、その意味の一端は私たちが普段使っている日本語にも表われていることを示唆しているわけです。「絶倫」というのは、同類という意味での「倫＝仲間」から飛び抜けているということです。

ガブリエル・タルド

ガブリエル・タルド（一八四三―一九〇四）は、フランスの社会学者で、「社会的行為とは模倣である」という説を唱えたことで有名です。このタルドの説に対し、エミール・デュルケーム（一八五八―一九一七）は、社会学の対象は、個人の外にあって個人の行動や考え方を拘束する「社会的事実 un fait social」だとして、個人の心理に焦点を当てるタルドの議論を批判します。マックス・ウェーバー（一八六四－一九二〇）は、個人の振る舞いに焦点を当てる模倣説をそのままの形では受け入れていませんが、「模倣」が場合によっては、社会的行為になり得ることもあるとしています。中国の古典とそれの日本で受容された意味を、西洋の社会学の言説によって裏付けているわけです。

> かく倫がなかまを意味するゆえに、人倫という熟語もしばしば人のなかま、あるいは人類の意に用いられる。たとえば、畜生でさえもこうである、いわんや人倫をや（十訓抄）、ということである。ところでこの「なかま」ということは単に人を複数的に見ただけではない。そこには人々の間の関係とこの関係によって規定せられた人々とが意味せられている。日本語のなかまに「仲間」という漢字があてはめられることによっても明らかなごとく、なかまは一面において人々の中であり間《あいだ》でありつつ、しかも他面においてかかる仲や間における人々なのである。

漢語である「倫」やそれに対応する日本語の「仲間」は、単純に同じ類に属する人々を意味するだけでなく、その人々の「間」の「関係性」をも意味しているわけです。そう示唆することで、これら言葉に含意される、関係性を読み解いて、倫理の基礎を明らかにしようとする自らの試みを正当化しようとしているわけです。

和辻は更に、「人倫＝人間共同体」における秩序の在り方を意味する「人倫五常」という言葉に言及します。一三頁にあるように、人倫五常というのは、「父子・君臣・夫婦・昆弟・朋友」の五つの基本的な関係において「常なるもの」、つまり「秩序」を意味します。和辻はこれについて、「人間共同態における五つの秩序であるとともに、また人間共同態を共同態たらしめる五つの秩序でもある」と述べ、「人倫」には、それを成り立たしめるのに不可欠な秩序＝原則があるはずであることを示唆します。これで、私たちが何となく馴染んでいる〝倫理〟の話らしくなってきましたね。

「人倫」という言葉が人間共同態の意味を持ちつつしかも「人間の道」あるいは「道義」の意に用いられるのは、右のごとき事情によるのである。

「道」という言い方をすると、何となく宗教とか修行のような感じがしますが、この場合の「道」というのが、人と人の間を恒常的に維持する原理だとすると、現代の政治哲学で「正義」と呼んでいるものとほぼ同義です。

次に「倫理」の「理」の字について検討しているところを見ましょう。

「倫理」

漢語である**「倫」**：日本語の「仲間」。単純に同じ類に属する人々を意味するだけでなく、その人々の「間」の「関係性」をも意味している。※絶倫＝「倫＝仲間」から飛びぬけていること

「倫理」の**「理」**：[理（ことわり）＝すじ道]。「理」の意味は、「倫」の「共同体」の秩序原理（＝道）という意味に既に含まれている。

※「人倫五常」：「人倫＝人間共同体」における秩序の在り方

理は「ことわり」であり「すじ道」である。だからそれが人間生活に関係させられれば理の一語のみをもってすでに「道義」の意味を持ち得る。人間の理は人間の道である。しかるに「倫」は一面において人間共同態を意味しつつ他面においてかかる共同態の秩序すなわち人間の道を意味した。だから「倫理」と熟する場合にもここに何ら意味の拡大は見られない。ただ「倫」がすでに持つところの道の意義を「理」によって強調するのみである。だから「倫理」は十分な意味における「人倫」と全然同義であると言うことができる。すなわち「倫理」もまた人間共同態の存在根柢たる道義を意味する。

「理（ことわり）＝すじ道」なので、「理」の意味は、先ほどの「倫」の「共同体」の秩序原理（＝道）という意味に既に含まれている、というわけです。

以上によって我々は「倫理」という言葉の意味を明らかにした。この意味からすれば単に個人的主観的道徳意識を倫理という言葉によって現わすのははなはだ不適当である。倫理という言葉は第一に人間共同態に関する。共同態を捨象した個人的意識はこの語と縁なきものである。第二にそれは人間共同態の存在根柢に

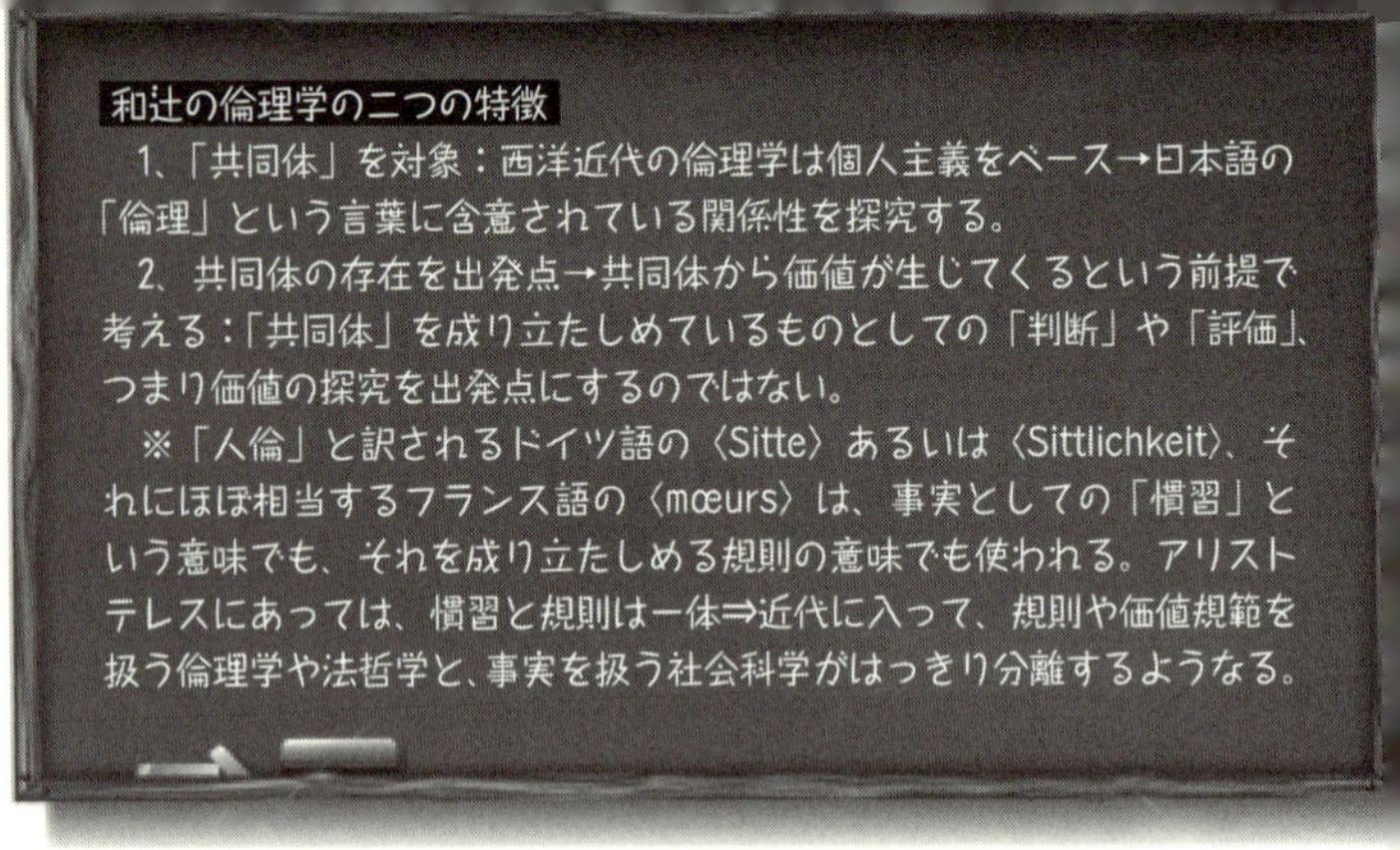
和辻の倫理学の二つの特徴
1、「共同体」を対象：西洋近代の倫理学は個人主義をベース→日本語の「倫理」という言葉に含意されている関係性を探究する。
2、共同体の存在を出発点→共同体から価値が生じてくるという前提で考える：「共同体」を成り立たしめているものとしての「判断」や「評価」、つまり価値の探究を出発点にするのではない。
※「人倫」と訳されるドイツ語の〈Sitte〉あるいは〈Sittlichkeit〉、それにほぼ相当するフランス語の〈mœurs〉は、事実としての「慣習」という意味でも、それを成り立たしめる規則の意味でも使われる。アリストテレスにあっては、慣習と規則は一体⇒近代に入って、規則や価値規範を扱う倫理学や法哲学と、事実を扱う社会科学がはっきり分離するようなる。

関する。道徳的判断あるいは評価はこの地盤の上で可能にせられるのであって、逆にかかる判断や評価が根底となるのではない。

和辻の倫理学の特徴が二つ明らかになりました。西洋近代の倫理学は個人主義をベースにしてきましたが、和辻は、日本語の「倫理」という言葉に含意されている関係性を探究する自分の倫理学は、「共同体」を対象にするものであることを明らかにします。第二に、この「共同体」を成り立たしめているものとしての「判断」や「評価」、つまり価値の探究を出発点にするのではなく、共同体の存在を出発点とし、そこから価値が生じてくるという前提で考えるわけです。存在と価値・規範のいずれが先行しているのかというのは、どっちとも言える抽象的で漠然とした問いのように見えるかもしれませんが、理論構成上は重要な問題です。通常、「人倫」と訳されるドイツ語の〈Sitte〉あるいは〈Sitrlichkeit〉、それにほぼ相当するフランス語の〈mœurs〉は、事実としての「慣習」という意味でも、それを成り立たしめる規則の意味でも使われます。後で見るように、アリストテレスにあっては、慣習と規則は一体として捉えられていましたが、近代に入って、規則や価値規範を扱う倫理学や法哲学と、事実を扱う社会科学がはっきり分離するようになります。次回読むところでヘーゲルが登場しますが、彼の歴史哲学は二つの領域を再統合しようとする、哲学史上の最後の試みと言えるかもしれません。

「存在」をより根源的と見なすのは、ハイデガー的な方向と言えるかもしれませんが、ハイデガー自身は直接倫理学を論じていません。空間的な存在論を基盤にして価値や規範を論ずるというのが、和辻の独自

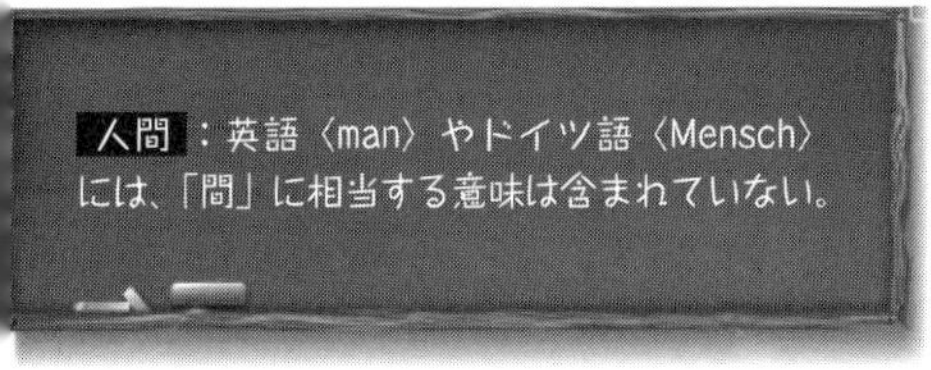
人間：英語〈man〉やドイツ語〈Mensch〉
には、「間」に相当する意味は含まれていない。

性であるように思えます。

そもそも「人間」anthrōpos, homo, man, Mensch という言葉とは?

次に「人間」という言葉を問題にします。

> 「人間」という言葉は今漠然とヨーロッパ語の anthrōpos, homo, man, Mensch などに当てて用いられている。しかしまた同時に「人」という言葉も同様の用法において用いられる。では「人《にん》」という言葉に「間」という言葉を結びつけたのは何を意味するのであろうか。あるいは何の意味もないのであろうか。ドイツの社会学者は「人」と「間」との二語を結合することによって、すなわち Zwischen den Menschen あるいは das Zwischenmenschliche という言葉によって、人間関係を社会とする一つの立場を言い現わしている。しかるに日本語においては「人」も「人間」も何らの異なる意味を現わし得ないのであろうか。

「人間」という言葉の意味を、西欧の言葉に対応させ、その西欧の言葉をまた日本語で説明するという、循環的な説明をしているので、何がどうなっているか分かりにくいですね。まず、英語の〈man〉やドイツ語の〈Mensch〉は、日本語で「人間」と訳すことも、「人」と訳すこともできる、ということを確認しておきましょう。そこで、日本語にした時に、「間」という字を付けるか付けないかで何か違いがあるのか、という疑問が生じます。和辻は「間」という字に何か意味があるのではないかと示唆しているわけです。これは、あくまで日本語における、二つの単語に違いがあるかどうかの問題です。二〇頁の記述を見れば分かるように、〈man〉や〈Mensch〉自体には、「間」に相当する意味は含まれていません。強いて言えば、〈mankind〉とか〈humanity〉のような形だと、間接的に「間」の意味が含まれるようになると言えるかもしれません。ここで和辻が示しているドイツ語の〈Zwischen den Menschen〉あるいは〈das Zwischenmenschliche〉は、「人」と「人」の「間（柄）」を意味するドイツ語の表現です。和辻は社会学者と言っていますが、これらは専門用語ではなく、普通に使われている表現です。〈zwischen〉という前置詞あるいは接頭辞によって、〈Mensch〉に含まれていない「間」という意味を付け加えているわけです。

日本語の「人間」には、「間」という字があることに象徴されるように、もともと「よのなか」「世間」の意味もあります。詳しい国語辞典を見ると、確かにそういう意味が出ています。ドイツ語の〈zwischen〉のようなものを付け加えなくても、「間（柄）」に関係する意味の層を持っているわけです。しかし何故か、「人間」が単に「ひと」、つまり単体の生命体としての「ひと」という意味に理解され、「よのなか」とか「世間」のような、間柄に関する意味も含まれていることがはっきり認識されない傾向がある。「人間」でも「人」でも同じことだと、何となく理解されてしまっているわけです。和辻はそこを問題にしているわけです。「間」という字にあまり意味がないように思うのは、和辻に言わせれば、誤解であるわけですが、彼は同時に、そうした〝誤解〟が生じるには、それなりの理由があることも指摘し、深読みしていきます。

しかしこの「誤解」は単に誤解と呼ばれるにはあまりに重大な意義を持っている。なぜならそれは数世紀にわたる日本人の歴史的生活において、無自覚的にではあるがしかも人間に対する直接の理解にもとづいて、社会的に起こった事件なのだからである。この歴史的な事実は、「世の中」を意味する「人間」という言葉が、単に「人」の意にも解せられ得るということを実証している。そうしてこのことは我々に対してきわめて深い示唆を与えるのである。もし「人」が人間関係から全然抽離《ちゅうり》して把捉し得られるものであるならば、Mensch を das Zwischenmenschliche から峻別するのが正しいであろう。しかし人が人間関係においてのみ初めて人であり、従って人としてはすでにその全体性を、すなわち人間関係を現わしている、と見てよいならば、人間が人の意に解せられるのもまた正しいのである。だから我々は「よのなか」を意味する人間という言葉が人の意に転化するという歴史全体において、人間が社会であるとともにまた個人であるということの直接の理解を見いだし得ると思う。

ごく少数の人がたまにやっているものであれば、単なる誤解で済むのですが、歴史的に長く行われ、それなりに定着しているということは、その言葉に〝誤解〟の元になるようなものが含まれているからではないか、と生産的な深読みをしているわけです。少し抽象的な言い方をしていて分かりにくいですが、要は、生命体としての「ひと」という概念、人と人の関係性としての「人間」という概念が、日本語・日本文化の概念体系において完全に別物だとしたら、恐らく、全く別の言葉を使っていただろうし、同じような言葉を使ってもはっきり使い分けしていたはずであり、〝誤解〟の余地はほぼないはずです。〝誤解〟が大々的に起こっているのは、関係性としての「よのなか＝人間」と、単体としての「ひと＝人」の間に特別な結び付きがあるからではないか、と和辻は示唆しているわけです。

普通の人なら、漢字の意味の複合性ゆえの誤解とか意味のズレと言ってすませそうなことについて、強引に意味の深層構造を読み込み、議論を拡げているわけです。こういうのはハイデガーもよく使う手法です。

元来我々の用うる言葉の内 anthrōpos, homo, man, Mensch などに最もよく当たる言葉は「人《にん》」及び「ひと」である。すでにシナの古代において、人は「万物の霊」あるいは生物中の「最霊者」であり、人の人たるゆえんは二足にして毛なきことではなくまさに「弁（あるいは言）を持つこと」（荀子、非相篇）であった。この二つの規定はギリシア人が anthrōpos に与えた規定と明白に合致する。日本人はその文化的努力の初期においてかくのごとき規定を有する「人」の語を学び、そうしてそれに「ひと」という日本語をあてはめたのである。だから anthrōpos, について言われることは厳密に一はただ「人」についてのみ言われることであると解しなくてはならぬ。

荀子は中国の戦国時代末期の儒学者で性悪説を唱えたことで知られている人です。漢字の「人」は、ギリシア語の〈anthrōpos〉のように、万物の中で最も霊的存在で、言語（ロゴス）を操る存在という二つの意味を帯びていたわけですね。つまり、［人≒anthrōpos］と考えていいわけです。

しかしこの人という言葉も精密に見ればすでにanthrōposやhomoと異なった意味を担っている。それは「人」及び特に「ひと」が、おのれに対するものとしての「他」を意味するという点である。「ひと」の物を取るというのはanthrōposの物を取ることではなくして「他人」の所有物を盗むことであり、「われひとともに」という場合には我れとMenschとが並べられるのではなく自他ともにということが意味せられる。が、さらに他人という意味は不定的に世人という意味にまでひろげられる。「ひとはいう」とはman sagtと同じく世人はいうの意である。かかる用法においては「ひと」はすでに世間の意味にまで近づいている。たとえば「人聞きが悪い」とは世間への聞こえをはばかるのである。かく「ひと」という言葉が我れに対する他者の意味からして世間の意味にまで発展するとともに、他方で、その他者に対するわれ自身が同様に「ひと」であるということもまた見失われてはいない。

難しいことを言っているように見えますが、要は、私たちが「ひと」という言葉を「他人」という意味、及び、「世間（の普通の人）」という意味で使っているということです。英語の〈man〉は「他人」や「世間」の意味で使われることはないですね。ドイツ語の場合、少し微妙です。微妙だというのは、「人」という意味の〈Mensch〉、及び、「男」という意味の〈Mann〉とは別に、一般人称の〈man〉があるからです。これは元々、〈Mann〉と同じ言葉だったのが、機能的に分化したのでしょう。発音は同じです。一般人称の〈man〉は、英語だと、〈one〉にほぼ相当します。例えば、〈One is not allowed to smoke here.〉とハイデガー〈das Man〉:「人」が完全に個性をなくして、他の人と区別できなくなり、〈man〉としか呼びようがない存在（者）になった時、そういう在り方を〈das Man〉という造語で表現。

通常小文字で表記する〈man〉を大文字にして、中性名詞化した。

性別さえも失うほど匿名化してしまった「ひと」のように聞こえる。※「世間」というような意味が込められているので、「世人」と訳されることが多い。

いう時の〈one〉です。若干違うのは、英語だと口頭で言う時は、〈one〉が〈you〉とか〈they〉に置き換えられる傾向が強いのに対し、ドイツ語ではそのまま〈man〉と言います。「それをドイツ語でどう言いますか?」は、〈Wie sagt man das auf Deutsch?〉です。「ここで煙草を吸ってはいけません」は、〈Man darf hier nicht rauchen.〉です。「アメリカでは英語が話されています」は、〈Man spricht Englisch in den U.S.A.〉となります。日本語に訳すと、大抵、主語なし文か、動作主体に言及しない受動文になります。「他人」という意味での「ひと」に近い使い方もあります。例えば、「ひとから~と聞いた」に相当する言い方として、〈Man hat mir gesagt, dass ~.〉という表現があります。〈Mensch〉はこういう使い方はできません。

因みにハイデガーは、「人」が完全に個性をなくして、他の人と区別できなくなり、〈man〉としか呼びようがない存在（者）になった時、そういう在り方を〈das Man〉という造語で表現します。通常小文字で表記する〈man〉を大文字にして、中性名詞化したものです。〈das〉は、中性名詞に付く定冠詞です。〈man〉に定冠詞は付きません。男性名詞に付く定冠詞は〈der〉なので、「男性（一般）」のことを〈der Mann〉と言います。〈das Man〉は、それを変形したようにも聞こえるので、いかにも性別さえも失うほど匿名化してしまった「ひと」のように聞こえます。元の言葉である〈man〉に和辻も指摘しているように、「世間」というような意味が込められているので、「世人」と訳されることが多いです。

> かくのごとき意味の含蓄は homo や anthrōpos には見られない。homo が複数において世間を意味し、あるいは今名ざした人を強調してさす場合

日本語は、「ひと」にそのまま一般人称的な意味を付与するようになった

↕

一部の西欧語は〈homo〉や〈anthrōpos〉に相当する語を変化させて、生物学的個体としての「人」を意味する語と、一般人称として使う語を作り出した。
→ドイツ語では、〈Mensch〉も元々は〈Mann〉から派生した言葉。フランス語はラテン語の〈homo〉に由来する〈homme〉と〈on〉を、前者は、生物としての「ひと」あるいは「男性」を意味する語、後者を一般人称として使い分けるようになった。

和辻：人と人の「間」の根源的関係性＝存在に基づいて、〔「私」→「他者」→背後にある「世間」〕という意識が生まれてくることを、「人」と「人間」の多義性に即して論じる→フッサールの現象学で「間主観性」と呼ばれる問題→和辻はそれよりも更に根源的な次元の関係性があることを示唆→日本的な「人間」概念には特殊倫理的な性格がある、という読み。

に「彼」の意味に用いられるとしても、そこに明瞭に「他者」の意味が含まれているとは言えない。homoからその格の変化に添いつつhommeとonとを作り出したフランス人に至っては、homoにおける右のような両面の意味を引き離して別語としてしまった。同様にドイツ語においても、Mannの形容詞形から出たMensch（人）は、同じ語から出たman（世人）と、全然別の言葉にせられている。英語はこのmanを人の意に用いるとともに、そこから世人もしくはある人の意味を全然閉め出している。いずれを見ても「人」という言葉におけるごとく、自、他、世人等をともに意味するというようなことはないのである。

ちょっと分かりにくい説明ですが、和辻が言いたいのは、日本語は、「ひと」にそのまま一般人称的な意味を付与するようになったのに対して、一部の西欧語は〈homo〉や〈anthrōpos〉に相当する語を変化させて、生物学的個体としての「人」を意味する語と、一般人称として使う語を作り出したということです。英語とドイツ語は基本的に先ほどお話しした通りですが、和辻も指摘しているように、ドイツ語では、〈Mensch〉も元々は〈Mann〉から派生した言葉だということを付け加えておきましょう。フランス語はラテン語の〈homo〉に由来する〈homme〉と〈on〉を、前者は、生物としての「ひと」あるいは「男性」を意味する語、後者を一般人称として使い分けるようになったわけです。〈man〉

や〈homme〉が、「人」かつ「男性」であることが、西欧文化の男性中心主義の現われだということで、フェミニズムでしばしば問題になりますね。

西欧の言葉からしてみれば、「世間」とか「他人」といった意味を含んでいる一般人称と、「ひと（男性）」を同じ言葉にするのは紛らわしいということになるでしょうが、和辻はそれを日本語の豊かさとか重層性と見なしたいようですね。和辻がこの本を出したのと同じ頃、三〇年代の半ばからハイデガーは、ギリシア語とドイツ語、特にドイツ語を哲学のための特別の言語と見なす発言をするようになりましたが、和辻は日本語でやろうとしているように見えます。

和辻は、こうした「人」の「世人」的な含意は、「人間」にも引き継がれたと述べていますね。

> 人間は単に「人の間」であるのみならず、自、他、世人であるところの人の間なのである。が、かく考えた時我々に明らかになることは、人が自であり他であるのはすでに人の間の関係にもとづいているということである。人間関係が限定せられることによって自が生じ他が生ずる。

人と人の「間」の根源的関係性＝存在に基づいて、「私」という意識、そして「他者」意識、更には、「他者」の背後にある「世間」という意識が生まれてくることを、「人」と「人間」の多義性に即して論じているわけですね。これは、フッサールの現象学で「間主観性」と呼ばれる問題ですが、和辻はそれよりも更に根源的な次元の関係性があることを示唆したいようです。

中国の場合、「人間」は「世間」「人間社会」という意味であって、〈man〉の意味はないということですね。和辻は、やはり日本的な「人間」概念には特殊倫理的な性格があることを明らかにしたいようです。

人間と動物（畜生）の違い

―　古いインドの神話的想像によれば、衆生は輪廻によって五つの世界（loka）に転生する。地獄中に、

「人間の学としての倫理学」というタイトル
倫理学が動物に関する学ではなく、「ひと（ホモ・サピエンス）」に関する学であるというあまりにも当たり前のことを言っているわけではなくて、自己意識、他者意識、世間意識の根源にある人と人の「間＝関係性」もしくは「共同体」を探究する学であることを示唆している。

餓鬼中に、畜生中に、人間に、天上に。この「中」「間」「上」等がloka の訳なのである。従って天上とは天（deva）の世界、人間とは人の世界を意味する。人の世界とは人間社会であって人を取り巻く自然界のことではない。いわんやこの世界の住者たる人を意味するのではない。日本において最も多く読まれた法華経もまた明らかにこの用法を示している。

「人間」の「間」は元々、「〜界」を意味するサンスクリット語の〈loka〉の漢字訳だということですね。この意味での「人間」が、仏教の経典を通して、日本語にも入って来たということですね。仏教の六道輪廻で、衆生が経めぐる世界がそれぞれ地獄中、餓鬼中、畜生中、人間、天上、阿修羅と呼ばれていたということですね。この場合、「人間」は、当然、「ひと」の属する世界という意味になります。それがどうして、「〜界」が取れた「ひと」の意味になったかと言うと、

そうしてこの形において六道の思想は平安朝より武家時代に至る日本人の人間観を支配していたのである。だから一方では「人間の人」というごとく「人間」を明らかに人間社会の意に解しつつ、他方では畜生との対比に際して、畜生に対するものを人間と呼ぶということが起こって来る。すなわち畜生界の住者たる畜生と、人間の住者たる人とが対比せられるのであるにかかわらず、人間が直ちにその中の住者「人」の意味において畜生に対立する。

説明が少し難しそうな感じがしますが、要は、本来「畜生中（道）⇕人間」の対比だったのが、「畜生⇕人間」の対比へとシフトしたということですね。単に、日本人の漢字の使い方がいい加減だったというだけの話のような気もしますが、和辻はこうした二重の対応関係が定着したことにはそれなりの必然性があると主張し、深読みしていきます。『「人間」という言葉が本来『人』をも意味し得るのでなかったなら

ば、いかなる媒介があったとしても、かかる結合は起こり得なかった」はず、というわけです。「人間の学としての倫理学」というタイトルは、倫理学が動物に関する学ではなく、「ひと（ホモ・サピエンス）」に関する学であるというあまりにも当たり前のことを言っているわけではなくて、自己意識、他者意識、世間意識の根源にある人と人の「間＝関係性」もしくは「共同体」を探究する学であることを示唆しているわけです。

> だから我々の「人間」の学は決してAnthropologieではない。アントロポロギーは厳密に「人」の学である。共同態から抽象した「人」を肉と霊との二方面から考察するのがそもそもアントロポロギーの初めであり、従って身体論と精神論とがその課題の全部であった。自然科学の勃興は身体論を発展せしめてアントロポロギーの名を占領し、それを動物学の一分科たらしめた。「人類学」と訳せられるものがそれである。精神論は心理学として哲学的認識論に発展し、アントロポロギーの名を捨てた。だから哲学の立場において再び「人」を問題とし、身心の関係やあるいは一般に「人とは何であるか」を考究する場合に、人は「人類学」への区別から哲学的アントロポロギーと呼ばざるを得なかったのである。しかしこのような哲学的アントロポロギーといえども、「人間」の一つの契機たる「人」を抽象して取り扱うという点においては変わりはない。それはまさに「哲学的人類学」と呼ばるべきものであって、人間学ではないのである。

多少複雑ですが、和辻の言いたいことは分かりますね。和辻にとって、「倫理学＝人間（の）学」ですが、この場合の「人間学」は西欧の〈Anthropologie〉ではありえない、ということです。〈Anthropologie〉は、共同体から抽出した「ひと anthrōpos」を対象とするからです。しかも、「ひと」の精神と肉体の内、肉体の面からの探究は、自然科学の一部として発展し、日本語で「人類学」と呼ばれる分野として確立したので、「ひと」の精神に関する探究を表わす、適切な名称がなくなったわけです。ご承知のように、「共同体」の中にある「ひと」を研究する「文化人類学」という分野もあります。古くはアメリカのルイス・ヘンリー・モーガン（一八一八－八一）のイロコイ族の研究とかありますし、和辻がこの本を出した頃には既にマリノフスキー（一八八四－一九四二）のトロブリアンド諸島の研究が公表されていますが、和辻はそうした方面の研究は視野に入れていなかったのかもしれません。また、人間の「精神」面の研究として、自然科学的な方法による「心理学」が、哲学の認識論から独立し、ヴントやジェイムズによって学問として確立されていますが、これについても、和辻の関心から外れているためか、言及していないですね。

「哲学的アントロポロギー（人類学）」は、二〇世紀前半のドイツ語でそれなりに流行りました。フッサールの弟子でハイデガーの兄弟子に当たるマックス・シェーラー（一八七四－一九二八）の講演「宇宙における人間の位置」（一九二七）がその始まりとされます。動物学者出身で生物学と哲学の境界領域的な仕事をし、ドイツの近代化の問題を指摘した『遅れてきた国民』（一九五九）の著者としても知られるヘルムート・プレスナー（一八九二－一九八五）、人間を欠陥的存在として捉えたアーノルト・ゲーレン（一九〇四－七六）などが有名です。ゲーレンは社会学者でもあるし、哲学的人間学者の中には、文化や社会的制度を論じる人もいるのですが、和辻はこれらは、「人間」の学ではないと言っているわけですね。あまり知らなかったのか、それとも、自分の独創性を際立たせるために、哲学的人間学をわざと単純化して紹介しているのか。

世間とは何か？

第三節「『世間』あるいは『世の中』の意義」に入りましょう。「世間」という言葉も漢訳経典から来ているということですね。仏教哲学は「世間無常」を根本命題にしており、日本語では、もっぱらそれとの繋がりで、「世間」という概念が理解されてきた、と述べられています。

和辻はまず、「世」という字に注意を向け、これはもともと「遷流《せんる》」、変化していくという意味合いを持っている、と述べています。この変化するものとしての「世」の内に、破壊性・対治性・覆真性の三つの契機が含まれていると述べられていますね。破壊性というのは、絶えず自己否定が生じること、対治性というのは、その自己否定に打ち克とうとする傾向です。覆真性というのは、否定に打ち克とうとする傾向がこれから打ち立てようとしているものが、まだ隠されていて、現実には現われておらず、可能性に留まっていることです。ヘーゲルの［正（These）→反（Antithese）→合（Synthese）］の弁証法みたいですね。恐らく意識して叙述しているのでしょう。ただし、仏教の世界観では、「遷流」の状態に留まっていることは、「堕在」、つまり迷妄し、「苦」しんでいる状態として捉えられていたということですね。

このように「世」の「遷流」的性格を強調した後で、三一頁の終わりから三二頁にかけて、「世間」の原語で、先ほど六道輪廻の文脈で出てきた〈loka〉は、むしろ「場所」とか「見ゆる世界」（＝目に見える形で現われている世界）という意味であったことを強調していますね。少しややこしいのですが、〈loka〉自体はあくまで「場所」という意味なのだけれど、古代インド宗教や仏教には全ては無常であるという考え方があることもあって、後代の注釈家たちが、〈loka〉という言葉に無常という意味を無理に読み込もうとし、その強引な理解が、〈loka〉の漢語訳である「世間」にも引き継がれ、先ほどのような「世（間）」観が生まれてきた、ということですね。

仏教によって日本にもたらされた世間の概念は以上のごとくその本来の空間的意味を保持しつつも主としてその時間的性格において捉えられているものである。だからそれが日常生活の用語となってからも、無常性は世間という言葉の当然の意味であった。しかるに日常生活の用法は、この当然の意味よりもむしろその背後にある場所的な意味を強く発展せしめた。同じくlokaの訳語たる「世界」という言葉のごときは、「世」という言葉の持つ時間的な意味を全然ふり落としてしまったように見える。「世間」はそれとともにlokaの持つ「見ゆる世界」という意味を「世界」に譲り、主として「主体的存在の領域」「生の場面」というごとき意味のみを担う言葉となってくる。この発展が我々にとってきわめて興味深いのである。

ここも、意味の変遷経過が少しややこしいですね。私流に、少し言い換えてみましょう。日本語に入って来た「世間」は、先ほど見たような経緯で、場所的な意味と、無常性という時間的な意味の双方を持つことになった。しかし、（仏教用語ではなく）日常語としての「世間」は、無常性という意味も一応保持したものの、どちらかと言うと、場所的なニュアンスを強く含んだ言葉として使われるようになった。そうすると、「世間」は、「見ゆる世界」というような意味も持っているはずだけど、その意味は、同じ〈loka〉の訳語である「世界」の方が主として担うようになり、日常語としての「世間」は、主体的存在である人間の住む領域というような意味で使われることが多くなった、ということですね。次の段落でもう少し詳しく説明されています。

lokaの訳語として「世」の語が選ばれたのは、「世」が世代というごとく時を意味することにもとづくかも知れない。しかし「世」はまた人の社会を意味する語である。棄世、遁世とは人の社会から脱出することであり、世情、世態とは人の社会の有りさまである。しかもその社会は、世途、世路というごとく何らか場所的なものとして理解せられている。日本語の「よ」はちょうどそれに当たる語として用いられる。すなわち一方においては「代《よ》」であるとともに、他方においては世《よ》に出る、世《よ》を捨てるというごとく社会を意味している。世渡り、世すぎはこの社会において生きて行くことである。かく世が人間の共同態を意味するがゆえに、平安朝の文芸は世という言葉によって男女の間柄をさえ意味させている。このような世の意味は、遷流と抵触するものではないが、しかしまた遷流の内に含まれてもいない。そうして日常の用法における発展はこの方面において行なわれたのである。

ここは分かりやすいですね。「世」を「よ」と読むと、「代」、つまり「世代」という時間的な意味合いも含まれるけど、どちらかと言うと、「世渡り」とか「世すぎ」「世捨て」のように、場所的、ただし空間的というよりも共同体的な意味合いの方が強い、というわけですね。こうやって和辻は、「世間」も「人間」と同様に共同体的な意味を持っている言葉であることを明らかにしようとします。

三五頁で、「世間」の「間」や「世の中」の「中」も、人と人の間の行為的連関を意味するということが述べられています。だとすると、「世間」や「世の中」と言わずに、単に「世」と言っても同じことになりそうですが、和辻は「世間」や「世の中」には、「世」では表現し切れない意味もあると主張します。

> しかし世間に知られる、世の中を騒がせるというような用法においては、まず第一に両語が結合して一つの意味を現わしている。それは知る主体であり、また騒ぐ主体である。だから世間が承知せぬ、世間の口がうるさい、あるいは世の中が湧き返る、世の中がしずまる、などと言われる。また我々が他の人に対してある態度を取る場合と同じように、世間をはばかる、世間に申し訳がない、などとも言われる。かかる場合に世間・世の中が人の社会を意味することはきわめて明白であり、従ってその間や中が社会という一つの場面の中を意味するのでないことも明らかに看取せられる。

先ほど日本語の「ひと」やドイツ語の〈man〉が、「世間」あるいはそれを代表する平均的な人の意味で使われるという話をしましたが、この「世間」という言葉自体も、意志を持った存在であるかのように主語＝主体として使われることがありますね。「世間」が一つの意志を持った存在と見なされるから、

「世間」

「世」：「よ」と読むと、「代」、つまり「世代」という時間的な意味合いも含まれるけど、どちらかと言うと、「世渡り」とか「世すぎ」「世捨て」のように、場所的、ただし空間的というよりも共同体的な意味合いの方が強い⇒「世間」も「人間」と同様に共同体的な意味を持っている言葉。「世間」や「世の中」には、「世」では表現し切れない意味もある。

「世間」という言葉自体も、意志を持った存在であるかのように主語＝主体として使われる。「世間」は一つの意志を持った存在と見なされる。「社会」と同義。

世間様に対して申し訳ないというわけですね。

和辻は、このような意味での「世間」あるいは「世の中」は、「社会」と同義だと言っていますが、当然、この場合の「社会」は単に人が同じ地域に居住しているとか大勢集まってるということではなく、意志を持っていると見なされてもおかしくないような繋がりを持った共同体です。中国では、宗教的に結び付いた小さい村落共同体が「社会」と呼ばれていたということですね。和辻は、この本来の意味での「社会」とは、「団結事をともにする」ところの集団だと述べていますね。

人間の概念の再検討

三七頁から三八頁にかけて、こうした特徴を踏まえて、「世間あるいは世の中」は「遷流性及び場所性を性格とせる人の社会」、あるいは、「歴史的・風土的・社会的なる人間存在である」とまとめられています。これを踏まえて、もう一度、「人間」の概念が再定義されています。

> 我々は人間の概念を、世の中自身であるとともにまた世の中における人であると規定した。今や右のごとく世間・世の中の概念が定まるとともに、我々は人間のこの側面を人間の世間性として言い現わすことにする。それに対して他の側面は人間の個人性と呼ばるべきであろう。人間存在はこの両性格の統一である。それは行為的連関として共同態でありつつ、しかもその行為的連関が個人の行為として行なわれる。それが人間存在の構造であり、従ってこの存在の根柢には行為的連関の動的統一が存する。それが倫理の概念において明らかにせられた秩序・道にほかならぬ。

「人間」は、常に「個人性」と「世間性」の二重性を備えているわけですが、この二重性が生じるのは、各人の行為がそれぞれ別個のものではなく、様々な面で連関しているからだというわけです。行為が連関しているというのは、例えば、私たちがテーブルの前に座ったり、食事をしたり、道を歩いている時に同

じように振舞ったりすることや、ある人が作り出した道具を利用する形で、他の人が別の道具を作り出し、それを更に別の人が利用する……というように人々の行為が根底において繋がっていることです。そうした人間の存在構造が倫理だというわけです。そういう風に話を進めてきて、

――しかしそれならば倫理は「存在」の根柢であって「当為」ではないのであろうか。

という疑問を自分で提起していますね。「存在 Sein」が「～がある」あるいは「～である」という形で表現されるのに対し、「当為」は、「～すべきである sollen」という形で表現されます。英語だと〈be〉動詞と助動詞〈ought〉に当たります。通常、倫理は、「存在」ではなく、「当為」の問題と考えられているのですが、和辻は、自分は人間の「存在」を問題にすると言い切っているわけです。そうすると、それは本当に倫理学なのか、という疑問が当然出てきます。そこで、第四節以降で、日本語の「存在」という概念と、それに対応するものと倫理の関係をめぐる西欧の哲学の諸理論を分析することで、「存在」の中に「当為」が含まれていることを明らかにしていきます。

存在と「有」

「四「存在」という言葉の意味」に入りましょう。

存在という言葉が現在 Sein の同義語として用いられていることは周知の通りである。しかしかく用いられているにもかかわらず、存在という言葉の意味と Sein という言葉の意味とは相覆うものでない。Sein は主辞と賓辞とを結ぶ繋辞（Copula）であり、従って、ロゴスにおいて中心的位置を占める。Sein が論理学の中心問題となったのはそのゆえである。しかるに存在という言葉は繋辞には決してならない。S ist P を我々は「S は P である」あるいは「S は P なり」と言い現わす。すなわち S と P とを結びつけるのは「である」「なり」等であって「存在」ではない。存在が Sein にあ

> たるのはただいわゆる存在判断の場合のみである。Ich bin は我れがあるあるいは我れ存在すと訳することができる。だから判断をすべて存在判断に帰せしめる時にのみ存在が一般に Sein に当たると主張することができる。すなわち「SはPである」とは「SはPとして存在する」との謂いであるとするのである。しかしかくすれば、存在を Sein の同義語とすることはすでに一定の論理学的立場を表示することになる。そうしてこのことはまさに存在が Sein の同義語でないということの証拠である。

ややこしい説明ですが、〈Sein〉をめぐるカントやハイデガーの議論を知っている人にとっては分かりやすいでしょう。ドイツ語の〈sein〉や英語の〈be〉は人称変化や時制変化をさせたうえで、「賓辞」、つまり「述語」の一部として使います。主語である名詞、代名詞と、補語である他の名詞・代名詞あるいは形容詞を繋ぐ役割を果たす〈sein〉や〈be〉は繋辞（Copula）と呼ばれます。日本語に訳すと、「～である」という形になります。〈sein〉や〈be〉はこの他、「～がある」、つまり「～が存在する」という意味で使われることもあります。[He is there. ≒ Er ist da.] とかがそうです。ハイデガーなどの存在論を紹介する入門書では、「～である」という繋辞的な意味は、「～がある」という存在的な意味を基礎にしている、という言い方をすることがありますが、和辻は、繋辞としての役割を全て「存在」判断という観点から説明するのは不自然な話で、やはり、日本語の「存在」と、繋辞を主たる意味とする〈Sein〉は違うわけです。

ごく当たり前のことを言っておきますと、〈Sein〉というドイツ語は、be 動詞に当たる〈sein〉を大文字にしただけで、そのまま名詞化した言葉なので、不可避的に繋辞的な意味を含んでいるわけですが、日本語の「存在」は少なくともそのままの形では、繋辞的な使い方はできません。「存在する」は、「～である」を含みません。ドイツ語の〈Sein〉を特権化するハイデガーと、ここで一線を画しているわけですね。

賓辞：ドイツ語の〈sein〉や英語の〈be〉は
人称変化や時制変化をさせたうえで、「述語（賓辞）」の一部として使われる。

繫辞（Copula）；主語である名詞、代名詞と、補語である他の名詞・代名詞あるいは形容詞を繋ぐ役割を果たす〈sein〉や〈be〉など。日本語に訳すと、「〜である」という形になる。

※〈Sein〉というドイツ語は、be動詞に当たる〈sein〉を大文字にしただけで、そのまま名詞化した言葉なので、不可避的に繫辞的な意味を含んでいる。日本語の「存在」は少なくともそのままの形では、繫辞的な使い方はできない。「存在する」は、「〜である」を含まない。ドイツ語の〈Sein〉を特権化するハイデガーと、ここで一線を画している。

和辻；〈sein〉という一つの動詞を文脈に応じて使い分けるしかないドイツ語よりも、「である」と「がある」がはっきり分化している日本語の方がすぐれている。

繫辞としての意味をも含むSeinの訳語としては、我々が繫辞として用いつつある言葉、すなわち「である」「なり」などの根幹をなせる「あり」を選ぶべきであった。それは名詞として使われることのまれな言葉ではあるが、しかし「ありのまま」というごとき用法においては現在なお生きて用いられている。しかもこの「あり」は繫辞的用法においては「である」「なり」等となり、事実のexistentiaを現わす場合には「がある」「あり」の形を取る。従って繫辞的Seinを問題とすることは「である」を問題とすることであり、思惟に対立するSeinを問題とすることは「がある」を問題とすることである。かく「あり」という言葉自身が二つの方向に分化していることは、かかる分化を示さないSeinよりもかえって優れていると言ってよい。Seinの問題が単に論理学の問題とせられたがためにオントロギーの問題としての本来の意義を失ったとか、ヘーゲルが論理学の中へオントロギーの問題を回復したとか、と論ぜられるのは、みなSeinが分化しておらないからである。論理学は「である」を取り扱いオントロギーは「がある」を取り扱う、しかも両者は根源的な「あり」にもとづいている。だからこの根源的な「あり」を取り扱う基礎的オントロギーがなくてはならぬ。かく言い換えれば問題は一応明白となるように思われる。

前置きがないので、少し論点が分かりづらいですが、ここではまず、

「存在」という漢字語のことはさておいて、〈Sein〉というドイツ語に本当にぴったり相当する、日本語は何かという話をしているわけです。それが、「である」とか「なり」の語幹にあり、今でも一部名詞としても使われる「あり」だというわけです。「あり」が、繫辞と存在判断の両方を含んでいると見なすことに無理はありません。

「事実の existentia」というのは、中世の存在論で、「～である」という形で表現される「本質存在 essentia」と「～がある」という形で表現される「事実存在」が区分されていたことに対応する表現です。「本質存在」というのは、各事物の核になるイデアのようなもので、それが神の創造によって、「事実存在」するようになる、とされていました。その意味で、「本質存在」が「事実存在」に先行していたのですが、キルケゴールや、その影響を受けたヤスパース（一八八三－一九六九）、ハイデガーが「事実存在」を、人間の生き方に特化した意味で再定義したことで、「実存主義」と呼ばれる思想の系譜が生まれました。「実存」というのは、この人間的な意味での「事実存在」を縮めた訳語で、『「いき」の構造』で有名な九鬼周造（一八八八－一九四一）がこの訳語を定着させたようです。実存主義の集大成者であるサルトル（一九〇五－八〇）は、有名な「実存は本質（存在）に先立つ l'existence précède l'essence」というテーゼで両者の関係を逆転しようとしたことで知られています――こうしたことは木田元さん（一九二八－二〇一四）の『哲学と反哲学』（一九九〇）など、ハイデガー関係の解説書で詳しく説明されています。

和辻は、〈sein〉という一つの動詞を文脈に応じて使い分けるしかないドイツ語よりも、「である」と「がある」がはっきり分化している日本語の方がすぐれている、と言っているわけです――文法的に言うと、「である」は「だ（断定の助動詞）＋ある（補助動詞）」の組み合わせで、「がある」は「が（格助詞）＋ある（動詞）」です。

「思惟に対立する Sein」とか、「Sein の問題が単に論理学の問題とせられたがためにオントロギーの問題としての本来の意義を失った」というところが少し分かりにくいですが、これは近代哲学において、繋辞として使われる〈sein〉と、「存在」の意味での〈Sein〉が分離されたということです。繋辞として使われる〈sein〉は、主体による「〜である」という判断の現われと見なされるようになりました。論理学的命題における「AはPである」という時の「〜である」も、そうした判断と見なされるようになりました。そうなってくると、主体の判断とは独立に、「〜がある」という形で成立する〈Sein〉はないのか、という疑問が生じてきます。それが〈Ontologie（存在論）〉の問題です——「存在論」と訳さないで、「オントロギー」とカタカナ表記しているのは、ここでの議論の焦点が、〈Sein〉と「存在」の意味のズレを明らかにすることなので、安易に「存在」という言葉を使いたくなかったからでしょう。カントは、主体の意識の外部の〈Sein〉それ自体、つまり「物自体」は不可知だとしましたが、ヘーゲルは、〈Sein〉をめぐる学、存在論を、主体の認識をめぐる認識論へと統合しようとしました。その試みが最も体系的に展開されたのが、『大論理学』です。論理学で、思惟（主体の判断）に対立する、というよりその外部にある〈Sein〉を扱う、というのはヘンな感じがしますね。和辻に言わせると、そういうヘンな試みがもっともらしく見えるのは、ドイツ語に「〜である」と「〜がある」の区別がないため、前者を対象とする論理学で、後者まで扱えるように思えてしまうからです。日本語のように両者を分化すると、別個の問題であることがはっきりするわけです。

ところで我々が「がある」に当てて用いている漢語は「有」である。元来シナ語は繋辞の Sein に当たる言葉を有しないのであるから、有は決して「である」の意味を含まない。有に対する言葉は無であるが、これも「がない」であって「でない」ではない。（漢語の「でない」は非である。）そこで「がある」を取り扱うオントロギーは「有の学」あるいは「有論」にほかならないのである。一切の「がある」、すなわち一切の「有」に関して、その有り方を明らかにし、それによって哲学問題を解こ

—うとするのが有論である。

「存在」という言葉にストレートに行かず、その前に、「～が有る」という形で使われる「有」という言葉の意味を検討しているわけですね。「存在」のことを「有」と言うこともありますね。「存在」とほぼ同義と見なされている「有」の方が、繋辞としての〈sein〉との違いがはっきりします。中国語には、繋辞がないので、漢字語としての「有」は、「～である」の意味を持ち得ません。そうすると、［Ontologie＝有論］ということになりそうですが、両者は完全に同じではありません。「有」にはそれとは別の意味もあります。

> 　しかしかくオントロギーを「有論」として規定するとともに、我々はこの「有」という言葉に導かれてさらに一歩を進めることができる。なぜなら「有」は「がある」を意味すると同じ強さでまた「もつこと」（Haben）を意味するからである。我が有に帰すというごとき用法がそれを明白に示している。所有は有る所のものを意味するとともにまた有《も》たるるものをも意味するのである。これと同様のことは、ハイデッガーがギリシア語のousiaについて論じている。ousiaはもと所有物を意味する語であって、その意味はアリストテレスにおいてもなお保持せられている。そのousiaが同時に「有る所のもの」である。だから有る所のものとは手の前にあって使えるものの謂いにほかならぬ。かかるものは使えるように身近にもたらされたものである。従ってousiaは身近に持ち来たすというようなかかわりをさし示している。かかる解釈によって彼はousiaやその訳語たるessentiaを交渉的存在の中へ連れ込むのである。

「有」には、「持つhaben」という意味もあるわけですね。「所有」という言葉に典型的にこの意味が表われていますね。後で出て来るように、漢語には、「有～」という形で、「～を持っていること」を表現する言葉がたくさんあります。

面白いことに、哲学用語として通常「実体」と訳されるギリシア語の〈ousia〉にも、もともと「所有」に関係する意味がある、ということですね。〈ousia〉は、ラテン語では〈substantia〉もしくは〈essentia〉と訳されます。つまり、「本質存在 essentia」という概念の元になったわけです。〈substantia〉は、「～の下に立つ＝～の根底にある」という意味の動詞〈substare〉から派生した言葉です。アリストテレスが〈ousia〉を多義的に使っていたので、〈substantia〉と〈essentia〉に訳し分けられたようです。

和辻が指摘しているように、〈ousia〉は元々、「財産」とか「所有物」という意味でした。木田元さんによると、ハイデガーは、この〈ousia〉が「存在」（の本質）の意味で使われるようになった背景として、プラトンやアリストテレスが、「存在者」を、作り出されて現前しているものと見なしていたのではないか、その考えが中世のスコラ哲学にも継承されたと解釈していたようです。プラトンの『ティマイオス』に、デミウルゴス（造物主）がイデアをモデルにして現実界を作り出したという話が出てきます。デミウルゴス（demiurgos）の原義は「工匠」です。プラトンたちは、デミウルゴス＝工匠による創作をモデルにして、私たちの目の前にある諸事物＝存在者は、「イデア」とか「エイドス（形相）」を基に作り出されたものと考えたわけですが、そのことと、〈ousia〉が存在の本質、本質存在という意味を帯びていることの間に繋がりがある、というのが、（木田さんが解釈する）ハイデガーの議論のポイントです。「財産」や「所有物」は、人間によって作り出されたものとして、私たちの手元に現前しており、その意味で確実に「存在」すると見なされます。そこでデミウルゴスによる、諸事物の創造と繋がってくるわけです。この〈ousia〉は、『ティマイオス』を含むプラトンのテクストで、「存在」の意味で使われています。元々、be 動詞や sein 動詞に当たるギリシア語〈einai〉の現在分詞女性形で、そこから転じて、「財産」や「所有物」の意味で使われるようになりました。この辺の繋がりについては、木田さんの『ハイデガー『存在と時間』の構築』（二〇〇〇）などで詳しく論じられています。

和辻も、ハイデガー経由で〈ousia〉の原義に関心を持っているわけですが、木田さんが現前する存在者の「作られたもの」としての性格に焦点を当てているのに対し、和辻は、むしろ「所有されているもの」であることを強調しているわけです。この場合の「交渉的存在」というのは、現存在＝私が、自分の周囲の諸事物と常に関わりを持ちながら存在しているということです。「交渉」の原語は〈Umgang〉です。ハイデガーは、「〜の周囲に」という意味と、「〜について」という意味、英語で言うと〈around〉と〈about〉の二つの意味を持つ前置詞もしくは接頭辞である〈um (-)〉に関連した言葉遊びをするのが得意です。ドイツ語には、接頭辞として〈um-〉を含む名詞——例えば、〈Umwelt（環境）〉——とか、前置詞〈um〉と組み合わせて使う動詞——例えば、〈sich um 〜 sorgen（〜のことを気にかける）〉——がたくさんあります。和辻の解釈するハイデガーは、〈ousia（存在）〉を、イデアのような永遠普遍の本質を持つものとしてではなく、現存在（私）の生と直接的に関わる、身近なものとして捉えていたようですね。

> 有もまたきわめて顕著に右のごとき解釈を誘い出すと思われる。有為、有意、有志、有罪、有利、有徳、等の用法において、有の下に来るものは有るとともに所有である。有為の士は為すあるの士であるとともに為すことを持つ士であり、有利なる事業は利ある事業であるとともに利を持つ事業である。そうしてその有つのは人間であり、有るのは人間においてである。有の根柢には必ず人間が見いだされる。金があるとは人間が金を有つであり、従って金は所有物である。有つという人間のかかわり方にもとづいてのみ金が有るである。

ここは分かりやすいですね。「持つ」という意味での「有」が、「ある」へと転じていったわけです。とすると、「ある」の根底には、「所有」があることになります。「所有」の主体になるのは、人間だけです。直接自分の所有物にしていないとしても、何らかの形で人間が関わってこその「有」だというわけです。——一切の「がある」は人間が有つことを根柢とし、そうしてかく物を有つ人間があることは人間が己れ自身を有つことにほかならぬとすれば、「がある」の学である有論は究極において人間が己れ自身を有つことにまで突き入らねばならぬ。そうして人間が己れ自身を有つことを言い現わす言葉がまさに「存在」なのである。

「有」の根底に、人間が己自身を持つという現象があるとしたうえで、それを表現するのが「存在」だというわけですね。「有」よりも、「存在」の方が深いところにあるわけです。「存在」は「有」より深いということですね。ここから「存在」という言葉の解釈に、先ず「存」という字の解釈に入ります。

「存」という言葉は、現在最も日常的には「存じております」というごとく、あることを心に保持するの意に用いられている。

このように、「存」の意味が「心に保持する」ことであることを最初に指摘したうえで更に、儒学系テクストを引きながら、自覚的に持つことも含意されており、主体的作用であることを明らかにしていきます。「所存」という言葉にそうした主体的作用としての「存」の痕跡を見ることができる、「存」の志向対象が「所存」だと述べられています。

このような「存」が己れ自身の保持を意味することは言うまでもない。それは忘失に対して把持を意味し、亡失に対して生存を意味する。すなわち主体の作用・行為であって、客体があることではない。が、主体は己れ自身の把持において対象的なるものを把持する。所存は自覚内容としてはノエーマ的である。そのようにまた人間は物をも存することができる。かく人間に保存せられたものは、それによって有り続けるがゆえに、そこから客体的なものが存するというごとき用法も導かれてくるのである。が、存の本来の意味が「を存する」であって「が存する」でないことは、存身、存生、存命、存録等の用法によっても知られるであろう。

説明不足なので、話が飛んでいるような感じがしますが、ここで言われているのは、何かを心の内で自覚的に保持（把持）するという作用が進行するには、それを保持する「主体」がしっかりと確立されていることが大前提になる、という話です。対象を認識したり、操作・加工することを通して、私たちは、対象に働きかける自己の存在を意識するわけです。目の前にある机とかテーブルとか重いものを押して動かそうとすると、なかなか動かないので、それを動かそうと力を入れている自分を意識するということがありますね。そうした形での主体の〝存在〟の自覚という問題はカントやフィヒテによって提起されて以来、ドイツ観念論系の哲学ではおなじみのテーマです。和辻は「存する」という日本語が、この事態を端的に表現していると見ているわけです。

「ノエマ Noema」はフッサールの用語で、「ノエシス Noesis」と対にして使われます。「見る」とか「考える」という意味のギリシア語の動詞〈noein〉から派生した言葉で、「ノエシス」の方は、ある対象に向かう志向的体験としての意識作用を指し、「ノエマ」というのは、志向的体験において意識されるがままの意識対象、ノエシスの働きによって把握される「意味」を指します。フッサールは『イデーン（純粋現象学と現象学的哲学のための諸構想）I』でかなり詳細にこの二つの概念について説明していますが、ここでは取りあえず、意識には必ず何らかの対象を志向するものであること、体験する作用としてのノエシスと、体験される内容としてのノエマの二つの側面があって、両者が不可分の関係にあること、ノエマというのは意識の外に実在する事物ではなく、あくまでも意識の中で把握される内容のことであることを押さえておけばいいでしょう。

和辻は、主体が物を自覚的に把持することを意味する「存」には時間的性格があると言います。これは分かりますね。主体の把持には始めと終わりがあるからです。失う可能性もあります。「危急存亡の秋（とき）」という言い方は、そういう移り行きを端的に示しているということですね。そうした「存」の時間性に対して、「在」はどうかと言えば、

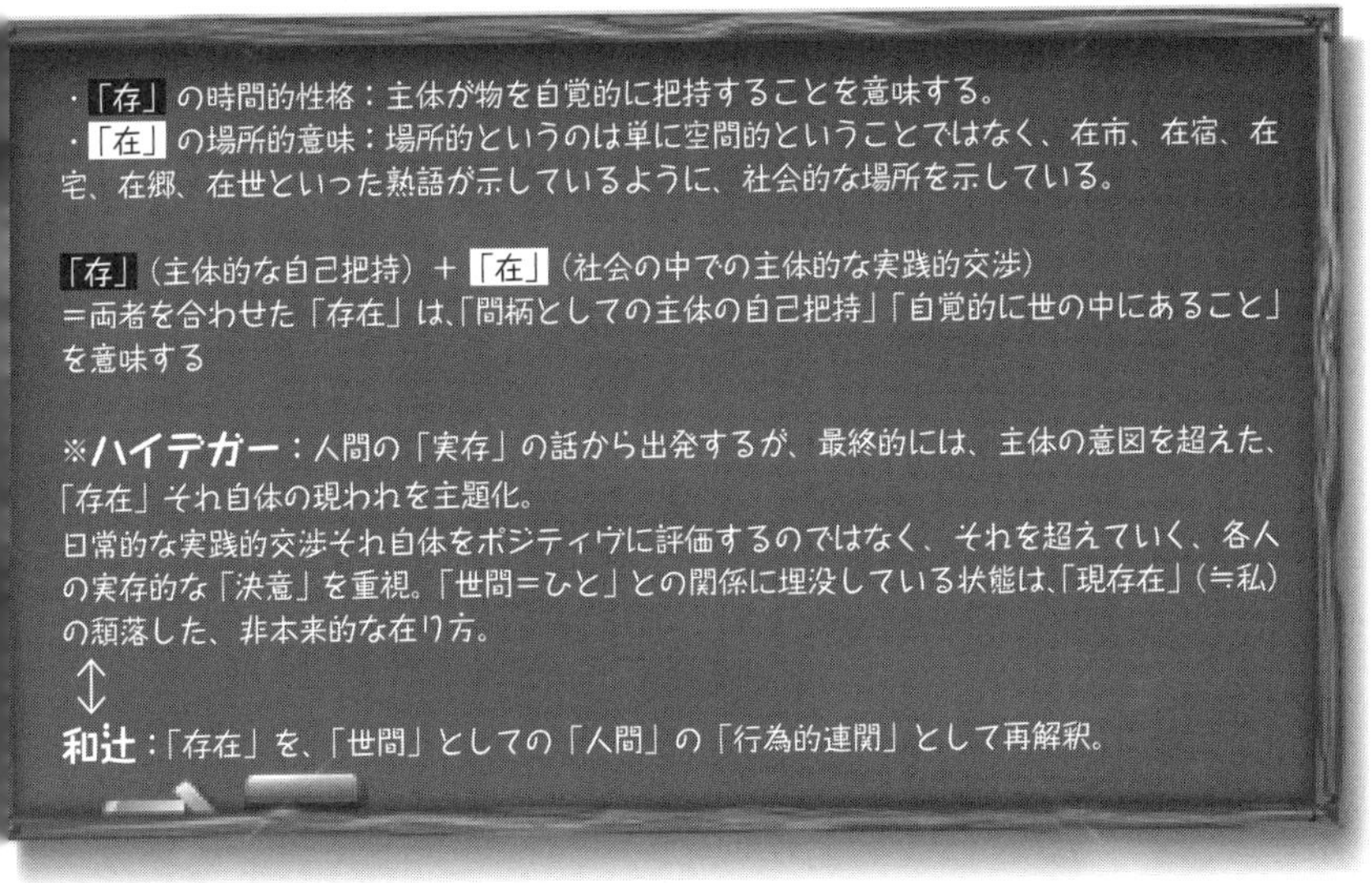
・「存」の時間的性格：主体が物を自覚的に把持することを意味する。
・「在」の場所的意味：場所的というのは単に空間的ということではなく、在市、在宿、在宅、在郷、在世といった熟語が示しているように、社会的な場所を示している。
「存」（主体的な自己把持）＋「在」（社会の中での主体的な実践的交渉）
＝両者を合わせた「存在」は、「間柄としての主体の自己把持」「自覚的に世の中にあること」を意味する
※ハイデガー：人間の「実存」の話から出発するが、最終的には、主体の意図を超えた、「存在」それ自体の現われを主題化。
日常的な実践的交渉それ自体をポジティヴに評価するのではなく、それを超えていく、各人の実存的な「決意」を重視。「世間＝ひと」との関係に埋没している状態は、「現存在」（≒私）の頽落した、非本来的な在り方。
↕
和辻：「存在」を、「世間」としての「人間」の「行為的連関」として再解釈。

存が時間的意味を含むに対して「在」は古来「にあり」として特徴づけられている。すなわちある場所にあることを意味するのである。市有レ人ならば人在レ市である。ことに在宿、在宅、在郷、在世というごとき用法は、人が宅《うち》にいる、この世に生きている、というごとく「にいる」によって現わされ得るような、主体的場所的な意味を示している。

「在」の方は場所的意味を持っているということですね。この場所的というのは単に空間的ということではなく、在市、在宿、在宅、在郷、在世といった熟語が示しているように、社会的な場所を示しているということですね。特に、「在世」は「世間」に生きていることをはっきり示しています。

以上のごとく「存」はその根源的な意味において主体の自己把持であり、「在」は同じく根源的にその主体が実践的交渉においてあることを意味するとすれば、「存在」が間柄としての主体の自己把持、すなわち人間が己れ自身を有つことの意であるのは明らかであろう。存が自覚的に有つことであり在が社会的な場所にあることであるという点を結合すれば、存在とは「自覚的に世の中にあること」にほかならぬとも言える。しかしその世の中にあることがた

だ実践的交渉においてのみ可能である点を強調すれば、存在とは「人間の行為的連関」であると言わねばならぬ。これが我々の存在の概念である。

「存」に主体的な自己把持が、「在」に社会の中での主体的な実践的交渉が含意されるとすれば、両者を合わせた「存在」は、「間柄としての主体の自己把持」＝「自覚的に世の中にあること」を意味するというわけですね。こうした「存在」観はハイデガーとはかなり異なります。ハイデガーは、人間の「実存」の話から出発しますが、最終的には、主体の意図を超えた、「存在」それ自体の現われを明らかにしようとします。そもそも、「主体」という言葉は積極的には使いません。また、ハイデガーは、日常的な実践的交渉それ自体をポジティヴに評価するのではなく、それを超えていく、各人の実存的な「決意」を重視します。それに対して和辻は、「存在」を、「世間」としての「人間」の「行為的連関」として再解釈するわけです。ハイデガーであれば、「世間＝ひと」との関係に埋没している状態は、「現存在」（≒私）の頽落した、非本来的な在り方だと言うところです。漢字文化をうまく利用して、フッサールやハイデガーの枠に依拠するように見えながら、適度に距離を取っているわけですね。

「存在」と「行為」

「五　人間の学としての倫理学の構想」に入りましょう。最初にこれまでの叙述で、「倫理」、「人間」、「世間」、「存在」という四つの根本概念が規定され、「倫理」とは人間共同態の存在の根底であることが明らかにされたと宣言したうえで、先ほどの「存在」と「当為」の関係を論じていきます。

かくいうとき、この人間存在が当為に対せしめられるSeinでないことはもう明らかであろう。人間存在は人間の行為的連関であるがゆえに自然必然性において可能な客体のSeinではない。それは行為として常にいまだ実現せられざることの実現に向かっている。が、またそれは人間の行為的連関として、単に主観的なる当為の意識というごときものでもない。人間の世間性と個人性とは人間の行為を共同的たるとともに個人的たらしめる。それは個人の行為が単に個人的主観的たるのみならず超個人的な根柢を持つことを意味するとともに、また共同態の行為が単に超個人的なるのみならず必ず個人の行為として表現せられることを意味している。主観的なる当為意識は右のごとき人間存在が個人の意識に反映したものと言ってよい。

ここまでの話からすると、和辻の言う「人間存在」は、「当為」と対置される経験的事実の話ではないのか、と素朴に考える人なら感じるでしょうが、そうではない、と言っているわけですね。先ず、「人間存在」は、人間の主体的行為の連鎖なので、物理的因果法則に従って確定される事実ではない、ということですね。行為には人間の意図が働くので、不確定要素が必ず含まれます。その逆に、「単に主観的な当為意識」とイコールであるわけでもない、ということですね。この場合の「単に主観的」というのは、個人的という意味です。西欧の個人主義的な倫理学は、個人の内面における倫理的意識、動機に焦点を当てる傾向がありますが、和辻はこれまでの議論に基づいて、個人の内面的な倫理的意識は、共同体という意味での「人間存在」に根ざしているので、個人だけのものではないということです。現象学の言い方だと、間主観的に構成されている、ということになるでしょう。西欧の倫理学で「当為 Sollen」と言う場合、単なる主観の意識から発生したものではなく、普遍的でアプリオリな性格を持った道徳法則に由来すると見なす、カントのような議論もあるので、和辻のまとめはやや雑な感じがしますが、恐らく、彼はそういうのも「単に主観的な当為意識」に含めて考えているのでしょう。そういう法則があって、理性によって発見されるということを示せる具体的な証拠はないわけですから。

我々は Sein と Sollen とがいずれも人間存在から導き出されるものとして取り扱われ得ると考える。人間存在は両者の実践的な根源である。だから人間存在の根本的な解明は、一面において客体的な

Sein がいかに成立し来たるかの問題に答える地盤を、他面において Sollen の意識がいかにして成立するかに答える地盤を、提供すると言ってよい。前者は人間存在から物を有つことへ、物を有つことから物があることへ、「有の系譜」をたどることによって答えられる。後者は人間存在の構造がいかに自覚せられるかをたどることによって答えられる。人間存在の学はこの二つの方向に対していずれも充分な地盤を与え得なければならぬ。

西欧哲学のように、〈Sein〉と〈Sollen〉を二元的に考えるのではなく、両者は「人間存在」を実践的な根源としている、と考えているわけですね。〈Sein〉の成り立ちに関する問いに、「物を有つ→物がある」という「有の系譜」を辿ることで答えられるというわけですが、抽象的過ぎてピンと来ないですね。これは、西欧において、「～がある」及び「～である」といった形で表現される様々な事態を統括する、〈Sein〉という抽象的・形而上学的概念がどのように生じてきたかという問い、あるいは、「～である」や「～がある」の根底にある共通の事態とは何かという、ハイデガー的な問いに答える、ということでしょう。これに対して、〈Sollen〉意識の成立に関する問いは、人間存在の構造がいかに自覚されるかを辿ることによって、答えられるというわけですね。これは、「人間＝共同体」の中に既に、「(この共同体に属する) ひとは通常～したら、次は～する」とか「～という事態が生じた場合には、通常～する」という形の行為連関が慣習的に成立しており、各人の行為はそれによってかなりの程度規定されており、その規定に従って、「私は～すべき」という当為意識が生じてくるはずなので、その過程を反省的に捉え直す、ということでしょう。私たちは、何か特定の難しい状況に直面して、急に良心の声が叫び出すかのようにイメージしがちですが、和辻は、そうした「べき」は共同体的行為連関の中である程度規定されているのであって、いきなり当為意識が発動するわけではない、各人はそのことを自覚していないだけだ、と見ているわけです。こうした意味で、「人間存在」の行為連関は、事実と、いわゆる「当為」の中間的な所に位置しているわけです。因果法則と道徳法則を峻別するカントに比べると、慣習と抽象的な道徳や法との根源的一体性を前提とする、ヘーゲルに近い発想です。その辺の関係は、次回見るところで論じられていま す。

言語

しからば人間存在の学は人間存在をすべて観念的なるものの地盤たるとともにまた自然的なる有の地盤たるものとして把捉しなくてはならない。かくのごとき存在において人間は、個として現われつつ全体を実現する。その個は主体的存在から抽離することによって肉体となり得るような、従って肉体に対する主観的自我となり得るような個であり、その全体はかくのごとき個の共同態として、その主体的存在から抽離するときに、客観的な形成物としての社会となり、従ってまた主観的自我の間の相互作用となり得るような全体である。が、主体的存在としてはそれはあくまでも実践的行為的であって、いまだ有でもなければ意識でもない。このような存在は、個であることを通じて全となるという運動においてまさに存在なのであり、従ってかかる運動の生起する地盤は絶対空である。すなわち絶対的否定である。絶対的否定が己れを否定して個となりさらに個を否定して全体に還るという運動そのものが、人間の主体的な存在なのである。ところで一切の人間共同態を可能ならしめているものは、まさにこの運動にほかならない。それは一般に間柄を作るためのふるまい方として、行為的連関そのものを貫ぬいている。それがまさに倫理である。だから人間存在のなかにはすでに倫理があり、人間共同態の中にはすでに倫理が実現せられている。

表現が難しくなってきましたが、これまでの議論を踏まえれば、十分に理解できます。先ず、和辻の「人間」観からすれば、「個」が他者から独立した自己完結した実体として〝存在〟する、ということはあ

「空」

「否定＝規定」というスピノザ＝ヘーゲル的な意味での「否定」。

第一の否定：自／他の自覚的な区別のない実践的・主体的行為連関の中から、「個」が立ち現れる、つまり自意識を持つ。

第二の否定：「個」は自己を、自立した自己完結したものと見なし、自己実現すべく活動→活動している内に、自己と他者との根源的な繋がりを見出し、自己完結的な存在者としての自己を否定し、「全体」へと還っていく。

※その場合の「全体」は、その個が以前に属していたのと全く同じ共同体とは限らない。

→そういう「否定」の「否定」の運動が循環していく中で、様々な間柄が生み出されるのが、主体的存在＝実践的行為連関＝人間。

りえません。「主体的存在＝人間＝共同体」から〝個〟として抽出され、観察・分析されることによって、〝個〟が自己完結的な実体として実在するかのように見えてくるわけです。「社会」はそうした「(抽出された)個」の集合体として客観的に観察可能であり、かつ、「主観的自我＝個」の相互作用の総体と見ることもできるわけです。近代の社会学は、そうした客観的な視点から「社会」を理解します。しかし、和辻に言わせれば、「個」が最初にあって、「個」の間に次第に相互作用が生じるのではなく、最初にあるのは、「主体的存在」としての「人間」であり、各「個」の〝存在〟はその中に組み込まれています。「社会」は、その「人間」から、主観＝主体性を抜き去って、抽象化したものにすぎません。近代哲学や社会科学は、「意識」の主体は「個＝主観的自我」だけであって、「社会」はその集合体にすぎないという前提で考えるので、「人間＝共同体」に、〝主体性〟を認めることはできません。共同体の〝主体性〟らしいもの――世論とか、国民の意志とか、民の思いとか――があるかのように思えるのは、私たちが、人間の集合体があたかも一人の人間と同じであるかのような擬人的な表象をしているから、ということになるでしょう。和辻は、そうした近代の個人主義的な常識に挑戦しているわけです。こうした問題意識は、サンデルに代表される、現代のコミュニタリアンのそれに近いですね。

「主体的存在としてはそれはあくまでも実践的行為であって、いまだ有でもなければ意識でもない」という文が、分かりにくいですが、「実践的行為(連関)」と、「有」及び「(当為)意識」の関係は先ほど出てきたので分かりますね。「主体的存在」というのは、和辻の言っている意味での「人間」、フィクションではなく、リアルな主体性を持った共同体としての「人間」のことです。「個」の集合体へと還元される〃以前〃の「人間」は、実践的な主体性を持っていると和辻は言っているわけです。共同体に実践的な主体性があると言われると、少し神秘主義的な感じがしますね。

もっと神秘主義的に聞こえるのは、「空」という仏教用語めいた言い回しですね。ただ文脈から、ここで「空」と言われているのは、「否定」のこと、少し丁寧に言い換えれば、「否定」されて「無」と化すということだと分かります。この「否定」は、この講義の第二回目で見た、「否定＝規定」というスピノザ＝ヘーゲル的な意味での「否定」のようです。自／他の自覚的な区別のない実践的・主体的行為連関の中から、「個」が立ち現われる、つまり自意識を持つのが、第一の「否定」です。「個」は自己を、自立した自己完結したものと見なし、自己実現すべく活動します。しかし、活動しているうちに、自己と他者との根源的な繋がりを見出し、自己完結的な存在者としての自己を否定し、「全体」へと還っていく。その場合の「全体」は、その個が以前に属していたのと全く同じ共同体とは限りません。家族から、村落共同体へと主たる帰属先が変わったり、単位共同体の大きさや他の共同体との境界線が変動しているかもしれません。それが第二の「否定」です。そういう「否定」の「否定」の運動が循環していく中で、様々な間柄が生み出されるのが、主体的存在＝実践的行為連関＝人間だと言っているわけです。

「絶対的」と断っているのが少し気になりますが、これは中途半端に否定するのではなくて、その〃存在〃の根底にまで遡って、成立根拠を覆してしまう、その意味で「空」にする、ということでしょう。そんな「否定」をしたら、〃共同体〃も〃個〃も崩壊して、何もなくなってしまうではないか、という気がするのですが、和辻はそうした「否定」を通して、より深い次元から、より深い「存在」が浮上してくる、というようなヘーゲル弁証法的イメージで考えているのだと思います。

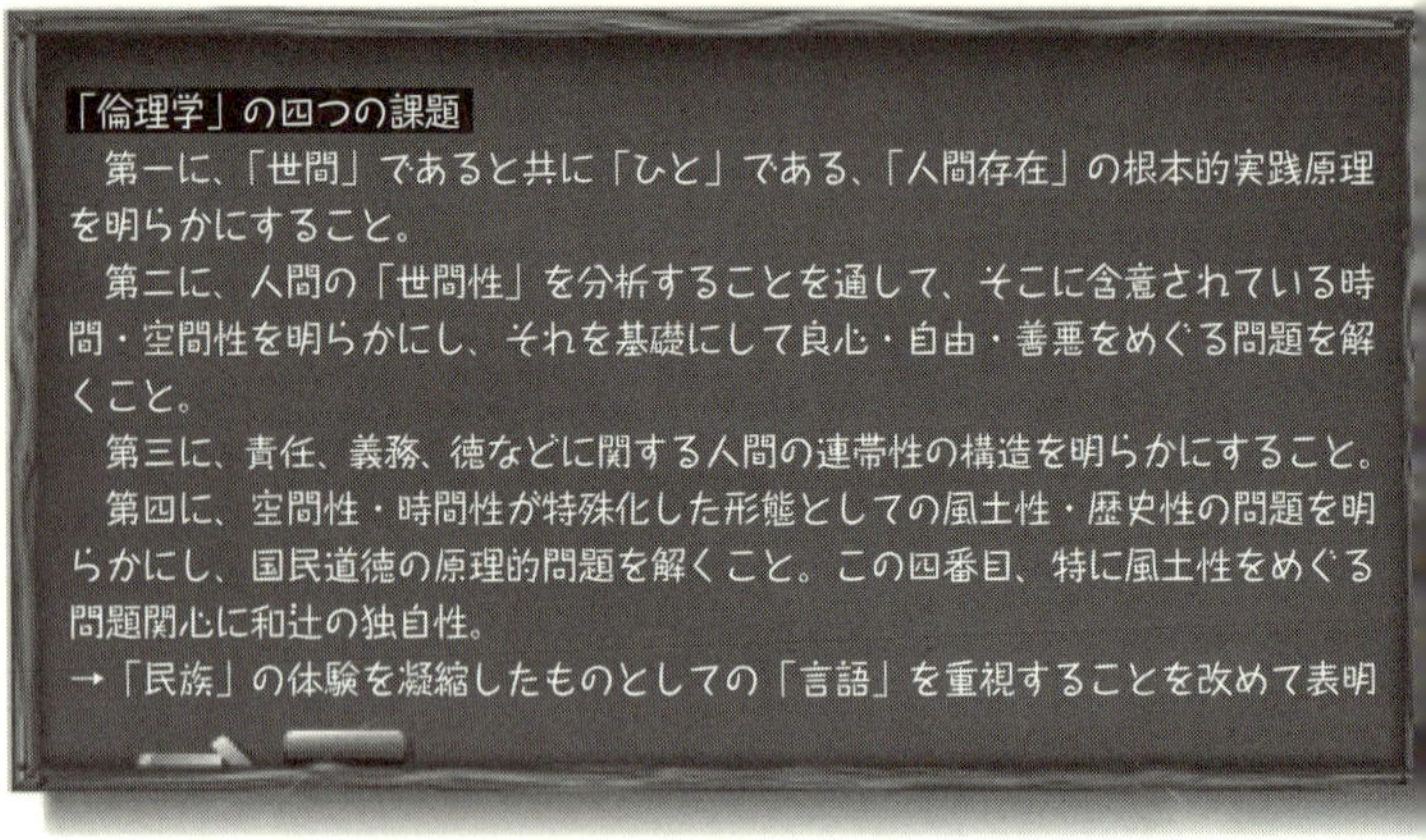
「倫理学」の四つの課題
第一に、「世間」であると共に「ひと」である、「人間存在」の根本的実践原理を明らかにすること。

第二に、人間の「世間性」を分析することを通して、そこに含意されている時間・空間性を明らかにし、それを基礎にして良心・自由・善悪をめぐる問題を解くこと。

第三に、責任、義務、徳などに関する人間の連帯性の構造を明らかにすること。

第四に、空間性・時間性が特殊化した形態としての風土性・歴史性の問題を明らかにし、国民道徳の原理的問題を解くこと。この四番目、特に風土性をめぐる問題関心に和辻の独自性。
→「民族」の体験を凝縮したものとしての「言語」を重視することを改めて表明

こうした、現実に進行している「主体的実践」を、反省的意識において反復することを通して学問的に体系化するのが、「人間の学としての倫理学」の使命ということになるわけです。和辻は、こうした基本的性格付けに基づいて、「倫理学」の四つの課題を挙げています。第一に、「世間」であると共に「ひと」である、「人間存在」の根本的実践原理を明らかにすること。第二に、人間の「世間性」を分析することを通して、そこに含意されている時間・空間性を明らかにし、それを基礎にして良心・自由・善悪をめぐる問題を解くこと。第三に、責任、義務、徳などに関する人間の連帯性の構造を明らかにすること。第四に、空間性・時間性が特殊化した形態としての風土性・歴史性の問題を明らかにし、国民道徳の原理的問題を解くこと。この四番目、特に風土性をめぐる問題関心に、和辻の独自性が出ているわけですね。彼が『風土』という著作を著わしたことは、「人間の学としての倫理学」の構想と密接に関係しているわけです。

この四つの課題を示した後で、これまでの議論から分かるように、「民族」の体験を凝縮したものとしての「言語」を重視することを改めて表明していますね。言語の意味分析を重視するアプローチは和辻が自分の趣味で選んだわけではなく、「人間存在」の本質から来る必然性があることを確認しているわけです。

この後に続く第六節から第一一節までは、代表的な倫理学者を取り上げて、その学説を検討する形になっています。普通の倫理学の教科書のスタイルに近づいているわけですが、勿論、中立的に紹介しているのではありません。先ほど見た和辻の関心に即して、従来のイメージとは異なる形で再構成することが試みられています。

アリストテレスの Politikē

「六　アリストテレスの Politikē」を見ていきましょう。

我々は前節において我々の倫理学の概念を作り上げた。しかるに他方においては、倫理学は単純に Ethics の同義語として通用している。人は倫理学の語義を問うに当たって、平然として ēthikē, ēthos, ethos というごときギリシア語の意味を取り扱い、何ら怪しむところがない。しかし我々の倫理学の概念は果たして Ethics と相覆うものであろうか。我々はそれを Ethics という言葉の出場所であるギリシアにさかのぼって考えてみたいと思う。

主旨は分かりますね。従来の日本の「倫理学」は、英語の〈Ethics〉に当たるものだと自認してきたわけですが、和辻のように「倫理」という言葉を語義的に再解釈し直して、「倫理学」を再定義し、それに合わせて課題を再設定するのであれば、「倫理」と〈Ethics〉はその由来からして違う概念のはずだから、本当に対応しているのか検討してみよう、ということですね。ただ、わざわざ検討するぐらいだから、異なる言語体系だけど、それなりに対応するものはある、ということが前提になっていると予想できますね。

アリストテレスは体系的な Ethics を書いた最初の人と言われている。Ethica Nicomachea がそれである。しかしこの Ethica と呼ばれている著書は、アリストテレス自身によってそのように命名せられたわけではない。彼がこの著書において取り扱うのは politikē なのである。バーネットによれば、politikē と区別して ēthikē を一つの学として立てるというような考えは、彼の著書を通じて全然見いだすことができない。ēthikē という言葉を名詞として使った例すらも彼の著書には一つもない。アリ

ストテレスはただ一つpolitikēを書いた。それを後の人がEthicaとPoliticaとの二つの書に分けたのである。もっとも、かく分けたこともゆえなきではない。Ethicaと呼ばれる部分とPoliticaと呼ばれる部分とは著作の年代を異にしており、外見上同一の著書の部分とは見られぬ。しかも内容から見れば、Ethicaはあらゆる点においてPoliticaを待望し、Politicaはあらゆる点においてEthicaを前提としている。

〈Ethica Nicomachea〉は、字面から分かるように、「ニコマコス倫理学」のラテン語表記です。ニコマコスというのは、アリストテレスの息子で、このテクストを編集したとされている人物です。ジョン・バーネット（一八六三―一九二八）はイギリスの古典文献学者で、プラトンなどギリシア哲学の研究で有名な人です。ギリシア哲学関係の本を読んでいると、よく名前を見かけます。彼がこのことを指摘したのは、『アリストテレスの倫理学』（一九〇〇）という著作においてです。文献学上の細かい話のようでいて、「倫理学」の成立をめぐる重要な話です。現在、『政治学』と呼ばれているテクストと、『ニコマコス倫理学』と呼ばれているテクストは、成立年代や叙述の進め方からして、確かに独立した二つのテクストだが、強く相互依存的な関係にあるうえ、アリストテレス自身はこの二つのテクストで扱われている問題系を〈Politica〉、つまり「政治学」という言葉で表現し、〈Ethica〉という言葉は使っていなかった、ということですね。つまり、アリストテレス自身の中では、〈Ethica〉というもう一つの分野があるわけではなかった、ということです。

因みに、日本語の文法の話なのですが、「しかも内容から見れば、～」の「しかも」は文脈から分かるように、添加ではなくて、逆接の意味で使われていますね。大きな国語辞典を見ると、確かに「逆接」の意味も出ています。前のことを受けて、「それでもなお～」という意味合いで使うようです。現在ではそういう用法はあまり見かけなくなったけど、この当時は結構普通に使っていたようです。

Ethicaは人にとっての善（よきこと）がいかにして実現せられるかを問う。そうしてその答えは、統治によって性格が作り出され、性格によって人の善をなす活動が可能になる、ということである。Politicaはこれを受けて統治や国家の制度のことを議論する。両者を通じて一つのmethodosが形作られている。この全体がアリストテレスにとってはpolitikēなのである。だから著者自身は、前半をēthikēと呼ばないと同様に後半をもpolitikēと呼んではいない。それは大きい包括的なpolitikēの一部分たるperi politeiasである。すなわちポリス的人間生活、もしくはポリス的制度組織に関する部分、にほかならぬのである。

〈methodos〉が「方法」を意味する〈method〉の語源であることは分かりますね。〈peri politeias〉の〈peri〉は、「〜について」「〜に関する」という意味の前置詞で、〈politeia〉は「ポリスの市民権」「ポリスの市民の共同体」「ポリスの統治機構」といった、私たちが「政治」と呼んでいる現象の様々な側面を指す言葉です。〈peri politeias〉は、「政治に関わる（事柄）」ということでしょう。各人にとっての「善」は、ポリスという枠組みを抜きにして論じることはできない、という前提にアリストテレスは立っていたわけですね。アリストテレスは確かに、後に『ニコマコス倫理学』と名付けられるテクストで、個人の視点から「善」を論じていますが、それはポリス全体の視点からの「善」と一体不可分であるという前提の下での議論であって、近代の倫理学のように、個人にとっての「善」を、独立の問題として論ずることができる、という前提は取っていなかったわけです。

和辻はここから少し強引に、アリストテレスは、「個人及び社会組織の両面から考究して初めて完成するところの」、「人の哲学」、つまり「人間の学としての倫理学」を志向していたのだ、と結論付けます。

アリストテレスは右のごとき「人の哲学」をpolitikēと呼んだ。politikēとは、ポリスの人（politēs）に関することの意味である。ここに彼が「人」をば単に孤立人としてではなく、社会における人とし

アリストテレス

現代では「政治学 politics」と「倫理学 ethics」に分類されているものを〈politikē〉と呼んだ。→語義的に「ポリスの人に関すること」という意味→孤立した個人ではなく、「社会における人」、つまり「人間」を論じる学。

て把捉していることが、明白に示される。ギリシア人は社会を言い現わすに通例ポリスという言葉を使った。ethnos はいまだ十分に組織せられざる人の群れである。Koinōnia は社会よりももっと緊密な結合、communion をさしている。だから to politikon や hoi politai がちょうど community を意味することになる。従って「ポリスの人に関すること」は、社会の全体性における人の学である。かつてチェースは politikē を「社会の学」（Science of Society）と訳したが、それは決して大胆すぎはしない。かくアリストテレスにおいて「人」（anthrōpos）の哲学が同時に「社会」の学であるところに、人間存在の個人的・社会的なる二重性格が把捉せられていると言ってよい。従って彼の「人の哲学」は、内容的には「人間の学」となっているのである。

アリストテレスは、現代では「政治学 politics」と「倫理学 ethics」に分類されているものを〈politikē〉と呼んだわけですが、それは語義的に「ポリスの人に関すること」という意味なので、それは、孤立した個人ではなく、「社会における人」、つまり「人間」を論じる学だと和辻は指摘しているわけです。前回お話ししたように、アーレントは、公的な活動の場である「ポリス」と「社会」を混同してはならないと指摘しているわけですが、ここでの議論の文脈では、政治的共同体の統治や法的枠組みは重要ではないし、和辻としては、狭い意味での国家以外の共同体のことも含意されていると言いたかったので、「社会」という抽象的な言葉を使っているのでしょう。

〈ethnos〉は、字面から分かるように〈ethics〉の語源になった〈ethos〉と同じ語源から派生した言葉です。ウェーバーが倫理的慣習の意味で〈Ethos（エートス）〉という言葉を使ったので、〈ethos〉という形のままでも結構一般的に流通して、カタカナ語にもなっていますね。〈ethnos〉の方は〈ethnic（エスニック)〉の語源になった言葉で、和辻の言っている「群れ」の他に、「部族」や「家族」「国」といった意味もあります。〈ethnos〉と〈ethos〉の共通の語源は〈ethō〉という動詞で、「〜するのに慣れている」という意味です。〈ethos〉には、動物などが慣れている居場所、住みかという意味もあります。〈koinōnia〉は、和辻が言っているように、英語の〈communion〉に当たる、親しい交わりを意味する言葉で、後にキリスト教の信徒の交わりを意味するようになった言葉ですが、前後の文との繫がりが分かりにくいですね。恐らく、結び付きの強さにおいて〈ethnos（群れ）〉＞〈polis（≒社会）〉＞〈koinōnia〉、ということなのでしょう。〈to politikon〉の〈to〉は中性名詞に付く定冠詞なので、英語で言うと、〈the political〉となるでしょう。〈hoi politai〉の〈hoi〉は、男性または女性の複数形に付く定冠詞で、〈politai〉は先ほどの〈politēs〉の複数形なので、英語だと〈the citizens〉とか〈the people〉になるでしょう。和辻は、ギリシア語で熟語的に使われている「ポリス的なもの」とか、「ポリスの人たち」といった表現が、ほぼ「社会」に相当すると言っているわけです。ここに出て来る「チェース」というのは、オクスフォードのセント・メアリー・ホールの学寮長を務めたドラモンド・パーシー・チェイス（一八二〇—一九〇二）のことで、一八四七年に『ニコマコス倫理学』の注釈付き翻訳を出したことで知られています。

> 従って「人間の学」の目ざすところは、最高の目的、最高のよきこと、すなわち人間の善である。アリストテレスはこれを人の善（anthrōpinon agathon）と言い現わすが、しかし個人の視点からのみ見ているのではない。彼はいう、ポリスにとっての目的と個人にとっての目的とが同一である場合でも、ポリスの目的はより偉大でありより完全である。個人のみの目的を遂げるのも価値あることではあるが、民族のためあるいはポリスのために目的を遂げる方が、一層美しく一層貴い。かかる目的こそ人間の学が追求するところである。（Eth. Nic., 1094a25-b11.）

ここで「善 agathon」と言われているのは、善悪の善のように絶対的な基準ではなく、各人を幸福にするもの、良い状態にするものといった意味です。日本語だと「良」のような感じです。そうでないと、最高の「善」という発想が出てきようがありません。「善」に到達することが、人間を含む全ての存在者にとっての「目的 telos」であるわけですが、個人の「目的」よりも、ポリスの「目的」の方が優位にあり、後者に合わせて生きる方が、美しくて貴い、ということが、『ニコマコス倫理学』で説かれているというわけですね。ということは、このテクストは、各人が「ポリス」の中で生きていることを前提にして議論しているわけです。サンデルのアリストテレス解説とちょっと違いますね。サンデルの場合、「個人」の「善＝目的」は共同体の中で形成されるので、共同体全体の「善＝目的」と調和するようになる、という言い方をします。そういう風に言わないと、現代では通用しないですね。

因みに、和辻が参照している箇所は、『ニコマコス倫理学』の冒頭に近い部分で、岩波文庫に入っている高田三郎さん（一九〇二－一九四）の訳だと、上巻の一九－二〇頁に出ています。和辻の言っているように、個人の善よりも、ポリスや種族（ethnos）の善を優先することがより麗しく神的だと述べられています。〈1094a25-b11.〉という数字とアルファベットの組み合わせは、一八三一年から七〇年にかけて刊行された、プロイセンの科学アカデミーのアリストテレス全集の通しの頁数、左段（a）／右段（b）、行を指していて、編者のアウグスト・イマヌエル・ベッカー（一七八五－一八七一）に因んでベッカー・ナンバーと呼ばれているものです。専門的なアリストテレスの翻訳・引用には必ず出てくる番号です。

人間の最高目的

先に進みましょう。五六頁の最後の段落を見て下さい。アリストテレスは、人間の最高目的は「自足 autarkeia」（＝それ自身において満たされること）だとしていたけれど、それは、孤立した個人としての自足ではなく、両親、子供、友人、ポリスの人（社会）にとって足りることだ、と断っていた、と述べられていますね。

ここに彼は人間の最高目的が単に個人を自足せしむるものではなくして人間を自足せしむるものたるべきことを明白に認めている。しかも彼は人間の自足の問題が捕えどころなきことを主張し、考察の方法として個人的存在を抽出したのである。このことは人間存在の二重性格からただ一つの性格のみ引き離して取り扱うことを意味する。従ってそれは方法上の抽象であって、現実にかかる個人的存在を認めるのではない。しかるに古代においてはヘレニスティックの世界国家が、近代においてはブルジョワ社会が、個人主義的な思想を産み出すとともに、右の方法上の抽象があたかも現実においてそうであるかのごとくに見られて来たのである。

アリストテレスは、あくまでも「自足」を把握しやすくするために方法論的に個人に焦点を当てただけで、個人主義的な人間観を持っていたわけではなかったけれど、彼の後、アレクサンダー大王によって生み出されたヘレニズム世界、あるいは近代のブルジョワ（市民）社会は、実体的な個人主義的人間観に基づいた倫理思想を生み出したというわけですね。ただ、五八頁では、アリストテレスが方法論的個人主義を取ったのは、彼が個人の中で、自足的な完結が成立し得ると見ていたからであり、その意味で彼が個人主義的傾向を持っていたことは否定できないとも述べられていますね。プラトンはそうではなかった、と述べられています。

プラトンにあっては、個人的人格の道徳的価値は強調せられはするが、しかしその個人は何らか普遍的な力への参与によってのみその意義を獲得するとせられる。個人を初めて発見したソクラテスが、その個人の本質を理性の内に、すなわち概念の認識、普遍者の認識の内に、認めたごとく、プラトンもまた個人の本質内容をただ普遍からのみ理解した。しかるにアリストテレスは、この方向を逆倒して、個人のうちにそれ自身の本質内容を置いたのである。個人の存在根拠、権利根拠は、普遍に存せずしてそれ自身の内に存する。個性とは形式において統一せられた多様、すなわち形式に限定せられた質料にほかならぬが、この統一はただ質料の内からの発展によって、すなわち根源的にすでにそこにあるものの開展によって、達せられるのである。そこで個人はそれ自身に根拠を持つもの、普遍の領域から何物かを借りるに及ばないものとなる。従って理性は個人における内よりの発展の方向にほかならない。かかる立場においてアリストテレスは、まず個人的存在から人間の学を始めようとしたのである。

「普遍的な力」というのは「イデア」のことですね。プラトンは、「イデア」の普遍性に基づいて、様々な個物・個人の本質が規定されると考えました。それに対してアリストテレスは、個体こそが〈ousia（第一実体）〉だと考えたというのは哲学史的に有名な話です。「形式」と「質料」について少し難しそうなことが書いてありますが、「質料 hylē」の方は哲学の教科書のアリストテレスに関する解説によく出てきますね。「形式」は、「質料」のペアとして「形相 eidos」と呼ばれているもののことです。「エイドスとヒュレー」という言い方をすると、ものすごく難しそうですが、要は、「形式 form」と「素材 matter」です。芸術作品の「形態（フォルム）」と「素材」とのアナロジーで考えると、ここで言われていることが分かりやすくなるでしょう。「素材」が一定の「形式」によって限定されることによって、「個体」が形成され、その「個体」を構成する「素材」の内に、その「個体」の発展のための成分が含まれている、という話です。倫理学や政治学の文脈で言えば、「個人」は、自己完結的な実体であり、自己自身の内に存在根拠を持っているため、自分の外部の「普遍な力」にいちいち頼らなくても、自分だけで自足することが可能、ということになるわけです。

このことを指摘したうえで、和辻はアリストテレスに関して先ほどと違う側面を強調します。

―― そこで彼は人間の存在からその共同態の側面を捨象し、ただ動植物との区別においてのみあらわに

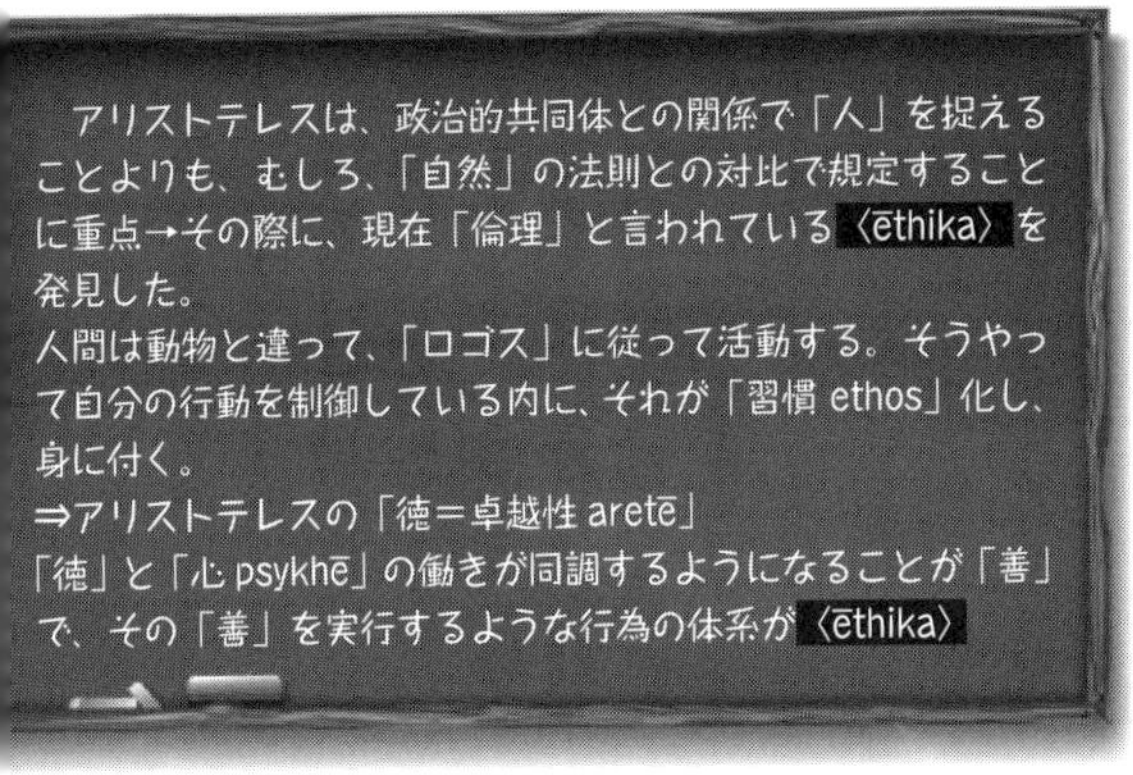
アリストテレスは、政治的共同体との関係で「人」を捉えることよりも、むしろ、「自然」の法則との対比で規定することに重点→その際に、現在「倫理」と言われている〈ēthika〉を発見した。
人間は動物と違って、「ロゴス」に従って活動する。そうやって自分の行動を制御している内に、それが「習慣 ethos」化し、身に付く。
⇒アリストテレスの「徳＝卓越性 aretē」
「徳」と「心 psykhē」の働きが同調するようになることが「善」で、その「善」を実行するような行為の体系が〈ēthika〉

なるような人としての存在を問題とした。「人」の存在が「自然」の有と異なるのは、ロゴスによる実践としての人の働き（ergon）、あるいは活動（praxis）のゆえである。道徳はちょうどここに存する。人の善は「徳に合える心の働き」（psukhēs energeia kat' aretēn）である。すなわち人が万物の霊として「秀《ひい》でていること」（徳）に合うような心の働きである。Ethicsがその名を負うているēthikēという形容詞も、人を自然物から区別する卓越性すなわち「徳」を形容するために用いられている。ロゴスにもとづく徳は、一方では知的（dianoētika）であり、他方では道徳的（ēthika）であるが、人を自然から区別するのはまさにこのēthikaという特性なのである。というのは、ēthikaはethos（習慣）から導出せられた言葉であり、そうしてこの習慣なるものが自然物に欠けているちょうどそのものなのである。

アリストテレスは、政治的共同体との関係で「人」を捉えることよりも、むしろ、「自然」の法則との対比で規定しようとして、その際に、現在「倫理」と言われている〈ēthika〉を発見した、ということですね。人間は動物と違って、「ロゴス」に従って活動する。そうやって自分の行動を制御しているうちに、それが「習慣 ethos」化し、身に付く。それがアリストテレスが「徳＝卓越性 aretē」と呼んでいるものです。「徳」と「心 psykhē」の働きが同調するようになることが「善」で、その「善」を実行するような行為の体系が〈ēthika〉と呼ばれるわけです。こういう風に説明すると、確かに「共同体」のことにあまり言及しないですみます。

――かくしてアリストテレスは、個人がそれ自身に根拠を持つという立場において、この根拠よりの発展としての道徳を捕えたごとくに見える。これを前五世紀の立場に比すれば、ここに個人主義的倫理学が現われたとも言えよう。古い立場では個人は全体性への位置によって評価せられる。全体性からの規範に個人は服従しなくてはならぬ。しかるにアリストテレスは、全体性が個人を規定するという関係を一応離れて、ただ個人自身の内に道徳的なるものの根拠は目標を認めたのである。個人の人格の開展がすなわちロゴスによる実践であり、そうしてそれが道徳なのである。

前五世紀というのはソクラテスの時代、ペルシャ戦争（前四九九－四四九）を勝利へと導いたアテナイが全盛期を迎えている時代のことでしょう。そのアテナイの繁栄は、ソクラテスが生きている間に、ペロポネソス戦争（前四三一－四〇四）での敗北を機に失われていくわけですが。ソクラテスの弟子の弟子であるアリストテレスは、アテナイをはじめとするギリシアのポリスが、アレクサンダー大王のマケドニアの支配下に組み込まれて、独立を失い始める時代の哲学者ということになるでしょう。アリストテレスは、ポリスの中での個人という大前提に立ちながらも、（共同体から抽出された）個人の人格が、ロゴスの実践を通して発展していく図式を描き出し、後に、個人主義的道徳が生まれてくる素地を作ったわけです。

和辻は、アリストテレスがそうした個人主義的な面を持ちながらも、人が「ポリス的動物」であるという前提に立っていたことについて、「個人に根源的な実在性を認めることはポリスを個人よりも先とすることと矛盾する。しかしこの矛盾の統一こそ人間の構造にほかならない」、と述べていますね。この意味で、和辻の「人間の学」に近いということです。ただし、アリストテレスはその二重性を十分に強調していないとも言っていますね。

ポリス的動物

六四頁で、ポリス的動物である人間と、他の集団生活する蜂などとの違いが論じられています。

> 人間がそれらと異なるのは、一に言葉を持つがゆえである。ところで言葉（logos）は単なる声ではない。他の動物でも、快と苦を感じてそれを相互に知らせ合うことのできる限りは、声をば快苦のしるしとして使っている。しかるに言葉は、有用なものと有害なもの、従って正しいものと不正なものとの弁別を示すためにあるのである。だから言葉を持つことは、正と不正、善と悪を弁別することにほかならぬ。かかる弁別の共同が家族やポリスを（すなわち人間を）、成り立たしめるのである。しからば人は本性上ポリス的動物であるとともに、またロゴスをともにすることによってポリス的動物になるのである。

先ほど、和辻は自分自身の方法論として「言語」の分析を重視すると言っていましたが、ここではアリストテレスもロゴスを重視していたことを指摘しているわけです。ロゴスの弁別機能、現代思想的に言えば、差異を生み出す力のおかげで、ポリスの価値体系の基礎を為している快／苦、有用／有害、正／不正、善／悪が区別できるようになる、というわけです。これによって、ポリスと内部／外部の境界線も引いていると言えます――デリダはロゴスそのものというより、ロゴスを実体化したものであるエクリチュールによって、ポリスの内部と外部の線が引かれるという議論をしていますが、この点について詳しくは、高橋哲哉さん（一九五六―　）の『デリダ』（講談社）で分かりやすく解説されています。ロゴスは人間を人間たらしめる弁別的理性であるわけです。六四頁から六五頁にかけて、「ロゴスによる実践が社会を形成する」という側面と、「人間」が自他の相互理解と結合のために言語を発展させたという意味で、「社会的存在がロゴスを形成する」側面もある、という二重性を指摘しています。

六八頁にまとめ的なことが述べられています。

一　エティカにおいて「最大の徳」「完全なる徳」「徳の一部にあらずして徳の全体」などと呼ばれた

「正義」は、ポリティカに至って明白に社会的な規定を受ける。「正義はポリス的である。なぜなら正はポリス的なる社会を支配する秩序にほかならず、そうしてこの正が正義を決定するのだからである。」（Pol., 1253a36-37.）従って社会的統制すなわちポリスの統治は、後代におけるごとく道徳的から区別せられた意味においての政治的・法律的なものではなく、根本的に道徳的なのである。

最後のところは、これまでの議論からすれば当たり前の話ですが、政治や法律は、宗教や道徳の原理に直接依拠すべきではないという近代国家の大原則とはかなり違うということが改めて分かりますね。このように倫理学が、法律や政治の問題を含んでいる例としてカントの〈Metaphysik der Sitten〉を挙げていますね。これは、『人倫の形而上学』（一七九七）と訳される、カントの晩年の著作です。和辻が言うように、法哲学と徳論（道徳哲学）の二部構成になっています。『実践理性批判』の簡易版のような性格の『人倫の形而上学の基礎付け』とは全然違うテクストなので、注意して下さい。和辻はこのカントの著作は、アリストテレスの「ポリティケー」の理念をそのまま受け継いだものと言ってよい、と述べていますね。

カントのAnthropologie

そういうわけで、「七　カントのAnthropologie」に入りましょう。

カントはAnthropologieと名づけられる著書を残している。この名は古くより日本において「人類学」と訳されている言葉である。しかしカントが試みたのは人類学ではない。彼がこの書の序文において説くところによれば　アントロポロギーとは「人についての知識を体系的にまとめた学」（eine Lehre von der Kenntnis des Menschen, systematisch abgefasst）である。従って自然学的な「人に関する知識」の学としての自然学的アントロポロギー（すなわち人類学）もあれば、また自由に行為する者としての人に関する経験知の学、すなわち「実践的見地におけるアントロポロギー」

ー（Anthropologie in pragmatischer Hinsicht）もある。カントが試みたのはこの後者なのである。

『実践的見地における人間学』（一七九八）は、カントが永年にわたって〈Anthropologie〉というタイトルで行ってきた講義の内容をまとめた著作で、先ほどの『人倫の形而上学』の翌年に刊行されています。日本語訳にすると、三〇〇頁を超えるヴォリュームがあるのですが、純粋に抽象的な理論を追求していって、玄人好みがするようにシャープにまとめている『純粋理性批判』や『実践理性批判』に比べると、エゴイズムとか五感それぞれの特性とか、健康状態とか、個人・両性・民族・人種の性格とか、様々なテーマについて雑多に書いている印象が強いので、カント研究者の間ではあまり評判が良くないです。年をとって、シャープさを失っているのではないか、と言われています。『人倫の形而上学』についてもカント耄碌説があるのですが、こちらはまだ「人倫」というテーマでまとまっているのに対し、『人間学』は、「人間」に関するいろんな特徴が列挙されている感じで、素直に読んでいたら、どこに理論的焦点があるか分からない。その分読みやすいです。

因みにフーコーは博士号取得のために作成した副論文『カントの人間学』（一九六一）で、この「人間学」というテーマが三批判書におけるカントの議論のベースになっており、三批判書での理性や統覚などをめぐる極めて抽象的な議論を支えていた彼の「人間」が、この『人間学』というテクストを通してその素地の部分が鮮明になった、としてこのテクストに特別な位置付けを与えています。感性も悟性も理性も判断力も構想力も、人間の能力なので、「人間学」が下敷きになっている、というのはある意味当然の話です。ぶっちゃけた言い方をすると、「理性」批判をめぐるシャープな議論を続ける気力がなくなったせいで、素の「人間」観が表に出てきたテクストと言えるかもしれません。新潮社から訳が出ているので、関心があればご覧下さい。

和辻はそれよりもむしろ、カントが、和辻的な意味でも「人間」を論じていることに注目して、より積極的に評価しようとしている感じですね。

> そこで彼のアントロポロギーの源泉となるものは、まず第一には、同じ町や同じ地方の人々との交際において得られた「人に関する知識」(Menschenkenntnis)である。次いで旅行や旅行記によってこの知識を広めることができる。さらに補助手段としては、世界史、伝記、演劇、小説等を使うこともできる。カントはかかる材料にもとづいて、日常的具体的な人のさまざまの心持ち、欲望や意志や感情などを捕えようとしたのである。

専門的なカント研究者からしてみれば、純理論的な考察をしないで、世界史とか伝記とか、普遍性を体現しているとは言いがたい経験的材料によって、人間の具体的特性を論ずるのは哲学とは程遠い、ということになるでしょうが、和辻はむしろそういうところを、人々の「交際」を探究する方法として評価しているわけです。

ただ、カントが〈Anthropologie〉で依拠した「経験」は、現代の心理学のそれのように厳密に学問的なものではなく、「実際生活における経験」だったので、そこに方法論的な困難があり、それをカント自身も認めていた、ということですね。その困難として具体的に、①他の人が自分を観察し研究していると気づいた人は、当惑して有りのままの自分を示し得なくなること、②人が自分自身だけを研究しようと欲する場合でも、特に情緒の状態について言えば、衝動が働いているときには観察しておらず、観察するときには衝動は静まっている、というような問題があること、③第二の天性である習慣が、人がおのれ自身を何と考えるかの自己判断を困難にすること――の三点が挙げられています。これらは、文化人類学とか社会学でよく指摘される問題ですね。私たちは常に何らかの視点・立ち位置から、自他の感情、振る舞い、文化を解釈しているので、完全に客観的な記述はありえない、という話です。和辻によれば、人と人の間には「実践的交渉」があり、それは不可避的に、客観的観察に先立つので、こうした問題が生じるわけです。

「実践的交渉」というのが、通常の科学的観察より深い層にあり、そこにカントが目を付けていたことを評価するのはいいとして、それでは、どうやってそうした実践的性格に強い「人間知」を学問にするのか？　そもそも可能なのか？　カント自身は、そのやりかたをはっきり示していません。

カントの「実践哲学」

そこで和辻は、『人間学』のテクストから離れて、カントの「実践哲学」というより大きな枠組みの中でこの問題を考えるべきだと示唆します。「実践哲学」の中で、「人間知の可能根拠」の問題が暗黙の内に取り上げられている、ということですね。カントの「実践哲学」全体の見通しを示す著作として、和辻は、カントの更に晩年の著作『論理学』（一八〇〇）を挙げています。これはカントに近い、ゴットロープ・ベンヤミン・イェッシェ（一七六二―一八四二）という哲学者が、カントの講義録を編集して刊行されたものです。この中でカントは、概念を体系的に関連付ける巧みさを追求する「理論哲学」ではなく、「人の理性の最後の目的」を探究する「実践哲学」こそが、本来の哲学としたうえで、その四つの目標を呈示しています。

一、我れは何を知ることができるか。
二、我れは何をなすべきであるか。
三、我れは何を望んでよいか。
四、人とは何であるか。

カントの「実践哲学」全体の見通しを示す著作として晩年の著作『論理学』

一、我れは何を知ることができるか。⇒『純粋理性批判』

二、我れは何をなすべきであるか。⇒『実践理性批判』

三、我れは何を望んでよいか。⇒『判断力批判』：「幸福」を保証する世界の目的原理についての判断がテーマ。この問いにストレートに対応する幸福と徳の一致という問題は、『単なる理性の限界内での宗教』で論じられる。

四、人とは何であるか。⇒ 最初の三つを包摂するような意味を持っていると考えられる。そうすると、「人間学」がカントにおいて最も根源的な学？

第一の問いは『純粋理性批判』、第二の問いは『実践理性批判』の課題です。第三の問いは、「幸福」をめぐる問題で、『判断力批判』（一七九〇）にストレートに対応しているわけではありませんが、『判断力批判』では「幸福」を保障する世界の目的原理についての判断という形で論じられており、この問いにストレートに対応する幸福と徳の一致という問題は、『単なる理性の限界内での宗教』（一七九三）で本格的に論じています。最初の三つは、『純粋理性批判』の終わりに近い部分で定式化されていますが、四つ目は後期になって追加された問いで、最初の三つを包摂するような意味を持っていると考えられます。

そうすると、「人間学」がカントにおいて最も根源的な学ということになります。和辻はその証拠が『純粋理性批判』のかなり末尾、先ほどの四つの問いが出てくる箇所の少し後の「純粋理性の Architektonik（建築術）」という章——正確に言うと、第二巻「超越論的方法論」の第三篇のタイトルです——にあると言っています。「建築術」というのは、様々な認識を体系化する理性の能力、及び、それに基づいて構築される学の体系というような意味合いです。和辻によると、カントがこの言葉を用いたのは、アリストテレスを意識したからだということです。ちょっと戻って、五五頁を見て下さい。アリストテレスが「人間の学」としての〈politikē〉を、真実の主要技術（arkhitektonikē）と呼んでいた、という話が紹介されていますね。この話は『ニコマコス倫理学』の冒頭部に出てきます。七五頁に戻って下さい。

アリストテレスはそれによって目的的な統一を言い現わし、最高目的の学を arkhitektonikē と呼んだのであるが、今やカントは同じく目的的な統一による体系の術をこの語によって言い現わした。ここでは最高目的は理性本来の目的であり、従って理性の主要目的から、すなわち理念から生ずる図式が architektonisch な統一を与える。それに反し経験的に偶然に現われる目的に従って計画せられた図式は、technisch な統一をしか与えない。(B861.) 従って人の理性の究極目的の学たる世間概念的哲学は architektonisch であり、任意の目的による理性の技術としての哲学は単に technisch（技術的）

であるに過ぎぬ。だから彼はここでも、「知識の体系的統一、従って認識の論理的完全性、というごときものを目的としてそれ以上を望まないところの、ただ学としてのみ求められる認識の体系」をば哲学の学究的概念、理性技術家の仕事として斥けた。それに反して、「あらゆる認識が人の理性の本質的目的に対して持つ関係の学」としての哲学が、真の哲学とせられる。それは「何人もが必然に関心を持つものに関する概念」としての「世間的概念」における哲学である。しかし本質的目的はなお複数であって唯一最高の目的ではない。「だからそれは究極目的（Endzweck）であるか、あるいは究極目的に必然的に隷属する諸目的であるかである。その究極目的は人の全体的規定にほかならない。そうしてこの究極目的に関する哲学が道徳学（Moral）なのである。」（B866f.）しからば道徳学は、究極目的の学であるがゆえに、真の哲学とならねばならぬ。そうしてその哲学は「人の全体的規定」を目ざすがゆえに、また一つのアントロポロギーでなくてはならぬ。

〈arkhitektonikē〉という単語は、英語の〈architect〉の語源である〈arkhitektōn〉から派生した語で、〈arkhitektōn〉の業とか技術というような意味です。〈arkhitektōn〉自体は、「主要な」とか「主たる」という意味の接頭辞〈arkhi-〉と、「大工」とか「職人」という意味の〈tektōn〉から合成されています。〈tektōn〉は、〈technic〉の語源になった〈tekhnē〉と同じ系統の言葉です。カントもそうした語源的なことを意識して、〈Architektonik〉を、「建築術」という意味と共に、「主要な技術」という意味も込めて使っているわけですね。〈B〉というのは、『純粋理性批判』の第二版（一七八七）のことです。その後の頁数は、スタンダードな版とされているアカデミー版（Akademie-Ausgabe）の頁数です。『純粋理性批判』は第一版（A版）と第二版が結構違うので、AかBか明示したうえで、頁数を示すのが普通です。

「理性」の偶然的な目的ではなくて、「究極目的」を明らかにしようとする学、言い換えれば、「人の全体的規定」を目指す道徳学こそが、全ての知の基礎であり、〈Architektonik（建築術＝第一技術）〉の名に値する、というのが、この箇所でのカントの主張です。気になるのは、それが「世間的概念における哲学」だという和辻のコメントです。実際に、カントが使っているのは〈conceptus cosmicus〉というラテン語の言葉で、普通に訳すと、「世界概念」です。これが和辻の言うように、「世間概念」と訳していいのか微妙です。カント自身は、「あらゆる人が必然的に関心を抱くものに関わる概念」であると説明しています。そうした概念が、哲学の根底にある、とカントは言っています。つまり、哲学はあらゆる人が必然的に関心を持つものを探究する理性の営みである、というわけです。「世間概念的哲学」という和辻の言い方からすると、「世間＝共同体」の共通の関心事を探究する営みが「哲学」だということになるでしょう。この二つが同じことなのか、微妙なところですね。私は、和辻の解釈はやや強引だと思います。

あと、先ほど見た箇所では、「経験的に偶然に現われる目的に従って画せられた図式は、technisch な統一をしか与えない」と述べていますが、これはまさに、カントが『実践的見地における人間学』でやっていることではないか、という感じがしますね。そのことは、和辻も分かっていて、七六頁の最後の段落では、「経験学としてのアントロポロギー」と、「かかる経験の根拠を、すなわち人間知の可能根拠を明らかにするところの、道徳学としてのアントロポロギー」という二つのアントロポロギーがある、という言い方をして、矛盾を回避しています。ただ、これはカント自身がそう区分している訳ではないし、カントがこの時点で既に、一七年後の別のテーマの著作を念頭において、二つの〈Anthropologie〉を区別していたかのように言うのは、不自然な気がします。七七頁では、『人倫の形而上学の基礎付け』などの道徳的哲学的著作で、カントは、人の人格の経験的性格と、仮想的性格――「仮想的性格」というのは、自らの理性によって道徳法則を見出し、それに従うものであるという、経験的には確認できない性格のことです――の二重性を問題にしている、と言っていますが、これらの著作で、経験的人間学の構想のようなものが呈示されているわけではないので、この二重性を、二つの〈Anthropologie〉の話に結び付けるのも強引であるような気がします。

そもそも、『人間学』→『論理学』→「理性の建築術」と、専門的なカント研究者にはあまり重視されていないテクストを繋いでいく形で、カントの「人間（＝世間）」観を再構成しようとする、和辻の読みの戦略はかなりアクロバティックです。デリダとかフランス現代思想系の人がやるような、結構ラディカルな読解です。いずれにしても、和辻はカントの建築術の根幹にあるのは、「人の全体的規定」の解明をめざす、道徳哲学としての〈Anthropologie〉だという解釈を示しているわけです。

しかしここまで来ると、「人の全体的規定」の学たるアントロポロギーが、単に「人」の学にとどまることはできなくなる。なるほどカントは「人」をば経験的・可想的なる二重性格において規定したのであって、「人間」の全体性を顧慮してはいないように見える。しかし我々の人格における人性を手段的・目的的に取り扱うということは、「人間」の全体性とかかわりなき単なる「人」の立場においてなし得ることではない。人が手段として取り扱われ得るのはその経験的性格のゆえである。そのゆえに同時に可想的性格における人もまた手段として取り扱われ得る。この方向において人はただ個別性の側面からのみ見られている。しかし人が究極目的として取り扱われねばならぬのは、その可想的性格のゆえである。そうして可想的性格においては人は個別的であることができない。人を人たらしむる性格はただ一つであって、それが人性（Menschheit）あるいは人格性（Persönlichkeit）と呼ばれる。すなわち自他の人格における人性は全然自他不二的である。でなければ我れの人格における人性も汝の人格における人性もともに究極目的であることはできない。

カントが、定言命法の第二定式として、「汝の人格（Person）及び他の人格の内なる人間性（Menschheit）を、単に手段としてのみではなく、常に同時に目的として扱うように行為せよ」と言ったことは有名なのでご存知ですね。このテーゼの「手段」として扱ってはならない、という部分は普通の人の直感に合っているので分かりやすいですが、「目的」として、というのがどういうことか、実のところよく分からないですね。「人間性」というのも何となく分かったような気になりがちですが、よく考えてみると、分からないですね。和辻は、それを自らの「人間」の二重性論の観点から整合的に解釈することを試みているわけです。この部分は結構説得力があると思います。

「我々の人格における人性を手段的・目的的に取り扱うということは、『人間』の全体性とかかわりなき単なる『人』の立場においてなし得ることではない」というのは、言い回しは難しいですが、動物との対比で考えれば分かりやすくなります。動物は、個体同士で食べたり食べられたり、養ったり養われたり、獲物を取ったり逃げるのに協働したりしなかったりしますが、それらはいずれも物理的・生物学的な法則に起因する身体的な繋がりであり、お互いの中に人格のようなもの、あるいは、互いに尊重すべき〝動物性〟のようなものを認めているわけではないでしょう。少なくとも我々からはそう見えます。元々ないものを取り扱うことはできません。人間の場合、相手が身体だけではなく、特定のキャラクターを持っている人格だと想定しているからこそ、それを自分の目的のために利用しようとしたり、いやそれはダメだ、と思ったりするわけです。

「人が手段として取り扱われ得るのはその経験的性格のゆえである」、というのは、人が精神的人格だけの存在ではなく、身体を持って存在しており、その行動によって世界や社会の在り方に影響を与え得るということです。だから、金儲けに利用しようとか、ただ同然でこき使ってやろうという発想が出てくる。その際に、少なくとも今の人間の技術では、体だけ利用するというのはほぼ無理なので、経験的実在物ではない、「人格」をも利用しようとする――現代では、生命科学と医学の発展で他者の人格を無視して、臓器だけ、あるいはクローンやキマイラ生命体の身体だけ利用できる可能性も出てきたので、生命倫理学では、「人格」をどう考えるのかという問題が改めてクローズアップされているわけですが。

人間という全体性を踏まえて初めて各人を目的として扱うことが可能になるということです。このように、他者を利用しようとする場合、当然、個体としての各人が問題になっているわけです。「人が究極目的として取り扱われねばならぬのは、その仮想的性格のゆえである」、という時に念頭に置かれているのは、当然、先ほどの例に出てくるような、単なる個人の身体の付随物のようなものとしての〝人格〟ではなく、身体とは別次元で存在すると想定されるものでしょう。それが「人間性」もしくは「人格性」であるわけですが、それについて和辻は、「仮想的性格においては人は個別的であることができない」とか、「全然自他不二的である」、と言っていますね。これは結構分かりにくいですが、プラトンにおいて、全ての存在者がイデアを分有しているように、カントにおいては、全ての人格的存在が、普遍的な「人間性」なるものを分有している、と想定されている、と考えればいいのではないかと思います。例えば、実際にいるかどうか分かりませんが、文字通りの意味で愛国者がいるとすれば、日本国という精神的実体があって、自分も、他の日本もその一部であり、日本国があるべき形で存在し、発展するという目的のために存在している、と考えていることでしょう。その日本国なる実体を特徴付けるのが、大和魂ということになるでしょう。会社とか地域共同体とか一族とか、スポーツ・チームとかに対して、そういう精神的・共同的実体性を想定し、それにコミットすることに生きがいを感じているかもしれません。そういう個別・具体的な集合体に比べて、「人類 Menschheit」の共通本質としての「人間本性」に対してコミットするというのは、漠然としてイメージしにくいですが、その延長線上で理解できます。そういう風に考えると、カントが人類にとって道徳的に理想の状態としての「目的の王国 Reich der Zwecke」について語ったり、『世界公民的見地からの普遍史の構想』(一七八四)で、人類史の「目的＝終わり」を予想したりしている理由も納得がいきます。

――確かにカントの人性の原理は、人間関係の原理としてでなくては理解せられない。(…)我れと汝

「自他不二」
プラトンにおいて、全ての存在者がイデアを分有しているように、カントにおいては、全ての人格的存在が、普遍的な「人間性」なるものを分有している、と想定されている。
⇓
「人類」という普遍的目的について「自他不二」であるけれど、その目的の実現に向けてお互いを利用し合う関係 ⇒ 「人（間）」としての私たちを実践的・道徳的に方向付けている「人（間）性」の原理は、共同体的・客観的法則。
※一般的にカントの道徳哲学についてもたれている印象とは異なって、カントは決して、各人が自分の理性にだけ頼って自己の自律性を追求する個人主義的な道徳を説いたわけではない、というのが和辻の主張。

> の関係は互いに手段となり合いつつ互いに目的となり合う関係である。手段となる側からは自他は差別的であり、目的となる側からは自他は不二である。このような差別的・無差別的・個別的・全体的な関係こそまさに人間関係にほかならぬ。だからカントは人性の原理を、共同態的・客観的法則（gemeinschaftliche objektive Gesetze）と呼んだのである。

各人は、「人類」という普遍的目的について自他不二であるけれど、その目的の実現に向けてお互いを利用し合う関係にあるわけです。そういう意味で、「人（間）」としての私たちを実践的・道徳的に方向付けている「人（間）性」の原理は、共同体的・客観的法則であるというわけです。一般的にカントの道徳哲学についてもたれている印象とは異なって、カントは決して、各人が自分の理性にだけ頼って自己の自律性を追求する個人主義的な道徳を説いたわけではない、というのが和辻の主張です。ただ、八二頁では、それはあくまで深層における「人間学」に注目した解釈であって、表面的に見れば、「主観的道徳意識の哲学」に見えることは否定できないと認めていますね。そこで、考えられるカント解釈として、①やはり「主観的道徳意識の哲学」だと見なす、②「人間の学」こそカントの本義と見なす、③「主観的道徳意識の哲学」と認める一方で、その不十分さを「人間の学」で克服しようとする――の三通りが挙げられています。次回最初に読むのは、「八　コーヘンにおける人間の概念の学」ですが、新カント学派のヘルマン・コーエン（一八四二―一九一八）は和辻の分類だと、②ということですね。

最後にもう一度強調しておきますと、和辻のカント読解は、ハイデガー、フーコー、デリダがやっているように、かなり名人芸的です。テクストの相互の関連や、他の哲学者からの影響、そのテクストが書かれた当時の本人の書簡や日記、友人や弟子の証言など、細かい情報を総動員して、著者の意図を一つ一つ細かく再構成していく、純粋に文献学的なやり方とはかなり異質です。いろんなテクストの間に、相関していそうな要素を見つけて、大胆に想像力を発揮して、繋いでいく。しかも、自分の体系にうまく取り込めるよう、戦略的に配慮しながら、それをやる。和辻は、そういうハイデガーやデリダのような名人芸を、漢文や日本の古典にも当てはめ、西洋の哲学史と日本の思想史を架橋するような形でやるので、彼ら以上に名人芸っぽい感じさえします。全くの思いつきではなく、参照すべきところを示しながら進んでいくので、否定しにくい。それが和辻のうまいところだと思うわけです。

■質疑応答

Q　日本語の語義を調べていく和辻の議論は、説得力があるような気もしますが、何だか騙されているような気もします。仏典の「人間」が、いつのまにか「人」の意味にズレたというのはいいとして、それが「人間」の二重の意味を反映しているというのは強引な深読みのような気もします。最初読んだ時は、一瞬なるほどと思ったんですが、後から考えると、キツネにつままれたような感じがします。

A　たしかに飛躍しています。即物的な見方をすれば、漢訳仏典と日本語の間に意味のズレが生じたにもかかわらず、そのズレを日本人が明確に認識しなかったので、「人間」が二重の意味を持つようになった、というだけのことです。それ以上のことは実証できません。実証的な言語学者なら、そう言うでしょう。和辻はそのズレの背景として、日本語による世界表象の体系のようなものがあると仮定し、それを明るみに出そうとしているわけです。オリジナルからの意味のズレが定着するには、それなりの世界観的な根拠があると見ているわけです。そういう言語と結び付いた世界観のようなものは、はっきりと実証することができないので、実証性を重んじる人には受けいれがたいかもしれません。

Q　先ほど先生が参照された、四九頁の、「運動の生起する地盤は絶対的空である。すなわち絶対的否定である。絶対的否定が己れを否定して個となりさらに個を否定して全体に還るという運動そのものが、人間の主体的な存在なのである」、というところが、やはりどうもしっくりきません。「空」という仏教用語がいきなり出てきたりして。「空」が「絶対的否定」だということは先生のお話で分かったのですが、「運動」ってどういうことかまだピンと来ません。

A　当然、物理的な意味で運動しているということではありません。和辻は、個人も共同体もそのままの形で安定して存在し続けることはなく、各主体が常に相互作用しながら変化・発展し続ける、というヘーゲル的な前提に立って考えているわけです。和辻は、「人間」の共同体的側面の記述には力を入れているけれど、そういう歴史哲学的な前提についてはあまり説明していないので、唐突な感じがするのだと思います。

Q 「空」という言葉はマジックワード的に使えるのではないでしょうか。いったん全てが「空」になるとすると、その後は「何でもあり」になってしまうのではないでしょうか。逆に言えば、論理整合的に説明できないことがある時、「空だ!」、と言って議論を中断し、話を飛躍させることができる。

A 確かに、そういうズルい使い方もできますが、和辻の場合、共同体、及び、個人の中にある共同性、そして風土がゼロになるということはないはずなので、全く何でもあり、ということはないと思います。従来の共同体が崩壊して、いきなり人々の想像を絶した新しい社会が立ち上がって来る、というような話は、少なくとも和辻からは出てこないでしょう。むしろ、歴史性と空間性を背負った共同体の在り方を、外部から批判する視点がないこと、そういう理論的な意味での「空」がないことの方が、和辻の問題なのではないかと思います。

Q 「個」を否定して「全体」に還るという運動そのものが、「人間」である、というところに力点が置かれている気がします。

A まさにその通りです。「個」と「全体（共同体）」の両極の間を常に行き来しているがゆえに、二重性が生じてくる、というのが和辻の議論の焦点です。問題は、「共同体」から離れて、自立していく「個」の運動が、予め規定されているのか、それとも、予想できないような方向へと逸脱していく可能性があるのか、ということですが、和辻はどうも後者の方に傾いている感じがします。ただ、いわゆる、全体主義の思想家のように、アトム化した個人を全体へと再統合しなければならないというようなことは、少なくとも露骨には言っていません。

Q2 和辻の議論は、全体主義に流れるための基盤作りと読み取れるようなところがあるのではないでしょうか。

政府からそのような圧力があったとか、そういう時代背景があるような気がするのですが。

A　治安維持法が制定されるのは一九二五年で、『人間の学としての倫理学』が刊行される前年の三三年には河上肇（一八七九－一九四六）が治安維持法違反で検挙され、同じ年に、京大法学部の刑法教授の瀧川幸辰（一八九一－一九六二）の学説が無政府主義的だということが問題になった瀧川事件が起こっていますので、そういう影響が全くないということはないでしょう。ただ、国体明徴運動によって、思想的統制が本格化するのは一九三五年になってからですし、和辻は若い時から日本人の精神性とか美的感性に関心を持って研究を進めていたので、共同体的な人間観の観点から「倫理学」を再構築しようとする発想自体は彼にとって極めて自然なことだったのではないか、と思います。留学中にハイデガーに傾倒していたというのも気になるところですが、それは『存在と時間』の刊行直後のことであり、当時のドイツはまだワイマール期で、ハイデガーとナチスの間にほとんど関係はありません。また次回読むところでは、社会主義とかマルクスを、特に政治的に非難することもなく、「人間の学としての倫理学」の視点から評価しています。

現代人は、近代個人主義を相対化し、共同体への帰属の必然性を説くような思想は全体主義に傾きやすい危険性を秘めていると考えがちですが、それは後知恵による議論です。一九三〇年代前半の日本の哲学者が、全体主義の磁場の強さを認識していないのはおかしい、というのは強すぎる要求だと思います。哲学者は、自分の言説の政治的影響を常に意識し、権力に利用されないよう配慮すべきだと主張する人もいるでしょうが、私はそういう警告的な物言いは、哲学的には不毛だと思います。

もし和辻の「人間の学」に、日本的な全体主義、丸山眞男（一九一四－九六）が超国家主義と呼んだものに共鳴するところがあるとすれば、それは外からの政治的圧力によるものではなく、彼の内に根付いている、風土観・文化観に起因するものでしょう。

［講義］第五回――「人倫」と「間柄」の考究――和辻哲郎『人間の学としての倫理学』第一章後半

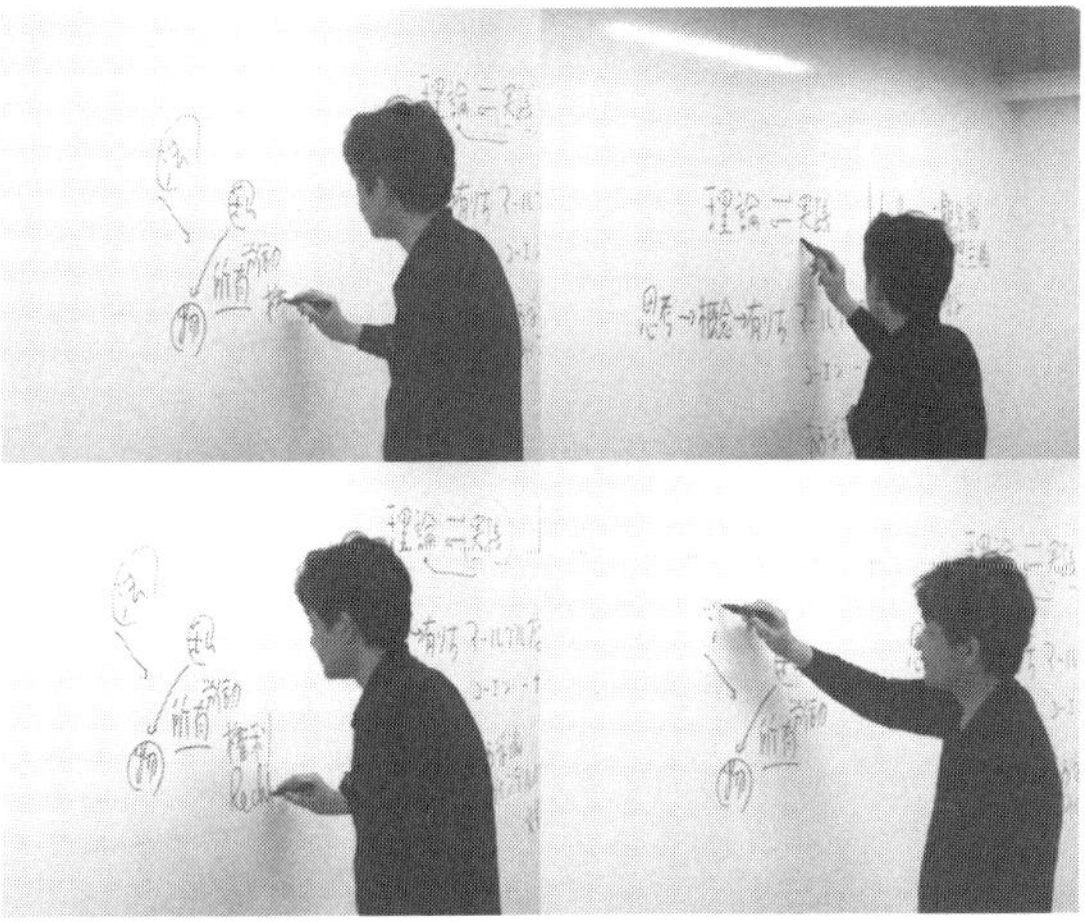

新カント学派

19世紀の半ば〜20世紀前半、『存在と時間』でハイデガーの影響力が圧倒的になるくらいまでドイツ語圏の講壇哲学で圧倒的な影響力を誇った学派

・ヘーゲルの歴史哲学や自然科学的唯物論に対抗して、今一度カントに帰ろうとした人たちの総称

1870年代後半

マールブルク学派：ドイツ中部、現在ヘッセン州のマールブルク大学を拠点。科学哲学中心。コーエン、パウル・ナートルプ、エルンスト・カッシーラー

西南学派：西南は文字通り、今のバーデン・ヴュルテンベルク州に当たる地域を指し、フライブルク大学とハイデルベルク大学が拠点。価値哲学中心。西南学派の創始者は、哲学史家として有名なヴィルヘルム・ヴィンデルバント。他に、ハインリヒ・リッケルト、エミール・ラスクなど。※リッケルトは価値を扱う方法論に関してマックス・ウェーバーに影響を与えた

和辻流のドイツ観念論の読み方

今回読むところは、和辻がドイツ系の倫理学史の流れを細かくフォローしていることがよく分かる部分です。前回の最後に読んだ第七節では、カントの「人間学」の構想を、『純粋理性批判』や『人倫の形而上学の基礎付け』『論理学』など、他の一見関係なさそうなテクストも視野に入れながら再構成することが試みられています。今回読む「八　コーヘンにおける人間の概念の学」は、そうしたカントの「人間学」の構想がヘルマン・コーエンによって継承されたという設定で出発します。コーエンは、新カント学派の代表的な哲学者の一人です。新カント学派は、一九世紀の半ばくらいに台頭して、二〇世紀前半、『存在と時間』でハイデガーの影響力が圧倒的になるくらいまでドイツ語圏の講壇哲学で圧倒的な影響力を誇った学派で、ヘーゲルの歴史哲学や自然科学的唯物論に対抗して、今一度カントに帰ろうとした人たちの総称です。全体でまとまってグループを形成していたわけではないのですが、一八七〇年代後半にマールブルク学派と西南学派という二つのグループが出来ました。マールブルク学派という呼称は、ドイツ中部、現在ヘッセン州のマールブルク大学を拠点としていたからです。西南は文字通り、今のバーデン・ヴュルテンベルク州に当たる地域を指し、フライブルク大学とハイデルベルク大学が拠点です。一般的イメージとしてマールブルク学派が科学哲学に力を入れたのに対し、西南学派は価値哲学に力を入れ

ました。
　コーエンはパウル・ナートルプ（一八五四―一九二四）と共に、マールブルク学派を創設しました。象徴形式の研究で有名なエルンスト・カッシーラー（一八七四―一九四五）はこの学派の出身です。西南学派の創始者は、哲学史家として有名なヴィルヘルム・ヴィンデルバント（一八四八―一九一五）で、その弟子に、価値哲学に基づく「文化科学」の方法論をハインリヒ・リッケルト（一八六三―一九六三）や、ポーランド出身で範疇論や判断論でオリジナルな議論を展開したエミール・ラスク（一八七五―一九一五）がいます。リッケルトは価値を扱う方法論に関してマックス・ウェーバーに影響を与えたことが知られています。マールブルク学派は、先ほどお話ししたように、科学哲学のイメージが強いのですが、この第八節を読めば分かるように、コーエンは倫理学的な議論にもかなりコミットしています。

ヘルマン・コーエン

　コーヘンはカントをドイツ社会主義の真の創始者と呼んだ。その根拠は人を手段的・自己目的的に取り扱うべしとする人性の原理である。カント自身が共同社会的法則と呼んだこの原理こそは、定言命法の最も深い、最も力強い意味を現わしたものであるとともに、また社会主義の原理でもあると主張せられる。

　カントの道徳哲学の核は、一般的に自律だとされています。「汝の意志の格率が常に同時に普遍的立法の原理として妥当するように行為せよ」、という定言命法の第一定式は、自律の条件を示していると解釈されるのが通常です。普遍的立法というのは、いついかなるところでも通用する道徳法則を確立するということです。その場限りの基準（格率）ではなく、そういう普遍的道徳法則を自らの理性で見出し、それに自発的に従うことを提唱しているから、自律の原理と見ることができるわけです。現代の政治哲学の常識では、自律は自由主義と親和的で、社会主義とは対立

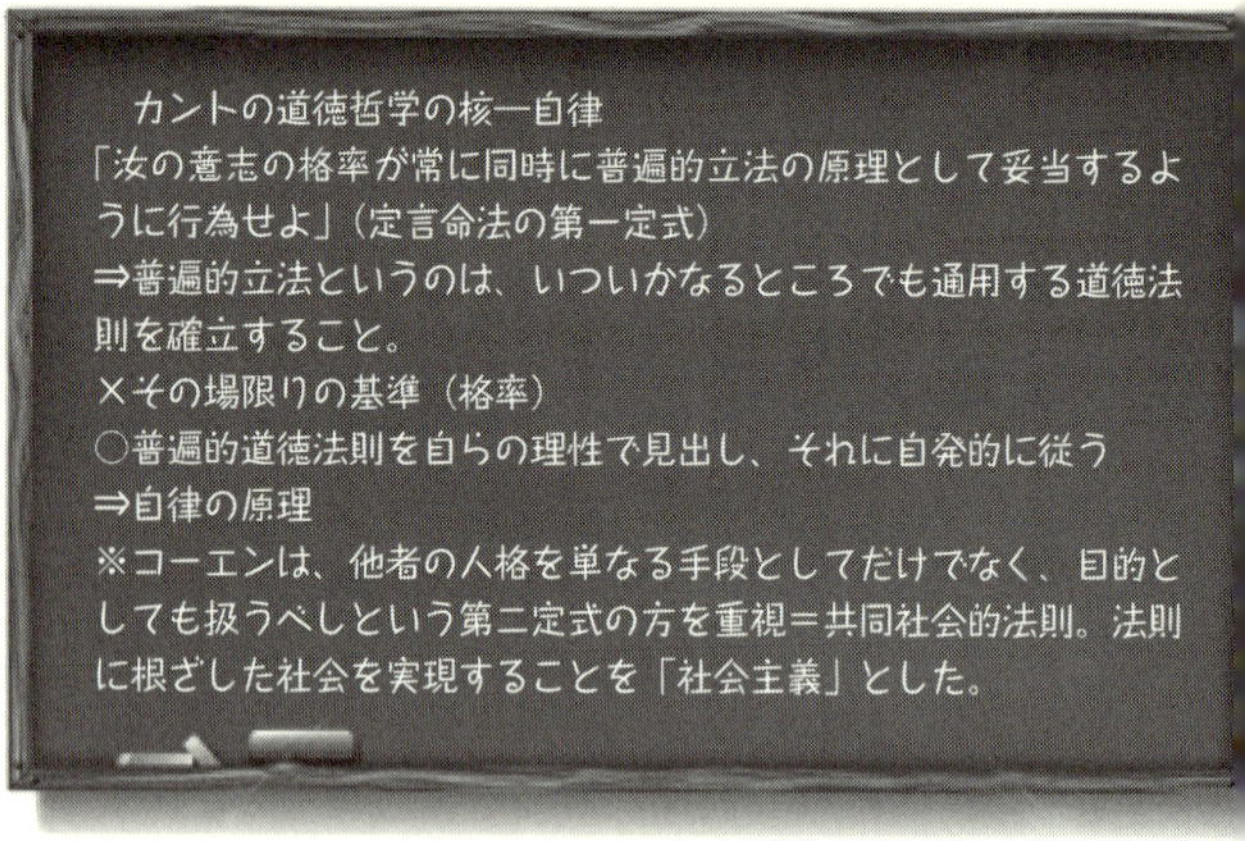
カントの道徳哲学の核―自律
「汝の意志の格率が常に同時に普遍的立法の原理として妥当するように行為せよ」（定言命法の第一定式）
⇒普遍的立法というのは、いついかなるところでも通用する道徳法則を確立すること。
×その場限りの基準（格率）
○普遍的道徳法則を自らの理性で見出し、それに自発的に従う
⇒自律の原理
※コーエンは、他者の人格を単なる手段としてだけでなく、目的としても扱うべしという第二定式の方を重視＝共同社会的法則。法則に根ざした社会を実現することを「社会主義」とした。

するはずですが、コーエンは、前回も見た、他者の人格を単なる手段としてだけでなく、目的としても扱うべしという第二定式の方を重視し、それを共同社会的法則として捉え、その法則に根ざした社会を実現することを「社会主義」と呼んでいるわけです。コーエン自身は、カントの道徳哲学を社会主義的に解釈できる可能性を示しただけで、自ら積極的に社会主義・労働運動に献身したわけではなかったようですが、彼の影響を受けたカール・フォレンダー（一八六〇－一九二八）やフランツ・シュタウディンガー（一八四九－一九二一）ははっきりとマルクス主義的な立場を取り、マルクス主義と新カント主義的な倫理を融合することを試みました。

> カントの倫理学から社会主義を見いだすことは、一面においては社会主義を理想主義の上に立てることであるとともに、他面においてはカントから表面上の個人主義を洗い去ることである。後者によってカントの人性（Menschheit）は人の全体性であり従って共同社会であるとせられる。共同社会が人を人たらしめるのであり従って人の道をも規定するのである。しかし前者の立場からはこの共同社会が厳密に理念として取り扱われる。それは「有るもの」としての社会ではなくして、「有るべきもの」としての社会であり、従って現実の社会の当為的根柢となるのである。

「理想主義」の原語は〈Idealismus〉です。「観念論」とも訳されます。ドイツ観念論という時の観念論です。漢字だと大分違う印象ですが、〈Idee（観念）〉と〈Ideal（理想）〉は同じ系統の言葉ですね。物質的に観察可能な現実よりも、イデア的なもの＝理想（Ideal）を重視し、後者に基づいて認識や道徳が成立す

ると考える立場を〈Idealismus〉と呼びます。カント倫理学は一般的には、「個人主義」だと思われているけれど、それは表面的なことであり、その根底には、人の全体性＝共同社会を重視する思想がある、それこそがカント的な理想主義の本質であるというのがコーエンの見方であり、前回見たように、和辻自身の見方でもあります。前回も出てきた〈Menschheit〉というドイツ語は、「人類」あるいは「人間性」という二つの意味があり、ドイツ語圏の哲学者はこの二重の意味を利用して議論を展開します。「人類」について考えることが必然的に「人間性」に根ざしており、「人間性」という概念は、「人類」全体という視野からでないと把握できないというような議論をするのに都合がいいです。

前者、つまり理想主義の立場から「共同社会」が厳密に「理念 Idee」として取り扱われるというのは、実在する「共同社会」を分析するのではなく、理性的に思考した場合、あるべきものとして想定される社会、現実の社会が本来こうあるべき（＝当為）姿を論じる、ということです。言い換えると、現実に一番適した倫理や政治を目指すのではなく、「理念」レベルのベストを探究するということです。

カントにおいて実践哲学が本来の哲学であり、そうしてこの哲学の根本問題が皆「人の学」に属していたように、コーヘンにおいても倫理学は「人の学」として哲学の中心であった。彼はこのことを古代の哲人によって証示する。「ソクラテスが倫理学を考え出したとき、彼は同時に倫理学において あらゆる哲学の中心点を見いだしたのである。それまでは哲学者たちは、どれほど人について特別に考えたとしても、同時に数学者であり自然学者であった。しかるにソクラテスは自然についてはナザレ人《びと》のごとくに語る、――樹木は自分を教えることはできないが、町の人にはそれができる。人から逆に引き返して初めて自然への道が通ずるのである。倫理学は、人の学として、哲学の中心になる。そうしてこの中心において初めて哲学は、独立性と特性を、やがてまた統一性を獲得するのである。」

(Ethik, S. 1.)

カント哲学という時、多くの人は、『純粋理性批判』で展開された、感性－悟性－理性の関係をめぐって展開する認識論が中心だと考えられがちですが、コーエン、そして和辻は、主体が対象や他者たちに対して働きかける「実践」の問題、主として道徳の問題こそが、中心だと見ているわけです。これは、感性的認識の次元を超えた、「物それ自体」の領域をどう扱うべきかをめぐるカント自身の発言から裏付けられることです。

《Ethik》というのは、正式タイトル『純粋意志の倫理学 Ethik des reinen Willens』（一九〇四）という、コーエン自身の倫理学を展開した著作です。哲学史の教科書で、古代ギリシアでは最初、自然の法則や数学について研究する自然哲学が勃興したけれど、ソクラテスによって、ポリスの市民としての善き生き方を探究する倫理学が哲学の中心になった、と述べられていますね。「ナザレ人」というのは、当然イエス（前五頃－後三〇頃）のことです。「ナザレ人のごとくに語る」というのがよく分からないですね。少し誤訳もあります。「樹木は自分を教えることはできないが、町の人にはそれができる」という言い方だと、樹木は自分で自分を教えることができない、という禅問答のようなことを言っているように聞こえますが、原文は、〈die Bäume können mich nicht belehren, wohl aber die Menschen in der Stadt〉となっているので、「樹木は私を教えることはできないが、～」と訳すべきでしょう。この文がソクラテスのものかイエスのものなのか分かりにくいですが、これは、美をテーマとする『パイドロス』でのソクラテスの台詞から来ています。物語の冒頭、岩波文庫の藤沢令夫訳だと、一八頁に出てきます。散歩中に出会ったパイドロスとの会話で、あなたはアテナイの城壁の外へ出ることはほとんどないようですね、と訊かれたソクラテスが、自分は物事を学びたくてたまらない人間であり、土地や樹木は私に何も教えてくれないのに、町の人たちは何か教えてくれる、と答えています。イエスのように自然について語るというのが、どういうことか分かりにくいですが、これは恐らく、自然の美しさに感嘆しているものの、実際には自然から教えを請うことはできないとして人間に関心を向けるソクラテスの態度が、自然の素朴さを讃えながら、実際にはそれらを比喩として人間のあるべき生き方を説いたイエスに通じている、というような主旨ではないかと思います。人間のように自己中心的な思考をすることなく、与えられた生をそのまま享受している植物や動物の美しさを十分に認めるものの、人間の場合はそう簡単にいかない、という前提を共有していた、ということかもしれません。

人ほど分からないものはない――コーヘンの倫理学

かく倫理学が哲学の中心になるとともに、「人」が哲学のあらゆる内容・あらゆる価値の中心となった。哲学の重心は、すなわち哲学の存在の根、哲学の権利の源は、倫理学を通じて「人」において求められることになる。哲学からこの「人」の問題を奪い取ろうとするような科学はまだ出ては来ないのである。神学さえも、「人」の本質についての人の智慧や、人の作った「人の学」を、ことごとく排除しようとするほどに迷い出したことはなかった。

ここは分かりやすいですね。「人」とは何であるかを実践面から探究する「倫理学」が「哲学」の中心になり、その「哲学」が、「人」を探究する最も主要な知になったということですね。現代人の感覚からすると、哲学の自意識過剰のように聞こえますが、先ほどもあったように、古代にあっては、自然科学や数学も一部門でした。ガリレオ（一五六四―一六四二）やニュートン（一六四二―一七二七）も哲学者と呼ばれていました。また、ヨーロッパの大学では、人文系の科目全般が哲学と呼ばれていた時期もあります。今でもドイツの大学では、文学部のことを「哲学部 Philosophische Fakultät」と呼びます。近代に入って、自然科学、文学、心理学、社会学などが次第に独立していって、「哲学」の範囲は狭まっていきましたが、最も中心的な「人の学」としての地位を、少なくともこの本が書かれた時代には失われていなかっ

「人」を対象とする倫理学の領域が明確に規定されているのか、という問題。
普通は、「人」が何であるかは明白であると考えられがち。
コーエン：人ほど分からないものはない、という立場に立つ
「人」の概念は倫理学の前提・根拠、始発点ではなくて、その学問的な営みを通して到達すべき目標である。

たわけです。今だと、社会学、文化人類学、精神分析、心理学、認知科学などの方が、人間の本質を捉えているのではないか、倫理学なんて不自然な仮想の状況を設定して、そこで働くであろう抽象的な倫理の原理のようなものをいじくっているだけではないか、と思っている人が多そうですね。

次に、「人」を対象とする倫理学の領域が明確に規定されているのか、という問題が出てきます。普通は、「人」が何であるかは明白であると考えられがちですが、コーエンはその逆に、人ほど分からないものはない、という立場に立つようですね。コーエンからの引用のところを見ておきましょう。

「倫理学が初めて人の学をもくろむのであるならば、それならばまた倫理学が初めて人の概念を見いだし得るのである。人の概念が前提・根拠となることなしに、どうして人についての見解が普遍的たり確実たり得るであろう。倫理学が人についての統一的な見解から出発し得るのではなくして、むしろ逆にかかる見解が倫理学の目標でありまたその本来の内容なのである。」(Ethik, S. 3.)

「人」の概念は倫理学の前提・根拠、始発点ではなくて、その学問的な営みを通して到達すべき目標であるということですね。「人の概念が前提・根拠となることなしに、どうして人についての見解が普遍的たり確実たり得るであろう」という文が分かりにくいですが、これは原文では修辞疑問になっていて、実質的には否定です。最後に、「か（?）」を付けて訳した方がいいでしょう。そう言っても、まだピンと来ないかもしれませんが、「人についての見解」というのは、人々が倫理学による探究をする以前に何となく抱いている見解のことです。普通の人がそんなに明確な見解を持っているはずはないですね。当たり前のことです。当たり前のことなのですが、だからこそ、「人」とはどういうものか適当な先入観によって分

かったつもりにならないで、学問的に最初からきちんと考えていくべきだ、という学問的基本姿勢を確認しているわけです。

この箇所を根拠にして和辻は、コーエンにとっての「人の学」は、「人の有（Sein）」の学ではなくて、「人についての一切の認識を可能ならしめる根拠としての人の概念の学」である、と述べていますね。「人の有」と「人の概念」の違いがどうも分かりにくいですね。次のコーエンからの引用も見ておきましょう。

「倫理学は人の学として人の概念の学である。ソクラテスが人において倫理学を考え出したとき、彼は同時に概念を見いだしたのである。人の概念において彼は概念を見いだしたのである。倫理学以前に、また以外に、人の概念はなかった。そのように倫理学以前には一般に概念は存しなかった。右の偉大な帰結は三つの発見、すなわち概念と人と倫理学との発見、の連関から生じたのである。」（同上）

ソクラテスによって、「人」と「概念」と「倫理学」が同時に発見された、と言っているわけですね。これは極端な言い方ですが、ソクラテスが「概念 Begriff」によって物事の本質を考えるやり方を開発した、というのはそれほど特殊な考え方ではありません。哲学というのは、「概念」によって物事の本質を抽出して、その相互連関を探究する知の営みだというのは、間違いないですから。ここでの言い方からすると、コーエンは、私たちが何となく理解しているつもりになっている〝ひと〟とはいったん切り

コーエン

「人の学」は、「人の有（Sein）」の学ではなくて、「人についての一切の認識を可能ならしめる根拠としての人の概念の学」である。

・**「人の概念」**：私たちが何となく理解しているつもりになっている“ひと”とはいったん切り離して、「人」という「概念」を規定する。「概念」というのは、現実を忠実に写し取ったものではなく、イデアのように現実から切りなされた理想形のような意味合い。

・**「人の有」**：「有」は、概念化されている人の現実の在り方。※中世の存在概念の二分法で言うと、コーエンは「本質存在 essentia」≒「概念」としての「人」を倫理学の対象にしたのであって、「事実存在 existentia」≒「有」としての「人」を直接問題にしているわけではない、ということ。

離して、「人」という「概念」を規定したうえで、その「(概念としての)人」について考えるのが、「倫理学」だと思っているようですね。この場合の「概念」というのは、現実を忠実に写し取ったものではなく、イデアのように現実から切りはなされた理想形のような意味合いのようです。そう考えると、和辻がここで「有」と言っているのは、概念化されている人の現実の在り方のことでしょう。前回お話しした、中世の存在概念の二分法で言うと、コーエンは「本質存在 essentia」≒「概念」としての「人」を倫理学の対象にしたのであって、「事実存在 existentia」≒「有」としての「人」を直接問題にしているわけではない、ということになるでしょう。

ここにコーヘンの徹底せる観念論の立場が露出して来る。彼においては「思うこと」が「有ること」を産出するのである。従って人の有は人の概念から産出せられる。概念は何であるかというあるの問いとして見いだされるのであるから、「人とは何であるか」という人の概念から、「人とはしかじかである」という人の有が産出せられるのである。

ここでの和辻の整理が正しいとすると、コーエンは「思考」によって「人」という「概念」が生み出され、それによって「人」の「有(り方)」が規定されるということになりますね。「思考→概念→有」。「何であるかというあるの問い」から「概念」が見出される、という言い方が難しそうですが、これはコーエンが「概念」と言っているものが、「本質存在」とほぼイコールであることを示しています。「これは何であるか? *Was ist das?*」という問いに対する答えが、そのものの「本質存在」だからです。このことを明示するために、ハイデガーは、「本質存在」を、〈Wassein(何〜である)〉という独自に造語したドイツ語で言い換えています。〈Was〉が「何」という意味で、〈sein〉は、英語の be 動詞に当たる sein 動詞の不定形です。それに対して、「それがどこそこに現実にある」という事実が、事実存在であるわけですが、ハイデガーはこちらは、英語の〈that〉に当たる〈daß〉と組み合わせて、〈Daßsein〉という造語で言い換えています。和辻は、ハイデガーの影響を受けて、「何であるかというあるの問い」、というような妙な言い方をしているのでしょう。

当然のことながら、そうした人間の「本質存在」＝「概念」から、「人とはしかじかである」という具体的な現実（＝事実存在）が導き出されるかのような言い方をされると、すごい違和感を覚えますね。「思考」によって「人」の概念が導き出されるのはいいとして、そこから現実の人間の在り方が導き出されるとはどういうことか、哲学者が勝手にそう言っているだけであって、それが人間の現実とどう関係あるのか、と思ってしまいますね。恐らく、和辻は読者にそういう印象を与えるよう、わざと極端なまとめ方をしているのでしょう。私が読む限り、コーエン自身はそういう、いかにも観念論っぽい言い方はしていません。物理的な因果法則に還元することのできない「純粋意志 der reine Wille」というものを想定したうえで、それが「当為」の領域でどのように作用するかを記述することに自己限定しているように見えます。この後の箇所でも言及されている、『純粋認識の論理学 Die Logik der reinen Erkenntnis』（一九〇二）という著作で、「思考 Denken」と「存在 Sein」——ただし、和辻が問題にしている、人間の社会的存在ではなく、数学的自然科学の対象になるような抽象的な存在の話です——の同一性を強調する言い方をしているので、和辻はその延長線上で『純粋意志の倫理学』を読んでいるのではないかと思います。あるいはわざと誤読して、観念論的な「人の倫理学」と、「人間の学としての倫理学」の違いを最初から強調しておきたかったのかもしれません。

ここまで来ると我々はコーヘンがどの点においてカントの人間の学を展開させたかを見分けることができる。カントは人を可想的・経験的の二重性格において規定するに急であって、人の多数性や全体性の問題を曖昧の内に残した。人の全体性は「人の可想的性格の内に探り出すほかはない。しかるにコーヘンは右のごとき二重性格の問題を放棄するとともに、人の概念において多数性や全体性の問題を明らかにしたのである。人性が人の全体性であり共同社会であるということも、人性の可想的性格を思惟の生産の立場から新しく意義づけることによってのみ説かれ得たのである。そこで我々は、コーヘンにおける人間の学の展開を見るために、一応彼の思惟生産の立場を顧みなくてはならぬ。

この辺は説明をかなりすっ飛ばしているので分かりにくいですね。まず、「人」に関して、「可想的・経験的」の二重性の問題と、「多数性や全体性」の問題という二つの問題があって、コーエンは前者にだけ力を入れて、後者は曖昧なままにしてしまったこと、カントは前者を放棄した代わりに、後者はちゃんと論じたということは分かりますね。「可想／経験的」の区別というのは、道徳法則を発見してそれに自律的に従う人と、因果法則に囚われ、経験に基づいて生きている人との区別です。『実践理性批判』と『人間学』が扱っている領域の違いに対応しています。『人倫の形而上学』はその中間領域です。

和辻の見方では、コーエンはその二つの領域での「人」の描き分けを放棄して、思いっきり「可想」寄りに描き出したけど、その代わり、人の共同体的側面をめぐる問題はちゃんと論じているわけです。「多数性 Mehrheit」や「全体性 Allheit」という表現は実際『純粋意志の倫理学』に出てきます。「多数性」、「全体性」は、カントが『純粋理性批判』で示した範疇（Kategorie）表の中に出てきます。範疇というのは、人間が悟性を使用して、対象を認識する際に使用する基本的概念であり、量・質・関係・様相の四種類あり、それぞれに三つの項があります。その内の「量」を構成するのが、「単一性 Einheit」「多数性」「全体性」です。こういう風に説明すると難しく聞こえますが、要はその対象が単独で一つだけあるのか、複数か、あるいは、複数のものが一つのまとまりを成しているのか、という話です。カントはこれをあくまでも認識論のカテゴリーとして提示したわけですが、コーエンは、倫理学にも適用したということです。で、倫理学に適用するとどういう話になるかというと、複数の人がいる時は、一人だけの時とは、振る舞い方が異なります。一つの全体＝共同社会が形成されると、個人の次元とは異なる規範が立ちあがってくるかもしれない。具体的には、宗教と国家の関係、法の主体の統一性、法的人格、国家意志、隣人愛、民族精神、ユートピアなどを取り上げて論じています。そうしたことに注目した点で、和辻はコーエンを評価しています。ただ、コーエンの論じている「共同社会」は、「思惟」によって「概念」として生産されるものとして想定されているので、「思惟生産」とはどういうものか確認しておく必要がある、と言っているわけです。

コーヘンの純粋認識の論理学は、カント風な直観すなわち受容性を全然排除することによって観念的に徹したものである。認識はそれが根源的に学的思惟から産出せられる時純粋であるとせられる。そうして思惟は何らの所与あるいは直観の多様というごときものを待つことなく、原本的にそれ自身の根源から産出するのである。従って学的思惟は根源の思惟であり、論理学は「根源の論理学」にほかならぬ。そこでこの論理学は、思惟が無の迂路を通っておのれの根源から一切の内容を産出することを明らかにし、この産出の仕方をさまざまの判断及び範疇として展開するのである。ここにカントにおける二つの世界の分裂は、一応打ち克たれたように見える。

「受容性」とは外界の刺激から受容することです。「直観」というのは、時間・空間の形象で、対象を捉える感性的直観のことです。カントは『純粋理性批判』で、感性の問題をかなり詳細に論じたうえで、感性的に直観された内容を概念化する悟性、悟性の働きを統制する理性について論じています。そうすると、外から入ってくる感性的刺激と、自己の内なる悟性や理性がどのようにして調和的に働くのかという問題が生じます。そこでコーエンは受容の方は敢えて無視して、人間が自発的に思惟のために必要な概念を作り出していく、ということだけに注目して、「認識」の概念を純化したというわけです。そうすれば、一元的な概念の体系を作り出すことができます。そのことを、「それ自身の根源から産出する」と表現しているわけです。こういう言い方をすると、何か人間の自我が神になったかのような、物凄く神秘主義的な

話に聞こえますね。

　コーエンは確かに、『純粋認識の論理学』で、「存在は自己自身の内に存立するわけではなく、思考によって初めて生ぜしめられる。あるもの（was ist）ではなく、あったもの（was war）が存在を構成する。ただし、そのことによって存在が過去へと送り返されるわけではなく、自己自身の根源（Ursprung）へと送り返される。この存在の向こうにあるはずの根源が、思考以外のどこにあるだろうか」という言い方をしています。ただしこれは、数学における無限分析（Infinitesimal-Analysis）、つまり微積分の応用によって、それまでの自然科学の見方が大きく変わったことを念頭においた話です。直接的に観察することができない無限小、あるいは無限大のものを「存在者」として想定して、それらの運動や相互作用として様々な現象を説明することができるようになりました。分子、原子、電子などについての仮説とか、高校の物理でやる微積分による、各瞬間の運動エネルギーや弾力エネルギーの計算などを念頭におけばいいでしょう。そういう意味での「存在者」を産出するのが、「思考（思惟）」であり、「思考」が根源である、という言い方をするのは、それほどおかしくないでしょう。ただし、それはあくまで、自然科学基礎論とか数学、あるいはそれらの根拠としての認識論や論理学のレベルでの話です。目の前にはっきり知覚できるような形で存在しているものに対して、同じような扱いができるわけではないでしょう。だから、感性的な受容を切り離した、「純粋認識」の論理学である、と最初から断っているわけです。先ほど私が引用した箇所の直後で、コーエンは「思考は存在を発見できるし、発見すべきである」、というもっと謙虚そうな言い方もしています。

　いずれにしてもコーエンは、「純粋認識」に視点を限定すれば、外界と内界の分裂が克服され、自我が自分の中から様々な範疇や判断を作り出す一元論的な体系を構築できると考えたわけです。こういう風にカントの議論を純化して、一元的に体系化していくところに、新カント学派の特徴があります。『純粋意志の倫理学』は、こうした、『純粋認識の論理学』でコーエンが取った方法の倫理学への応用と見ることができるわけです。コーエン自身もそう言っています。

倫理学においては、右のごとき純粋思惟の役目を純粋意志がつとめるとせられている。純粋思惟の最奥の根柢が根源であり、そこから無の迂路によって、すなわち無限判断・連続の法則によって、内容を産出するごとく、純粋意志もまたその根源から、連続によって、産出するのである。思惟と意志とのさまざまの相違にかかわらず、根源よりの産出という点においては変わるところがない。だから論理学が明らかにした種々の根本概念は、そのまま純粋意志の根本概念でもあるのであって、論理学から倫理学へ移されるというわけではない。同一の純粋性の方法が、すなわち根源よりの産出が、ただ問題を変えるだけなのである。思惟が意志に変化すると言い現わしてもすでに言い過ぎであって、むしろ論理的関心・自然の学への関心が、人とその行為及び世界史の概念への関心に変化するというべきである。従って倫理学は純粋意志の論理学にほかならない。

「純粋思惟」がほぼそのまま「純粋意志」に置き換えられている、と考えているわけです。「無の迂路」というのは、微分でゼロに限りなく近付ける、というようなことでしょう。「論理学が明らかにした種々の根本概念は、そのまま純粋意志の根本概念でもあるのであって、論理学から倫理学へ移されるというわけではない」、という文が少し分かりにくいですね。「論理学の根本概念がそのまま純粋意志の根本概念」だというのはいいとして、「論理学から倫理学へと移されるわけではない」、というのが矛盾している感じがしますが、これは、コーエンは論理学で用いられる概念を、倫理学向けにアレンジすることなく、そのまま適用対象をシフトさせているだけ、というネガティヴな意味でしょう。純粋認識のために作り出された概念によって、純粋意志が自分自身を方向付けるかのような様相を呈している、というわけです。

八九頁に出てくる「数学の判断」の章というのは、『純粋認識の論理学』の第二部（Zweite Klasse）のことです。主として微積分など、数学における無限小などの「実在性 Realität」をめぐる問題が論じられている文脈で、「実在性」の問題は精神科学、道徳的認識においても重要であるという応用的な議論が展開されています。どういう話かというと、数理的な自然科学において、有限数が自然の物体の実在性の根底になるわけではなく、微分数が根底になるのと同様に、道徳においても、「人間」の実在性が根拠付け（begründen）られる、ということです。自然のままの人間ではなく、「個体＝不可分のもの Individuum」が「実在性」として根拠付けられるわけです。その流れで、和辻が紹介しているように、「数多性」という意味での〈Mehrheit〉と、「総体性」という意味での〈Allheit〉についても論じられています。〈Mehrheit〉というのは、AとBが同一ではないこと、差異があることによって、数多性が生じるという話で、具体的には数列や時間の継起、加法定理、位置の変化といった問題が論じられています。その延長で、法律上の「数多性」としての「社会 Gesellschaft」について論じられています。〈Allheit〉あるいは〈Allgemeinheit（普遍性）〉というのは、数理的に措定された諸実体が、一つの統一的全体を形成しているという話です。具体的には無理数とか無限級数、積分、力学的空間などについて論じられています。これは、個々の数、あるいはそれらの単純な集合体に注目しているだけでは出てこない概念です。無限級数が収束するという想定は、その全体を予め想定していないと成り立ちません。力が作用する空間全体を想定しないと、力学の法則を導き出すことはできません。その延長で「共同社会 Gemeinschaft」「国家」、「民族」、「法人」についても論じられています。

このように、『純粋認識の論理学』の第二部で示されている概念が、そのまま『純粋意志の倫理学』にも出てくるので、和辻はアレンジを加えずにそのまま使っている、と見たのでしょう。コーエンの倫理学のテクストの内容を説明するために、コーエンの別のテクストとの相関関係を紹介するというのは、面倒な遠回りをしているような感じがするかもしれませんが、コーエンの倫理学の観念性を強調したい和辻としては、それは不可欠な作業だったのでしょう。『人間の学としての倫理学』が刊行される前に既に、コーエンのこの二つの著作の翻訳が刊行されていたこともあって、読者が自分で確かめてくれるだろう、ということを前提にできたのかもしれません。当時の大学生は本当に知的エリートだったので、たとえ翻訳がなくても、新カント学派の主要な哲学者であるコーエンの主要著作くらい自分で当たって、内容を確認するのは当たり前だったのかもしれません。

「意志」の論理学

九〇頁の終わりで、論理学で「人間」の概念を規定したのなら、倫理学はそれに何を付け加えるのか、という問いを立てていますね。

> 倫理学が純粋意志の論理学にほかならぬとすれば、それは何ゆえに事新しく倫理学と呼ばれねばならぬか。それは倫理学が意志の論理学であって有（Sein）の論理学ではないからである。倫理学の問題の特殊性はすべてそれが意志の問題であることに起因する。

説明不足で、和辻が何を問題にしているのか分かりにくいですね。先ず、先ほども出てきた「純粋意志の論理学」ですが、これはコーエン自身ではなく、和辻の表現です。これまでの記述からすると、この表現で和辻が言いたいのは、コーエンの倫理学は、純粋意志が、人間に関係する――純粋思惟によって産出され根拠付けられた――諸概念をどのように論理的に操作するかについての学という性格が強いのではないか、ということでしょう。だとすると、それは方法論的に倫理学というより論理学であり、論理学の応用分野にすぎないということになるのではないか、ということになります。ここまでの書きっぷりからすると、和辻は「その通り！」と言いそうですが、ここで少し軌道転換して、「倫理学」と呼んでしかるべき理由もないわけではない、「論理学」に還元し切れない、倫理学としての特殊性がある、と言っているわけです。そのしかるべき理由というのが、「有」ではなくて、「意志」を中心に据えているということです。

この場合の「有」とは、限りなくゼロに近づくdxとか無理数とか無限級数とか個体とか国家とか、思惟によって実在性を付与された存在者＝概念のことでしょう。「個人」「社会」「国家」といった「道徳的実在物（概念）」が、どのようにして構成され、どのように操作されるのかを主として研究する学であれば、単純に「純粋意志の論理学」と呼べばいいわけです。しかし和辻は、コーエンの「倫理学」の主眼は、それらの概念的実在物それ自体ではなく、それらを通して自己の目的を実現しようとする「意志」の探求にある、と示唆しているわけです。

> しからば意志の問題はいかに思惟の問題と異なっているか。思惟は純粋生産ではあるが、しかし常に対象にかかわっている。その産出せる概念は対象の象徴にほかならない。それに反して意志は、全然対象にかかわらずただ行為にのみ向かう。意志が純粋意志として欲望と異なるのは、欲望が対象に向かうに対して右のごとく対象にかかわらないということである。そこで意志の問題においては、ただ意志の主体のみが取り扱われる。意志及び行為において実現せられる意識の内容は、あくまでも客体ではなくして主体自身なのである。

思惟が産出する概念が、「対象の象徴にほかならない」と言われていますが、これは具体的に実在する事物としての対象を、記号的に表現するという意味です。これは微積分や物理学の「概念」を念頭におけばいいでしょう。これらは、全くの虚構ではなく、具体的な事態に対応し、それを実体化する形で表象しているわけです。「意志」が「全然対象にかかわらず」というのは極端な言い方ですが、これは、カントの倫理学と同様に、自己を道徳的格率によって律することに主眼があって、その行為の働きかけの対象が現実にどういう状態になっているか、自分の行為の結果対象がどうなるかは、二次的な意味しかない、ということでしょう。問題なのは、「対象」ではなく、「主体」であるわけです。「対象」と直接対応するのは、この世界の因果連関の中に組み込まれている「欲望」だというわけです。

この区別をコーヘンは力をこめて強調している。思惟の問題は客体の意識であり、意志の問題は自己意識すなわち自覚である。カントは「意識の統一」と「自覚」とを同義に用いたが、しかし前者は論理学の問題であり、後者は倫理学の問題であって、決して同視さるべきでない。意識の統一は概念の統一における統一であり、概念の統一は客体の統一による統一である。しかるに倫理学は主体の統一を取り扱う。これがここで特に「自覚」と呼ばれるのである。

そこで倫理学は主体の学となり、その根本問題は「自覚とは何ぞや」である。言い換えれば「自我とは何であるか、自我の充実せる全内容を純粋に生産するごとき自我の根源はいかに規定すべきであるか。」この問いからして倫理学における人間の概念が見いだされてくる。

「意識の統一 Einheit des Bewußtseins」と「自覚 Selbstbewußtsein」の区別が少し難しそうですね。前者は、対象に関する様々なデータを、その対象に対応する「概念」の下に取り集め、それが意識の中で安定的に認識されるようにする作用です。『純粋理性批判』では、「意識の統一」は「統覚の統一 Einheit der Apperzeption」とほぼ同義で使われています。「統覚」と諸知覚を一つの対象へと統合して意識する作用です。後者、〈Selbstbewußtsein〉は「自己意識」とも訳せますが、文字通り、自己について意識することです。その意味で、和辻の言うように、客体ではなく、「主体」を統一する作用です。『純粋理性批判』でカントは、「意識の統一」という時の「意識」が、「自己意識」であるかのような書き方をしています。これは、意識において認識が成立するには、それを認識する主体としての自我がそこに居合わせる必要があるというのがカントの前提になっているわけですが、コーエンは「自己意識」というのは、主体としての自己を意識し、確立することで、客体に関する問題ではないから、区別すべきと主張しているわけです。そのう

コーエンの倫理学の構想
人間の根源としての「主体」の成り立ちを問う学。しかし、私たちが普通にイメージする倫理学とは大分違う。
⇒和辻：そうした主体＝人間を掘り下げて探究するという方向性自体は評価しているが、「自我」を起点にしていることは批判的に見ている。

えで、自我による自己産出、つまり自己に関するイメージを統一する作用としての自己意識を探究するのが「倫理学」の課題だとしているわけです。こうしたコーエンの倫理学の構想は、人間の根源としての「主体」の成り立ちを問う学にはなっていますが、私たちが普通にイメージする倫理学とは大分違いますね。和辻は、そうした主体＝人間を掘り下げて探究するという方向性自体は評価しているけれど、「自我」を起点にしていることは批判的に見ているわけです。

> 自我の根源を探るに当たって、コーヘンはまずフィヒテを手づるとする。フィヒテは自我に対して非我を立てた。非我を通じて自我の根源を探るのはまことに正しい道である。しかしフィヒテの非我は「物」「客体」であって主体的な非我ではなかった。知識学の場合にはそれでよいが、主体の学たる倫理学においてはそうであってはならない。ここでは問題はすでに客体を離れている。非我は主体として考えられねばならない。非我とは我れの否定である。我れにおいて否定の迂路・無の迂路によって求められるのは、客体ではなくして我れ自身の根源である。従って非我は、自我がその根源を持ち得る場面としての「人」の概念にのみ関わり得る。自我の根源を探って無の迂路をたどるとき、すなわち非我に面するとき、そこに見いだされるのは他者（das Andere）の概念である。主体的な非我は他者にほかならない。他者が自我の根源であり、従って自我を産出する。「自我は他者の純粋生産によって制約せられ、その他者から生まれ出て来る。でなくては自我は定義され得ない、すなわち産出され得ない。……自己意識は意志にとっても行為にとっても「唯一者としての自己」の意識たることはできぬ。自己はむしろ（他者を含みはせぬが）他者に関係させられねばならぬのである。……自他という以上は自と他とは孤立して存せねばならぬが、しかしまさに自他なるがゆえに孤立せ

ずして相互に連関し、この相互連関において自己意識を形成する。自己意識は何よりもまず他者の意識に制約せられる。この自と他との合一が初めて自の意識を、純粋意志のそれとして、生産するのである。」(Ethik, S. 214f.)

初回にもお話ししたように、フィヒテは諸学の源泉となるべき「知識学」を構想し、その起点として、自我(Ich)が自己自身と非自我(Nicht-Ich)の存在を絶対的に定立するというテーゼを立てました。この定立は、どこまでも進んで行こうとする絶対的自我の運動が、自分とは「異なるもの」の抵抗を受けることによって生じます。自分の思い通りにならない「異なるもの」の抵抗を受けることで、自我は、自／他の違いを意識することを強いられる。外へ拡大し続けていた自己が自分の方へ跳ね返される。「反射する」ことをドイツ語で〈reflektieren〉と言いますが、この言葉はここから転じて、「反省」の意味でも使われます。「対象＝(自我に)向き合って立つもの Gegenstand」——「対象」を意味するドイツ語〈Gegenstand〉は、〈gegen-(～に抗して、～に向かって)〉＋〈Stand(立っているもの、状態)〉という二つの部分に分解することができます——としての〝非自我〟の抵抗によって内へと反転された自我によって、自己と自己ならざるものの境界線が意識化される、ということができます。物心がついていない、つまり自他の区別がはっきりついていない幼児が、最初は全ては自分の思い通りになるかのごとく振る舞っているけれど、机とか柱とかの障害物にぶつかって、自分という存在の限界を認識するようになることを念頭におけば、分かりやすくなるでしょう。この反省によって、自我と非自我の存在が定立されます。こうしたフィヒテの「反省―定立」論は、認識論と存在論を兼ね備えた性格を持っているわけです。

コーエンはそのことを踏まえたうえで、知識学は自我を起点として、全ての知を体系化しようとする理論なので、非(自)我を自我によって一方的に定立されるだけの客体として扱ってもいいけれど、倫理学は主体の学なので、自我だけでなく、非我も主体として扱わねばならない、と言っているわけです。

フィヒテ「知識学」：諸学の源泉

自我（Ich）が自己自身と非自我（Nicht-Ich）の存在を絶対的に定立することが起点。どこまでも進んで行こうとする絶対的自我の運動が、自分とは「異なるもの」の抵抗を受けることによって「定立」が生じる：自分の思い通りにならない「異なるもの」の抵抗を受けることで、自我は、自／他の違いを意識することを強いられる。⇒外へ拡大し続けていた自己が自分の方へ跳ね返される⇒「対象＝（自我に）向き合って立つもの Gegegnstand」としての“非自我”の抵抗によって内へと反転された自我によって、自己と自己ならざるものの境界線が意識化される。⇒この反省によって、自我と非自我の存在が定立。

※「対象」を意味するドイツ語〈Gegenstand〉：〈gegen-（～に抗して、～に向かって）〉＋〈Stand（立っているもの、状態）〉

→フィヒテの［反省―定立］論は、認識論と存在論を兼ね備えた性格を持っている

コーエン：倫理学は主体の学なので、自我だけでなく、非我も主体として扱わねばならない。コーエン＝和辻は、「無＝否定」を媒介にしたそういう循環的な構造がある、と言っている。

「非我とは我れの否定である。我れにおいて否定の迂路・無の迂路によって求められるのは、客体ではなくして我れ自身の根源である」、という和辻の説明が禅問答ぽくてかなり分かりにくいですね。「非我とは我の否定である」というのは、基本的には文字通りの意味ですが、この「否定」を実行する主体も自我であることに注意して下さい。自我が、自分ならざるものを、「非我」として規定するというのであれば、フィヒテと同じことになりそうですが、どうもそうではないようです。そうした「否定の迂路・無の迂路」によって、客体ではなく、「我れ自身の根源」が求められるということですが、この「我れ自身の根源」というのは、「自我」、より正確に言えば、「自我という概念」が生じてくる源泉であるもの、ということでしょう。そして、「自我」の根源として見出されるのが、「主体的非我」＝「他者」であるというわけですが、循環論法みたいですね。実際、循環構造になっていると思います。私なりに筋が通るように説明し直すと、こうなります。

先ず「非我」を規定することを契機として、「自我」は、自分とはそもそも何であるか、自己はどうやって生じて来るのかを考えることになります。最初は、単純に〝自分ではない〟と感じるものが何となくあるだけかもしれないが、それを「非自

我」と名指すことによって、どうしてそれは自分とは異なるのか、という問いが生じてきます。自我が分からないと、それの否定である非自我も分かりません。自我の理解と非自我の理解は、表裏一体の関係にあります。そうした自己の根源をめぐる「反省」を通して、私自身の思い通りにならない、主体性を持った「他者」こそが、「自我（という概念）」の根源だということが分かるということですが、これは、神秘主義的な話ではなく、具体的な人格を持った「他者」との接触、「他者」からの働きかけによって、「自我」という概念が生じて来るということでしょう。これも幼児をモデルに考えればいいでしょう。周囲に「他者」がいなければ、幼児が自我意識を獲得するというのはかなり考えにくいことです。コーエン＝和辻は、「無＝否定」を媒介にしたそういう循環的な構造がある、と言っているわけです。

『純粋意志の倫理学』からの引用の部分もそういう風に読めます。「自我は他者の純粋生産によって制約せられ、その他者から生まれ出て来る〜」という言い方は、まるで「（絶対）他者＝神」による創造のようにも聞こえますが、少なくとも直接的にはそうではありません――わざと神の創造を暗示するような言い方をしているのかもしれませんが。この文を理解するカギは、「他者の純粋生産 die reine Erzeugung des Anderen」という表現をどう理解するかです。「他者」は「純粋生産」に対して意味的に主語なのか、目的語なのか。英語でも、動詞を名詞化したものと〈of〜〉を組み合わせると、どっちか分からない表現ができあがりますね。私は、目的語的な意味合いの方が強いのではないかと思います。そう考えて、「自我は、他者が純粋に生産されることによって制約を受ける形で、その他者から生じて来る〜」と訳すと、先ほど私が言ったような意味に取ることができるでしょう。そう理解した方が、その後の「自己はむしろ（他者を含みはせぬが）他者に関係させられねばならぬのである」という文や「自他という以上は自と他とは孤立して存せねばならぬが、しかしまさに自他なるがゆえに孤立せずして相互に連関し、この相互連関において自己意識を形成する」という文とも整合性がありますね。自己と他者のいずれか一方がもう一方を文字通りの意味で「産み出す」というのではなく、相互作用の中で、自他の区別が意識され、自己の側に、「自己意識」、「自我（概念）」が確立されるということだと考えたらいいでしょう。

しかるに自我を産む他者は、ちょうどそれが他者であるというその理由をもって、人の多数性なのである。なぜなら、人の多数性はどこから来るか、第二の人、傍《そば》の人はどこから来るか、という問いに答えるものはまさに他者の概念にほかならぬからである。コーヘンはそれを次のように言い現わしている。「人が単に個人であるかのごとくに見えるのは仮象である。もし人が個人であるならば、また人が個人である限りにおいては、彼はただ、個人（Individuum）が多数の個人（Individuen）であることによってのみ、またそのことにおいてのみ、個人たり得るのである。人から多数性を引き離すことはできない。」（Ethik, S. 77.）

ここは分かりやすいですね。「他者」が「人の多数性」であるというのは、人は決して単独の「個人」として存在しているわけではなく、常に他の人との関係性の中で個人としての人格を保持している、ということです。ここからも「自我」を生み出す「他者」というのは、神のようなものとか、特定の人物ではなく、人が和辻の言っている意味での「人間」として「存在」する事実を意味することが分かります。

この多数の個人はまた一つの統一を形成する。それを最も純粋につかんでいるのは法律学である。法律学は、数学が論理学に対して持つと同じ地位を、倫理学に対して持っている。で、コーヘンは、法律学における法人の概念の内に、あたかも数学における無限級数のごとき機能を見いだす。家族や民族というごとき自然的団体は、人の統一を示すごとくではあっても、なお多数性の段階にとどまり、真の統一すなわち一つの人格となっていない。しかるに法人は、単なる総和以上に、法律的主体の統一として、総体性にもとづいている。法的組合の意志は個々の人格の意志の総和ではなくして一つの意志である。

「多数性」と「総体性」の違いとして、法学における「法人」を引き合いに出しているわけですね。この後の箇所のコーエンの引用にもあるように、法人としての「組合」は、統一的な意志の主体として「法律行為」をすることができます。厳密に言うと、「組合」の全てが「法人」ではなく、「法人」ではない「組合」は「法律行為」をすることはできないのですが、法学の話をしているわけではないので、細かいことはいいでしょう。団体があたかも一つの意志を持った人格であるかのように振る舞っていると見なす「擬制 **Fiktion**」という考え方は別に法学を勉強していなくても分かりますね。ルソーの「一般意志」論なんかまさにそうです。そういう擬制に関する了解がないと、近代社会は成り立ちません。

「数学－論理学」の関係と「法律学－倫理学」の関係とパラレルだと言っているわけですね。いずれの場合も、前者は後者の応用ですが、一方的に規定されているわけではなく、前者の研究の成果が後者にフィードバックされたり、前者によって後者の主張の様々な含意が明らかになったりします。法学における「法人」と数学における「無限級数」がパラレルな関係にあるというのは、無限級数が規則に従って増えていくので計算することが可能で、一定の値に収束する場合もあることを言っているのでしょう。一つのまとまった単位と見なせるということです。

> コーヘンはこの最高の統一を国家の概念において認めた。法人の自覚は国家の概念である。そうして国家の概念は倫理的自覚の最も精確なる模範である。(…) 国家の概念が意義を持つのは、国家の現実においてではなく、倫理的な自覚の指導概念としてのその価値においてである。

「法人の自覚は国家の概念である」という文がヘンテコで分かりにくいですね。恐らく、「法人」という「総体」は、「国家」というより包括的な「総体」によって根拠付けられているので、法人が自らを法人として自覚する時、それは「国家」の概念の発見に繋がる、というような意味でしょう。「国家の概念」が、「倫理的自覚の最も精確な模範」であるというのは、ヘーゲルの法哲学の弁証法のように、小さな単位の共同体を包括するより大きな単位の共同体になるほど、倫理的規範がより普遍的で明確なものになっていき、そのことが共同体を構成するメンバーによって認識されるようになり、その最高段階が国家である、ということでしょう。

自我の根源としての「他者」

このように、「自我」の根源としての「他者」を見出し、それを起点として、個別性、多数性、総体性を含んだ「人」の概念を展開するコーエンの議論を和辻は、自らの「人間」概念に通じるものとして評価しています。三つの位相における「人」をそれぞれ、単なる概念としてではなく、意志を持って行為し、自己の倫理的な在り方を自覚している主体的な存在として扱っている点を重視しているようですね。ただし、やはり肝心なところでは批判しています。

> しかしコーヘンの人間の学は、前に述べたように、あくまでも人間の概念の学であって、人間の存在の学ではない。個別性・多数性・総体性がただ人間の概念における規定であって人間の存在構造でないならば、それは我々の人間の学とははなはだ遠いものになる。が、この問題に突き当たるとともに我々に明らかになることは、我々の意味におけるごとき存在がコーヘンにおいては全然取り扱われていないことである。

人間の「概念」と「存在（有）」の違いが改めて問題になっていますね。前者の方は、論理的に導き出されるもので、後者は現実の在り方を指していると考えられます。先ほど見たように、コーエンは必ずしも自我の内に働く論理だけから倫理的諸概念を導き出しているわけではなく、他者の介在を認めているし、法人、組合、国家など現実に存在する共同体のことを考察していることを確認したわけですが、和辻は、それでもコーエンは「存在」を全然扱っていない、と言っているわけです。

「自我」の根源としての「他者」を見出し、それを起点として、個別性、多数性、総体性を含んだ「人」の概念を展開するコーエンの議論。

→和辻は、自らの「人間」概念に通じるものとして評価。三つの位相における「人」をそれぞれ、単なる概念としてではなく、意志を持って行為し、自己の倫理的な在り方を自覚している主体的な存在として扱っている点を重視。

※ただし、やはり肝心なところでは批判。

「他者が自我を産出する」、というコーエンの定式だけでは不十分であり、コーエンは「本質存在」のレベルに留まっている。

コーヘンは、「人とは何であるか」という問いから、すなわち概念から、人の有（Sein）が生まれるという。思惟が「有ること」を産むのである。が、この場合の有はまず第一に概念の内容すなわちWassein であって、existentia ではない。何であるかの問いから「何々である」という「である」が生まれるのであって、「何々がある」が生まれるのではない。このような「である」としての有が直ちに人間の存在でないことは言うまでもない。人間の存在は「何であるか」というごとき問いを発生せしめる地盤であって、かかる問いから生まれるものではない。

ここでまた、〈Wassein（本質存在）〉と〈existentia（事実存在）〉の区別が出てきました。「それは何であるか？」という問いに対する答えとして、「本質存在＝概念内容」が導き出されます。イデア論的な発想をしていた中世のスコラ哲学では、本質存在から事実存在が生じるというのが当たり前でした。［神の思考→概念→有］。近代の観念論系の哲学では、神が理性的主体としての「私」あるいは「精神」に置き換えられたわけですが、和辻は、（恐らく）ハイデガーと共に、「（事実）存在」があって初めて、「それは何であるか？」という問いが生じるのだから、「思考」が一番最初に来るのはおかしいと言っているわけです。どうも、先ほどの、「他者が自我を産出する」、というコーエンの定式だけでは不十分であり、コーエンは「本質存在」のレベルに留まっていると、和辻は考えているようです。

しかしコーヘンにおいては、思惟の産み出す内容は同時に対象的な内容であり、従って「であること」はまた「があること」でもあるのである。自然界はかかる意味において思惟より産出せられる有であった。そ

> こで人の概念から産出せられる人の有は、対象的に有るところの人を意味する。かかる人を取り扱う学は、カントの経験学としての人の学と同じく、自然学の一部分にほかならない。従って右のごとき人の有はあくまでも主体的な人間存在と次序を異にする。人の有は「人とは何であるか」の問いより後のものであり、人間存在はこの問いより先のものである。

「自然界はかかる意味において思惟より産出せられる」というのは、先ほど見たように、微積分などによって認識される自然界を構成する数理的な基本的単位の話です。和辻の見方では、コーエンはそれとパラレルに、「人」という概念から、人の（事実）存在を演繹的に導き出すかのような議論をしており、それは、対象として「人」を扱っていることになり、「主体」としては扱っていないことになります。和辻の考え方では、物理や化学の基本法則に基づいて物質の運動・変化の具体的現象を説明するのと同じように、「人は○○である」、と最初に概念的に規定して、そこから、人とは具体的にこうであろうと導き出すようなやり方は、人を主体的な存在として捉えたことにはならないようです。言いたいことは分かりますが、それは哲学において「人」あるいは「人間」について論ずる限り、致し方のないことではないか、同じ哲学者である和辻がそんなことを言っていいのか、という気がしますが、和辻流のオルターナティヴはこれから次第に明らかになっていき、次回読む第二章の最後の節で、最終的に明らかになります。

> 　コーヘンはカントの批判の仕事をただ学の根拠づけとのみ解した。従って批判は学の事実にもとづかねばならぬ。だからカントは第一批判において数学自然科学の事実にもとづきそれらの学の根拠づけをなした。しかるにカントは第二批判において、足がかりとなすべき学を見いだし得なかったのである。これは批判主義の不徹底というほかはない。そこでコーヘンは、数学に対応するものとして法律学を、自然科学に対応するものとして精神科学を、取り上げた。倫理学は心理学・社会学・歴史学などのごとき精神科学の論理学となり、法律学はこの論理学にとっての数学となる。精神科学がなお

学としての厳密さを欠くとしても、少なくとも法律学は確固たる学の事実として立っている。倫理学はこの事実にもとづき、その根拠づけをなさねばならぬ。

和辻から見て、コーエンの倫理学が「人間の主体的存在」には至らず、「人の概念の学」にとどまったのは、カントが三批判でやった仕事をもっぱら「学の根拠付け」と解し、それを継承したつもりになっているところにあるようです。第一批判、つまり『純粋理性批判』は、数学や自然科学的事実の根拠付けであると一応見なすことができます――実際には、これらの領域の根拠付けをすることだけでなく、そのようにして根拠付けることのできない問題は理性の管轄外にあることを示すことがカントの真に意図したところである、という風に理解するのが現代のカント理解の常識です。しかし、第二批判である『実践理性批判』を読む限り、倫理学の基礎原理のようなものは見出せない。「汝の意志の格率が常に同時に普遍的立法の原理として妥当するように行為せよ」、というような厳格な条件を呈示する――現代の英米系の政治哲学や倫理学でよく使われる言い方だと、「テスト」を設定する――ことによって、因果的連関に囚われている行為、つまり欲望を含んでいる行為を排除しただけで、道徳を積極的に規定するような原理は呈示されていない。そこで、コーエンはそれをカントに代わってやるつもりになった。その際に、カントが数学や物理学を基準にして、認識の基本法則を見出し、それを根拠付けたように、数学に対応する法律学や、自然科学に対応する心理学・社会学などの精神科学の基礎にあるものを見出し、それを定式化しようとした。それが、和辻が問題にしている、「概念としての人」であるわけです。

しかしこのコーヘンの考えは同じ学派のナートルプによってさえすでに斥けられている。理論哲学は、理論の理論なるがゆえに、学の事実にもとづいてよい。しかし実践哲学は実践の理論である。実践の法則を求めるのに学の事実にもとづくわけには行かない。学はたとい実践的なるものの学であっても、それ自身理論である。学の事実から見いだされるのは理論の法則であって実践の法則ではない。

ナートルプ

実践の法則はあくまでも実践自身から見いだされねばならぬ（P. Natorp, Praktische Philosophie, S. 30-31.）。

ナートルプは、コーエンの弟子で同僚になった人ですが、理論の基本法則を求める理論哲学と、実践の法則を探究する実践哲学では方法が異なるというわけですね。後者は、理論（理性）自体によって設定された前提からではなく、「実践」それ自体の中から法則を見出さねばならない。細かいことですが、引用されているナートルプの著作の正式タイトルは《Vorlesungen über praktische Philosophie（実践哲学講義）》で、刊行されたのは一九二五年です。ナートルプの没後一年経ってからの刊行で、その更に七年前にコーエンが亡くなっています。該当箇所で確かにナートルプはコーエンを名指しで批判しています。

この見方から言えばコーエンの倫理学は単なる精神科学の論理学として理論哲学にのみ属し、実践哲学ではないということになる。カントが実践哲学のために学の事実を求めず、直接に実践理性の事実をよりどころとしたことは、実践の理論に関する正しい洞察を含んでいたと言わねばならない。もちろんこのような実践の理論が他面において理論の理論としての役目を果たすことは、カントの実践哲学がそのアントロポロギーを根拠づけていることからも知られる。またカントによれば歴史学は実践哲学によってのみ可能になる。吾人は倫理学が精神科学の論理学であるということをも一面において承認するのである。しかしこの場合には実践自身から見いだされた理論がさらに精神科学としての理論を根拠づけるのであって、逆に学の事実としての理論からその根拠としての理論にさかのぼったのではない。

これまでのことを踏まえると、ここはさほど難しくないですね。カントが直接に実践理性の事実を拠り所にしたというのは、実践理性が道徳法則を探究し、それによって自分を律しようとすることを〝事実〟

と見なした、ということです。それを事実と呼ぶことに、私たちは違和感を覚えますが、カントにとっては「事実」だったわけです。前回見たように、カントが「実践的見地における人間学」を構想したことや、実践哲学に基づいて歴史を書こうとしたことが、「実践の理論」に対するカントの洞察の現われだと、和辻は見ているわけです。歴史学というのは、人間の人倫性の発展の観点から世界史の見取り図を描いた『世界公民的見地からの普遍史の構想』のことを言っているのでしょう。和辻は、「倫理学」に、「精神科学の論理学」としての側面があり、それについての重要な基礎付け作業をコーエンが行ったことは認めるが、より重要な「実践哲学」という側面はコーエンの〝倫理学〟から抜け落ちている、と言っているわけです。

> ところで実践の法則を実践自身から見いだすということは、学の立場において学に先立つ地盤にさかのぼるということである。この点が十分に顧みられるならば、純粋意志の立場は純粋思惟の立場からさらに根本的に区別せられたであろう。純粋意志が根源よりの産出であるならば、それは実践的産出であって概念の産出ではない。概念の産出は思惟の任務であり、従って学の立場の仕事である。かかる産出に先立って、実践的に無の迂路を通ずる根源よりの産出がある。それが人間の存在である。概念はかかる実践的産出の思惟による把捉にほかならない。この関係においては人間の概念は人間の存在より生ずるのである。

「純粋意志が根源よりの産出であるならば、それは実践的産出であって概念の産出ではない」、という文が少し難しいですが、この場合の「純粋意志」による「根源よりの産出」というのは、実践を通して——自己をいったん否定する形で——他者との関係性＝人間を生み出すということでしょう。こうした実践によって形成される「人間の存在」こそが、「人間の概念」の源泉であって、その逆ではないというわけです。一〇二頁で和辻は、コーエンの批判的検討を通して、「思惟が有（Sein）を規定するのではなくして逆に社会的なる有（すなわち人間存在）が思惟を規定する」ことが明らかになったとしていますね。社会的存在という言い方はマルクスを連想させます。若い人はもうあまりなじみはないかもしれませんが、マルクスは『経済学批判』（一八五九）で、「人間の意識が存在を規定するのではなく、逆に、その社会的存在（gesellschaftliches Sein）が意識を規定する」と述べています。これは、マルクス主義の人間観を示す有名なフレーズです。第一一節ではマルクスが扱われていることからして、和辻はマルクスを意識してこの辺の議論をしているようです。カントとマルクスの間には、ヘーゲルがいます。マルクスのこのフレーズは、精神が存在を規定するという立場を取った（と一般的に理解されている）ヘーゲルの発想を逆転したものだとされています。和辻は、コーエンが観念論的なヘーゲルの流れを汲んでいると前置きしたうえで、「九　ヘーゲルの人倫の学」に移ります。

ヘーゲルの人倫学

我々は前にカントの Metaphysik der Sitten がアリストテレスのポリティケーの考えを承け継ぐものであると言った。しかしまたカントが人間の全体性を十分に把捉し得ず、本体人の個別性を暗々裏に認めることによってその個人主義的意識を露出していることをも認めた。この方面より見れば超個人的なる全体性による個我の限定はただ個人意識の内部における理性意志と行為との関係に化せられてしまう。Metaphysik der Sitten が試みられるのであるにかかわらず、その Sitte の客観性は見失われ、Sittlichkeit はただ主観的意識の問題に過ぎなくなる。かく個我をば客観的精神の上に置き、個々の人格を重んじて共同態を軽視するという点に注目すれば、カント哲学は古代を離れてプロテスタントの精神から造られているということも言われ得るのである。

「本体人」とは、経験的要素を捨象して、もっぱら理性という面からのみ捉えられた「人」のこと、というより「人の概念」です。第七節で和辻は、アリストテレスの「ポリティケー」の継承者としてのカントを評価したわけですが、ここでは、やはりカントの倫理学を全体的に見ると、共同体よりも個人を先に置くものであり、プロテスタント的な個人主義の影響を強く受けていたのではないか、と指摘しているわけです。『人倫の形而上学 Metaphysik der Sitten』でカントは、法や道徳などの「人倫 Sitte」について論じたわけですが、それはやはり個人の内面性に重点を置いた「人倫」観であって、共同体の存在を踏まえたものでなく、概念的なものに留まった、ということです。〈Sitte〉は、特定の社会に属する人々の道徳的価値を帯びた慣習を意味する言葉です。元々共同体的な意味合いの強い言葉ですが、カントはその共同体性をきちんと描き出すことができなかった。この〈Sitte〉あるいは〈Sittlichkeit（人倫性）〉という言葉が、ヘーゲルにおいてカントとは違った使われ方をするという話が出て来るので、注意して下さい。

一〇三頁を見ると、一九世紀になって、プロテスタントの精神への反抗として浪漫主義が興ってきたと述べられていますね。浪漫主義は中世への憧憬で知られているけれど、和辻の見方では、その根底にあるのは、ギリシア精神への憧憬であり、ギリシア精神の特徴は、「有機的全体性」への関心だとしています。「有機的全体」というのは、個々の人間や動物、植物、鉱物などがそれぞれ独立に存在しているのではなく、大きな生命体のような全体の一部として生きているというような考え方です。「有機的全体」の中に位置付けられてこそ、各人の個性が生き生きと特

プロテスタントの精神への反抗――19世紀の浪漫主義

中世への憧憬。根底にあるのは、ギリシア精神への憧憬⇒ギリシア精神の特徴は、「有機的全体性」への関心。

「有機的全体」というのは、個々の人間や動物、植物、鉱物などがそれぞれ独立に存在しているのではなく、大きな生命体のような全体の一部として生きているということ。「有機的全体」の中に位置付けられてこそ、各人の個性が生き生きと特徴付けられる。

※シェリングは「有機体的全体性」を志向する浪漫主義者だったけど、彼の関心は、人間の共同体ではなく、「生ける自然」。ヘーゲルは、このシェリングの「生ける自然」観を、共同体の中での「精神」の働きをめぐる議論として読み替えた。

シェリング

徴付けられる、と浪漫主義者は考えました。

ヘーゲルはシェリングを介して、浪漫主義の影響を受けた、ということですね。シェリングは、一八世紀末から一九世紀初頭にかけてイェーナで活動した初期浪漫派のグループの有力メンバーでした。彼はヘーゲルより五歳年下なのですが、早熟の天才で、一五歳でチュービンゲン大学の神学校に入学し、ヘーゲル、ヘルダリンと親しくなり、初期のヘーゲルに思想的に大きな影響を与えました。シェリングは「有機体的全体性」を志向する浪漫主義者だったけど、彼の関心は、人間の共同体ではなく、「生ける自然」に向けられていた、と述べられていますね。ヘーゲルは、このシェリングの「生ける自然」観を、共同体の中での「精神」の働きをめぐる議論として読み替えたわけです、

> このことはヘーゲルに働き込んだ二つの影響の総合を意味する。彼は若くよりプロテスタント的神学的精神とギリシア精神との影響を並び受けた。それは哲学においてはカント・フィヒテの影響とシェリングの影響とである。彼はシェリングの思弁的自然学（Spekulative Physik）を広義の倫理学に移すことによって精神哲学を仕上げた。すなわち彼はカントの実践理性の優位の立場においてギリシア精神を生かせたのである。そこでアリストテレスの全体主義的な立場は旺然としてヘーゲルの内によみがえって来る。生ける全体性はまさに人倫的な実体である。が、この実体はまさに主体であり、しかも実践的な主体であって、認識主観にながめられ得る客体ではない。ここにカントの精神が力強く活かされる。ただカントにおいて単に可想体であり従って無規定であった主体は、今やあらゆる客観的な姿に己れを表現するところの人倫的実体として、充実せる規定を含んだ具体者となるのである。

難しそうな言い方をしていますが、ポイントは単純です。ヘーゲルはカントから、理論理性よりも実践理性を優位に置き、人間を実践の主体と見る見方を継承したが、プロテスタント的個人主義は継承しなか

ヘーゲル

理論理性よりも実践理性を優位に置き、人間を実践の主体と見る見方をカントから継承したが、プロテスタント的個人主義は継承しなかった。⇒シェリング経由で、ギリシア精神を継承して、アリストテレスのように、「人倫的な実体」をベースに考えるようになった。⇒その結果、ヘーゲルの実践の主体は、カントの場合のように、無規定、のっぺら坊な主体（サンデル「負荷なき自己 unencumbered self」）ではなく、歴史の中で形成された人倫の中で具体的な形、身体性を得た主体になった。

「精神 Geist」の発達をめぐるヘーゲルの体系は、個人が従うべき道徳規範を探究する狭い意味での倫理学ではないかもしれないが、アリストテレス的な意味での「倫理」、共同体における人間の「生」を問題にする。

った。それに代わって、シェリング経由で、ギリシア精神を継承して、アリストテレスのように、「人倫的な実体」をベースに考えるようになった。その結果、ヘーゲルの実践の主体は、カントの場合のように、無規定の主体、つまりどのような共同体に属し、いかなる価値にコミットしているのか分からないのっぺら坊な主体、サンデルの言い方では「負荷なき自己 unencumbered self」ではなく、歴史の中で形成された人倫の中で具体的な形、身体性を得た主体になった、というわけです。「精神 Geist」の発達をめぐるヘーゲルの体系は、個人が従うべき道徳規範を探究する狭い意味での倫理学ではないかもしれないけれど、アリストテレス的な意味での「倫理」、共同体における人間の生を問題にしている、と言うことができる。一〇五頁で和辻はそう指摘しています。ヘーゲルの倫理学というと、多少ヘーゲルを知っている人であれば、個人の権利意識が家族や市民社会といった「人倫」の諸形態を経て国家の『法哲学』（一八二一）のことを思い浮かべるでしょうが、和辻は『精神現象学』（一八〇七）に結実する、「精神」を論じた初期の論考も、実は「倫理学」のテクストであると指摘しているわけです。「精神」というと、いかにも主観的な意識とか神の話のようですが、そうではなくて、共同体的な倫理をベースとした議論である、ということです。

その証拠として彼が挙げているのは、初期ヘーゲルの「思弁哲学の体系 Das System der speculativen Philosophie」の構想です。ヘーゲルは一八〇三年から〇四年にかけてイエーナ大学でこのタイトルで講義を行っており、その講義の告知文では、思弁哲学は、「論理学と形而上学、すなわち超越論的観念論」「自然哲学」「精神哲学」の三部門で構成されるとされています――和辻は「一七九九－一八〇二？」としていますが、Felix Meiner Verlagから出ているヘーゲル全集の情報を信用することにします。この第三部門に関するヘーゲルのメモが残されていますが、その内容の大半が、所有、家族、承認をめぐる闘争、民族など「人倫」に関するものになっています。そのより具体的な内容に相当すると思われるのが、『人倫の体系 System der Sittlichkeit』（一八〇二／〇三）というテクストです。ただし、これはヘーゲルの生前未発表です。それとほぼ同じ頃に書かれた論文「自然法の学的取り扱い方について Über die wissenschaftlichen Behandlungsarten des Naturrechts」（一八〇三）でも「人倫」の問題が論じられていて、これらを踏まえて『精神現象学』が成立するわけですね。

この節ではかなりの紙幅を割いて、『人倫の体系』の中身と、ヘーゲルの思想形成におけるその意義について論じられています。かなり長いので、ピンポイントで大事なところだけ取り上げていきたいと思います。カントの時もそうですが、和辻はメジャーな思想家のマイナーなテクストに意義付けするのが得意な感じですね。この辺に、デリダのフランス現代思想の理論家に通じるところがあるように思えます。因みに、フランクフルト学派の第三世代の代表ホーネット（一九四九－　）も、主著『承認をめぐる闘争』（一九九二）で『人倫の体系』を詳細に検討しています。その意味でも、和辻がこの著作に関心を寄せているのは興味深いです。

しからばかく精神哲学として展開し来たった『人倫の体系』とはいかなるものであるか。それはヘーゲルがあらわにEthikとして書いた唯一の著作でありながら、しかもアリストテレスのポリティケーを型取った社会哲学であって、いわゆるEthikではない、と言われるものである。しかしまさにその理由によって、この人倫の学が我々の意味における倫理学であることは明らかであろう。それは

なおシェリングの用語に縛られた生硬な作であり、また後のヘーゲルの体系から見ればかなり整わないものであるが、しかし人倫の理念において彼が個人的・社会的なる人間の全体性を捕えようとしたことは、ここに明白に看取することができる。

〈Ethik〉という言葉についての注釈は、これまで見てきたことの繰り返しなので、どういうことか分かりますね。和辻は、『人倫の体系』がまだまとまった著作でないことを認めながらも、「人倫」という視点で、個人的であると共に社会的な人間の二重性を捉えようとしていたことを評価しようとしているわけですね。体系的に整った『精神現象学』や『法哲学』でかえって失われたものがあると見ているようですね。実際、『精神現象学』では、人間の共同体的関係性としての「人倫」をめぐる社会哲学的問題が後景に退いて、「精神」という抽象的実体が自己自身に関わりながら発展しているかのような様相を呈しますし、『法哲学』になると、国家の法が主役になり、それ以外の「人倫」の諸形態はそれが登場するまでの前段階的な役割しか与えられていません。

人倫の体系は絶対的人倫の理念を認識しようとする。絶対的人倫の理念とは、絶対的実在性（差別を含んだ無差別）をば、統一としてのおのれの内に取り戻すことである。かく取り戻された統一、すなわち差別を含んだ無差別は、絶対的全体性に他ならぬ。人倫とはかかる生の全体性、本来の現実性である。それは存在のあらゆる契機を含み、特殊と普遍、主観と客観を合一する。この全体性を普遍の契機より見れば絶対的民族であり、特殊の契機より見れば個性の絶対的合一である。

禅問答のようなとっつきにくい言い方をしていますが、理念としての「絶対的実在性（差別を含んだ無差別）」を、「統一としておのれの内に取り戻す」ということがポイントです。差別を含んだ無差別というのが難解な感じがしますが、ここで言う「無差別」というのは、ロゴスによる分節化作用を受けて概念的に区分される以前の状態、主客未分化の状態ということでしょう。「差別＝差異を含んだ」というのは、いったんロゴスによる分節化を受けて、各個体へと分化しているのだけど、その根底においては同じものとして絶対的に統一されている、全体性を形成しているということでしょう。全員が完全に一体となっている共同体が原初にあって、そこから各人が自意識を持った個人として分化し、そうした諸個人が共同体へと再統一され、お互いの絶対的同一性を確認し合うことが、「絶対的人倫」だと考えればいいでしょう。お馴染みのヘーゲルの弁証法的発展図式で言うと、［正→反→合］になっているわけです。そういう分化と再統合の過程を見極めるのが、『人倫の体系』の課題であるわけです。

そこでまず出発点においては、アリストテレスがなしたと同じように、個人の立場が抽出され、個別性が原理とせられる。そうして個別者の内部において差別と無差別、普遍と特殊とが取り扱われる。この第一段階において絶対的人倫は自然として現われるのである。人倫の普遍的な契機すなわち民族は内部にかくれ、多様な実在、あるいは個別性、個々の人が表面に現われる。生ける全体から見れば単に抽象的な一面に過ぎないこの個別者の内部において、いかに本来の全体性が回復されようとするか、それが第一段階の課題である。（…）そこで普遍は、個別者の上に浮動する抽象的普遍であるとともにまた個別者の内なる光であるという矛盾に現われる。それが個別者すなわち主観を普遍者すなわち客観の方へ追いやるもの、すなわち衝動なのである。個別の立場における全体性の回復はかかる衝動の形において行なわれる。ここに特殊と普遍との同一が、不完全な合一すなわち「関係」として規定せられるのである。そこで自然的人倫はまた「関係による絶対的人倫」とも言い現わされる。これが最も個別的な欲望から、きわめて共同的な家族にまで展開せられている。この展開はすべて個別的主観的なるものが普遍的客観的なるものに転ずることを通じて両者の総合に達するという三段の移り行きによって説かれるのである。

「絶対的人倫」が「自然として現われる」というのは、漠然としていて掴みどころがなさそうな表現ですが、恐らく、少し後に出て来る「衝動」のことを言っているのでしょう。つまり、個人の内に「全体性」を回復しようとする欲望が生じて来ることを、「人倫の普遍的な契機」と見ているわけです。当然、最初の段階では、個人の内に働く一方で主観的な衝動でしかなく、客観性はありません。「自然的人倫＝衝動」の発展には、（A）「実践的感情」と（B）「叡智」の二つの段階があり、（A）と（B）にそれぞれ三段階があります——「叡智」の原語は〈Idealität〉で、現代日本の哲学用語で普通に訳すと、「理念性」です。ヘーゲルはかなり細かく段階分けしていますが、その割に、それぞれの段階の説明があまりコンパクトではないので、話の筋が見えにくいですね。元のテクストが未公刊であまり整っていないので、和辻も説明に苦心したのではないかと思います。なるべく分かりやすく再構成してみたいと思います。

▼ 即自（an sich）：ヘーゲル弁証法の用語で、まだ対象として客観的に把握されていない状態のこと。〈an sich〉というドイツ語の素朴な意味は、「それ自体に即して」。ここでは、自分の内に主観的感情は働いていても、外部と関係付けられていないということ。
▼「対自 für sich」というのは、対象として外から客観的に把握されている状態。〈für sich〉の元の意味は、「それ自体にとって」。
◆「労働」：外界に対する働きかけを通して、その成果を所有する営み。労働を通しての外界との関わりを通して、それまでもっぱら主観的に働いていた感情が客観化される。

実践的感情と叡智

（A）から見ていきましょう。（一）「実践的感情の即自の段階、すなわち主観としての感情」。この段階で働くのは、内と外の区別を生み出す分離の感情です。分離の感情しか働いていないこの段階では、全体の回復の欲望はまだ前面には出ていません。即自（an sich）というのは、ヘーゲル弁証法の用語で、まだ対象として客観的に把握されていない状態のことです。〈an sich〉というドイツ語の素朴な意味は、「それ自体に即して」です。この場合は、自分の内に主観的感情は働いていても、外部と関係付けられていない、ということでしょう。（二）「実践的感情の対自の段階、すなわち客観としての感情」。主観から客観への移り行きがあり、「労働」が「所有物」になると述べられていますね。「対自 für sich」というのは、対象として外から客観的に把握されている状態のことです。〈für sich〉の元の意味は、「それ自体にとって」です。それはいいとして、それがどう「労働」と関係するのか。「労働」は、『精神現象学』でも重要な位置を占めており、そこからマルクスは「労働」をめぐる階級闘争の論理を導き出したとされています。ここで言われている「労働」というのは、外界に対する働きかけを通して、その成果を所有する営みを指していると考えられます。労働を通しての外界との関わりを通して、それまでもっぱら主観的に働いていた感情が客観化されるということでしょう。そこで獲得されるものの種類によって、「植物」「動物」「叡智あるいは人」の三段階に分かれると言っていますが、これは対象がある程度、主体の在り方を反映していて、主体に近い存在であるほど扱うのが困難であり、その分だけ主体の自己把握に寄与する、ということではないかと思います。

(三)「実践的感情の即自かつ対自の段階、すなわち主観としての感情と客観としての感情との総合」。「即自かつ対自」というのは、文字通り「即自」と「対自」が一致している状態、つまり、それ自体としての無自覚的な在り方と、外から概念的に把握された在り方とが一致している状態です。それが「子供 Kind」「道具 Werkzeug」「話 Rede」の三段階に分かれるとしています。両性の自然感情が即自(主観)かつ対自(客観)的に総合して、「子供」が生まれるというのは、分かりますね。「道具」の場合は、それを使う労働の主体にとっては自らの身体の延長のように感じられるという意味で主観的ですが、その労働の対象の側から見れば客観的な性質を持っているということになり、両者の中間ということになります。「話」については、前の二つの「全体性」である、すなわち「理性の道具」、「叡智者の子供」である、と述べられていますね――「叡智者の子供」の原語は〈Idealität des Kindes〉なので、普通に訳すと、「子供の理念性」です。これだけだと、あまりに比喩的で何のことか分かりませんが、それを更に言い換えて、

「叡智の個体においてあり主観的であるが、その物体性においては客観的普遍的である」と述べられています。つまり、「話」は一方において理性的な存在者である個々の人間が抱く主観的な感情の発露と見ることができるわけですが、他方では、言語記号として普遍的な客観性をもって通用する物質的性質も持っている、ということです。その主観面は「身振り」、客観面は「物体的記号」で、両者が合わさって「音による話」が成立するわけです。

「話」に関して既に「叡智」という側面が出てきましたが、一一一頁から一一四頁にかけて、改めて（B）「叡智」の三段階について論じられています。「実践的感情においては個別が支配者であったが、ここでは普遍が支配者となり、個別特殊が観念的なものに規定せられる」、と述べられていますね。もう少し分かりやすく言い換えると、人々の知恵によって普遍性を備えた仕組みが生まれ、それによって、各人の在り方が規定されるようになる、ということです。

第一段階として、「労働と所有物との純実践的・実在的・機械的な関係」ということが述べられています。まず、各個人の主体的な行為としての「労働」という観念が確立・共有され、それに伴って、各人に固有の「労働」とその「産物」の範囲が限定されます。もう少し詳しく言うと、もともと複数の人が生命を維持するために一緒に何かをやっていたはずですが、「労働」という観念によって、それが各主体ごとの独立な営みとして分割された形で理解されることになり、それに伴って所有も確定します。次に、お互いの所有者としての地位を承認し合うようになります。それによって、所有物は、正しいとされる所有物、つまり「財産」になります。「財産の」普遍性を抽象すると、法＝権利（Recht）になります。ドイツ語の〈Recht〉には、「法」「権利」「正義」といった意味があります。

第二段階については、「過冗労働と財産とによって個人的な関係（すなわち己れの使用のための労働や己れの労働を破壊する享楽）は止揚せられる。労働と所有物とは普遍的になる。ここに普遍者たる法が働き出すのである」、と述べられています。簡単に言うと、余剰物を交換するようになり、そのため、所有物の等価性を決める共通の尺度としての「価値」、権利を相互に移転するための「契約」、その契約を規律する「法」が確立されるということです。いったん個人化された労働の産物を、社会全体としてやりとりする仕組みが出来上がる、ということです。

　第三段階については、「前の両者の無差別。交換や所有物承認の関係がここで全体性となる。これが同時に衝動の最高段階であって、個別性の立場における普遍の最高の現われである」、と述べられていますね。この言い方も恐ろしく抽象的ですが、具体的な内容としては、普遍的交換の媒体としての「貨幣」の出現と、社会の構成単位として「個人」の確立ということです。ただし「個人」には二面性があるということです。すなわち、（a）「人格」としての無差別＝平等性と、（b）生の力の不平等ゆえの差別、支配隷従の関係です。（b）の支配隷従というのは、あくまで個人と個人の間の力関係に基づくものであって、人倫的、つまり道徳性を含んだ関係性ではありません。この意味での差別が克服された人倫の形態として（c）があるようです。

（c）支配隷従の関係が無差別化せられると、そこに自然的人倫の全体性としての家族がある。家族においてこれまでのあらゆる特殊性が合一せられ、普遍者に化せられている。すなわち家族は欲望と性的関係と親子関係との同一である。欲望について言えば、男と女と子供との絶対的自然的合一においては、人格や主観の対立は消え、過冗は一人の者の財産とはならず、財産についての契約もなくなる。過冗や労働や財産は絶対的に共同態的である。性の関係においても同様に差別はなくなる。しかしこの無差別はそれ自身特殊であって、ただ二人の個人の関係にのみ限る。それが婚姻であって、契約よりも高い段階に立っている。最後に子供は家族の最高の全体性を現わし、自然的人倫の段階においての絶対者・永遠なるものである。

ここは分かりやすいですね。ここまでの流れでは、労働や財産の所有をめぐって諸個人が分立し、法や権利によって相互関係が調整される形で繋がっているものの、能力による格差が拡大し、人々の関係が不安定になっていくことが強調されていました。それに対して、ここでは、少なくとも家族の中では、個人間のぎくしゃくした関係は、夫婦や親子の親密な関係性へと転換され、安定した関係性が生じる。家族は互いに助け合って、外の仕事で挫折した個人を助ける。市民社会の等価交換の論理とは別の関係性が、家族の中で成立しており、そこに人は一定の道徳性を認めるわけです。

この最後の「自然的人倫の段階においての絶対者・永遠なるものである」というフレーズ、及び、これに続く段落冒頭の「以上が自然的人倫すなわち衝動の段階である」というフレーズで、ヘーゲル＝和辻の言いたいことが多少はっきりしてきました。貨幣や法によって、諸個人の関係が媒介される「叡智（理念性）」の段階でも、依然として「自然的人倫＝衝動」であるというのは語感的にヘンな感じがしますが、「家族」がそうした、冷たい関係性を和らげ、人倫の基盤として十分に機能しているのであれば、それはまだ「自然的人倫」あるいは「衝動」の段階である、とヘーゲルは言いたいのでしょう。家族は、「契約」というよりは、自然的な「衝動」に基づいて成立するわけですから――こういう見方は、現代だと特定の家族観を前提にしているということで、フェミニストに批判されるところだと思いますが。無論、貨幣経済や法＝権利の体系が発展するに従って、家族の力は弱まるのでしょうが、それでもまだ共同体的な絆を維持している段階というのを想定しているのでしょう。

人倫の哲学の最高の任務

当然、予想されるように、絶対的人倫の発展は、「自然的人倫」の段階で留まりはしません。この段階はいったん「否定」されます。「否定」と言っても、家族が文字通り解体するという話ではなく、家族では制御できないような問題が起こって来ます。個人間の差異が大きくなりすぎて、家族ではどうしようもなくなるわけです。そこで第二段階が始まるわけですが、この段階は「否定的なるもの、あるいは自由、あるいは犯罪」と呼ばれています。「自由」と「犯罪」が並置されていることに違和感がありますし、和辻の説明も分かりにくいですが、これは自然な人倫（共同体）を決定的に否定するものとして、この二つが考えられる、ということです。個人が「自由」に振る舞うようになれば、共同体は解体します。他者の人格を否定する「犯罪」は、共同体的関係性を具体的に破壊します。犯罪に対しては、復讐的正義や良心といった対抗作用が起こるということですね。

この第二段階を超えたところに、第三段階が生じるということですね。第三段階は、個人間の実在的差別を活かしながら、諸個人を絶対的な普遍性の中で再統合します。それは「人倫の生ける全体性」としての「民族 Volk」だということですね。一一八頁を見ると、ヘーゲルはその静態を「国家の構造」として、動態を「統治」として把捉したということですね。現代では、「民族」と「国家」は異なるというのは常識ですが、ヘーゲルの時代にはまだ明確に分けて考えられていませんでした。

国家の「静態における人倫の体系」には三つの契機があるということですね：（一）絶対的陶治、絶対的利他、最高の自由と美を目指して変遷し続ける徳＝絶対的人倫、（二）法や権利の基礎となるお互いの間の正直＝相対的人倫、（三）（一）の無差別と（二）の差別に依拠しながら、いずれも明確に自覚しないで、ただ信頼を寄せる素朴な人倫。この三つの契機にそれぞれ対応して、三つの身分があるということですね。（一）に対応するのは、統治や勇気、財産や所有の安全保障を担当する絶対的身分、（二）に対応するのは、市民ブルジョワ、（三）に対応するのは、農民階級です。

「統治」にも三つの形態があります。（一）は、身分の違いを止揚した祭司や長老による絶対的統治。神的な権威によって根拠付けられる統治ということですね。（二）は、経済生活を統治する欲望の体系、司法によって諸個人の権利を保障する正義の体系、諸個人を教育して民族に固有の風俗や秩序を作り出す訓練の体系の三つの体系から成る普遍的統治。（三）は、民主制・貴族制・君主制のいずれかの形を取る自由統治。いろいろ細かなことが述べられていますが、一二三頁で総括されています。

> 『人倫の体系』の説くところはほぼ以上の通りである。それが人間の存在構造の分析であることは一目瞭然であると思う。もとよりそれは後の『法の哲学』のように整ったものではない。しかし人間の存在を個別と普遍との統一において把捉しようとする意図は全篇を貫ぬいている。特にヘーゲルの考え方の特徴として注目すべきことは、この個別と普遍との統一が一面において個人と社会との関係を意味するとともに、他面において主体と客体との関係を意味していることである。主体が客体化することを通じて己れを実現するという過程は、特に衝動の段階において顕著に説かれている。しかしそれはたとい個別者の立場において考えられる場合でも、個人対社会の関係を捨象して単に個人意識における主観と客観との関係として取り扱われるのではない。衝動は主観を客観の方へ追いやるものであるが、しかしそれは同時に個人を社会の方へ追いやるのである。抽象的に個人として措定せられたものはその本質においては生ける全体性であり、従って個人の欲望や労働として取り扱われるものは具体的には社会における個人の欲望や労働である。だから衝動の立場においてすでに財産や貨幣や、ついには家族までが取り扱われ得たのである。かく見れば人倫の体系において展開せられるあらゆる契機は、具体的なる人間存在のそれぞれの契機として、言いかえれば最後に到達せられた具体的普遍を絶えず前提としつつ、理解せらるべきものであろう。

「人間の存在」が「個別」と「普遍」の統一であるというのは、これまでの和辻の議論でも繰り返し主張されてきたことですね。それが初期ヘーゲルの議論にもあることを見出したわけですが、ここで注目すべき新たな要素は、主体の客体化でしょう。諸個人は自らの主観の世界にずっと留まっているわけではなく、

ヘーゲルにとっての「人間の存在」

「個別」と「普遍」の統一。主体の客体化。諸個人は自らの主観の世界にずっと留まっているわけではなく、「労働」する。「労働」＝客体へと働きかけ、具体的に成果を出す。⇒その産物に、主体の個性が現われる。生産あるいは創作という形で、主体と客体が再合一化するという発想はヘーゲルとロマン派に共通。

※和辻は、この客観化が社会化も含意している、と指摘。

主体を客観化する技術が発展する中で、労働の産物に対して所有権を保証する権利、それを交換する市場、主体相互の関係を制御する統治システムなども発達。家族も、自然の衝動（情）による結び付きという側面だけでなく、生産や消費、相互扶助のための共同体という側面もある。アダム・スミスは、経済が発展するのに伴って「分業」という形で、労働が社会的に組織化されていくことを指摘。この時期のヘーゲルは経済に関心を持っていて、英国の重商主義の経済学者ジェイムズ・スチュアートとスミスを研究していたことが知られている。

「労働」の場合がそうであるように、客体へと働きかけ、具体的に成果を出そうとします。その産物に、主体の個性が現われているわけです。生産あるいは創作という形で、主体と客体が再合一化するという発想はヘーゲルとロマン派に共通しています。和辻は、その客観化が社会化も含意している、と指摘しているわけです。先ほど見たように、主体を客観化する技術が発展する中で、労働の産物に対して所有権を保障する権利、それを交換する市場、主体相互の関係を制御する統治システムなども発達してきます。家族も、自然の衝動（情）による結び付きという側面だけでなく、生産や消費、相互扶助のための共同体という側面もあるわけです。先ほどのヘーゲルのテクストには直接出てきませんが、アダム・スミスは、経済が発展するのに伴って「分業」という形で、労働が社会的に組織化されていくことを指摘しており、この時期のヘーゲルは経済に関心を持っていて、英国の重商主義の経済学者ジェイムズ・スチュアート（一七一三－一八〇）とスミスを研究していたことが知られています。

一二四頁以降、もう一つの『自然法の学的取り扱い方について』という論文の内容が紹介されています。ホッブズ－ロックの経験主義（個別）と、カント－ヘーゲルの形式主義（抽象的普遍）の双方を批判的に検討したうえで、ヘーゲル自身の立場として、先ほどの「具体的普遍」を打ち出しています。抽象的普遍と具体的普遍の違いは字面だけからでは分かりにくいですが、後者は歴史的な経緯を経て、段階的に現われてくる普遍性だと理解しておいて下さい。

> ホッブスの問題は次のごとく言い現わすことができる。「いかにして物理的自然から人倫的自然が出て来たか。」あるいは「自然状態としての何らの連絡なきアトム的個人が、いかにして統一や秩序の状態に達したか。」この問いのホッブス的な解決に対するヘーゲルの批評はこうである。経験論は経験的事実から恣意的偶然的なものを取り除いて最小の必然的なものに達しようとする。そうしてこの根源的な統一から他の一切を説明しようとする。その根源的な統一が渾沌である。人倫の場合にはそれが人の自然状態とせられる。経験的に与えられている法的状態からあらゆる恣意的偶然的なもの、すなわち過ぎ行く特殊な風習として歴史や教養や国家に属する一切のものを取り除き、ただ絶対に必然的なもののみを残せば、そこに赤裸々な自然状態における人が、すなわち抽象人が成り立つ。それがアトムとしての個人である。しかしこの抽象は絶対的否定的な統一にまで達するのではなく、特殊や対立の多数を消すとともにまたさまざまな規定を残している。アトム的な個人は相互の間の統一を持たずしてしかも人としてのさまざまな欲望を持つのである。そこで彼らは絶対的な抗争に陥る。この抗争が人倫のエネルギーである。

ホッブズの自然状態論で、「人は人に対して狼である Homo homini lupus」とされていることはご存知ですね。ホッブズはそういう人間観を持っていたんだ、と漠然と理解されることが多いですが、ヘーゲル＝和辻はそれについて、ホッブズは「経験的に与えられている法的状態からあらゆる恣意的偶然的なもの、すなわち過ぎ行く特殊な風習として歴史や教養や国家に属する一切のものを取り除く」形で、「自然状態」とそこに生きる「個人」を抽出した、と解説しているわけです。これ自体は教科書的な説明なのですが、ヘーゲル＝和辻は、その取り除き＝抽出が不純だったと指摘しているわけです。つまり、現実に社会の中

で生きる人間は、特殊な利害をめぐって対立しているのだけれど、その対立し合うという性質を、「個人」に付与したままにした、というわけです。対立を緩和するために歴史的に形成された風習・制度や教養を取り去って、個人の対立的な性格だけを残す形で、「自然状態」をイメージし、そこで何が起こるかシミュレーションしたら、諸個人の対立が激化し、戦争状態に達するというのは当然だろう、とヘーゲル＝和辻は言っているわけです。経験論を標榜していながら、本当の意味で、社会的現実（人倫の諸制度）に根差しておらず、自分なりの「個人」観に基づいて議論を進めていることを批判しているわけです。因みに「教養」の原語は、〈Bildung〉で、これは「形成」という意味です。古代・中世以来の「人間性 humanitas」教育の理念と結び付いて、日本語の「教養」に近い意味で使われるようになる――この辺の経緯については、拙著『教養主義復権論』（明月堂書店）で説明したので、詳しくはそちらをご覧下さい――わけですが、ヘーゲルの場合、「形成された制度・慣習」を同時に意味するような使い方をしているので、「教養」という訳はよくないのですが、日本のヘーゲル業界では、未だに「教養」という訳を使っています。和辻も、そのちょっとまずい訳を使っているわけです。

自然状態の抽出の仕方の不徹底性に関するこうした批判は、既にルソーがホッブズなど自分以前の社会契約論に対して行っています。ヘーゲルもその影響を受けていたのかもしれません。ただ、ルソーの場合は、現実の社会に生きる人間の属性を排除した代わりに、自分なりの動物観をモデルにした「野生人」を、「自然状態」の住民として導入したので、余計に妙なバイアスがかかってしまったわけですが。

ホッブズは、自分が諸個人に残しておいた好戦的性格ゆえに、「自然状態」が「戦争状態」になるとしたうえで、それだと生命の保証がないので、安全保障第一の観点から人々は国家を創設し、自然的な自由や権利を譲渡しないといけないということになるわけですが、そうなると、国家は個人の自然な欲望を抑圧する形で統治するということにならざるを得ません。

> 従って自然的個人と人工的国家とは、互いに相排除するものとして、対立的に固定せられるのである。これは個人と社会とをいずれも抽象化し非真実化することにほかならぬ。絶対的人倫は右の両者を同一として含むものである。

「個人」と「国家」の間の関係を媒介していた制度や慣習を取り去ったせいで、両者を相互排除的に描き出さざるを得なくなったわけですから、ヘーゲルはその媒介していたものをちゃんと描くべきだと指摘しているわけです。カントやフィヒテはこうした社会契約論的な枠組みにおいて不可避的に生じる「国家」と「個人」の間の対立を理論的に克服すべく、人間の実践理性に根ざした普遍的道徳性や合法性を探究したわけですが、「無差別的全体性」と「差別的個人性」、「抽象的普遍性」と「現実的経験的な自然の多様性」を対置する二元論的な前提に立っていたので、結局、ホッブズと同じ袋小路に陥った、というのがヘーゲルの見立てです。

> かくしてヘーゲルは、抽象的個人の立場や抽象的普遍の立場を斥け、これらをただ絶対的人倫の契機として示そうとするのである。実在的絶対的人倫が抽象的普遍と抽象的個別とを己れの内に合一しているとすれば、その絶対的人倫は直接的には個別者の人倫であり、しかもこの個別者の人倫の本質はまさに実在的な従って普遍的絶対的な人倫なのである。

言い回しは難しいですが、言わんとしていることは分かりますね。「抽象的個人」、及び「抽象的普遍」（＝国家）をそれぞれ実体的なものとして措定すると、その間に克服しがたい対立が生じるので、ヘーゲルは両者を絶対的人倫の二つの側面であり、一体不可分になっているような体系を描こうとしたわけです。両者の一体性を示すために、ヘーゲルは個人の倫理というニュアンスの強い〈Moralität（道徳性）〉という言葉を避けて、ギリシア語の〈ēthos〉のニュアンスに近い〈Sitte（人倫）〉という言葉を採用したということですね。既にお話ししたように、〈Sitte〉は、抽象的な道徳性だけでなく、「風習」という意味合い

「抽象的個人」、及び「抽象的普遍」（≒国家）をそれぞれ実体的なものとして措定すると、その間に克服しがたい対立が生じる⇒ヘーゲルは両者を絶対的人倫の二つの側面であり、一体不可分になっているような体系を描こうとした。⇒個人の倫理というニュアンスの強い〈Moralität（道徳性）〉という言葉を避けて、ギリシア語の〈ēthos〉のニュアンスに近い〈Sitte（人倫）〉※という言葉を採用した。※〈Sitte〉は、抽象的な道徳性だけでなく、「風習」という意味合いを含んだ言葉。

▼初期ヘーゲルの「民族」。この「民族＝ポリス」は、成育・変転する「生ける風習」によって枠付けられ、一定の形態（Gestalt）を保っており、それが法律の「生ける根底」にもなっている。一定の発展段階に達すると、法律が固定化され、風習と乖離して、両者が対立する事態が生じる。そうした両者の微妙な関係を認識し、絶対的人倫にとっての「最も美しい形態」を見出すことが、人倫の哲学の最高の任務。

初期のヘーゲルは、アリストテレスを継承し、和辻にとっても好ましい仕方で、具体的・歴史的な「人倫」論を展開している。

を含んだ言葉です。

一三〇頁で、初期ヘーゲルが「民族」という言葉で論じていたのは、アリストテレスの「ポリス」に相当するものである、ということも指摘されていますね。この意味での「民族」は「個人」に先行し、個人の魂は「民族」の精神の中で培われるということですね。この「民族＝ポリス」は、成育・変転する「生ける風習」によって枠付けられ、一定の形態（Gestalt）を保っており、それが法律の「生ける根底」にもなっているわけですが、一定の発展段階に達すると、法律が固定化され、風習と乖離して、両者が対立するという事態も生じてきます。そうした両者の微妙な関係を認識し、絶対的人倫にとっての「最も美しい形態」を見出すことが、人倫の哲学の最高の任務だというわけです。

このように初期のヘーゲルは、アリストテレスを継承し、和辻にとっても好ましい仕方で、具体的・歴史的な「人倫」論を展開しているわけです。既にお話ししたように、この段階でもヘーゲルは、「精神」という言葉を使っていますが、それはあくまで「人倫」の意味でした。しかし、ヘーゲルの関心は次第に、「絶対的人倫」という形で自己を現わす「絶対者＝絶対精神」の「認識」に向かって行き、「精神」の自己認識＝自己現前化の過程を描き出すことを目指すようになります。原初において自他未分化であった「精神」が、人間を含む、様々な事物を作り出して、自己を外化し、それらの中に自己の本質を見出すけれど、そこに満足して留まることなく、より高次の自己認識をすべく、より高次の創造を行い……という形で、［正↓反↓合］の弁証法が進んでいきます。神が当初は無意識であり、創造を通して自己認識を行っている、というようなイメージで考えればいいでしょう。「人間」は、そうした神の自己認識の道具のような位置付けです。人倫の諸形態を含め、全ての物は、その中間の生産物のような位置付けになります。その新しい方向の結実が、『精神現象学』であるわけです。そのため『精神現象学』では、認識の問題が前面に出てきます。『人倫の体系』で論じられた内容は、全く破棄されたわけではなく、「絶対精神」の発展段階論の中に取り込まれたということですが、和辻はそれによって人倫的な共同体の位置付けが後退することになった、と見ています。一四三頁をご覧下さい。

しかし精神現象学における人倫は、それが「精神」の一つの発展段階として絶対的でない点において『人倫の体系』と著しく趣を異にする。人倫が実現せられるまでの諸段階においては、すべてが「人倫の国」を目指すように説かれた。しかし人倫の段階に至ればそれはもはや目標ではなくして一つの過渡段階に転化してしまう。それは再び自己分裂によって前進しなくてはならぬ。

家族や民族のような人倫の共同体は、もはや「絶対精神」の自己展開が通過していく中継点としてしか価値を持たないものと見なされるようになったわけです。晩年のヘーゲルは『法の哲学』で再び、自然法の形で生成する人倫の諸形態を論じていますが、それは「精神の哲学」の応用であって、人倫の諸形態自体を重視する議論にはなっていない、ということですね。「精神の哲学」では何がまずいのかと言えば、一五〇頁で述べられているように、「絶対精神は、精神の自己認識にとってこそ究極の原理であり得るが、あらゆる非合理を含む人倫的現実性にとっては究極の根柢たり得ない」からです。では、和辻から見て、ヘーゲルは精神の自己認識という枠組みをどう発展させればよかったかというと、そこでもしヘーゲルが、差別的限定の無差別たる絶対者を絶対否定的全体性として人倫的組織の背後に認めたならば、そこにこそ人倫の究極の根柢が見いだせたであろう。そうして彼の説く人倫的全体性のそれぞれの形態は、かかる絶対否定的全体性の自己限定的表現として、初めて生ける全体性としての根柢を得来たるであろう。かかる立場に引きなおして見れば、自他不二的なる自己意識の運動においての行為の意義や、自他不二において自他を活かせる人倫の国の意義が、絶対者の自己否定による自己実現としてあらわになって来るのである。

抽象的な言い方をしているので、「精神の哲学」とどう違うのか分かりにくいですが、要は視点を「精神」から「人倫的組織」に戻して、「人倫的組織」自体が、個と全体が融合し、その中で各人の行為が意義付けられる「生ける全体」になっていることをきちんと観察すべきということです。各人の行為は、個人の行為であると同時に、「人倫的組織」の一員としての行為にもなっているわけです。「絶対否定的全体性」という表現の「否定」というのは、前回見たように、「否定」という形での、自己限定あるいは自己規定だと考えればいいでしょう。私は、私の周囲の事物とは異なるし、私と同じような姿をし、立ち居振る舞いをしている彼（女）とも違うという形で、個人の意識や生き方が規定されます。また、他の家族とは異なるとか、他の民族とは異なるという形で、家族や民族の意識や組織が規定されます。ただし、そうやって確立された個人、家族、民族は自立的に存在する実体ではなく、同時により大きな全体の一部にもなっています。否定という形での自己規定、相互規定する全体的なネットワークがあって、その中で諸個人や人倫の諸組織が存在し、かつ、常に生成変化していることを、「絶対否定的全体性」と言っているのでしょう。

無論、専門的なヘーゲル研究者であれば、『精神現象学』や『法の哲学』でも、各段階の「人倫」は決して単なる通過点扱いされているわけではなく、その統合的機能について十分に検討されていると言うことでしょうが、和辻には不十分に見えたわけです。

かく見れば人倫の哲学は、絶対的全体性を「空」とするところの人間の哲学としても発展し得るのである。ヘーゲルが力説するところの差別即無差別は、あらゆる人倫的組織の構造であるとともに、またその絶対性においては「空」であるほかはない。かかる地盤において初めて人間の構造が、あくまでも個人であるとともにまた社会であるとして明らかにせられ、従って人間の存在が、自他の行為として常に人倫的組織の形成であることも明らかになる。ヘーゲルが人倫について語ったところは、右のごとき視点よりしてさまざまに活かし得られるであろう。かかる意味においてヘーゲルの人倫の学は、倫理学にとっての最も偉大な典型の一と呼ばれてよい。

「空」を軸にした「人間学としての倫理学」の構想（ヘーゲル→和辻）

個人も各人倫の組織も完全に自立して、自己充足的に存在していることはなく、「全体」という絶対的否定性＝「空」によって規定されていて、それから逃れることはできない⇒自己の中に、自分には制御できない、自分で決めた自分のアイデンティティ（自己同一性）を否定するように作用する「空」がある。個人や人倫の諸組織を分離すると共に、（再）統合する「空」が働いているからこそ、個人性と多重の共同体性を包含する「人間の存在」が可能になる。

ここで「空」と表現されているのは、やはり前回見たように、「否定」のことです。個人も各人倫の組織も完全に自立して、自己充足的に存在していることはなく、「全体」という絶対的否定性＝「空」によって規定されていて、それから逃れることはできません。自己の中に、自分には制御できない、自分で決めた自分のアイデンティティ（自己同一性）を否定するように作用する「空」がある。個人や人倫の諸組織を分離すると共に、（再）統合する「空」が働いているからこそ、個人性と多重の共同体性を包含する「人間の存在」が可能になります。和辻は、そうした「空」を軸にして「人間学としての倫理学」を構想しているわけです。

しかしヘーゲルはこのような人倫の学をでき得るだけ精神の哲学の中に融かし込み、人倫の現実の諸段階をただ観念の発展、概念の進行において

フォイエルバッハ

のみ理解しようと努めたのである。思惟する精神が己れの内容を把捉しようとするのである限り、この処置は当然と見らるべきであろう。この側面より見ればヘーゲルは人間存在をすべて思惟から発出せしめているように見える。精神の立場に立つことがすでにそれを意味しているのである。精神は彼によれば己れを知るところの現実的な観念であり、己れを差別することを通じて―無差別に還るその運動もまさに思惟の運動にほかならない。

フォイエルバッハの人間学

先ほど、コーエンに対する批判でもそうだったように、和辻は「概念」の論理的展開として「人倫」の諸形態を体系的に導き出すような形式主義的なアプローチでは、「あらゆる非合理を含む人倫的現実性」を捉えることはできない、という立場を取っています。「精神」というのは、そうした概念を生み出す思惟の運動でしかないので、それではダメだというわけです。無論、現実よりも、「精神」の概念的運動を重視しているように見えるヘーゲルを批判したのは、和辻が最初ではありません。ヘーゲル左派と呼ばれる人は、そこを批判しました。「一〇　フォイエルバッハの人間学」では、その代表格であるフォイエルバッハ（一八〇四―七二）が取り上げられます。

批判の第一の要点は、思惟と有（Sein）との統一に関する。人間存在を思惟から発出せしめるようなヘーゲルの考え方は、根本において思惟と有との同一という考えにもとづいている。そこでフォイエルバハは、この「有」を、ヘーゲルの論理学から救い出そうとするのである。ヘーゲルは「有」を哲学の初めとしてそこから出発した。しかしそのような「有」は思惟における有、思想規定としての有、すなわち「有の概念」であって、現実的な、具体的・感性的な有ではない。

フォイエルバッハについての標準的な説明

ヘーゲルは、具体的な規定を持たない原初的な「有 Sein」がどのように否定＝規定されて、規定された有＝「定有」へと生成し、その「定有」が更なる否定＝規定を受けることでどうなるかといった問題を厳密な論理で探究⇒フォイエルバッハ：ヘーゲル哲学は、抽象的な思考のレベルに留まるので、現実の「有」、特に人間の「有」を把握することはできない→人間の「具体的・感性的な有」を見るべき。

※「感性的」というのは、身体を通して様々な知覚や情念を経験している、生身の存在であるということ。

※「思惟」と、経験的なものである「有」は本来対立する関係にあるのであって、「思弁」によって「有」を捉えることはできない。

※ヘーゲルの「精神」＝「絶対者」が、古い神学の神が偽装したものに他ならないことを問題視：フォイエルバッハはヘーゲル哲学に代わる新しい哲学の道を開こうとする。それは、「神の学」から「人の学」への転換。

　ここは分かりやすいですし、フォイエルバッハについての標準的な説明にもなっています。ヘーゲルは、具体的な規定を持たない原初的な「有 Sein」がどのように否定＝規定されて、規定された有＝「定有」へと生成し、その「定有」が更なる否定＝規定を受けることでどうなるかといった問題について、論理学的に厳密な議論を展開していますが、抽象的な思考のレベルに留まるので、現実の「有」、特に人間の「有」を把握することはできない、とフォイエルバッハも考えたわけです。彼は、人間の「具体的・感性的な有」を見るべきだと考えたわけです。「感性的」というのは、身体を通して様々な知覚や情念を経験している、生身の存在であるということです。フォイエルバッハに言わせれば、「思惟」と、経験的なものである「有」は本来対立する関係にあるのであって、「思弁」によって「有」を捉えることはできません。

　フォイエルバッハはまた、ヘーゲルの「精神」＝「絶対者」が、古い神学の神が偽装したものに他ならないことを問題視します。

> 死せる神学の精神がヘーゲル哲学の中を幽霊としてさまよっている。神学の神は情緒なき情緒を持ち、愛なくして愛し、怒りなくして怒る。そのように思弁哲学も、時間なき存在、持続なき定有、感覚なき性質、本質なき本質、生なき生について思弁する。ヘーゲル論理学における本質は、自然や人の本質には違

いないが、しかし本質なく自然なく人なき本質である。同様に彼は人間の法や宗教や国家や人格性などを、人なくして思弁した。かかる哲学は仮装せる神学にほかならぬ。その本質はまさに合理化せられた神の本質である。

ピンと来にくい言い方をしていますが、要はキリスト教の神が人格神であると言いながら、生身の人間の感情や生からかけ離れた抽象的な感情や生しか持たない、抽象的で死んだような存在だったということ、そうした性質をヘーゲルの「精神」が事実上引き継いだということです。生身の人間の現実の性質とは言い難い、抽象的で漠然としたものが、「精神」の本質と見なされ、かつ、その「精神」の現われとしての法、宗教、国家、各人の人格性も、抽象的で現実離れしたものになってしまった。

そこで、フォイエルバッハはヘーゲル哲学に代わる新しい哲学の道を開こうとするわけです。それは、「神の学」から「人の学」への転換です。

「人の学」は肉体を持たざる抽象的な自我や有を思惟の中に融かした精神などの立場に反抗して、思惟と感性、精神と物質の統一としての「人」の立場に立つ。「だから新しい哲学がその認識原理すなわち主体とするのは、自我でもなく絶対的（すなわち抽象的）精神でもない。一言にして言えば抽象的な理性ではない。そうではなくしてまさに人の現実的また全体的な本質である。理性の絶対性、主体は、人のみである。人が思惟するのであって、自我や理性が思惟するのではない。」（S. W., II, S. 339.）「新しい哲学は神学を人の学の中へ完全に、絶対的に、矛盾なく解消する。なぜならそれは古い哲学のごとく神学を理性の中で解消するのではなく、人の全体的現実的な本質の中で解消するのだからである。」（…）「新しい哲学は人の地盤としての自然をも含めての人をば、哲学の唯一の、普遍的な、最高の対象とする。すなわち生理学をも含めての人の学をば普遍学たらしめる。」（do., S. 343.）しからば哲学はその根柢において人の学であり、そうして「人」は単に思惟する自我ではなくして思惟の主体たる感性的、自然的な「有」なのである。

ここは分かりやすいですね。人間を理性からだけではなく、身体と共に感性的に生きている存在者として捉え直す、ということです。ヘーゲル哲学は、神を理性に置き換えただけだったので、神学的な抽象性を自らの体系に持ち込んでしまったけど、自分の「人の学」では、感性・身体を含めた全体的な人間を扱うので、神から人への転換を完遂することができるはず、と強気の姿勢を見せているわけです。

一五八頁で、フォイエルバッハが人を動物から区別する特徴は「意識」だとしているのは、ヘーゲルの影響だと指摘されていますね。意識が対象の内に自己の本質（に対応するもの）を認識するという図式も継承されますが、フォイエルバッハは、その「対象」と「本質」を拡張します。つまり精神的対象の内に自己の精神を見出すだけでなく、感性的な対象の内に自己の感性的能力を見出すこともある、ということです。例えば、芸術作品を見る場合、その理性的な法則性の内に自己の理性に対応するものを見るだけではなく、自己の感性に感応するものも見出す、ということでしょう。

フォイエルバッハは更に、人間が個人としての内的生活において自己内対話を行うことに注目し、自己を他者の位置に置く能力を持っており、我と汝の関係として自己意識が成立していると指摘します。そうした内なる他者との関係を、フォイエルバッハは自らの「類 Gattung」との関係と呼んでいます。それについて、和辻は、「人」は単なる個別的肉体的な人ではなく、必然的に個人的・社会的なものであり、「人間」とならざるを得ないことをフォイエルバッハが理解していたとして高く評価しています。

フォイエルバハは精神を斥けることによって人倫に帰った。この事情をさらによく示すものは、ヘーゲルの人倫における家族の規定、すなわち「愛」が、フォイエルバハにおいて一層力説せられていることである。ヘーゲルにおいては愛は一般に自他の統一の意識として最も巨大なる矛盾であった。愛においては人は独立を欲しない、しかも他の内に没入することによって自を獲得する。これは彼が自己意識の運動として、人倫を実現する根本的な方向と見たものである。しかし愛はあくまでも「感覚」であり、自然的な人倫の合一性であった。だからそれは特に性愛として取り扱われている。しかるにフォイエルバハは、右のごとき愛を取って有を有たらしめる感性の頂上に置くのである。「有の対象としての有は感官、直観、感覚、愛の有である。従って有は直観、感覚、愛の秘密である。」「愛は我々の頭の外に対象があるということの、真の有論的証明である。愛、感覚一般よりほかに有の証明はない。」(…)しかも愛は我れと汝との関係、人と人との統一にほかならない。しからばフォイエルバハは、ヘーゲルが人倫的合一性としたちょうどそのものを彼の哲学の原理とし、そこに一切の有の根柢を認めたのである。

ここも比較的分かりやすいですね。ヘーゲルは、人倫の一形態としての家族を成り立たしめているものとして、「愛」による絆を位置付けていました。先ほどの『人倫の体系』にも出てきました。その「愛」を、フォイエルバッハは彼の言う、人間の「感性的有」の頂点に位置付けたわけです。その意味で、フォイエルバッハは、人倫の合一性の根拠をめぐる初期ヘーゲルの考察を発展させたと考えることができます。

このようにポジティヴに評価した後で、しかしフォイエルバッハは、「神の学」を「人の学」に転じ、「有」を「思惟」から救い出すことに焦りすぎて、「我と汝」の関係を成り立たしめている間柄が何によって成立しているか突きつめていない、先ほどの「愛」も、認識能力の一つのような扱いに留まっている、とその限界を指摘します。

だから愛は人倫的共同態の規定であるよりはむしろ哲学の原理として力説せられたのである。このような態度にとっては、人と人との間の実践的行為的な連関や、それにおいて成立する人倫的組織は、注意の中心を逸し去らざるを得ないであろう。これがフォイエルバハの人間学を力弱きものたらしめた最も主要な欠点である。

「愛」を頂点とする「感性」が重要だとしながら、それを、「実践的行為連関」や「人倫的組織」がいかにして生み出されるのかといった最も肝心な点を論じてないので、フォイエルバッハの人間学は中途半端なものになってしまったわけです。「愛」がどのように「実践的行為連関」へと展開するのか論じていないせいで、明確な「道徳」観を打ち出すこともできなかった、ということですね。

マルクスの人間存在──和辻はいかにマルクスを読んだのか？

「一一　マルクスの人間存在」では、そのフォイエルバッハを批判・克服した人としてマルクスを取り上げています。いかにも日本的な倫理学を展開したイメージの強い和辻がマルクスを評価するというのは、意外な感じがしますね。ヘーゲル↓フォイエルバッハ↓マルクスというのは、左翼系の社会思想史の定番コースですが、和辻もそのコースを辿っているところが面白いですね。

初期マルクスが、神とは人間の「類的本質 Gattungswesen」を、人間自身の外に投影して作り上げた擬人的表象にすぎないので、その「本質」を人間自身に取り戻さねばならないとした、フォイエルバッハの『キリスト教の本質 Das Wesen des Christentums』（一八四一）を評価すると共に、その「本質」が「愛」という主観的なものに留まっていることを批判したのは有名な話ですね。その批判が、古典派経済学の研究と共に、マルクスの思想形成の原点となったとされています。和辻も、マルクスが、フォイエルバッハをヘーゲルの呪縛からの解放と見ると共に、批判的に乗り越えようとした、というところから話を始めます。

> マルクスのフォイエルバハに対する批評は、類の概念や我れと汝の共同態の概念においていまだ人の本質すなわち人の社会的存在が把捉せられていないことを明らかにするにある。フォイエルバハは抽象的孤立的な「人」という個体を仮定し、かかる個体から抽象せられた普遍性としての「類」を取ってそれを人の本質と見た。だから人の本質は個々の個人に内在する抽象的なものとせられてしまう。

和辻の説明するマルクスのフォイエルバッハ批判のポイント

フォイエルバッハは、現実の共同体に存在する人間ではなく、ホッブズやカント、フィヒテと同様に、抽象的な孤立した「人」という個体を想定し、その個人の中に類的本質、つまり他の全ての人間と共有する「本質」としての「愛」を見出したつもりになった。

→マルクス：抽象的な個人から抽出した“本質”は、「社会的関係性の総体」とは言えない。

そもそも、そういう風に「孤立した人」を想定すれば、ヘーゲル的な思弁哲学と同じことになってしまう。フォイエルバッハが、「人」を「感性的存在（有）」と見ていたこと自体は評価するが、それは主観的な感性に留まっていて、社会的な実践としての「感性的活動」にまで達していない。

それによって人の全体性を捕えたとするのは思弁哲学への逆戻りである。孤立せる人などというものはどこにもない。人は常に社会的関係において有るのである。だから人の本質は社会的関係の総体にほかならない。フォイエルバハは人を社会的連関の中に置くことをしなかった。彼が人を「感性的対象」としたことは「純粋な唯物論者」よりも非常に優れている点であるが、しかし彼は人がまた「感性的活動」であるという洞察にまでは達し得なかったのである。

少々ややこしいですが、和辻の説明するマルクス批判のポイントは分かりますね。フォイエルバッハは、現実の共同体に存在する人間ではなく、ホッブズやカント、フィヒテと同様に、抽象的な孤立した「人」という個体を想定し、その個人の中に類的本質、つまり他の全ての人間と共有する「本質」としての「愛」を見出したつもりになったわけですが、そうやって、抽象的な個人から抽出した〝本質〟は、「社会的関係性の総体」とは言えない。そもそも、そういう風に「孤立した人」を想定すれば、ヘーゲル的な思弁哲学と同じことになってしまう。マルクスはフォイエルバッハが、「人」を「感性的存在（有）」と見ていたこと自体は評価するけれど、それは主観的な感性に留まっていて、社会的な実践としての「感性的活動」にまで達していない、というわけです。

そこでかの「フォイエルバハに関するテーゼ」の初頭の有名な言葉が出てくる。「フォイエルバハをも含めての在来の唯物論の主要欠陥は、対象、現実、感性が、客観という形式で、あるいは直観の形

式の下に把捉せられ、人の感性的活動、すなわち実践として把捉せられざることである。すなわち主体的に把捉せられざることである。」

「フォイエルバッハに関するテーゼ」は一八四五年にマルクスが書き残した覚書で一一のテーゼから成ります。エンゲルス（一八二〇－九五）の『フォイエルバッハ論』（一八八六）の改訂版（一八八八）に付録として収められています。日本では、『ドイツ・イデオロギー』（一八四五－四六）の翻訳に付録として収録されているので、『ドイツ・イデオロギー』の一部として認識している人が結構います。引用しているのは第一テーゼの最初の部分です。第一一テーゼの「哲学者たちは様々な仕方で世界を解釈してきただけだが、肝心なのは世界を変革することだ」に次いで有名なところです。

いろんな左翼批評家によって論評されている箇所ですが、素朴に読むとひどく分かりにくいですね。従来の唯物論が、「対象、現実、感性」を、「客観」という形式で、あるいは「直観」という形式でしか把握していない、ということをマルクスが批判するのはいいとして、その代わりに、「感性的活動」として捉えるべき、というのがどういうことか分からない。「感性」と「感性的活動」がどう違うのか分からない。「感性的活動」と「感性」の違いが分からないと、唯物論者であるマルクスが、そんなぼんやりした主観的捉え方をしていいのか、と思ってしまう。その「感性的活動」なるものが「実践」と言い換えられていることの意味もよく分からない。〝主観的な実践〟なのかと思ってしまう。そうした捉え方を、「主体的」と特徴付けることの意味もよく分からない。どうして、〝感性的＝主体的〟ということになるのか？

普通のマルクス主義系の解説は、この「感性的活動」を、「労働」へと集約される、身体的感性を動員して、自然へと主体的に働きかける活動という意味で理解することで、辻褄を合わせるのですが、それでも「感性」と「感性的活動」の違いがすっきりせず、そのため、それが何故「実践」と呼ばれるべきか、すっきりしないままのことが多いです。和辻の文脈で、「活動」や「実践」を個人の営みではなく、共同体的な行為連関、あるいは、その中に含まれる個々の行為であると考えると、この辺の繋がりがすっきり呑み込めます。そう理解すると、マルクスが言う「主体（主観）的 subjetiv」は、和辻の言っている意味での、「人間」としての「主体性」だということになります。

> ところで人を感性的活動として主体的に把捉し、それを社会的連関の中に置くということは、とりもなおさず「人」を「人間」として把捉することである。「人の本質が社会関係の総体」であり、「あらゆる社会的生活が本質上実践である」（テーゼ六、八）ならば、かかる「人」は実践的行為的連関としての「人間」以外のものであることはできぬ。しからばマルクスは、「人」を自然対象とする唯物論を斥け、活動実践としての「人間」の主体的存在を強調したのである。マルクスにおける社会の強調は、人を主体的人間に転ずることにほかならない。

「感性的活動」の「主体性」を強調すると、何となく、主観を重視する個人主義＋観念論のように見えて、唯物論者としてのマルクスのイメージに反するので、マルクス主義者はフォイエルバッハ・テーゼの解釈に苦慮します。初期マルクスは依然としてヘーゲル的観念論の呪縛を完全に脱していなかった、ということにして、矛盾を回避することが多いのですが、和辻は、マルクスの唯物論というのは、文字通り物質を中心に考える理論ではなく、物質のような具体性・実体性を有しているように見える「社会関係の総体」を基盤として、個人や集団の振る舞いを理解する理論だと解釈しているようですね。

『資本論』（一八六七）の前身に当たる、『経済学批判』に、先にお話ししたように、「人間の意識が存在を規定するのではなく、逆に、その社会的存在が意識を規定する」という有名なフレーズがあります。和辻はこれも、「人間」論の観点から理解しています。マルクスにあっては、「人」が「実践的関係における社会的関係の全体」として規定されていると指摘したうえで、以下のように述べています。

――従って、「人の意識が人の有（Sein）を規定するのではなく、反対に人の社会的に有ること

（gesellschaftliches Sein der Menschen）が彼らの意識を規定する」と言われる。人々が社会的に有ることは、すなわち人間存在である。この人間存在はマルクスにとって単なる対象的な有ではなかった。それは「人の生活の社会的生産」であり、「人の物質的生産力の一定の発展段階に相応する生産関係」である。だから右のテーゼは次のごとくにも言い換えられる。「物質的生産や物質的な交わりを発展せしめる人々は、この現実とともに、また思惟や思惟の産物をも変える。意識が生活を規定するのではなくして、生活が意識を規定するのである。」人間生活すなわち人間存在が思惟や意識を規定する。かかる人間存在が意識に対して「物質」と呼ばれるのである。

普通のマルクス主義では、［社会的存在＝生産関係＝物質］と単純に理解するのですが、和辻は「生産関係」を、文字通りの意味での物質の「労働－生産」だけではなく、それを中心とする人間生活全般という意味で理解しようとしているわけですね。先ほどお話ししたように、和辻的な意味での「人間存在」こそがマルクスにとっての「物質」だと明言していますね。

マルクスにあって、「人間存在」＝物質だと言っただけだと、マルクスが「人間」をどう捉えていたのか曖昧ですが、一七〇頁で少し詳しく論じられています。

孤立的に存在する「人」がある発展段階において社会を結成するのではなく、人が人となったときにすでに社会的なのである。すなわち「人」は初めより「人間」なのである。従ってこの人間存在における

和辻は、マルクスの唯物論というのは、文字通り物質を中心に考える理論ではなく、物質のような具体性・実体性を有しているように見える「社会関係の総体」を基盤として、個人や集団の振る舞いを理解する理論だと解釈。
普通のマルクス主義では、［社会的存在＝生産関係＝物質］と単純に理解。
和辻は「生産関係」を、文字通りの意味での物質の「労働ー生産」だけではなく、それを中心とする人間生活全般という意味で理解しようとしている。
和辻的な意味での「人間存在」こそがマルクスにとっての「物質」だと明言。

マルクスの「交通 Verkehr」
私たちが「交通」と呼んでいるものだけでない。
→コミュニケーション、交際、交渉、更には他者との「間柄」といった広い意味 ⇒「交通」の中で、「意識」と「言語」が同時に発生する。※「意識」も「言語」と同様に、社会的産物だというのは、かなり思い切った見解。

近代哲学の常識：「意識」は、個人の意識として発生し、しかる後に、言語を介して他者と交渉するようになってから、社会性を帯びるようになる。

↕

初期マルクス：「意識」は最初から社会的な関係性の中から生まれ、その時点で既に「言語」と一体化していると主張。そこに和辻は注目。※初期マルクス＝和辻は、「意識」が表面的に物質的なものに左右されるだけでなく、根源的に、物質＝人間存在によって、言語を媒介する形で構成されると示唆。⇒［交通―意識―言語］の相互作用によって「間柄（関係性）」が作り出され、それが前の三者にフィードバックして変化させるプロセスを想定し、そのプロセスの中で「人間」が生成する、という動的な図式を描こうとする。

※戦後日本のマルクス主義系哲学をリードし、マルクスの物象化論と、現象学で言うところの「間主観性 Intersubjektivität」を統合する議論を展開した廣松渉がこの問題についてかなり突っ込んだ研究。廣松と同じような視点から、和辻が初期マルクスを読んでいたのは興味深い。

自他の交通が、意識を産み、言語を産む。「言語は意識と発生の時を同じくする——言語は、その『有』について言えば、実践的な、他の人のために有り従ってまた私自身のためにも有るところの、現実的な意識である。が、その生起について言えば、意識と同じく他の人との交通の欲望・必要から初めて生起する。間柄（Verhältnis）が存すれば、それは私にとって存する。動物は何物とも間柄を結ばない。一般に他との間柄を作るためにあるふるまいをするということをしない。動物にとっては他とのかかわりは間柄としては存せぬのである。だから意識は初めからすでに社会的産物である。」

引用部は『ドイツ・イデオロギー』からです。「交通 Verkehr」というのは、文脈から分かるように、私たちが「交通」と呼んでいるものだけでなく、コミュニケーション、交際、交渉、更には他者との「間柄」といった広い意味を持ちます。この「交通」の中で、「意識」と「言語」が同時に発生するというのは興味深い考え方です。言語が社会的な間柄から生まれて来

るというのは至極当然の考え方ですし、「言語」と「意識」が不可分の関係にあるというのも当たり前の考え方ですが、「意識」も「言語」と同様に、社会的産物だというのは、かなり思い切った見解です。「意識」は、個人の意識として発生し、しかる後に、言語を介して他者と交渉するようになってから、社会性を帯びるようになる、というのが近代哲学の常識的な考え方だと思いますが、初期マルクスは、「意識」は最初から社会的な関係性の中から生まれ、その時点で既に「言語」と一体化していると主張しているわけです。そこに和辻は注目しているわけです。

　無論、素朴なマルクス主義理解でも、「意識」は物質的生産によって規定されていると一般的に理解されています。先ほどの『経済学批判』のフレーズを素朴に理解するわけです。ただ、その場合、「規定する」というのがどういうことかはっきりしません。何となく、経済的利害に思考が左右され、偏った見方をするようになる、といった程度の漠然とした意味で理解されていることが多いかと思います。初期マルクス＝和辻は、「意識」が表面的に物質的なものに左右されるというだけでなく、根源的に、物質＝人間存在によって、言語を媒介する形で構成されると示唆しているようですね。私なりに補足して説明すると、「交通―意識―言語」の相互作用によって「間柄（関係性）」が作り出され、それが前の三者にフィードバックして変化させるプロセスを想定し、そのプロセスの中で「人間」が生成する、という動的な図式を描こうとしているように思えます。この辺の問題については、戦後日本のマルクス主義系哲学をリードし、マルクスの物象化論と、現象学で言うところの「間主観性 Intersubjektivität」を統合する議論を展開した廣松渉がかなり突っ込んだ研究をしています。廣松の見方では、「生産」と「交通」を通して、「間主観性」が形成されることについて、初期マルクスは一定の洞察を持っていたようです。廣松と同じような視点から、和辻が初期マルクスを読んでいた

廣松渉

のは興味深いですね。

このように見てくると、マルクスが「唯物論」を名乗っているのはどうも違和感があるように思えてきますが、一七一頁から一七二頁にかけて、「思弁的哲学」に反抗し、「事物の現実性」「現実的な生活関係」に根ざした思考をするという意味で、「唯物論」という呼称を使ったのだと説明されていますね。闘争のために、「自然」を前面に出したのだけど、マルクスの言っている「自然」は、人間から独立に客観的に実在する「自然」ではなく、「人の感性的な活動、労働、生産」などに基づく「自然」であったということです。自然科学的な「自然」は、「人間存在から発生した意識が十分に洗練された後初めて成立するものである」、と述べられていますが、初期マルクス＝和辻がそういう科学哲学的な見方をしているところが面白いですね。

一七四頁から一七五頁にかけて、マルクスがヘーゲルの思弁哲学に対抗する一方で、ヘーゲルの人倫の体系の諸概念を批判的に吸収したこと、例えば、「欲望の体系」かつ「労働の体系」として「ブルジョワ社会」を捉える見方を継承したと述べていますね。『人倫の体系』について詳しく解説したのは、こうしたマルクスとの関係を指摘するための布石だったのでしょう。

マルクスの新しい点は、この「社会」をば「精神」に置き換えて、法的関係や国家形態の根柢に置こうとした点である。ヘーゲルにとっては社会は精神の発展の一段階に過ぎなかったが、今やそれが逆に一切の観念形態の根柢とせられる。それは確かにヘーゲルの逆倒である。しかし精神の立場を離れ、人倫の立場のみにおいて考えればどうなるであろうか。そこでは欲望と労働の体系は人倫的組織の自然的な契機であって、その根柢ではない。根柢となるものはこれらの契機を含んだ具体的全体である。が、同時に具体的な人倫的組織は必ずその契機として「社会」を含まなくてはならぬ。言い換えれば「社会」は人間存在の重要な一面であって、これなきところには国家の形成は不可能である。

「社会」を含んだ人間存在が具体的な地盤となって、そこから道徳意識や客観的な法が、抽象的に、成立して来る。その限り社会が法や道徳のごとき観念形態の根柢であることは、人倫の哲学においては是認せられ得るのである。

マルクスがヘーゲルを逆立ちさせたという有名な話についての解説ですが、和辻は単純に「精神」を、「物質＝社会」に置き換えるだけの転倒ではダメだと考えているようですね。ここで和辻が「社会」と言っているのは、人倫一般のことではなくて、欲望と労働の体系として形成される「ブルジョワ（市民）社会」のことです。欲望の体系としてのブルジョワ社会は、人倫の自然的な側面を代表しているにすぎないので、それによって、法や道徳意識などの、いわゆるイデオロギー（観念）的諸形態＝上部構造が全面的に規定されるかのように考えるのはまずい、と和辻は言っているわけです。「社会」だけでなく、「人間存在」全体によって、法や道徳意識が規定されていると考えるべきだ、というのが和辻自身の見方です。

そうなると、和辻はその点でマルクスを批判しているように思えますが、次の段落を見ると、必ずしもそうではないようです。

しかしマルクスの仕事は、人間存在において特に「社会」の契機をのみ捕え、その解剖学を経済学として遂行することにあった。そこで問題は、人間存在がただ経済的なるものにのみ尽くされ得るか、また経済的側面からのみ見られた人間存在が果たして法や道徳の根柢たり得るか、という点に集中して来る。

ここだけ見ると、人間の「欲望」だけに注目するマルクスの経済学偏重を批判しているようですが、そのすぐ後で、マルクスが人と動物の違いとしての「間柄」に注目していたというフォローを入れ、この段落を、「マルクスの生産関係としての社会は、実は

「社会」だけでなく、「人間存在」全体によって、法や道徳意識が規定されていると考えるべきだ⇒マルクスの言説の根底に、「人倫」の回復という動機が働いていると見て、マルクスを和辻なりに救い出している。

暗黙裡にかかる『間柄』を前提としているのである」、というポジティヴな評価で締めくくっています。和辻は、通常の素朴なイメージとは違う形でマルクスを理解し、自分の議論の枠組みに取り込みたいようですね。

一七七頁から一七八頁にかけての段落では、マルクスは「純粋に経済的なるものとして社会を取り扱うごとくふるまった」けれど、実際には、資本家階級の「恥知らずの露骨な搾取」「ブルジョワ社会の構造の不正」を批判するに際しては、「人間存在の根本に存する規範」に訴えた、としていますね。ヘーゲルは既に、市民社会を「人倫の喪失態」と見ていたけれど、マルクスはそれを経済学的な視点から明らかにした、というわけです。

> マルクスは現実の社会をかかるものとして立証した。そうして今や家族も国家もかかる社会内の制度に過ぎないことを主張した。しかしそのゆえにかかる構造を打破すべき「団結」の命令を発するということは、取りもなおさず「人倫の喪失態」を立証して人倫の恢復を命令するにほかならぬであろう。
>
> マルクスの唯物史観は法や道徳を人間存在の意識への反映とする。この主張は人間存在が右のごとく具体的に解せられるならば、そのままに承認すべきものである。一般に当為の意識は人間存在自身に存するふるまい方の意識の反映せるものにほかならぬ。人間存在は個人的意識よりは先である。個人の道徳的意識はあくまでも人間存在に根ざさねばならぬ。しかしまさにそのゆえに人間存在自身は、実践的行為的連関として、根源的に「倫理」を含むのである。人間存在の分析は、経済学たるよりもさらに根本的に倫理学たらねばならぬ。

このまとめは分かりやすいですね。マルクスの言説の根底に、「人倫」の回復という動機が働いていると見て、マルクスを和辻なりに救い出しているわけです。「フォイエルバッハ・テーゼ」や『ドイツ・イデオロギー』の「間柄」論を引き合いに出してきて、マルクスの人倫論的な側面を引き出して来るやり方はそれなりに手が込んでいますが、マルクスの内に共同体主義的な動機を見ようとするマルクス解釈は、現代日本でも時々見かけますね。自分では保守だと思っているけれど、新自由主義を批判したい人が、この手のマルクス観を――和辻ほど洗練された形ではないにしても――呈示することがありますね。そうしたマルクス観は結構当たっているのではないか、と私は思います。

最後に、一八〇頁の第一章全体の締めくくりを見ておきましょう。

「人倫の体系」において残された最大の問題は、人倫の絶対的全体性の問題であった。それは有の立場においては解かれ得ない。その解決に対して我々に最もよき指針を与えるものは、無の場所において「我れと汝」を説く最近の西田哲学であろう。

ここで「有の立場」と言っているのは、カントやヘーゲルなど西欧近代哲学の、思弁的・抽象的に存在を捉える、狭い意味での「存在論」のことでしょう。「有 Sein」について抽象的・論理的に考えても、人と人を「人間」として現実に結び付け、「人間」として主体的に振る舞わしめている「存在＝人倫の絶対的全体性」を本当の意味で把握することはできない。第一章の後半で、西欧の思想史を概観して、「間柄」が重要であることが分かったけれど、それがどのように作用して、人倫の諸形態を包括する全体性を生み出すのか、あまり具体的に分からない。それで、主体と客体、自己と他者の区別が消失する「無の場所」をめぐる西田の議論が参考になるのではないか、と言っているわけです。これは、恐らく、西田へのオマージュであって、西田を直接参考にしようという意図はないのでしょう。第二章では、ハイデガーなどを参考にしながら、和辻独自の方法論を示そうとしているわけですから。

■質疑応答

Q　私の個人的なことなのですが、哲学を勉強し始めた時にこの本を読んで、西洋哲学史の理解にかなり影響を受けています。仲正先生から見て和辻の見方で、これはちょっと行き過ぎだと思われているところがあれば教えて下さい。

A　どの思想家についても、当時の文献学的な研究の成果も踏まえて、かなり細かくテクストを読み込んでいますが、逆に言うと、通説的なものから少々外れた倫理学史を描こうとしているということですね。講義中で何度かお話ししたように、カント、ヘーゲル、マルクスに関して、わざと主要著作とされているものではなくて、マイナーな著作、あまりできがよくないとされる著作、未完のテクストを選んで読んでいますね。そこから、和辻の「人間」論の問題意識に近い要素をやや強引に発見しているわけです。カントの『人間学』にしても、ヘーゲルの『人倫の体系』にしても、当人が語っていないことをかなり補って解説しています。マルクスに関しては、本来は、彼の経済学偏重を批判すべきところで、無理に、「間柄」論を持ち出して擁護しています。一般論として、大思想家と呼ばれる人は、著作ごとに基本的見解を変化させることがよくあるので、以前にその人が言ったことを、後のテクストにそのまま当てはめることには無理があります。特にマルクスは、初期と言われる時期の中でもかなり変化しているとされています。和辻も当然、そんなことは十分承知のうえで、大胆な読みをしているのでしょう。主要著作の、専門家が大事だと言っている箇所を繋いでいくような形で淡々と解説していく、定番教科書より面白いですが、面白いからといって、それが正しい理解だと思いこまないよう注意する必要があるでしょう。定番教科書が存在していることには、それなりの理由があるはずですから。

和辻のように、マイナー・テクストのあまり知られていない箇所の意義を強調するのは、新進気鋭とか、本格派と呼ばれたい人がよくやることです（笑）。そういう人は、露骨に観客ウケを狙います。和辻は、「凡庸な目立ちたがりとは全然格が違う」と思いますが、人間なので、パフォーマンスに走ってしまうこと、一度言い出したら後に引けなくなるということはあるでしょう。そういうことも念頭に置きながら読むべきだと思います。

［講義］第六回——日本独自の倫理学の考究——和辻哲郎『人間の学としての倫理学』第二章

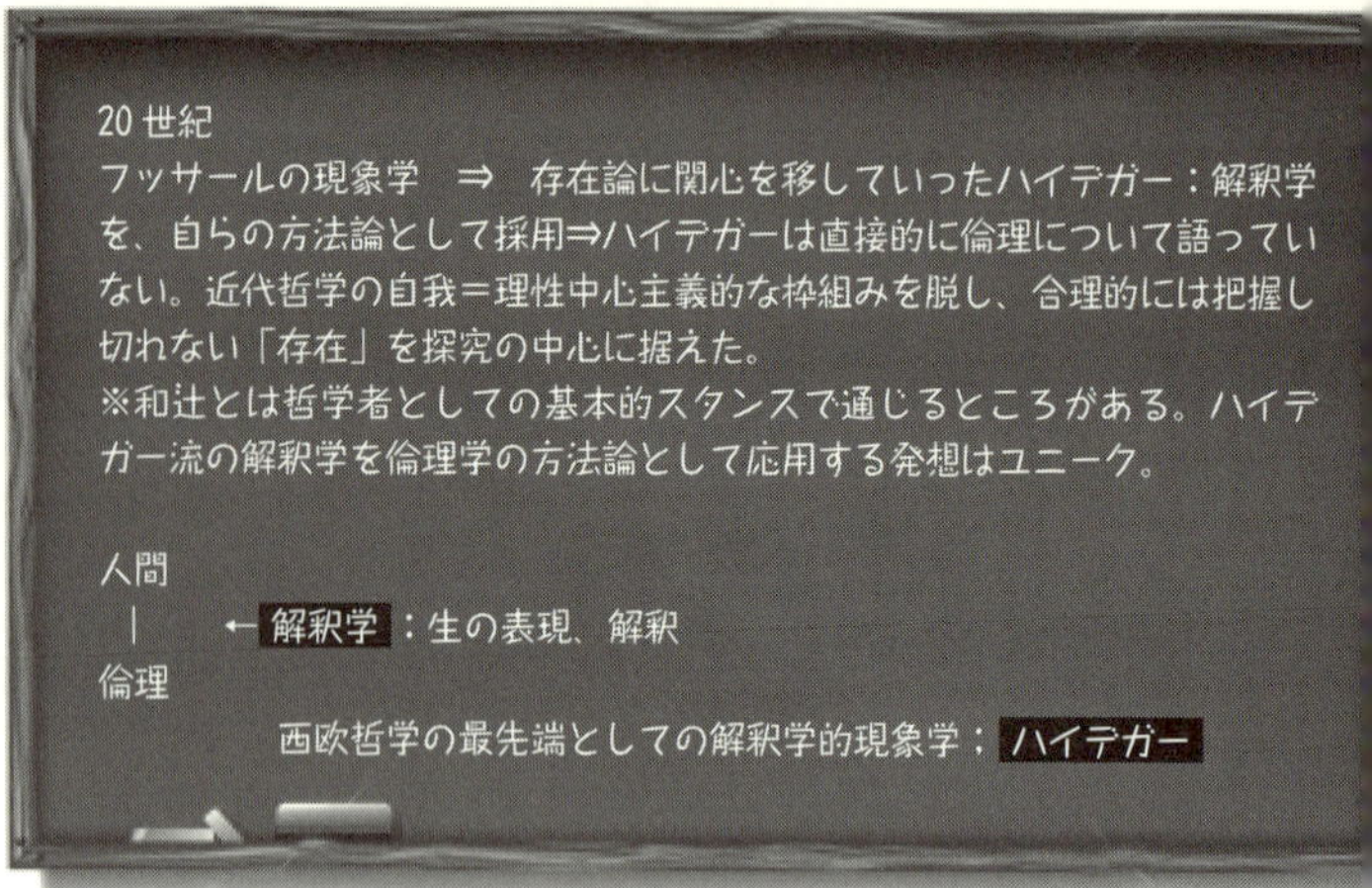
20世紀
フッサールの現象学　⇒　存在論に関心を移していったハイデガー：解釈学を、自らの方法論として採用⇒ハイデガーは直接的に倫理について語っていない。近代哲学の自我＝理性中心主義的な枠組みを脱し、合理的には把握し切れない「存在」を探究の中心に据えた。
※和辻とは哲学者としての基本的スタンスで通じるところがある。ハイデガー流の解釈学を倫理学の方法論として応用する発想はユニーク。
人間
｜　←解釈学：生の表現、解釈
倫理
西欧哲学の最先端としての解釈学的現象学：ハイデガー

『人間の学としての倫理学』は二章立てで、前回まで読んだ第一章は全体の七割近くの分量を占めていて、一一の節から構成されています。第五節までで、「人間」や「倫理」「存在」といった基礎的な用語の本来の意味を漢文やサンスクリットの仏典等に遡って明らかにしたうえで、「人間の学としての倫理学」がどういう発想による倫理学か明らかにします。第六節以降で、アリストテレス、カント、ヘーゲル、新カント学派、フォイエルバッハ、マルクスに至るまでの思想史で、共同体と個人という二重性を帯びた「人間」の「存在」がどのような観点から論じられてきたか概観し、「人倫」や「間柄」といったキーワードを抽出します。第一二節からの第一六節までの五節立ての第二章では、「人間」を成り立たしめている「倫理」にアプローチするための方法論が探究されています。結論として「解釈学」が有効であるということになります。後で見るように、「解釈学」というのは、元々テクストの解釈の方法論ですが、一九世紀以降、人間が作り出したテクストや芸術作品を人間の生の表現と見なし、それらを解釈することで、そこに表現されている人々の生を再現することを目指す精神科学一般の方法論として哲学的に位置付けられます。二〇世紀に入ると、フッサールの現象学から離脱し、存在論に関心を移していったハイデガーが、解釈学を、自らの方法論として採用します。和辻は、ハイデガー化された解釈学を自らのモデルにしようとしているわけですが、ハイデガー流の解釈学を倫理学の方法論として応用する発想はユニークだと思います。ハイデガーは直接

的に倫理について語っていないからです。ただ、彼は和辻と同じように、近代哲学の自我＝理性中心主義的な枠組みを脱し、合理的には把握し切れない「存在」を探究の中心に据えたので、哲学者としての基本的スタンスで通じるところがあるようにも思えます。

ハイデガーの問題設定

では、第二章を見ていきましょう。最初から、ハイデガー的な問題設定になっています。

倫理学とは「倫理とは何であるか」と問うことである。そうしてこの「問うこと」は、一般的に言って、人間の一つの行為的な存在の仕方である。しかるに我々は倫理学が人間存在の学にほかならぬことを見て来た。しからば倫理学は、倫理とは何であるかと問うことにおいて、すでにそれ自身人間の存在であり、従って「問われていること」になる。ここに倫理学の方法を規定する第一の点があると思う。

「問う」という行為自体が、他の動物には見られない、「人間」に独特の行為です。だから、その「問う」という行為の構造を分析することが、「人間」を人間らしくしているものを明らかにすることに繋がるわけです。確かに、「問う」という行為は、通常は、誰か別の相手がいないと成立しません。しかも単に物理的に存在して反応するだけでなく、意味がある応答をしてくれる人格的存在でないといけない。言葉のやりとりをするための「間＝距離」が必要です。一人で「問い」を立てることもありますが、それは、相手のいる「問い」をモデルにして、それを自分の中で自己内対話として再現していると考えられます。そう考えると、「問い」という行為自体が、「人間存在」、その在り方の基準である「倫理」に直結していると言えます。次の頁に出ているように、このように自らがこれから行うとしている「問い」という行為自体を、自分が論じようとしている問題系全体と結び付けることで、自らのアプローチを正当化するという

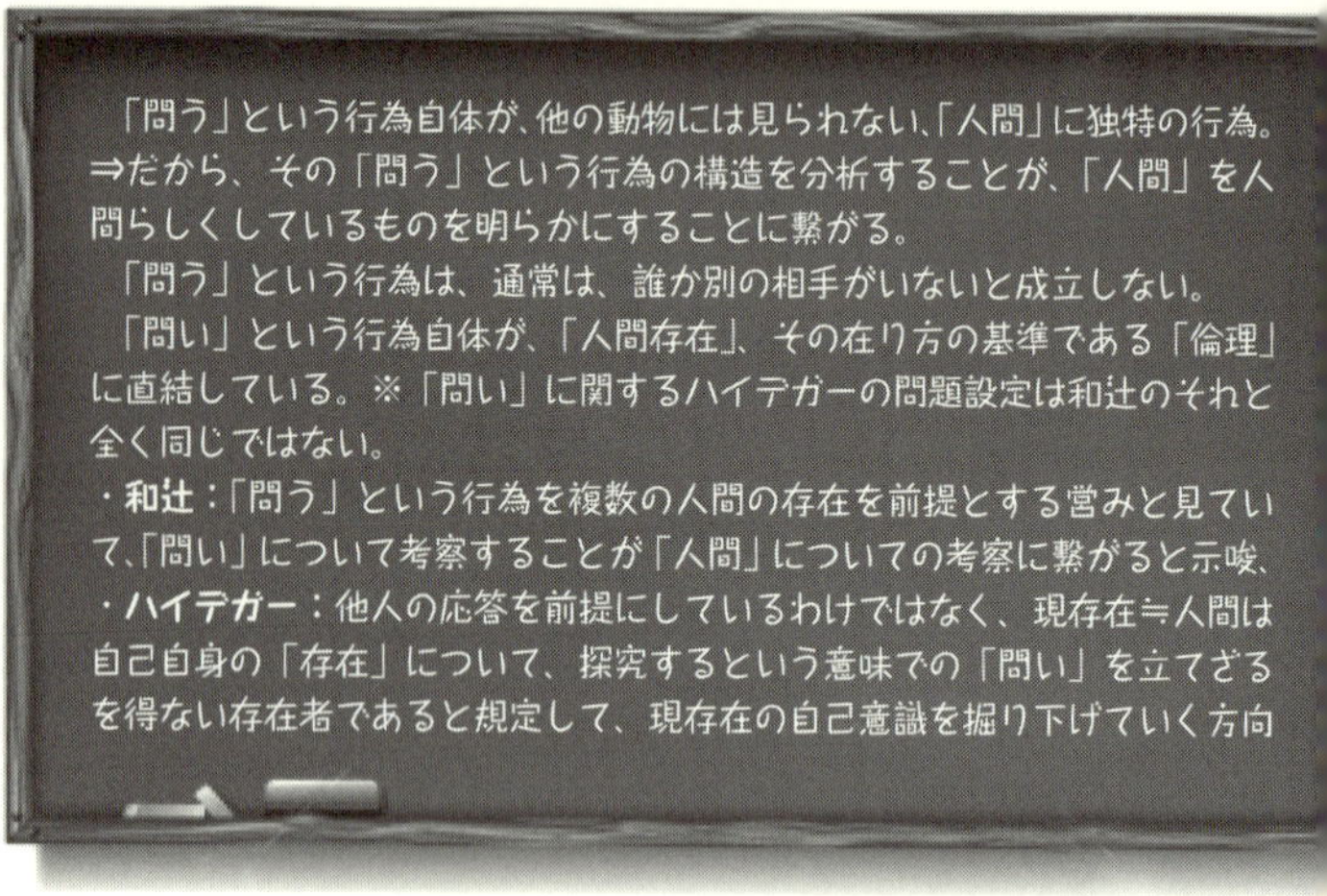
「問う」という行為自体が、他の動物には見られない、「人間」に独特の行為。
⇒だから、その「問う」という行為の構造を分析することが、「人間」を人間らしくしているものを明らかにすることに繋がる。
「問う」という行為は、通常は、誰か別の相手がいないと成立しない。
「問い」という行為自体が、「人間存在」、その在り方の基準である「倫理」に直結している。※「問い」に関するハイデガーの問題設定は和辻のそれと全く同じではない。
・和辻：「問う」という行為を複数の人間の存在を前提とする営みと見ていて、「問い」について考察することが「人間」についての考察に繋がると示唆、
・ハイデガー：他人の応答を前提にしているわけではなく、現存在≒人間は自己自身の「存在」について、探究するという意味での「問い」を立てざるを得ない存在者であると規定して、現存在の自己意識を掘り下げていく方向

のは、ハイデガーが『存在と時間』の冒頭でやっていることです。「私たちが今やろうとしている、この『問う』という行為自体に特別な意味があるんですよ」、と言われて、「えっ、そうなのか」と思ってしまったら、もはや客観的にその人の話を聞いているのではなく、相手のペースにはまったことになるでしょう。哲学にはそういう一種のマインド・コントロール的な手法がありますが、ハイデガーはそれに長けています（笑）。

ただし、「問い」に関するハイデガーの問題設定は和辻のそれと全く同じではありません。和辻は、「問う」という行為を複数の人間の存在を前提とする営みと見ていて、「問い」について考察することが「人間」についての考察に繋がると示唆するのに対して、ハイデガーは、他人の応答を前提にしているわけではなく、現存在≒人間は自己自身の「存在」について、探究するという意味での「問い」を立てざるを得ない存在者であると規定して、現存在の自己意識――ハイデガーは自己意識という言い方をしませんが、ハイデガーそのものの注釈をしているわけではないので、拘らなくていいでしょう――を掘り下げていく方向に話を進めていきます。

ともかく和辻は、ハイデガーの言説に乗っかりながら少しずつ自分のフィールドに引っ張っていく戦略を取っています。やや性急に話を進めているので、ハイデガーのことをある程度知っている人でないと、ピンと来ないかもしれません。

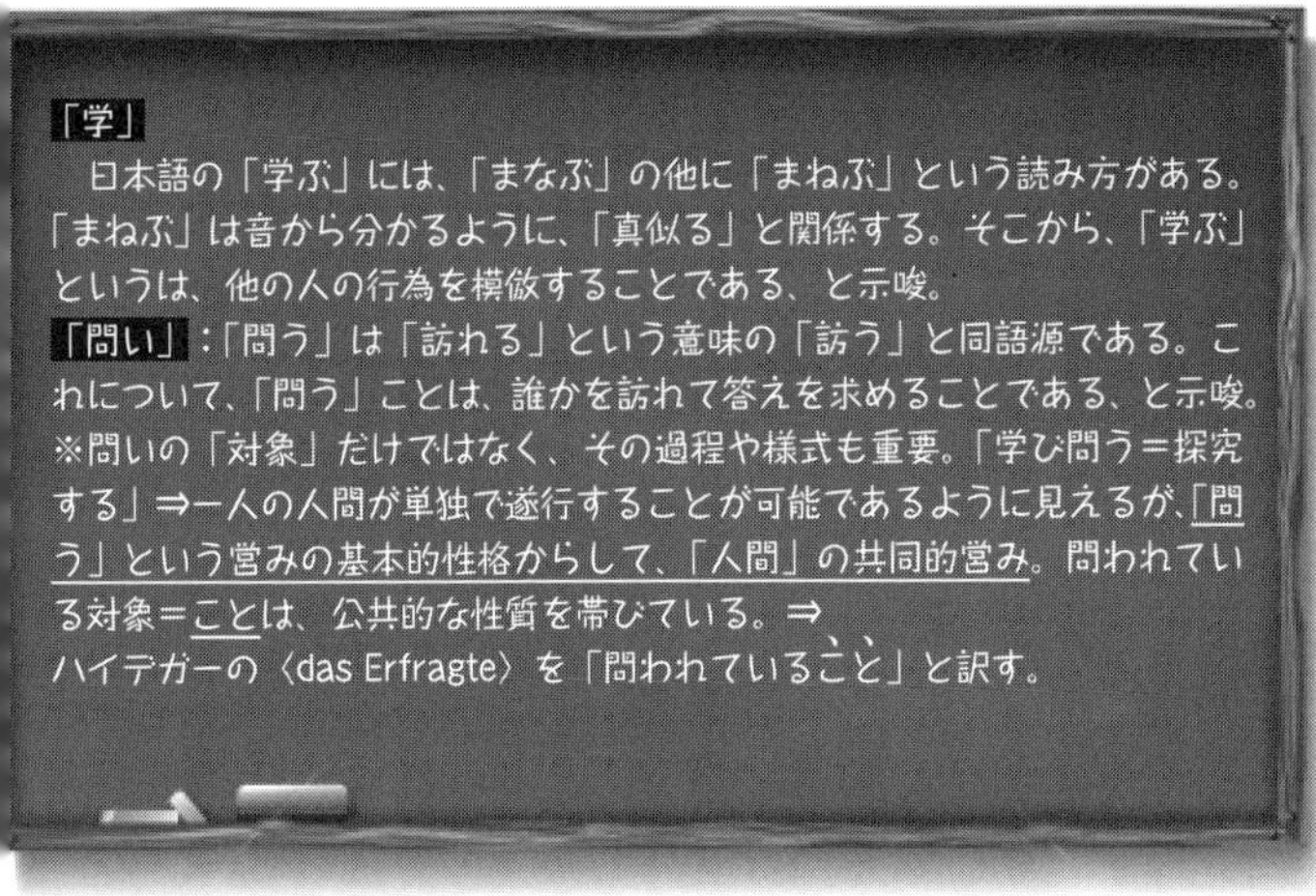

「学」
日本語の「学ぶ」には、「まなぶ」の他に「まねぶ」という読み方がある。「まねぶ」は音から分かるように、「真似る」と関係する。そこから、「学ぶ」というは、他の人の行為を模倣することである、と示唆。
「問い」：「問う」は「訪れる」という意味の「訪う」と同語源である。これについて、「問う」ことは、誰かを訪れて答えを求めることである、と示唆。
※問いの「対象」だけではなく、その過程や様式も重要。「学び問う＝探究する」⇒一人の人間が単独で遂行することが可能であるように見えるが、「問う」という営みの基本的性格からして、「人間」の共同的営み。問われている対象＝ことは、公共的な性質を帯びている。⇒
ハイデガーの〈das Erfragte〉を「問われていること」と訳す。

前章において我々は、「人間」が世の中自身であるとともに世の中における人であることを見て来た。すなわち人間とは一定の間柄における我々自身である。しからば問うということもまたかかる「人間」の存在の仕方として、間柄において把捉せられねばならぬ。元来「学」と言い「問い」と言うのは、人間を離れた観念的なある物として、すなわちそれ自身に存立する知識として、あるのではない。それはまねぶこと、倣うこと及び訪いたずねることとして、人間の行動である。そこには学び問われる「こと」が探求の目標として目ざされているとともに、その探求が学び問うという人間関係において行なわれるのである。従って学問とは探求的な間柄であり、探求せられる「こと」は人間の間柄に公共的に存すると言ってよい。このことは問いが根本的に「人間の問い」であることを意味する。

「問い」を「間柄」と結び付けて考えるというのは、和辻のこれまでの議論から十分想像できることですが、面白いのは、抽象的なイメージの強い「学」や「問い」といった言葉を、その原義に遡って、「人間の行動」に結び付けていることです。「学」を動詞化した日本語の「学ぶ」には、「まなぶ」の他に「まねぶ」という読み方もあります。「まねぶ」は音から分かるように、「真似る」と関係しています。そこから、「学ぶ」というは、他の人の行為を模倣することである、と示唆することができます。「問い」の動詞形の「問う」は「訪れる」という意味の「訪う」と同語源で、これについては、「問う」ことは、誰かを訪れて答えを求めることである、と示唆することができます。

「学び問われる『こと』が探究の目標として目ざされているとともに、その探究が学び問うという人間関係において行なわれる」、というのが少し分かりにくいですが、これは「対象」だけではなく、その過程や様式も重要だということです。「学び問う＝探究する」と言う時に、私たちは、「問われている対象」が「何か」ということだけに関心を集中させがちですが、和辻は、それは一人の人間が単独で遂行することが可能であるように見えるけど、そうではなくて、「問う」という営みの基本的性格からして、「人間」の共同的営みだと言っているわけです。これは、学者や哲学者の共同体を念頭に置けばピンと来るでしょう。この意味で、問われている対象＝ことは、公共的な性質を帯びている、と言えます。

「問いの構造 Struktur der Frage」

次に「問いの構造 Struktur der Frage」をめぐるハイデガーの議論が参照されています。

> 問いの構造に関しては、我々はハイデッガーに教わる所が多い。彼によれば、問いは探求である。探求は探求せられるものによって方向を決定せられている。だから問いは何ものかへの問いとして「問われているもの」を持っている。しかし問いはこのものが何であるかと問うのであるゆえに、同時にこのものが何かであることを目ざしている。すなわち「問われていること」を持っている。特に理論的な問いにおいてはこの問われていることが一定の概念にもたらされなくてはならぬ。そこで問われていることが「どういうこと」であるかが問いの本来の目標になる。しかるに「いうこと」とはことの意味である。だから理論的な問いは、問われていることのほかに、そのことの意味をも含んでいる。さらに問いには「問う者」がある。だから問いは問う者の態度として特殊な有り方を持つことになる。上《うわ》の空《そら》の問いもあれば根ほり葉ほり問うこともある。

「問われているもの」と「問われていること」の区別が分かりにくいですね。先ず、ハイデガーの言っていることを確認しておきましょう。『存在と時間』の第二節でハイデガーは、「探究 Suchen」としての「問い Fragen」において三つのことが問題になることを指摘しています。「問われているもの das Gefragte」「問いかけられているもの das Befragte」「問い求められているもの das Erfragte」の三つです。日本語にすると、どう違うのか分かりませんし、ドイツ語のネイティヴでもいきなり言われると何の話をしているのか分からないでしょう。でも、日本のハイデガー研究者たちは、これがスゴイと言いたがります（笑）。まず、〈das Gefragte〉ですが、これはハイデガーによると、〈A nach B fragen（A に B のことを尋ねる）〉と言う時の B に当たるものです。具体的には、「道」とか「値段」とかを教えてほしいと言っているわけです。〈das Befragte〉は、〈A befragen（A に問い合わせる、照会する）〉と言う時の A に当たるもので、具体的には、辞書とか資料とか当局とかです。照会先あるいは参照先ですね。〈das Erfragte〉は、〈A erfragen（問い合わせることで A についての情報を得る、確かめる）〉と言う時の A に当たるものです。〈fragen〉の場合は、直接的な目的語ではなくて、問われているものを示すのに前置詞〈nach〉が必要で、〈erfragen〉の場合は直接的な目的語になるので、動詞として使う時の文法構造上の違いは明らかなのですが、対象になっている〈das Gefragte〉と〈das Erfragte〉がどう違うのかというと、かなり微妙です。〈erfragen〉の目的語になるのは、詳細な情報とかデータとか数値とかなので、「問われているもの das Gefragte」について、これこれの情報が得られたら答えを得たことになると想定されている本質的部分が、〈das Erfragte〉だと考えればいいのではないかと思います。例えば、「道」を尋ねる場合、「ここから真っ直ぐ行って、三番目の通りを左に曲がって、そこから突きあたりまで進んで……から●●メートルくらい進んだところに▼▼はあります」、というような答えを得られて初めて、求めていた答えを得たことになります。「あまり遠くないですよ」とか「左の方だと思いますよ」とかだと、求めていた答えが得られたとは思わないですね。

で、何でそんな文法っぽい話を冒頭にするのかというと、「存在」という抽象的な問題は、議論をしている内に、そもそも何を問うているのか分からなくなりがちなので、何を手掛かりに探究を進め、どういう情報を得ようとしているのかをはっきりさせておこう、ということです。

先ほどの箇所で和辻が言っている「問われているもの」は〈das Gefragte〉で、「問われていること」が〈das Erfragte〉に当たります。そう考えると、「一定の概念にもたらす」というのがどういうことか分かりますね。ただし、和辻はこの区別をそのまま紹介しているだけではありません。〈das Erfragte〉を「問われていること」と訳すことで、先ほどの「こと」の公共性をめぐる話を重ねているわけです。ただ、「どういうこと」の「いうこと」が、「『こと』の意味」だというのが、分かりにくいですね。先ほどの道を尋ねる例であれば、詳細な情報を得れば、それで終わりですが、「存在」のような抽象的なものをめぐる学問的な問いにおいては、個別の情報を特定するだけではなく、その「本質」を定義し、意味付けしておかないといけません。水（＝問われているもの）が何かという問いに対して、H_2O（＝問われていること）だと答えただけではダメで、H_2Oを化学的に説明する必要があります。『存在と時間』では、「問われているもの」が「存在」で、「問い求められているもの＝問われていること」が「存在の意味 Sinn von Sein」だとされているので、和辻もそれに合わせて「意味」という言い方をしたのでしょう。「意味」が求められていることを、日本語における「問いの構造」と関連付けるために、「どういう」の「言う」を、論述するというような意味に解釈したのでしょう。こういうことは『存在と時間』と読み比べてみないと、論旨が分からなくなりますね。

「問う者 Frager」のことは、ハイデガーの議論に出てきます。というより『存在と時間』は、「問う者」としての「現存在」に重点を置き、「現存在」の視点から「存在」論を展開されているので、ある意味、「問われているもの」や「問い求められているもの」よりも、「問う者」＝「現存在」の方が重要だと言えます——『存在と時間』が「現存在」中心の展開になっているのはハイデガーの本意ではなかったというのが、ハイデガー研究者の間の通説になっていますが、ここでそれに拘る必要はないでしょう。因みに「現存在」の原語である〈Dasein〉は、日常語としては〈Sein（存在、有）〉とあまり区別せずに用いられますが、区別するのであれば、〈Dasein〉の方が時間と場所、形態が特定されている時に使われる傾向があります。ヘーゲルは、無規定のままではなく、「規定＝否定」を受けた「存在」という意味で〈Dasein（定在）〉という言葉を使い、ハイデガーは、自分が現にいる場所から世界を見、自らの存在について問いを発する特殊な存在者という意味で〈Dasein〉と言っています。ハイデガーの場合、「現存在」が自らの「存在」に拘るということに重点が置かれますが、「間柄」を重視する和辻はむしろ別の要因を重視します。

「問う者 Frager」

ハイデガー『存在と時間』：「問う者」としての「現存在」に重点を置き、「現存在」の視点から「存在」論を展開。「問われているもの」や「問い求められているもの」よりも、「問う者」＝「現存在」の方が重要

※『存在と時間』が「現存在」中心の展開になっているのはハイデガーの本意ではなかったというのが、ハイデガー研究者の間の通説

「現存在」〈Dasein〉

・ヘーゲルは、無規定のままではなく、「規定＝否定」を受けた「存在」という意味で、〈Dasein（定在）〉という言葉を使う。

・ハイデガーは、自分が現にいる場所から世界を見、自らの存在について問いを発する特殊な存在者という意味で〈Dasein〉を使う。「現存在」が自らの「存在」に拘るということに重点。⇒「間柄」を重視する和辻は別の要因を重視する。

これらは問いの構造として一応何人も承認せざるを得ないところであろう。しかし我々は右によってなお十分規定せられておらない一つの契機を見いだす。それは「問われるもの」である。問いは確かに何物かにおいて何ごとかをたずねるのではあるが、しかしさらにその問いは何者かに対して向けられている。そうしてその場合にはしばしば問いの向けられているものと問われているものとが同一である。友人に対してその安否を問うごときがそれである。しかも問いの本来の意義は問安というごとき人への問いであった。すなわち「問う者」と「問われる

者」との間において、その間柄を表現する何ごとかが問われたのであった。問安と問訊は問われる者の存在が今いかなる有りさまにおいて保持せられているかを（すなわち問われる者の気持ち・気分を）問うのであるが、それは同時に問う者の関心の表現であり、従って問われている気持ちが問う者と問われる者との間柄に存することを示している。

ハイデガーの議論とズレていて、ややこしいのですが、「何物かにおいて」の「何物」に相当するのが、先ほどの「問いかけられているもの das Befragte」です。ハイデガーの〈das Befragte〉は、現存在＝人間だけでなく、「存在者」一般ですが、それだと対象としての「物」の話になってしまいそうなので、和辻は、その問いが向けられている「何者か」＝「問われる者」を別個に設定しているわけです。ドイツ語の動詞〈befragen〉が紹介先あるいは参照先にするのは、人間でも物でもいいわけですが、〈das Befragte〉は中性名詞なので、物感が強くなります。

そうやって、「問いかけられているもの」を「人」に絞り込むと、「問われているもの das Gefragte」と「問われる者 der Befragte」——冠詞を〈das〉から〈der〉に変えると、人（男性）を指している感じになりますが、〈der Befragte〉は通常、インタビューを受けた人という意味です——が一致する可能性が出て来るわけです。ハイデガーのオリジナルな文脈では、「存在」それ自体が「問われているもの」なので、それが、人である「問われる者」と一致することはあり得ませんが、和辻は、ハイデガーの言っている抽象的・非人格的な「存在」ではなく、「人間」の「存在」を問いの対象にしているので、一致することはあり得るわけです。無論、「間柄としての『人間』とは何ですか？」、と訊かれて、まともに答えてくれる人はいません。「はっ？」、と言われるのがオチです。自信満々に答えようとする人は危ない（笑）。ただ、「最近お元気ですか？」、といった問いであれば、十分に一致し得ます。その手の問いであれば、「問われている者」に関する一方的な問いではなく、「問う者」と「問われている者」の間柄がある程度反映された「答え」になると考えられます。親しい人とそうでない人で答え方が変わってくることもあるでしょう。「問安《もんあん》」も「問訊《もんじん》」というのは現在ではほとんど聞かない言葉ですが、「問安」の方は、目上の人の安否を尋ねるという意味です。先ほどの箇所の少し後で和辻自身が述べているように、そこから「挨拶」の意味になった、ということですね。因みに、日本語の「ご機嫌いかがですか？」は多少本当に聞いている感じがありますが、英語の〈How are you?〉は完全に挨拶化しているようです。ドイツ語の〈Wie geht es?〉は、本当に聞くつもりで言っていることがあるようです。「問訊」は、問い質すとか訊問するという意味で、どちらかと言うと、上から聞いている感じです。禅の礼法では、合掌低頭して挨拶するという意味で使われるようです。

和辻独自の「問いの構造」

［問われている物→問われていること］関係は、［問う者⇄問われる者］関係に依拠する。ハイデガーの個人主義的な図式とは異なる。「問柄」的な性格が言語や身振りによって媒介されている。問いは言語を使う営みである以上、不可避的に共同体的。

だから我々は問いにおいて、問う者と問われる者と、及びその間において問われている物と問われていることとを区別することができる。それがまさに「人間の問い」である。かかる問いにおいては、問う者が問うとともに、その問いは問われる者にとっても存在する。すなわち問いが共同的に存在する。問いが言葉及び身ぶりによって表現せられる限り、それはすでに共同的性格を持っているのである。特に理論的な問いにおいて問われていることの意味が問題とせられる場合には、この共同的性格は必然にそれに伴なっている。なぜならここでは「いうこと」が、すなわち人間の言葉において言い現わされていることが、問題なのだからである。しからば理論的な問いもまた人間の問いであって、孤立させられた個人の問いではない。

［問われている物→問われていること］関係が、［問う者⇄問われる者］関係に依拠するというのが、ハイデガーの個人主義的なそれとは異なる、和辻独自の「問いの構

造」ということになるでしょう。そうした「間柄」的な性格が言語や身振りによって媒介されているというのも、オリジナルな感じがします。ハイデガーも、三〇年代半ばから言語を重視するようになりますが、『存在と時間』ではそれはまだ前面に出ていません。面白いのは、「いうこと」が、「人間の言葉」ではっきり表現される「理論的な問い」においても、そうした共同的性格がはっきり出る、という指摘です。普通は、学問、特に哲学のように基本的に単独で行う学問は、共同性が薄いと思われがちですが、和辻は言語を使う営みである以上、不可避的に共同体的だと言っているわけです。

> 学問としての問いは人間の問いの理論的なるものである。すなわち共同的に「ことの意味」を問うのである。しかるにこの共同性は近代哲学の出発点においてきわめて鮮やかに見捨てられた。ルネサンスの人間にとっては世界を狙うものは個々の主体、個人である。「孤立せる個人」対「自然」の立場において人は学問的探求に身を投じた。近代哲学における主観への転向、自我への還帰なるものは、問いを個人の問いとして把捉することに立脚している。

これは近代哲学の個人主義批判ですね。近代哲学は、キリスト教の神中心の価値観から脱して、人間中心の思考を開始し、人間が自然界を探究する自然科学の営みを根拠付けるようになったとされていますが、その際に「人間」を、共同体的存在ではなく、単独で理性を働かせる「個人」として想定したわけです。

> デカルトはその思索を次のように始める。(Meditationen, S. 9-25.) 自分は若い時以来多くの偽りを真と思っていた。だから学問において確実なものを捕えようと思うならば、根柢からやりなおさなくてはならぬ。今や自分は世間の煩いから放たれ、孤独な隠居において静かに思索し得る境遇に置かれた。そこでまじめに在来の自分の考えを覆すという仕事に取りかかろうと思う。これまで自分が真実と思っていたものは、感覚によって受け取るものである。しかるに感覚はしばしば我々を欺く。だから感覚によって知られるものはすべて疑ってかからねばならぬ。自分がここにこの肉体をもってこ

うしているということも決して確実ではない。夢で同じことを感ずることもできる。天も地も色も音も、あるいはこの手も足も、すべて誤って「ある」と思っているのかも知れない。しかし自分がかく疑っているということだけは確実である。それを確実と思うのもまただまされているのかも知れぬが、しかしそのだまされている自分が有ることは確実である。我れが疑う、我れがだまされる、すなわち我れが思う限り我れは有る。我れは思うもの（res cogitans）である。思うものとは、疑い、洞察し、肯定し、否定し、欲し、欲せず、また想像や感覚を持つところのものである。このような「思うもの」としての「我れ」が、同時に「真に有るもの」にほかならぬ。

〈Meditationen〉は、『方法序説』（一六三七）での議論をより厳密に展開した『省察』、正式タイトル『第一哲学についての省察 Meditationes de prima philosophia』（一六四一）のことです。六つの省察を本体として、それを予め著名な知識人たちに回覧して、彼らから得た反論とそれに対するデカルトの答弁を含んでいます。〈Meditationen〉はドイツ語のタイトルです。和辻はドイツ語訳を読んだのでしょう。「世間の煩いから放たれ、孤独な隠居において静かに思索」する立場に置かれたというのは第一省察の冒頭の比較的有名なくだりです。通常は、哲学をする者の心構えのような話として軽く読み流してしまいますが、そこをわざわざ強調し、自己の感覚から始めて全てを疑う「方法的懐疑」の前段階として、世間からの孤立があることを浮き彫りにしているわけです。そこに注目すると、「我れ」を「思考するもの」として捉えるというデカルトの発見に違った意味が見えてくるような気がしますね。

物が何であるかは自我の思惟においてのみ把捉せられるのである。「他人」の認識さえもその例に洩れない。窓から街を通る人を見て我れは人を見るという、しかも見ているのは帽子や着物だけであり、その中には機械が包まれているかも知れない。しかし我れはそれが人であると判断するのである。見るのではなくして判断なのである。だから「他人」といえども、媒介せられてのみ有るのである。

「他人」が何であるか、「精神の洞察 mentis inspectio」によって把握することができず、帽子や着物など外的な特徴を見て、「人間」だと「判断 judicare」しているだけで、実は「自動人形 automaton」かもしれないというのは、第二省察の終わりの方に出て来る有名なくだりです。文字通りの意味で自動人形かどうかは近づいて観察すれば分かりますが、本当に人格を持っているかどうかは分かりません。デカルト自身はここを素通りしていますが、和辻のこれまでの議論、特にコーエン批判の文脈からすれば、これは看過できない重要な問題です。

> このデカルトの考えは力強く近代哲学を支配した。哲学の初めは自我である。問いは自我から出る。他我はそれにもとづいて「認識」せられるものに過ぎぬ。これが恐らく哲学的な常識となった。しかし我々は彼の考察の過程自身においていかに人間の問いが個人の問いに変化させられるかを見いだし得ると思う。デカルトの問いは、自ら明白に語っているように、学問において確実なものは何か、である。しかるにこの問いは、感覚的なるものを直ちに確実とするごとき常識的な立場を前提としている。人々はかかる立場において互いに愛し合い憎み合う。それが世間の煩いである。そこで右の問いに入るためには世間の煩いが成り立っている立場そのものを離れなくてはならぬ。

人と人の間柄をベースとする「人間の問い」は、「常識」を前提にしていて、「常識」では、感覚で捉えられるものが確実と見なされます。「常識」や「感覚」は、人間関係に左右されて不安定なので、信用できない。だから、それを取り除くために、世間を離れねばならない、というのがデカルトの立場です。

ところで和辻自身はどれくらい意識しているか分かりませんが、「常識」は英語で〈common sense〉で、その語源のラテン語〈sensus communis〉は、哲学で「共通感覚」と呼ばれるものです。「共通感覚」とは、五感の働きを総合する作用もしくは、各人の知覚を、共同体のそれと同化させる作用を意味します。「共通感覚」は元々アリストテレスに由来する概念で、カントの判断力論やアーレントの政治的判断力論で重要な位置を占めています。「共通感覚」の哲学史的な位置については、中村雄二郎さん（一九二五―　）の『共通感覚論』（一九七九）で詳しく論じられています。

> しからばこの問いの立場は、実践的行為的連関としての世間から離脱し、すべてをただ観照する、という態度を取ることにほかならぬ。従ってそれは直接的に与えられた立場ではなくして人工的抽象的に作り出される立場である。言いかえれば人間関係から己れを切り放すことによって自我を独立させる立場である。しかしこの立場に立つことによって自我は絶対確実となり、その自我の出場所たる現実は疑わしいものとなる。ここに個人の問いが成り立つのである。

和辻が重視している「実践的行為連関」が言及されていますね。「人間」とは実践的行為連関によって成り立っているはずなのに、デカルトはそれをないものと見なして、外界から孤立した「自我＝考えるもの」を想定したわけです。物理学で重力の働かない状態とか抵抗力のない状態を想定するのと同じように。そうなると、当然、その仮定の中で想定されていない他者の「人格」を認める余地はありません。物理学や自然科学を模範に考えるのであれば、そうやって外界＝世間から孤絶した「自我」の挙動をシミュレーションすることこそ、厳密な方法論ということになるでしょう。フッサールの現象学も、デカルトの原点に立ち返って、諸科学の基礎としての哲学を再建する試みだったと言えます。しかし、和辻に言わせれば、「実践的行為連関」をないものと見なし、自我の内面における「観照」によって真理を見出そうとするアプローチには無理があります。

> しかしこのような観照の立場に立ち自我を出発点とするにしても、それが個人の問いであるというのはただ仮説であって、実は人間の問いなのである。なぜならデカルトの問いは、学問において確実なものを探究するのであり、従って自我以外の一切が疑われる場合にも学者の間に存する共同の学問は疑われていないからである。デカルトはスワーレスやスコツスやトマスなどの思想の流れの中に立

っている。だから「学問的に思索する自我」は、感覚的対象をすべて疑わるべきものとすることにおいて、何が確実であるかを問題としている他の学者たちを相手にしているのである。

既に何度か触れましたが、学問は学問共同体の中での営みなので、本人は、純粋に自己の内面において見出される真実に従って探究を進めているつもりでも、その「問い」の立て方自体が言語を介して、学者共同体の伝統に繋がり、その枠組みの中で思考しています。トマスというのはトマス・アクウィナス、スコッスは、トマスの主知主義に対して主意主義の理論を展開したドゥンス・スコトゥスのことです。どちらも西田の所で出てきましたね。スワーレスは、スペインのイエズス会の修道士で、後期スコラ哲学の代表的な哲学者であるフランシスコ・スアレス（一五四八－一六一七）のことです。自然法と実定法の関係をめぐる彼の議論はホッブズやロックなどに影響を与えているので、法哲学や政治哲学でしばしば言及される人です。『省察』に収められている、アントワーヌ・アルノー（一六一二－九四）による第四反論に対する「答弁」の中で、デカルトは「質料 materia」という概念の用法に関してスアレスの議論を参照しています。デカルトもちゃんと先人のテクストを読み、同時代の哲学者たちと交流しながら問いを立てていたわけです。

かくして我々は我れ疑うの根柢にすでに人間の問いの存することを承認しなくてはならぬ。我れは単に我れではなくして同時に人間である。我れの意識は単に我れの意識ではなくして同時に共同的意識である。言葉の現象がそれを明白に示している。我れが疑いを言葉によって形づけた時、その疑いはすでに共同の疑いである。だから我々は自我を出発点とせずして人間を出発点とせねばならぬ。問いは本質的に共同の問いである。

言語を介して私たちの意識が形成されている以上、自我意識の根底に共同的意識がある、ということですね。これは後期フッサールの現象学で間主観性と呼ばれている問題です。単独化された「私」の思考の

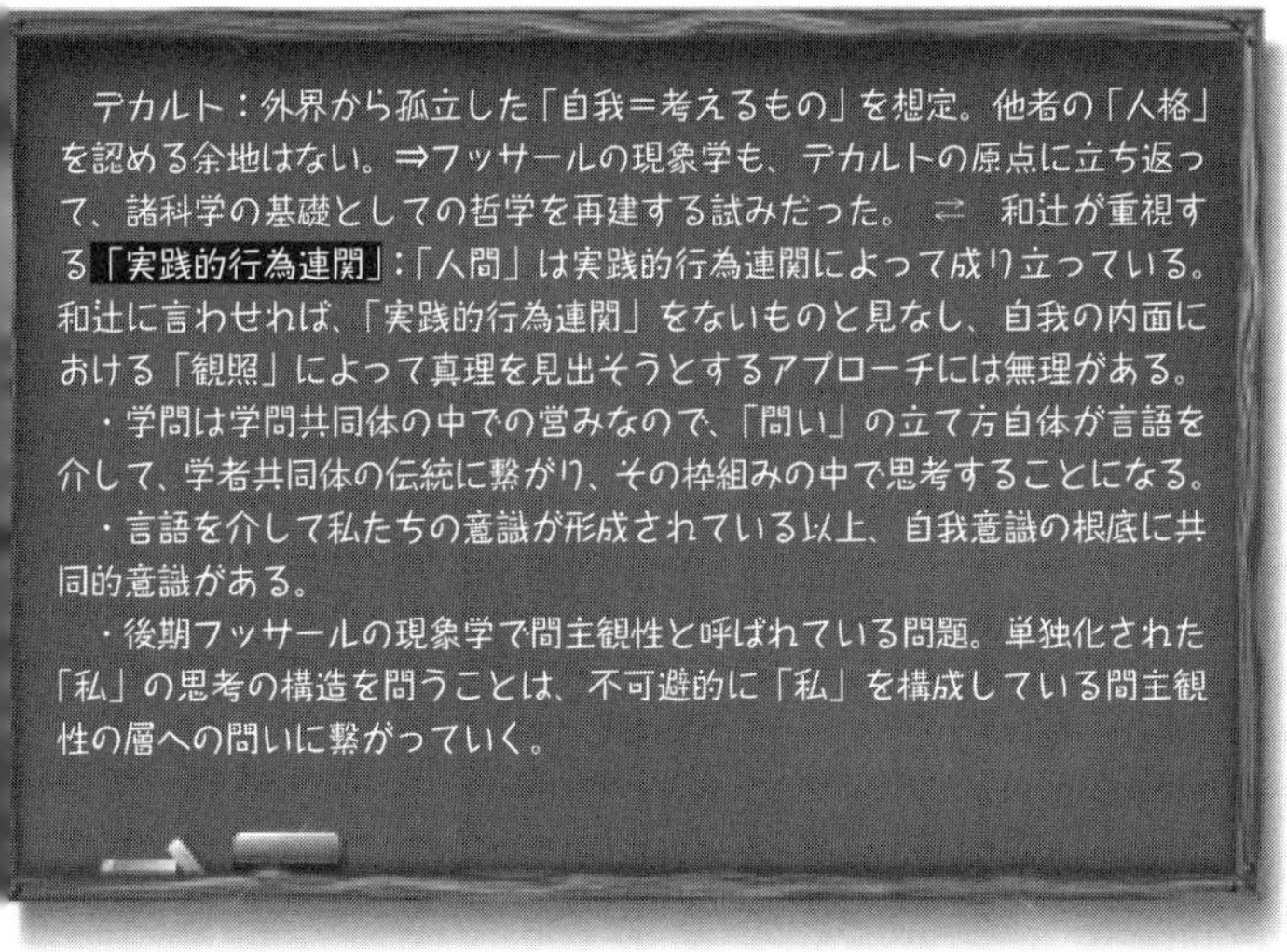

デカルト：外界から孤立した「自我＝考えるもの」を想定。他者の「人格」を認める余地はない。⇒フッサールの現象学も、デカルトの原点に立ち返って、諸科学の基礎としての哲学を再建する試みだった。 ⇄ 和辻が重視する「実践的行為連関」：「人間」は実践的行為連関によって成り立っている。和辻に言わせれば、「実践的行為連関」をないものと見なし、自我の内面における「観照」によって真理を見出そうとするアプローチには無理がある。
・学問は学問共同体の中での営みなので、「問い」の立て方自体が言語を介して、学者共同体の伝統に繋がり、その枠組みの中で思考することになる。
・言語を介して私たちの意識が形成されている以上、自我意識の根底に共同的意識がある。
・後期フッサールの現象学で間主観性と呼ばれている問題。単独化された「私」の思考の構造を問うことは、不可避的に「私」を構成している間主観性の層への問いに繋がっていく。

構造を問うことは、不可避的に「私」を構成している間主観性の層への問いに繋がっていくわけです。

> 問いは本質的に共同の問い、人間の問いである。そうしてかかるものとして問いは人間の存在の仕方なのである。しかるに倫理学は人間存在の根本的構造への問いである。しからば倫理学は、人間存在の一つの仕方においてその存在自身を全体的にあらわにしようとするものにほかならぬ。我々は倫理を問うという一つの人間関係を作ることにおいて、かかる人間関係それ自身を根源的に把捉しようとする。問われることが倫理でなく従って人間存在でない場合には、問うという間柄を見ずしてそこに共同的に問われていることにのみ眼を向けることができる。しかし倫理を問う場合にはこの分離は存しない。これが倫理学の方法の第一の特徴である。

「問う」という行為が、人間存在を前提にしており、かつ新たな人間関係を作り出すことを改めて強調しているわけです。別の見方をすると、問いを立て、それに答える人の関係性から独立の問いはないので、問いを通して普遍性を追求することはできないということになります。物理学で、相対性理論や量子力学では、観察者や観察する行為に対する物質の運動の相対性を前提にするというのに似ているような気がしますが、物理学では、その相対化された運動を数式化するのに対し、倫理学ではそれも難しそうです。和辻は、理論的普遍性にはあまり拘っていないようです。

「問い」という行為と、「問われていること」が不可分の関係にあることが、他の学問と違う倫理学の特徴。「間柄」を問題にする倫理学は特殊。
※「問い」の追求の仕方と、「問われていること」が分離されていない、つまり完全に中立的な「問い」が不可能だというのは、通常は学問の弱さと見なされる。しかし和辻はむしろそれを「人間の学としての倫理学」の強みにしている。

「問われることが倫理ではなく従って人間存在でない場合には」「問われていることにのみ眼を向けることができる」というのは、言い方は抽象的ですが、言いたいことは分かりますね。物理とか化学、数学の問いだと、その探究は人間の営みだけど、求められている答えは、「人間」と直接関係ありません。倫理の場合は、求められている答え自体が、まさに「人間」の本質に関わっています。「問い」という行為と、「問われていること」が不可分の関係にあることが、他の学問と違う倫理学の特徴ということになります。哲学でも、自然哲学とか科学哲学、狭義の認識論、論理学などは、和辻の言う「人間」は直接的には「問われていること」に含まれていないので、まさに「間柄」を問題にする倫理学は特別だということになるでしょう。「問い」の追求の仕方と、「問われていること」が分離されていない、つまり完全に中立的な「問い」が不可能だというのは、通常は学問としての弱さと見なされることですが、和辻はむしろそれを「人間の学としての倫理学」の強みにしているようです。

問われているものとしての「人間」

「一三　問われている人間」では、問われているものとしての「人間」をどのような視点から見るべきかが論じられています。最初に、人間は「行為の主体」であるので、単なる「観照の客体」にすることはできない、従って、主観／客観の対立図式を用いることはできない、ということが述べられています。第一章で何度も述べられてきたテーマですが、改めてその意味を簡単に確認しておきましょう。和辻に言わせれば、人間というのは、孤立して存在することがなく、常に他の人と関係を築き、その「間柄」において実践的に行為するので、関係性を取り去って抽象化されたものは〝人間〟とは言えない。物理や化学であれば、現実の世界にある様々な要素を取り去って実験し、実験でどうにもできないことは、理論によって仮想の状態を想定して、純化された対象として扱うわけですが、「人間」に関しては、そういう人為的な分離・抽象化は意味をなさない、ということです。生物学でも、自然環境や群れから引き離した動物を観察しても動物の生態は分からない、ということが言われますが、「人間」の場合は、その差があまりにも大きくなるので、客体としての〃人間〃と、それを観察する主体としての自分たちを分離できるかのように装っても仕方ない、ということになるわけです。

我々はこの問題に関してすでに認識論の範囲においてすら主観客観の対立関係の用うべからざること、従って認識論が「有論」たらざるべからざることの主張せられているのを見る。その著しき例はハイデッガーである。彼はカント以後承認せられた認識論を、現象学の志向性の立場から覆そうとする。それはあくまでも個人意識の立場においての考察であって人間の立場に立つものではないが、しかし我々の考察にとってきわめてよい示唆を与える。その考えは大体次の通りである。

「認識論の範囲においてすら」というのは、先ほど見たデカルトの話です。ハイデガーは、『存在と時間』を執筆した時点で既に現象学から完全に離脱していた、というのが、現在では通説的な見方になっていますが、本人はまだ現象学を名乗っているということもあるし、本題ではないので、あまり気にしなくていいでしょう。ハイデガーの現存在分析が、デカルト以来の主体／客体図式では捉え切れない、人間の実存を明らかにしようとするアプローチであることはよく知られています。

カント以後承認せられた主観客観の関係によれば、我々の認識には主観の統一が前提せられる。この主観が何であるかと問うにしても、この問いがすでに主観の統一にもとづく。従って認識の主観は絶対に認識の客観となることができない。それは捕えようとする時無限に後退して行くもの、従って到達し得られない限界概念である。しかしこのような主観客観の対立は、実は意識の志向性を解せざるにもとづくのである。そこでは「我れ」が主観として一方に立ち、「もの」が客観として他方に立つ。そうしてその我れが見る・考えるというごとき仕方でその「もの」に関係する。しからばその我れは見る・考えるというごとき仕方でその「もの」に関係する。しからばその我れは見る・考えるというごときかかわりを持つ以前にすでに我れであり、「もの」は見られ・考えられる以前にすでに「もの」としてあるのである。従って両者の関係は両者の独立の有に依存する。しかし関係の成立する以前にすでに対立せる二つのもの、すなわち「我れ」と「もの」とがいかにして見いだされるであろうか。それは不可能である。我れは必ず「もの」への志向的関係を持つ我れであり、「もの」は必ずこの関係において見いだされるものである。我れとものとはこの関係に先立つのではない。関係が先である。従って志向性の地盤において初めて志向する者と志向せられた物、従って主観と客観とが別れてくる。かく見ることは、「もの」を志向せられたものとして主観化するようにも解せられるが、しかしそうではない。志向せられるということは主観の内にあることではない。志向せられた「もの」は主観に対立する対象としてあくまでも主観の外にある。しかも主観の外にあるものが主観とのかかわりにおいてでなければ見いだされない。そこで「もの」が志向せられたものである限り、客観は主観的であり、「我れ」がただものへの志向においてのみある限り、主観は客観的である。主観と客観との截然たる対立関係は用いることができない。両者の根柢をなすものは志向性であり、さらに志向性を可能ならしめるものは人の存在である。

カント以降の認識論において、「この主観が何であるかと問うにしても、この問いがすでに主観の統一にもとづく」とされるようになったというのは、難しい言い方ですが、おおよそ分かりますね。もう少し詳しく説明すると、主観に関するあらゆる問いは主観である自我自身によって立てられ、自我自身に理解可能な形で自我自身によって答えられることになるので、自我の主観性を超えた純粋な客観性＝物それ自体に到達することはできない、ということです。仮に、主観がいかに客観を捉えるかについての〝客観〟的な理論があるとしても、それは、主観である自我にとっての〝客観性〟でしかありません。では、その〝客観性〟の主観性を克服するために、「『主観がいかに客観を捉えるか』についての客観的認識に主観がどのように到達するか」を客観的に明らかにする理論を構築しようとしても、それも主観である自我にとっての〝客観的理論〟でしかありません。理論の主観性を克服するためのメタ理論を無限に立て続けることになります。それを無限後退と言っているわけです。認識における「客観」は、どこまで行っても完全に捉えることのできない、微積分の極限値のようなものと見なすしかない。従って、「客観」と「主観」の間に克服しがたい距離があり、「主観」は自らにとって認識可能な形へと加工した客観＝対象を認識している、という前提に立たざるを得ない。それが、カント以降の近代認識論の一般的前提です。ドイツ観念論は、純理論的には克服しがたい主観／客観の分離を克服するために、歴史や芸術を持ち出したのですが、それだとどうしても実証の薄い、想像による議論になってしまいます。

和辻は、近代認識論は、「主観＝我れ」と「客観＝もの」がそれぞれお互い独立に存在しており、前者から後者に対してアプローチがあるかのような二元論的な発想をしているが、それはおかしいということを、現象学における「意識の志向性」という視点から指摘しているわけです。

「志向性 Intentionalität」というのは、フッサール現象学の用語で、簡単に言うと、「意識」が向かっている方向性のことです。常に何かの対象を目指しているからこそ、意識は成立している、というのが「志向性」をめぐる議論の前提です。志向する対象がない意識は考えられません。対象は、外界に実在する物質の場合もあるし、想像や記憶による表象の場合もあるけれど、とにかく何らかの「対象」が志向されている。「志向性」を強調したのはむしろフッサールですが、和辻はハイデガーも「志向性」論を継承しており、それに基づいて自らの現存在分析を展開していると見ているようです。実際、自己意識に先行する対象や自己自身との根源的な関わりを意味する、ハイデガーの「気遣い Sorge」という概念が「志向性」に相当すると指摘するハイデガー研究者もいます。

で、「志向性」が、先ほどの主観と客観の分離とどのように関係しているのか？「主観」と「客観」がお互いに対して全く独立に存在し、異質であるとしたら、「主観」が「客観」をどうやって認識するのか？「主観」と「客観」というからには、両者を結ぶ何か、両者に共通する何かがあるはずですが、二元論的に考えている限り、その〝何か〟を特定することはできません。志向性から議論を始めると、話は変わってくる。和辻はそう指摘しているわけです。志向性論の立場からすれば、「我」の意識は常に、何らかの対象（客観）を志向しているので、両者が独立ということはないはずです。

和辻は、そこからもう一歩踏み込んで、私の意識の中で、主観／客観が明確に分離したものとして措定される以前に、志向性による関係だけの状態がある、と主張します。その先行する状態では、私と物が志向性によって関係付けられているということではなく、ただ、志向するもの／志向されるものの関係だけがある、というわけです。フッサール現象学にもう少し即した言い方をすれば、いわゆる現象学的還元によって、実在しているものの実在性を括弧に入れた時に開示されてくる、「意識」それ自体におけるノエシス（意味付与作用）とノエマ（意味付与される対象）の「関係」ということになるでしょう。関係だけという言い方をすると、いわゆる主客未分化の渾然とした状態のような話に聞こえますが、フッサールの現象学自体に即して言えば、あくまで、「意識」内における関係です。かつ、フッサールが、その関係だけの状態には、自我自体も措定されていない、と言っていたかどうか微妙です。ノエシスの源泉としての「純粋自我」もフッサールの現象学に登場します。ただ、和辻はフッサールの現象学を厳密に再現しているのではなくて、ハイデガーにも通じるエッセンスを抽出しているだけですし、少なくとも、私たちが通常想定しているような、心理学的実体としての「自我」を括弧に入れているのは間違いありません。

「もの」が「主観の内」ではなくて、「主観の外」にあるというのは分かりますね。「内」にあるとすれば、カント系の認識論と同じことになってしまいます。少し分かりにくいのが、『『もの』が志向せられたものである限り、客観は主観的であり、『我れ』がただものへの志向においてのみある限り、主観は客観的である」というところですね。前半は、たとえ「もの」が「外」にあっても、志向性で「主観」と繋がっているという意味で、主観性を帯びているということです。後半は、「我れ」の方も「外」にある「もの」への志向性を抜きにして存在し得ないという意味で、客観性を帯びているということです。こうやって主観／客観を相対化していく発想は西田の議論に似ているようにも見えますが、西田の「純粋意識」論とは違って、主観／客観の区別はなくならないところが違います。

右のごとき考えよりすれば、主観客観の対立は要するに我れとものとの対立であり、人間存在はかかる対立を可能ならしめる地盤である。しからばその人間が単なる客観として認識主観に対立するはずはない。しかもこのことを明白に認めていたのは、まさにカントその人なのである。彼においては認識主観に対する認識の客観はあくまでも「自然」であって「人」ではなかった。たとい人が経験的対象として取り扱われるとしても、それは自然物としての人であって本来の人ではなかった。本来の「人」は彼においては「認識」の対象たり得ない。「認識」とは、彼においては、理論的な理性使用である。すなわち観照的に客体及びその関係を前に置いてながめる立場である。だから観照の主体は決してその観照の視野に入り得ない。しかるに実践的な理性使用においては、客体の観照は問題でなく、ただ実践する主体のみが問われる。しかもこの主体が、あくまでも主体として、実践的に規定せられる。カントはこれを実践的な道徳形而上学として、ここにのみ人の全体的規定を求めた。人の全体的規定とは、すでに説いたごとく、人を経験的及び可想的なる二つの性格の統一において規定することである。

先ほどの段落の最後では、主観／客観の対立を可能にしているのは、「人」だとしていたのに対し、ここでは「人間存在」であるとしていますね。直接的な説明がないので、どうしてズラしたのか分かりづらいですが、最初に「人」だとしているのは、主観／客観図式自体が、「人」の内において生じる、という素朴な話でしょう。主観／客観図式を明らかにするには、認識における主観としての「人」について考えるだけでなく、「人」そのものを総合的に把握する必要がある。それが、この段落の主題です。しかし、それだけだと、個体としての「人」を把握すればいいということになりそうになるので、「人」を問題にし始めれば、「人間」が問題になってくる、ということを予め述べておいたのでしょう。

カントの認識論にあって、認識の対象として想定されていたのは、あくまで、自然物であって、「人」ではなく、たとえ「人」が対象になる場面があっても、それはあくまで自然物としての人間にすぎない、とされていますね。一見禅問答っぽいですが、そんな難しい話ではありません。認識されるのは、物質である人間の身体だけ、という話です。本来の「人」というのは、人格を備えた人ということです。カントの認識論の枠組みにおいて、人格を備えた人をどう扱うかという話が出てこないのは確かであり、ごく当たり前の指摘なのですが、カント自身もカント研究者もあまり分かりやすく説明してくれません。こういう風にはっきり指摘されると、ああ、なるほど、という感じがします。

実践と間柄

「観照の主体は決してその観照の視野に入り得ない」、というのも、一瞬難しそうな感じがしますが、実際には、「自分で自分を見ることはできない」、という単純な話です。もう少し丁寧に説明すると、手や足だと部分的に見ることができますし、直接見えないところも、鏡を見たり、他人の身体との類比で予想するといった形で間接的に見ることができますが、「観照」という「行為」の主体としての自己（人格）に対して、距離を置いて観照することはできません。
それに対して、「実践」においては、人であれ物であれ、対象の純粋な認識が問題にされるのではなく、主体としての自己の行為の目的をどう設定し、それに従って自己をどのように規律するかが問題になります。理性の実践的使用を論じるのが、道徳形而上学ですが、和辻によれば、カントは認識論ではなく、この領域においてこそ、経験的に認識し得る自然物としての人と、実践の主体としての人格性を有する人とを、統一的に把握しようとしていた、というわけです。カントは経験的認識と、道徳的実践を区別して論じ、両者を再統合することには必ずしも成功しなかったというのが通常のカント理解ですが、和辻は、第七節で見たように、「人間学」の構想を重視しています。恐らく和辻は、人間学を、道徳形而上学の発展形態と見ているのでしょう。
和辻は、これまで見てきたように、「実践」を単独の人の行為ではなく、人と人の間柄、共同体を前提にしているので、「人間」の行為の問題であることを前提にしています。

しからば実践的な主体としての人間とは何であるか。人間とは一定の間柄における我々自身であった。その「我々自身」が実践的主体である。間柄において汝・我れあるいは彼・我れなどとして働き合うとき、それが主観客観の対立に陥らず、汝はまた我れであり我れはまた汝の汝であるというごとき主体的連関があるゆえに、「我々」が成立する。あくまでも主観我の立場に立つものは「我れ」を「我々」とするためにきわめて困難なる他我の認識を解かなくてはならない。しかるに我々は物を考え出す以前にすでに我々である。人間としての実践的連関は、我れの意識の生じる時すでに汝も彼もすべて我れであることをともに教える。

これまで見てきたことを前提にすると、それほど難しくはないですね。認識論の視点から見た場合、「他者の自我」はどのように認識し得るか、というのはかなりの難問であり、満足な答えを出すことはできそうにありません。むしろ、他者の自我など本当は認識できていないのだ、ということになりそうです。それに対して、日常的な実践において私たちは、「自我」を意識するのとほぼ同時に、他者の「自我」の存在を認め、他者が私の行為の意味をどう受け取るかを前提に行為し始めます。そうした「実践」における、認識を超えた、我と我の関係性こそが倫理学の基礎になる、と和辻は見ているわけです。

そして和辻は、先ほどの、「もの」に対する「志向性」も、「間柄」による制約を受けていると指摘します。

> 人間をこのような間柄として把捉することは、志向性における「もの」と「我れ」との関係に新しい光を投げる。人間は間柄において「我れ」となる。我れはその独自性において間柄を現わしている。従って「もの」と「我れ」との関係は、その真相においては、「間柄における我れ」と「もの」との関係である。ものを志向するのは「間柄における我れ」であって「孤立した我れ」ではない。しからば志向は本来共同志向であり、その共同志向が我れにおいて我れの志向となるのである。かかることは個人的意識を問題とする現象学の許さぬところであろう。しかしたとえば我々が「見ること」を共同的に問題となし得るのは、「見ること」が我れのみのことではなくして我々に共同のことだからである。「見ること」が個人的に相違するということさえも、この共同性の上においてのみ明らかになる。一般に志向性の問題が我々に共同の問題であるということは、すでに共同志向性を許しているのである。

要は、「志向性」は常に「間柄」を反映しており、「共同志向性」であるということですね。「もの」の見方の標準が共同体的に規定されていて、共同体的な標準があるからこそ、個人の見方の違いを論じることができる、というわけですね。和辻は、共同志向性を論じるのは、現象学の個人主義と相容れないとしていますが、後期フッサールは、「間主観性」を論じるようになりました。フッサールが「間主観性」について本格的に論じている『デカルト的省察』（一九三一）は、和辻がこれを書いている時点では既に刊行されていますが、和辻はそこまでフォローしていなかったのかもしれません。ただ、フッサールは、具体的な共同体を想定した議論をしているわけではなく、あくまで「自我」の主観性に内在する他我という視点から、「間主観性」を論じています。

一九六頁以降、現象学の「志向性」論を批判しながら、「間柄」論を展開しているので、話がやや複雑になります。

> しかし志向性はあくまでも対象を成立せしめる地盤であって、間柄自身の構造ではない。志向性においては志向せられたものは志向せず、志向作用は志向せられないのであるが、間柄においては志向せられた者が志向し、志向作用が志向せられる。従って志向作用そのものがすでに初めより志向せられることに規定せられている。たとえば志向性においてある「もの」を見るとき、この見られたものはあくまでもノエーマであってノエーシスではない。だから「見る」という志向作用は、ノエーマたる「もの」から逆に見られるということがない。しかるに間柄において「ある者」を見るときには、この見られた者はそれ自身また見るという働きをする者である。だからある者を「見る」という志向作用が逆に見られた者から見返される。このことは「見る」という働きが単なる志向作用ではなくして間柄における働き合いであることを意味している。従って「見る」ということが、相見る、眼をみつめる、睨みつける、眼をそらす、眼をそむける、眼を伏せる、見入る、見入らせられる等のさまざまの「見方」によって、鮮やかに間柄の諸様態を現わしている。

現象学の「志向性」論と、間柄の視点からの「志向性」論が対比されているわけです。「志向性においては志向せられたものは志向せず、志向作用は志向せられない」というのが、抽象的すぎてとっつきにくいですが、現象学は基本的に、主観としての自我と、客観である事物の関係に絞って、志向性を考えているのであって、人格間の志向性を視野に入れていない——と少なくとも和辻は理解している——ということを思い出せば、それほど難しくないことが分かります。「志向せられたもの」が「物」だとすれば、「物」に意識はないので、「志向する」ことはありません。また、現象学が、主観の対象（物）に対する志向作用それ自体だけを問題にし、その志向作用に対して他の主観がどう関わるかを視野に入れないのならば、「志向作用」は志向せられない、ということになります。細かいことを言うと、フッサールの現象学では、「反省」の問題も論じられているので、志向性への志向がテーマ化されていると言えないわけではありませんが、たとえそうだとしても、それは主観の内で働いている志向作用の一部にすぎず、「志向作用」が、主観でも客観でもない第三項によって志向されているということではありません。

間柄を視野に入れると、それがどう変わってくるかはもう分かりますね。次の文では、「間柄においては志向せられた者が志向し、～」となっています。「者」と漢字で書くことで、他の「人」が志向されている場合の話をしていることが分かります。人格を備えた人は当然、一方的に志向されるだけではなく、自分を志向している相手を、あるいは第三者を志向します。「志向作用が志向せられる」というのは、Aさんから B さんに対して作用している志向が、当人や第三者によって志向されているということでしょう。「A さんは B さんのことを意識しているな」、とCさんが意識するという感じで。「志向作用そのものがすでに初めより志向せられることに規定せられている」というのは、A さんがBさんのことを意識し、何かの働きかけをする時、そのことがB さんやCさんに意識されることを最初から念頭に置いている というより、B さんや C さんにどう意識されるかを予め意識しながら、B さんに働きかける、ということです。その後の「ノエーシス／ノエマ」について語っている部分は、通常の現象学の話で、それを間柄における「見ること／見られる者」関係と対比しているわけです。「間柄」においては、「見る」ことは決して一方的ではなく、見返される可能性が常にあるという意味で、相互的です。単純に「見る／見返される」というだけでなく、お互いの間柄によって、そのリアクションも異なってくるわけです。

志向性に対してかく間柄を区別することは、間柄が行為的連関であるという意味を一層明らかにするであろう。行為は「我れ」の立場において「意志」からのみ説かるべきものではない。それは自と他とに別れたものが自他不二において間柄を形成するという運動そのものである。従って行為は単に我れの意図や決意を含むのみではなく、他の主体についての了解をも初めから含んでいる。それでなければたとえば眼を伏せるというごとき見方をすることはできない。もちろんこの了解は正しいこともあれば誤れることもあるであろう。しかしとにかく他の主体から規定せられることなしにはいかなる行為も行なわれない。

現象学における志向性が、「ノエシス（意味付与作用）／ノエマ（意味される対象）」関係にすぎないのに対し、間柄は「行為的連関」だというわけですね。しかも、単独の個人の行為ではないので、その人の意志や意図だけが問題なのではなく、他の主体についての「了解」、つまり他の主体が自らの行為をどう受け止めるかに関する「了解」も含意されているわけです。

「現象学」における志向性は、「ノエシス（意味付与作用）／ノエマ（意味される対象）」関係にすぎない ⇄ 間柄 は「行為的連関」⇒単独の個人の行為ではないので、その人の意志や意図だけが問題なのではなく、他の主体についての「了解」、つまり他の主体が自らの行為をどう受け止めるかに関する「了解」も含意されている。

学としての倫理学

「一四　学としての目標」に入りましょう。

問われている「者」は人間である。しかし倫理学は「学」として、倫理とは「何であるか」と問うのである。人間はその存在において人間を可能ならしめるような一定の仕方を持っている。この存在の仕方が倫理であった。しからば我々は問われている者人間がいかなる存在の仕方を持つかを明らかにしなくてはならぬ。しかもそれを「何々である」として答えなくてはならぬ。存在の仕方自身は

> ただ行為することにおいてのみあらわにせられる。学は行為の中のきわめて特殊な領域、すなわち理論的反省の立場として、存在の仕方を一定の「であること」に翻訳しなくてはならぬ。これが倫理学において問われている「こと」である。これが第三に倫理学の学的性格を決定する。

「者」を強調しているのは、先ほど見た和辻独自の「問いの構造」で、「問われているもの」が単なる対象ではないことを確認するためです。「人間はその存在において人間を可能ならしめるような一定の仕方を持っている」という言い方は抽象的でピンと来にくいですが、これは、「人間」は「間柄」を前提としているので、間柄を作り出し、維持するような作用が進行しているはずであり、それがないと、ばらばらの「ひと」になって、「人間」としては存在しなくなる、ということです。生命体が存在するには、身体の臓器や細胞の活動や、原子や分子レベルでの物理的作用が必要だというのと同じように考えればいいでしょう。「人間」の場合はそれが「倫理」であるわけです。

「〜である」と、「行為」の関係が少し分かりにくいですね。和辻の理屈では、人間の「存在」は「行為」によって成り立っているので、「人間とは○○である」と本質規定することは、本当のところ無理だという話ですが、そう言ってもまだピンと来ないですね。左翼・右翼の人が、「『左翼』かどうかというのは、その都度の状況においてどう振る舞うかによって決まるのであって、特定の思想内容、経歴、身分によって決まるものではない」、という言い方をすることがあります（笑）。活動家、思想家、宗教家、指導者などについても、同じようなことが言われますね。それを、「人間」について言っているのでしょう。ただ、そう言い放つだけだと学問にならないから、多少の矛盾や不整合が生じるのは承知のうえで、多くの状況に当てはまるような形で、振る舞いについて、「権力に抵抗することである」とか「弱者に寄り添うことである」とか規定しないといけません。「人間」の場合、私たち全てがやっていることについて「理論的反省」をしたうえで、そういう「翻訳」をしなければならないわけです。ただし、「理論的反省」自体も、本来は、本質規定できないはずの「行為」であることを断っているわけです。

第三というからには、一と二があるはずですが、文脈からすると、一は、問われているのは、つまり問いの対象は、「人間」であること、二は、その人間の「存在の仕方」を明らかにするのが目標であること、三が、先ほどの「行為」を、理論的反省に基づいて、「○○」であることへと翻訳・本質規定すること。

> 我々はまず倫理学の目ざすところが「もの」ではなくして「こと」であるという点を明らかにしなくてはならぬ。
>
> 我々は倫理学が主体的な間柄をあくまでも主体として把捉しなくてはならないと言った。それは人間という「者」を客体あるいは対象としてではならないということである。人間とは我々自身であって我々に対《むか》い立つものではない。しからば我々は、理論的すなわち観照的な反省において、しかも観照すべき対象を持たないのである。いかにして我々は我々自身を把捉することができるのであろうか。
>
> もし我々が我々自身でないものとなって我々自身に対立することができなければ、右のごとき反省は全然不可能である。反省とは他者に突き当たることによって己れに還って来ることにほかならない。己れに還り得るのはその他者が本来己れ自身だからである。我々は我々自身主体であってその主体を直接に見ることはできない。しかしその主体が外に出ることによって「客観」となり得るがゆえに、我々はまた主観としてこの客観に対立し、そうして客観を通じて主体自身を把捉し得るのである。従って人間という主体的なる「者」を主体的に把捉するためには、我々は人間ならざる「物」を通過しなくてはならない。これが「物」を表現として、すなわち外に出た我々自身として、取り扱う立場である。

「もの」ではなく「こと」だというのは、先ほど出てきた、「こと」が人間の「間柄」において公共的に成立するのであって、「物」のような客観性を持っていない、ということです。間柄を主体的に捉えるべきだというのも、これまで言われてきたことです。しかしついさっき確認したように、学問においては理論的反省を行い、その「対象」を本質規定しないといけない。その対象がない、と言い切ってしまえば、学問として成り立たなくなります。じゃあ何を対象にするのか？

そこで、前にもお話ししたドイツ観念論系、特にフィヒテの反省理論を手がかりに話を進めていきます。簡単に復習しておきましょう。原初において、自他の区別がはっきりせず、そのため輪郭が明確になっていない、「自我」のもとともいうべきものがあります。原初の〝自我〟には、とにかく外に向かって拡張していこうとする感情だけが働いています。その感情に従って運動していると、どこかで、自分の思い通りにならない〝何か〟にぶつかる。その、自分に対抗し、立ち向かってくるものが、「対象 Gegenstand」です。ドイツ語の〈Gegenstand〉は、語の作りから見て、対抗して（gegen）、立っているもの（Stand）という意味です。対象にぶつかった自我の意識は反射（reflektieren）され、自己の内に押し返される。その際に、自我／非自我の境界線が意識されます。詳しく言い換えると、自分に属し自分の思い通りになるものと、自分の思い通りにならない、自分ならざるものがあることを自覚するようになるわけです。そういう意味で、「反省 Reflexion」は「反射」です。だとすると、「反省」は、物との遭遇による「反射」を契機としているということになります。マルクス主義系の議論では、「物」との関係が介在していることを強調するために、「反照」という訳語を使うことがあります。

フィヒテの反省理論は、「物」が媒介となって、あるいは、「物」との対比で、自我が自己を客観視できるようになることを示唆しているように見えます。そこで、反省の契機となる「物」を、「人」あるいは「人間」を理解する手がかりとして利用することができるのではないか、という発想が出て来るわけです。無論、赤ん坊が石とか木にぶつかって、自分を意識したというレベルの話だと、大した手がかりになりそうにないですが、主体がその「物」と積極的に関わりを持とうとし、意味付けするのだとすれば、その「物」からいろんなことを読み取れそうな気がします。実際、ドイツ観念論の伝統では、自己反省によって捉えることが一見簡単なようで、反省的な自己意識の中でいろいろ変容していく――例えば、「私は理性的である」という洞察に達したと思ったら、次の瞬間に、理性的とは言い難い感情によって動かされているもう一人の〝私〟を発見するといったことが起こる――ので、かえって捉えがたい「自我」を捉えるべく、「自我」あるいは「自我」の集合体が深く関わっている「物」を利用することが試みられました。シェリングは芸術作品や神話を、ヘーゲルは人倫の諸制度をその媒介物にしようとしたわけです。

> 「物」を「物」としてでなく表現として取り扱うということは、我々の日常生活における物の取り扱い方である。我々は周囲に見いだす「物」を机として、室として、家として取り扱う。すなわち道具として扱う。道具とは我々の生活の表現である。従って我々が故意に物からその道具性を捨象しない限り、物は表現であり外に出た我々自身であると言ってよい。
>
> かかる立場において我々が「この物は何であるか」と問うとき、我々はこの物が何か「であること」を目ざしている。たとえばそれが「机である」と答えられる時、この問いは目ざしているものに達する。ところで机であることはこの物の有り方であって、この物自身ではない。そうしてこの有り方こそまさに道具性である。しからばこの問いは物における生活の表現を目ざしていたのである。

「生活の表現」という言い方が出てきましたね。これは解釈学の用語です。後で名前が出て来る、解釈学の始祖とされるシュライエルマッハー（一七六八―一八三四）は、ロマン派のグループと親しい関係にあり、その影響を受けたとされています。「道具」が、人間自身が気づきにくい、人間の活動を表現しているというのは、納得しやすいですね。「『であること』を目ざしている」というのは、抽象的な言い方で難しそうですが、この場合の「であること」というのは、「問いの構造」で出てきた、〈Erfragen（問い質すこと）〉の答えとして得られる、問われている対象に関して得られる核心的な情報、その対象の本質規定のことです。「この物の有り方であって、この物自身ではない」というのも抽象的で分かりにくい言い方ですが、この場合の「有り方」は、第四節で出て来た、「有」という字に含意されている「もつこと」という意味に関係していると考えればいいでしょう。つまり、「有り方」というのは、その物が人間によってどのように持たれるか、人間にとってどういう意味を持っているか、ということです。そう考えると、「机である」という「有り方」が、「道具性」だとか「物における生活の表現」というのは、ごく当然のことです。

「表現」〈Ausdruck〉

あと、「表現」に相当するドイツ語〈Ausdruck〉は分解すると、〈aus（外へ）＋Druck（押し出すこと）〉というのが原義であることが分かります。英語の〈expression〉も、同様です（ex-pression）。和辻はそれを念頭において、「外に出る」という言い方をしているのだと思います。

倫理学は人間存在の学として一切の物における人間生活の表現を目ざしている。道具はもとより、身ぶり、言葉、動作、作品、社会的制度というごとき特に顕著な人間存在の表現は、それを通じて実践的主体を把捉するがための欠くべからざる通路である。ところでかく物において表現せられているのは、人間という「者」ではなくしてまさに人間の存在である。机であることが表現しているのは、人がそれにおいてある種の労働あるいは享楽をなすことであり、身ぶりが表現しているのは人と人との間のある関係である。人間という「もの」はこの存在においてあるのであって、それを離れた実体なのではない。従って一切の表現は実践的な間柄における主体的な存在の表現である。

ここは比較的分かりやすいですね。道具だけでなく、身振りや言葉、作品、制度なども、人間存在の表現なので、それらを通して、「実践的主体」としての「人間」を、あえて本質規定するのが倫理学の課題だというわけです。通常の倫理学とは違って、社会学、民俗学、文芸批評、言語学などを含んだ学際的な

アプローチになりそうですね。『者』ではなくしてまさに人間の存在である」、という言い方が少し難しいですが、この場合の「者」は、個人としての「人」のことで、「人間」というのが、これまで見てきたように、個人であると同時に共同体的存在でもある「人間」のこと、「存在」というのが第四節で見たように、「間柄としての主体の自己把持」のことだということを思い出せば、すんなりと理解できるでしょう。道具、身振り、言語などから読みとれるのは、特定の個人の生の表現ではなく、間柄としての人間の生の表現だというわけです。確かに道具とか身振りなどは、共同体的な生活実践を抜きに理解することはできません。「作品」は個人によって創られる場合が多いですが、それでも、その個人は共同体的な想像力や慣習を背景として制作するわけですから、「人間の存在」を「表現」していると言えます。

「である」と「がある」

この後、二〇二頁から二〇七頁にかけて、国語学の知見に基づいて、日本語における「である」と「がある」の文法的区別について論じたうえで、両方とも、人間の存在の仕方に基づく、事物や観念の「有ち方」を現わしており、「である」の方がより限定された「有ち方」だと結論付けられています。「風がある」のは、人間が風を「有つ」ことであり、「風が静かである」のは、「静かに感受されたものとして有つ」ことだという具合に。

以上のごとくにして我々は、「がある」と「である」とに分かれて用いられる「あり」という言葉を、人間の存在の顕示（apophanēsis）と見ることができる。「である」が学において特に重大な意義を持つのも、この顕示のゆえである。これによって我々は、何ゆえに学において「であること」が目ざされるかを理解し得ると思う。

しからば「である」によっていかに存在が顕示せられるか。それは「あり」が繋辞としての役目をつとめている場所、すなわち「陳述」において明らかにせられる。陳述とは人間の存在の言い現わしである。人間は何かについて陳述しつつ己れの存在を表現する。だから陳述は「あり」によって示されている。たとえば「Sがある」というのはSについて陳述しつつ人間がSを有つことを言い現わすのである。だから陳述においては、人間の存在はすでに先立って与えられている。陳述とはこの存在をのべひろげて言い現わすことである。のべひろげるに当たってそれはさまざまの言葉に分けられ、そうしてその分けられた言葉が結合せられる。逆に言えば結合の前に分離があり、分離の前に陳述せらるべき存在がある。

和辻は〈apophanēsis〉と表記していますが、これは〈apophansis〉の間違いではないかと思います。このギリシア語は「陳述する」とか「判断する」という意味ですが、『存在と時間』の第七節の自らの現象学的方法を論じる文脈の中で、ハイデガーはアリストテレスに由来する、この〈apophansis〉の語義について説明しています。アリストテレスの『命題論 Peri Hermeneias』の第一章から第六章にかけて、〈apophansis〉とはどういうことか詳細に論じています。そうしたアリストテレス－ハイデガーの文脈から取ったのでしょう。ハイデガーは、この言葉は「見えるようにさせる」という意味の動詞〈phainesthai〉と、「〜の側から」という意味合いの接頭辞〈apo-〉から合成されたもので、事物が自ら現われるように仕向けるというのが本来の意味だと解説し、それが自らの現象学的方法の基本的態度だとしています。和辻が「顕示」と「陳述」を結び付けている背景には、アリストテレス－ハイデガーの〈apophansis〉論があるわけです。

ハイデガーは、アリストテレスに依拠して、「〜である」と「陳述する」ことは「存在するものを顕示させること」だと指摘したわけですが、和辻はそこに更に自分の「有＝人間が有つこと」論をかぶせて、「〜である」という陳述あるいは言明の内に、その現象を受けとめる人間の在り方が表現されていると主張しているわけです。援用の援用なのでややこしいですが、援用元の議論を確認すると、和辻の言いたいことが少しずつ分かってきます。

「陳述」という行為が、陳述すべき事柄をいろんな言葉に区分けした後、文として再結合するというのはよく言われていることですし、アリストテレスの『命題論』でも述べられていますが、「のべひろげて」は少し新奇な感じがします。これは、「陳述」の「陳」という字が「連ねる」あるいは「並べる」という意味であり、「陳べる」と書いて「のべる」と読むこともあること、そして、「述べる」が「伸べる」や「延べる」と語源が同じで、言葉を延べ拡げるというのが本来の意味だったことなどに由来するのだと思います。和辻はその「陳述」という行為が、陳述される対象の意味を明らかにしているだけでなく、それを有っている「人間の存在」をも表現していると見ているわけです。

和辻は更に、陳述の「あり」において「結合」と「分離」のいずれがより重要かという問題を論じます。普通の人なら、どっちでも同じくらい重要だということではいけないのか、と思ってしまうところですが、和辻にとってはそうではないようです。

> 「あり」を単に結合の辞とするのは、その結合の前にすでに個々独立の言葉が与えられていることを前提しつつ、ただこの結合の契機をのみ見てそれに先立つ分離を見ないのである。かかる立場においては、何事かをのべるに際して言葉を探すという現象は、説明し得られぬ。そこには結合せらるべき言葉はいまだ無いにかかわらず、のべらるべき「こと」はすでに与えられている。人はこの「こと」をさまざまの言葉に分けた後に初めて結合し得るのである。しかしすでに言葉に分けられた後でも、「Sがある」というごとき陳述においては「あり」は結合の辞ではない。陳述せらるべき「こと」がSと「がある」とに分けられたままでも陳述は成り立っている。
>
> しからば陳述においては結合よりも分離が重大な契機である。「あり」の現わす結合は分離にもと

> づかねばならない。我々の国語によれば、理解を言い現わす語は「分かる」であり、理解せられた「こと」は「ことわり」であり、理解せしやすく話すのは「ことをわけて話す」のである。もとよりかく分け得るのは「こと」の内に本来分けらるべき構造があるからである。だから理解は「ことのわけ」が分かるのであって「わけのないこと」が分かるのではない。しかしすでに「わけ」があるとしても、理解せられる以前にはそれはまだ分かってはいない。だから「わけ」は分かるべき構造を持った統一である。理解はそれを分けて分かった構造に引き直すことにほかならぬ。しかもその分け方は、個々独立の部分に分けるのではなく、本来の統一が部分に現われるように分けるのである。従ってこの分離は本来の統一の自覚を意味する。

「結合の辞」というのは繋辞、つまり「〜である」のことです。「あり」は基本的に繋辞として理解されがちですが、そういう理解の背景には、個々の事物を表わす言葉が最初から存在していて、それをくっつければ、文が成立するという見方がある。和辻はそういう見方はおかしいのではないか、と主張しているわけです。本当にそうだったら、「何事（なにごと）」かを述べようとするに際して、それに適した言葉を探すというようなことはないはずだ、というのがその理由です。つまり、「〜ということ」として思念される事態が先ずあって、それを言葉へと分離――分解と言った方が分かりやすいでしょう――する操作があって初めて、「陳述」が成り立つ、というわけです。「Sがある」を、「S」と「〜がある」に分けたままでも陳述が成り立つ、というのは分かりにくい理屈ですが、これは、「S」も「〜がある」も、それぞれ単独で一定の他の人間に理解できる意味を伝えているので、陳述として成り立っているということでしょう。ただ、「〜がある」が単独で陳述として機能するという断定に違和感を覚える人は結構いると思います。私も引っかかります。

「わけ」が分からない?――「ことのわけ」の構造

とにかく和辻は「こと」を言葉へと分解する「分離」の方が重要としたうえで、それを示す例として、「分(ける)」という要素が入っている日本語の表現「分かる」「ことわり」「ことをわけて話す」「わけがわからない」などを引き合いに出しているわけです。これは、日本語でないとできない芸当です。ハイデガーの言語論では、ロゴス(logos)の動詞形である〈legein〉が「集める」という意味であることを手がかりにして、ロゴス=言語が諸事物を取り集めるものであることが強調されるので、和辻とは方向性が逆です。

「『わけ』があるとしても、理解せられる以前にはそれはまだ分かってはいない」という文の意味が取りづらいですね。「わけ」は「訳」という漢字が当てられ、物事の道理とか理由といった意味で使われる言葉ですね。「訳が分からない」とか「訳を説明する」という時の「わけ」です。確かに、そうした意味での「わけ」が、理解される以前には、それが何なのか分かりません。理解される以前に分からないというのは、字面的には同義反復ですが、和辻は「分かる」に「分ける」という意味をかけて、「分けることが可能な論理的構造=訳」がそこにあっても、それを言葉に分解しないと、「分かる」ようにならないという意味を持たせているわけです。「『わけ』は分かるべき構造を持った統一である。理解はそれを分けて分かった構造に引き直すことにほかならぬ」という繋がりも、禅問答っぽくてとっつきにくいですが、ここのポイントは、「分ける=言葉に分解する」という操作を加えて、「分かるべき構造」から「分かった構造」へと移行するということです。そのままだと、見えてこない潜在的構造としての「わけ」を、言葉に分けたうえで、文として結合することで、目に見えるようにするわけです。

和辻は、こうした「訳」の構造は、人間の「間柄」を表現していると主張します。

――陳述とは人間の存在の表現にほかならなかった。しかるに人間存在とは、間柄における行為的連関である。そうしてその行為的連関はすでに無限の表現や了解を含んでいる。従って「わけ」はすでに行為的にわかっており、しかもそれがすでに言葉に言い現わされている。その言い現わしが陳述の根源的な姿である。人間がもし間柄でないならば、ものがあるあるいはものが何かであるというごときことを、言い現わす要はない。言い現わすのはその「もの」を共有する間柄において、その「もの」に即して自他の連関を実現するがためである。それは身ぶりや動作によっても行なわれるが、言葉はその最も発展した表現の手段である。それによって言い現わすとき、実現せらるべき自他の連関が最も容易に実現せられる。だから「言い現わし」すなわち陳述は根源的には間柄の表現である。陳述においては間柄における「わけ」が最も細かに分けて陳べひろげられる。

ここは比較的分かりやすいですね。「分け＝訳」とは、人と人の間の行為連関の中で形成されている、「もの」についての共通了解だということですね。言葉に表わさなくても、既にお互いに了解し合っているけれど、言葉で「陳述」することによって、潜在的な「わけ」の構造が顕になり、細かく規定されます。「陳述」は、もともと成立している間柄を、詳細に規定し直す働きをする、と言えるわけです。

二一一頁で、言語表現だけでなく、身ぶりや動作、例えば挨拶等でも、間柄表現に先立って、「間柄」が既に与えられている、と述べられていますね。

しからば間柄において実践的行為的にすでに分かっているということはどういうことであるか。それは自と他とに分離しつつしかも間柄として合一していることである。ところで分離はあくまでも統一における分離である。根柢において一であるものでなくては分離するということがない。もともと二つのものであるならば、それは分離を待たずして離れている。だから分離はただ一なるものの否定としてのみ起こり得る。自と他とは、本来自でもなく他でもないものが、そのないことの否定として己れを現わしたものである。それはもはや一でなく、従って自はあくまでも自であって他でなく、他

はあくまでも他であって自ではない。しかも自と他とは、本来一であるゆえに、自他不二的に連関する。自他不二とは自と他との否定である。かく一者が分かれつつ不二であるということにおいてのみ間柄は成立する。だから実践的行為的連関として間柄が存するということは、統一・分離・結合の連関があることであり、かかる連関として実践的行為的にすでに分かっているのである。それが間柄としての実践的行為的な「わけ」である。

ここも分かりやすいですね。もともと、本来共同体的に存在している、つまり自他不二である「人間」が「自／他」に分かれながらも、個人（人）として相互に結び付いているのが実践行為的な「間柄」であるわけです。そうした「統一・分離・結合」の連関としての「間柄」が、論理における「わけ＝分かるべき構造」として現われているわけです。

倫理学が初めて実践的行為的な「わけ」を「こと」に化するのではない。実際生活において「もの」のわかった人は、（理論的な反省をすることなしに、）また「こと」を分けて話すこともできる。すなわち彼は単に人間的に存在するのみならず、また存在論的である。従って人間の存在は理論的な存在論以前にすでに存在論的であると言われる。これは存在論にとってすでに「ことのわけ」が与えられているということにほかならない。我々の倫理学は、人間存在の学として、我々の意味における存在論である。それは存在論以前の存在論的理解、すなわち「ことのわけ」を捕え、それを通じて人間の存在の仕方をあらわにする。

倫理学の使命についての和辻の考え方がはっきり現われていますね。これまでの流れからの何となくのイメージだと、和辻は、通常イメージされているカント倫理学のようにアプリオリな論理に従って人のなすべき行為を語るのではなく、文化人類学のように、人々が日常的に間柄において実践していることから、規範的なエッセンスを読み取り、論理化することを目指しているような感じでしたが、彼は倫理学が理論

倫理学の使命についての和辻の考え方

・理論的な反省をする以前に既に、間柄において「ことのわけ」が成されている。非論理的な習慣をロゴス化するのではなく、既に与えられ、実践されている「分かるべき構造」を陳述する。

・ハイデガー「存在的 ontisch」と「存在論的 ontologisch」の区別

「現存在」は、日常的な振る舞いにおいて、何らかの事物や他者に関係する時、それらが「存在している」ことを前提にしており、「存在的」な態度を取っている。

しかし、存在論的構造にまで掘り下げておらず、「存在論的」な問いを立てること、「存在」そのものとの関係で諸現象を理解することは、学的な見地においてのみ可能。

・和辻は、間柄として存在している人間は、「ことのわけ」を心得ており、既に「存在論的」である、と言っている。※ただ、この場合の「存在論的」というのは、ハイデガーの言っている、人間を超えた「存在」そのものに即した論理ではなく、むしろ人間自身の「存在」、あるいは、人間が「有つ」ことによって成り立つ「ことのわけ」の構造。

的な反省をする以前に既に、間柄において「ことのわけ」が成されている、と言っているわけです。非論理的な習慣をロゴス化するのではなく、既に与えられ、実践されている「分かるべき構造」を陳述する、ということですね。

「存在するのみならず、存在論的である」というのは、ハイデガーによる「存在的 ontisch」と「存在論的 ontologisch」の区別を念頭に置いているのでしょうが、ハイデガーの場合、「現存在」は、日常的な振る舞いにおいて、何らかの事物や他者に関係する時、それらが「存在している」ことを前提にしているので、「存在的」な態度を取っているけれど、存在論的構造にまで掘り下げておらず、「存在論的」な問いを立てること、つまり「存在」そのものとの関係で諸現象を理解することは、学的な見地においてのみ可能となるという前提に立ち、哲学者の特別な立ち位置を確保しているわけですが、和辻は、間柄として存在している人間は、「ことのわけ」を心得ており、既に「存在論的」である、と言っているわけです。ただ、この場合の「存在論的」というのは、ハイデガーの言っている、人間を超えた「存在」そのものに即した論理ではなく、むしろ人間自身の「存在」、あるいは、人間が「有つ」ことによって成り立つ「ことのわけ」の構造です。

人間を理解するためには、何が必要か？——歴史社会的事実の媒介

「一五　人間存在への通路」では、理論的反省としての倫理学がいかにして、私たちが無自覚的に実践している「ことのわけ」の構造に立ち入って分析するのか、具体的方法論が論じられています。

まず、二一四頁から二一五頁にかけて、人間存在を表わす風習道徳や客観化された社会的制度が手掛かりになると指摘されています。カントは、主体の実践を意識の事実として捉えようとしたので個人主義的な思考に陥ったが、「人間」を捉えるにはやはり、「歴史社会的事実」を媒介とする必要があると述べられていますね。

二一六頁で、新カント学派においても、実践哲学においては「学の事実」を媒介にしなければならないという問題意識があった、と述べられていますね。「学の事実」というのは、学問的に探究された経験的事実ということです。その代表者として第八節に出て来たコーエンと、アルベルト・ゲールラント（一八六九－一九五二）の名前が挙げられています。ゲールラントは、コーエンとナートルプの下で学んだ人で、最初アリストテレスと算術の関係について研究していましたが、和辻が述べているように、社会科学の諸分野を基礎付けるものとして倫理学を捉え直そうとしました。和辻は、ゲールラントのアプローチを経験的対象を通して人間存在へと至る道として評価する一方で、彼もまた、コーエンと同様に、「思惟」から（概念的な）「有る」を導き出そうとする立場を取っており、概念に先立つ「人間存在」に思い至っておらず、そこに限界があると指摘しています。ゲールラントにとっての「経験」は、自然科学的に組織化された経験であって、そうした経験によって明らかにされる共同体は、概念化された共同体であって、実践連関として成り立つリアルな共同体ではない、ということですね。

和辻はそうした「学の事実」ではなく、日常的実践における経験、例えば、衣食住に関わるものを買い、それを生活で使う場面を具体的に想定しながら、議論すべきだと主張します。

> かく見れば社会科学が組織せるさまざまの経験は、それが学的に組織せられているゆえにではなく、それが日常的な人間の経験から取り集められているがゆえに、人間存在への通路を供し得るのである。我々はそれらの経験をその日常性に還すことによって、そこに表現の理解としての豊かな意義をも見いだし得るであろう。かく修正せられた意味においては、社会科学の事実もまた人間存在への通路として扱われてよい。しかし要するところは、個人的なる意味の事実ではなくして実践的行為的連関における人間の日常経験を、存在への通路として択《えら》び取ることである。

ここは分かりやすいですね。社会科学によって収集された経験的事実を、そのまま受け容れるのではなく、それの元になった実践的行為連関に遡って解釈する必要があるということですね。そして実践的行為連関における「人間の日常経験」に注目したという点でハイデガーを評価しています。自らの存在についての問いを発する特別な存在者である「現存在 Dasein」＝人に焦点を当てたこと、「世界内存在 In-der-Welt-Sein」として、世界の中に見出される様々な物と関わっている「現存在」の在り方を分析したことなどに言及しています。「世界内存在」というのは、デカルト＝カント系の認識論で想定されているように、主体としての自我が自分の周囲の事物に自発的に関わり、自らの視点で対象として構成し、それらの集積として最終的に世界を構成するということではなく、「現存在」としての私は気が付いた時には既に「世界」の中に投げ込まれており、諸事物と既に関わりを持っている、ハイデガー自身の用語で言えば、「配慮的に気遣って besorgen」いる。道具との関係でも、私が最初から主体的で明確な意図をもって、道具を利用しているというより、気が付いてみたら、鉛筆を握っていたとか、椅子に腰かけていたとか、テレビのスイッチを点けていたという感じで、環境の中に予め与えられている道具連関に従って行為していることがあります。アメリカの哲学者で、人口知能批判で知られるヒューバート・ドレイファス（一九二九－　）は、世界内存在論のそうした側面に注目して、ハイデガーをプラグマティズム的に解釈しています。

和辻もその線で理解しているようです。

> 我々がハイデッガーにおいて学び取るべきものとするのは、人が直接に己れ自身を対象とするのではなくして、逆に対象的なるものから己れの有を了解する、という点である。「有るところのもの」の有り方は実は人の存在に根ざしている。だから存在への通路は、日常的に与えられた「有るところのもの」において認められる。このものを捕えて、その有り方に着眼するとき、我々はすでに存在への緒を見いだしているのである。かかる方法においてハイデッガーは実に模範的であると言ってよい。しかも我々は彼の方法をそのままに襲用することができない。なぜなら彼は、我々が一三において問題としたごとき志向性を掘り下げて人の存在に達するのであり、従って間柄としての存在には達し得ないからである。このことは同時に彼の出発点である世界・内・有が、単に我れとものとのかかわりであって、我々の意味における「世の中にあること」ではない、という点にも連関する。従って「有るところのもの」もまた原始的には我れとのかかわりにおいて有るのであって、人間に有るのではない。すなわちその有り方が根ざすのは人の存在であって人間存在ではない。

「有るところのもの」というのは、原語では〈das Seiende〉で、現在では、「存在者」と訳すのが普通です。「存在者」の有り方が、人（現存在）に根ざしているという言い方は、主体によって対象が構成されるという話のように聞こえるのでハイデガー理解としてやや難があると思いますが、「現存在」の「理解」によって、他の存在者の存在が暴露される、明るみに出されるということだとすれば、問題はないでしょう。ハイデガーは、周囲の事物、道具的な「存在者」に対する「気遣い」を起点にして、「現存在」の有り方を解明することを試みています。

「しかも我々は彼の方法を～」というところの「しかも」は少しひっかかりますが、前々回もお話ししたように、ここでは添加ではなく、逆接の意味です。少し古い用法ですね。で、どうしてハイデガーの方法をそのまま採用できないのかと言うと、ハイデガーはあくまでも、個人としての現存在（私）の存在を問題にしているのであって、「間柄」という意味での「存在」を問題にしてはいないからです。ハイデガーはむしろ、共同体的な有り方を、非個性化した「ひと das Man」の非本来的な有り方として否定的に捉えています。〈das Man〉についてはやはり前々回お話ししましたね。

ハイデガーの「世界内存在」は、「現存在」が「世界」の中に「ある」存在者であることを示す概念ですが、この「世界」は、主として現存在の周囲の「環境世界」の意味であって、「世間」の意味はあまり含まれていない、と和辻は見ています。本当は、ハイデガーは世間＝公共世界という意味で、「世界」と言っていることもあるので、この理解は正確ではないですが、現存在が「世間」に属していることに積極的な価値を見出していないのは確かです。和辻は、〈In-der-Welt-Sein〉を「世の中にあること」に読み替えようとしているわけです。ただ、ここで一応異論をさし挟んでいますが、和辻はもうしばらく、『存在と時間』の議論をフォローし、更に利用できるものを見出そうとします。

人のみは、他の「有る物」と異なって、己れ自身の有を問う。すなわち己れの有において己れの有に係わっている。それは何らかの仕方で己れ自身をその有において了解しているということである。このような人の有り方が特に存在（Existenz）と呼ばれる。だから存在は自覚有である。かかる自己了解的な存在の構造を分析するのがハイデッガーの Existenziale Analytik des Daseins（現に有ることの存在論的分析）なのである。

現在の標準的な訳語とのズレが目立ちますね。現在では、〈Existenz〉は「実存」と訳されます。前々回お話ししたように、「実存」〈Dasein〉は「現存在」と訳されます。「現存在」が自己自身を問う特別な存在者であるというのは、これまでにも出てきたことですが、ここでのポイントはその「問い」に基づく「了解 Verständnis」です。ハイデガーの言っている「了解」は、必ずしも知的に理解しているわけではな

いけれど、何となく心得ていて、その心得に基づいて振る舞っているというような意味です。

　和辻はこの「了解」という概念を取り入れようとしているのですが、ハイデガーの議論の主眼は〈Sein（存在）〉それ自体についての了解、あるいはせいぜい、「ものとの交渉」を媒介にしての現存在（＝現にあること）の自己了解です。

> かく見れば彼における「存在」が人間存在たり得ないゆえんも明らかになる。彼においては存在への通路は我れとものとの係わりである。従って人は初めから「我れ」として規定せられる。それが誰であるにしろとにかくいずれも我れである（Jemeinigkeit）。存在論的には「人」「我れ」などの言い現わしを控えてDasein（現に有ること）を用いるが、このDaseinの存在的内容は我れとしての人にほかならない。ものとの係わりから始める限りこれは当然のことである。が、それとともに人を根源的に間柄において把捉する道は遮断せられてしまう。
> もちろんハイデッガーといえども人と人との係わりを無視しているのではない。彼は「現に有ること」が誰であるかの問題において他人すなわちMitdaseinを説いてはいる。しかし自他の対立的統一を意味する間柄はそこには触れられていない。彼においてはまずあるのは道具とのかかわりにおける世界・内・有である。その道具の有り方において初めて他人が見いだされる。

　ここは分かりやすいですね。ハイデガーは、「人」と「物」の関係から出発し、それを基準に議論を進めるため、「物」を介しての人の自己理解だけ

和辻：ハイデガー **世界内存在〈In-der-Welt-Sein〉** を「世の中にあること」に読み替え
※ハイデガーは、「世界内存在」＝現存在が「世間」に属していることに積極的な価値を見出していない。
・**ハイデガー**は、「人」と「物」の関係から出発⇒他者は、同じ道具を使う存在者として間接的・二次的に「共現存在 Mitdasein」として把握される。
・**和辻**：私たちは「物」と関わる前に「人」と関わっており、「世の中に有ること」は、基本的に間柄であるという前提から出発しなければならない。日常における物にまつわる表現から、「見合い語り合い働き合う」人間存在の自己了解を読み取らねばならない ⇒ ディルタイの解釈学が参考になる。

が問題になるわけです。他者は、同じ道具を使う存在者として間接的・二次的に「共現存在 Mitdasein」する、そこに居合わせるにすぎません。和辻は、私たちは「物」と関わる前に「人」と関わっており、「世の中に有ること」は、基本的に間柄であるという前提から出発しなければならないと主張します。日常における物にまつわる表現から、「見合い語り合い働き合う」人間存在の自己了解を読み取らねばならない。その点で、ディルタイの解釈学が参考になると言います。ディルタイは、ニーチェより少し年長の哲学者で、シュライエルマッハーによって創始された解釈学を、「精神科学」一般の方法論へと発展させました。自然現象を普遍的法則に従って「説明」する自然科学、文化的諸現象を人々の生の表現として、解釈者自身の生に引き付けて「理解」する精神科学の違いを明らかにしたことで知られています。フッサール流の現象学から離脱しようとしていたハイデガーの方法論にも強い影響を与えています。

ディルタイの説く生・表現・了解の連関は、その「生」が人間存在として把捉せられるときに、その優秀なる方法的意義を発揮し来たると思う。表現はあくまでも個人的であるとともに共同的であるところの生の表現である。意識的努力において把捉し得られない主体的な人間存在は、ただ表現においてのみ己れをあらわにする。すなわち意識せられるよりも先に表現せられ、表現を通じて初めて意識にもたらされ得るのである。ここに主体的実践的な人間存在を主体的に把捉する道が与えられている。

ここで和辻が「了解」と訳しているのは、先ほど私が「理解」と呼んだもののことです。現在では、〈Verstehen〉と訳すのが普通です。和辻はここでは、〈Verstehen〉と〈Verständnis〉をあまり区別せず、いずれも「了解」と訳しているようです――次節では、自分の議論の文脈に合わせて使い分けていますが、この節ではあまり区別していないように思えます。両者の違いはかなり微妙です。日常語的には、〈Verständnis〉の方が、日本語の「了解」のようにやや広い意味、必ずしも知的に理解していないけど、納得しているとか、心得ているというような意味で使われます。ハイデガーは、〈Verstehen〉を、現存在による、自己投企、分かりやすく言うと、自分自身は何のために存在しているのかを、その都度の状況の中で把握する、というような実存論的な意味合いで使っています。

　和辻は、様々なテクストや芸術作品を、人間の「生 Leben」の「表現」として「理解」するディルタイの解釈学に依拠しようとしているわけですが、解釈学は通常、文学・芸術作品、歴史の史料の解釈の方法と見られています。そこで和辻は、二二六頁から二三三頁にかけて、自分はむしろ、私たちが日常的に出会い、そこに間柄を読み取っている、「家」「衣服」「交通」「山林」などに定位して議論を進めていくと表明していますね。そのため、自分の倫理学は社会学の方法に接近している、と述べています。アリストテレスの節の話を振り返って、「社会の学」と「倫理学」は本来同じものだとも述べていますね。

「解釈学」Hermeneutik と「現象」phainomenon

「二六　解釈学的方法」に入りましょう。

> 　日常生活における表現とその了解とを通路として人間の主体的な存在に連絡することは、学的立場における表現の理解の問題である。我れの身ぶりに対して汝が応える場合には、すでにそこに表現の了解が働いている。しかしこの了解は、二人の間柄を存立せしめる契機であって、この間柄がいかなるものであるかというごとき存在論的理解ではない。存在論的理解は、了解において発展する表現を捕えて、そこに形成せられた意味的連関を取り出し、それを二人の間柄の構造に連絡させて理解しなくてはならぬ。たとえば身ぶりをかわすという表現は二人の間に今了解せられた「こと」を我々に示す。我々はその「こと」において二人の間の実践的行為的な連関を理解することができる。主体的な存在の仕方が、それにもかかわらず理論的に「であること」として確定せられるのは、かかる表現の理解にもとづくのである。

ここでは「了解」を、身振りなどによって表現される間柄をお互いに察して、スムーズに行為している状態というような意味で、「存在論的理解」を、その間柄の構造を知的に理解しているという意味で使っていますね。身振りを交わすことで既に成立している「表現の了解」を、理論的な本質規定へともたらすことが、解釈学的な倫理学の方法論ということになるわけです。

ところで解釈学は元々文献学（Philologie）の方法論から発達したものです――和辻は、「文学」と訳していますが、現在では、「文献学」が定訳となっています。神学者であるシュライエルマッハーは聖書解釈の方法をモデルにして、解釈の技法を体系化しました。二三四頁から二三八頁にかけて、シュライエルマッハーの影響を受けた、次の世代の解釈学の理論家アウグスト・ベック（一七八五―一八六七）の考え方が紹介されていますね。ベックは古典文献学者で、ギリシア経済史と言語学の研究で大きな業績を残しています。このベックの解釈学に関する基本的な考え方が示されている講義《Vorlesungen über Enzyklopädie und Methodologie der philologischen Wissenschaften（文献学的諸科学の百科全書と方法論についての講義）》が彼の死後、一八七七年に刊行されており、和辻はこれに基づいて説明しているのだと思います。これの部分訳が最近、『解釈学と批判』というタイトルで知泉書館から刊行されています。ベックによると、「文献学」とは、人間の精神によって生産せられたものを、すなわち認識せられたものを、歴史的に再認識する学であり、自ら原初的な認識を生み出していく哲学とは異なっており、両者は相互に制約し合うと同時に補完し合う関係にあると述べられています。日本語で文献学と言うと、細かい単語の辞書的な注釈ばかりしているイメージがありますが、それだけに留まらず、テクストをそれを書いた人たちの生きた環境を再現しながら、表現されていることを読み解く、という哲学・評論っぽいこともやるわけです。

ベックによると、そうした文献学における理解には、対象をそれ自身として理解しようとする解釈（Hermeneutik）と、批判（Kritik）があるわけですが、前者について二三六頁に少し面白い説明が出ていますね。字面から分かるように、ギリシア神話の神で、神々の伝令であるヘルメス〈Hermes〉と関係のある言葉です。〈Hermeneutik〉の語源になったギリシア語の動詞〈hermeneuō〉は、「翻訳する」という意味です。アリストテレスは、これを名詞化した〈hermeneia〉を、「解釈」とか「説明」「表現」といった意味で使っています。先ほど出て来た『命題論』の原題が、〈Peri Hermeneias〉ですが、これはまさに「〈hermeneia〉について」、という意味です。「翻訳」が「解釈」になってしまうのは飛躍しているような感じがしますが、英語の〈interpretation〉も、「翻訳」かつ「解釈」ですね。ある形態の表現を別の形態の表現に移し替えることが、〈hermeneia〉だと考えればいいでしょう。和辻が説明しているように、神々の伝令であるヘルメスは、神々の言葉を人間に伝える、つまり、無限なもの＝神的な精神を有限なもの＝感覚的現象に「翻訳」する役割を担っている、と言えるわけです。ヘルメスのように、「解釈学」は表現されたものの中からその思想的な意味を取り出し、理解できるように再構成するわけです。古典文献については特に、単に技術的に翻訳するだけではなく、その思想内容が現代人に理解できるように「翻訳」することも必要になります。

ベックは、哲学にとっての基礎としての論理学と同じような役割を、文献学の基礎としての解釈学に与えるべく、「理解」することについて掘り下げで考えたわけですが、その理論を文献学の範囲を超えて拡張することまでは試みませんでした。それをやったのはシュライエルマッハーの継承者としてのディルタイです。

ディルタイ

二三九頁で述べられているように、ディルタイにとって、「理解」とは、感覚的に与えられた「記し Zeichen」から内面的なものを認識する過程です。この「理解」の内の最高の水準のものを規則化し、体系化したものが「解釈学」です。解釈学は、元々、文書化された記録の解釈の技術から始まったものです

ディルタイの解釈学

「理解」とは、感覚的に与えられた「記し Zeichen」から内面的なものを認識する過程。この「理解」の内の最高の水準のものを規則化し、体系化したものが「解釈学」。「理解」は言語的表現についてのみ成されるものではなく、人間の「生の表現」一般についてなされるもの。特に、社会的形成に関わる人間の行為を、射程に入れた。「生」は、生物学的な生でも、個人としての生でも、歴史・文化的な連関の中で形成される、共同性を帯びた生。
※和辻の発想にかなり近い⇒　和辻、あくまでも、「解釈学」を日常的実践に引き付ける。
ディルタイの不十分さを指摘。1、日常的な生の表現と了解が哲学的理解に先行し、後者を可能にしていることを認めていないこと。2、「生」を人間的社会的現実として捉えながら、それに徹し切れず、しばしば、個人的体験の意味で「生」という言葉を使っていること。
⇒「現象学的還元」に注目。

が、ディルタイは、「理解」は言語的表現についてのみ成されるものではなく、人間の「生の表現」一般についてなされるものだと主張します。特に、社会的形成に関わる人間の行為を、射程に入れたということですね。

> そこで解釈学の任務は、歴史的・社会的なる人間存在、すなわちディルタイにおいては「歴史的世界」の、生ける連関についての知識の可能性、及びその実現の手段を明らかにするにある。ディルタイはこれを歴史認識論の任務として把捉した。歴史の領域へ小説的なわがままや懐疑的な主観性が侵入するのに対抗して、解釈の普遍妥当性を理論的に根拠づけようというのである。かくして解釈学は哲学と歴史科学との重大な結合点となり、精神科学の根拠づけの主要成分を構成する。

ディルタイは人間の「歴史的世界」があり、その中で人々の「生」が連関していると想定しているわけですね。当然、人々の「体験―表現―理解」は個人ごとにばらばらのものとしてあるのではなく、連関していることになります。こういう視点から解釈学を歴史科学に接近させるのは、和辻の発想にかなり近いですね。

ディルタイは、ニーチェやベルクソンと並んで、「生の哲学 Lebensphilosophie」の代表的哲学者と見なされていますが、少なくとも彼にとっての「生」は、生物学的な生でも、個人としての生でもなく、歴史・文化的な連関の中で形成される、共同性を帯びた生です。

ただ、和辻は二四二頁から二四四頁にかけて、ディルタイの不十分さを指摘していますね。まず、日常的な生の表現と了解が哲学的理解に先行し、後者を可能にしていることを認めていないこと。次に、「生」を人間的社会的現実として捉えながら、それに徹し切れず、しばしば、個人的体験の意味で「生」という言葉を使っていること。これは、ディルタイの研究の焦点が芸術的創作にあるので仕方ないことだと思いますが、和辻はあくまでも、「解釈学」を日常的実践に引き付けたいようです。

> 解釈学的方法の強みは、解釈学が初め与えられた文書的遺物から出発し得たように、常に与えられた人間存在の表現から出発し得ることである。また解釈学がすでに言葉として言い現わされたことの再認識であったように、ここでもすでに日常的表現の了解において意味的連関に化せられたことの自覚だということである。かかる点においてそれは現実からの遊離、理論の世界への籠城をふせぎ得るとともに、また生を生のままに把捉するというごとき、理論的立場の廃棄をもふせぎ得ると思う。

和辻の言う「解釈学的方法」は、人間の日常的生の表現から素材を得る一方で、それをそのまま受けとめるのではなく、掘り下げて深層の意味を取りだすという作業をすることで、「理論」から適切に距離を取ることができる、というわけですね。ただ、そう言っておきながら、そのすぐ次の段落では、そうやって日常に密着しすぎることは、最も根本的な原理から出発することを旨とする哲学にとってはひっかかるところがあるのではないかとの懸念を表明していますね。そこで、「現象」について掘り下げて考えることで、現代哲学に新たな基礎を与えようとする現象学の方法も取り入れた方がいいのではないか、という見方を示します。

> 現象学的方法と解釈学的方法とは、いずれも「事実に即する」という要求の上に立っている。従って両者はともに、あらゆる学問的定立を離れ、一切の理論に先行して、かかる理論の根源たる生活体験、もしくは人間存在に帰って行く。しかし現象学はここにとどまらない。それはさらに日常生活の

> 自然的態度における世界経験から、その素朴な超越有（外《そと》にものが有ること）の定立を排除し、「純粋意識」にまで還らなくてはならぬ。これが現象学の固有の領域たる「現象」なのである。この現象学的還元は、自然的態度がすでに超越有の定立というごとき観照的態度を核心とするという前提の下に行なわれる。従って自然的態度における無意識的・実践的・行為的な側面は顧みられない。現象学者は超越有の排除のみによって、一切が直観的に照らされ得る静的な観照の世界に還り得るのである。そうしてこの世界の中で「現象」の本質が志向的構造において直観せられるのである。

両者の共通点が、学問的諸前提をいったん括弧に入れて、その基盤になっている人間の現実の生へと回帰し、そこで何が起こっているか確かめようとする姿勢にある、ということはいいですね。「超越有」という言い方は難しいですが、これが意味するのは、（　）の中で言い換えられているように、「意識の外にあるもの」ということです。つまり、私たちが通常、物質的・客観的に実在すると思っているものすべてです。実在すると無反省的に想定されてきたものを全て括弧に入れるのが「現象学的還元」で、それらを取り去った後に残るのが、「純粋意識」です。分かりやすく言うと、自己以外のいかなるものも実在するものとして想定しない、意識のことです。「自然的態度」というのは、現象学的還元を経ていない、普通の人が世界に向き合う態度ということです。

和辻が問題にしているのは、フッサールの現象学では、自然的態度でさえ、人々が無自覚的に行っている能動的な実践が考慮に入れられておらず、観照的態度としてイメージされており、ましてや、還元後に得られる「純粋意識」、外の世界との繋がりを遮断した意識になると、その観照的なイメージが更に強まるということです。「超越的有の定立」というのは、自己の外に何かがあるものと想定することですが、初期のフッサールには間主観性という視点がありませんから、もっぱら個人の意識の中で、意識のみの働きによって定立され、他者はそれに一切関係していないかのような話になります。

> しかし解釈学にとっては、自然的態度における日常生活そのものが、実践的行為的連関として、すでに間柄における表現・了解の動的発展である。そこでは意識せられるに先立ってすでに主体的連関があり、それが表現・了解を通じて意識に転じて行く。従って現象はすべて無自覚的に人間存在の表現として取り扱われる。前に広がっているのは「田畑」であり、昇る朝日は「拝まるべきもの」である。それらは単なる超越有として観照せられるのではない。だから超越有の排除は人間存在の排除をもともに排除することなしには不可能である。従って純粋意識への還元はここでは行なわれ得ない。

「純粋意識への還元」は、間柄の連関をも排除することを意味するので、不可能だということですね。和辻がそう主張するのは、これまでの議論から十分予測できることですが、あっさりダメだと言ってしまったら、何で「現象学」を引き合いに出してきたのか分からなくなりますね。とりあえず、和辻の言い分を聞いてみましょう。

　二四七頁から二五三頁にかけて、「現象 phainomenon」とは「己れを己れ自身において示すもの」であるというハイデガーの言説について細かく批判的に検討されていますね。ややこしいのですが、なるべく簡潔に要約しておきたいと思います。和辻は背景説明をしていませんが、ハイデガーが「現象」をこのように定義したのは、フッサールの現象学があくまでも主観にとっての現象を問題にしていたのに対し、主観である人間の意図を超えて、「存在」が自己自身を現わしてくることを示したいためです。二四八頁から二四九頁にかけて、そのように定義すると、「現われ」という意味での「現象」はそこに含まれないことになる、ということが指摘され、和辻はそのこととの問題点を指摘しています。

　ドイツ語のニュアンスについて細かいことが語られているので、ややこしいのですが、基本的には『存在と時間』の第七節の議論の要約です。ハイデガーの言っていることが元々難しいのにそれを短縮して紹介しているので、ますます分かりにくくなっているのですが、本当に要点だけ言っておくと、「現象」を意味するドイツ語の〈Erscheinung〉には、ハイデガーの言うような、「自己を自己自身において示すもの」という意味の他に、「単なる現われ」とか「見かけ」「外形」「仮象」「幻」といった意味もあるということです。後者の場合、表に現われていない「本体」、カントの「物自体」に相当するものが、どこか別のところにあって、それは現われていないように聞こえます。日本語だと、「化学現象」とか「物理現象」とか言う時の「現象」と、「今回の失敗は彼らの傲慢の現われ」だという時の「現われ」は、「現」という漢字を共有していても、全く別の意味で使われるので、あまりこんがらがらないのですが、ドイツ語の〈Erscheinung〉を「現象」と訳して、その二義性を日本語で説明しているので、不必要に分かりにくい話になっているわけです。ハイデガーは、〈Erscheinung〉という言葉から、そうした二元論的な意味合いを排除して、あくまでも「自己を自己自身において示すもの」に限定して考えるべきである、ギリシア語の〈phainomenon〉はそういう意味だった、と主張しているわけです。

そのことを要約したうえで、二四九頁で和辻は、しかしそのように言い切ってしまうと、〈Erscheinung〉という言葉に「現われ」とか「仮象」という意味合いがあることが説明できない、ハイデガーの定義は一方に偏りすぎていないか、と言っているわけです。

> 現象が初めより己れ自身を暴露せるものとして把捉せられていたのならば、何らか己れ自身を示さないものとの関係が何ゆえにここに考え込まれたのであろうか。己れ自身を知らせながらもしかも己れ自身を示さないものがあるからである。

己れ自身を知らせながら己れ自身を示さないというのは禅問答めいていますが、簡単に言い換えると、自分がどこかにあることを「仮象」とか「現われ」の形で知らせるけれど、本当の姿は見せない、ということです。和辻はその例として、主体が身振りを通じて己れを示すことを挙げています。身振りは、自己の身体によって表わされるので、確かに自己を示しているとは言えますが、身振りは主体そのものではありません。そういう意味で、『己れを示さざるもの』がそれにもかかわらず他者として己れを示している」わけです。和辻はこのことを、自分の「人間」論に結び付けます。

> だからこそ現象は、「現われ」として、「己れを示さざるもの」への関係を含意するのである。しかるに現象からこの契機を洗い去り、ただ「己れを示すもの」としてのみ現象を限定しようとするのは、全然観照の立場に立って、対象的なるものが己れを示すという側面のみを捕え、自ら動く行為の立場を顧みないがゆえであると言わねばならぬ。主体がその間柄において絶えず己れを客観化するという行為の立場に立つ限り、他者として己れを現わすことこそまさに現象である。

強引に話をズラしているように見えますが、和辻の言わんとしていることを好意的に解釈すると、「己れを示すもの」として「現象」を限定的に理解するのは、対象でしかない「物」を中心に考えているからであって、主体としての人間が「間柄」において身振りとか会話とかで自己を現わすことも「現象」と見なすのであれば、自己をいったん他者化して、異なった形で「現わす」という側面も考慮に入れざるを得ない、ということでしょう。個人の精神的な営みであっても、直接的に現われることはないわけですが、人間の間柄における実践的行為となると、どこに本体があるのか見当を付けることさえできません。

「間柄」の「現われ」というのは和辻の問題意識であって、ハイデガーのそれではありませんが、ハイデガーはハイデガーで、それ自体としては隠されていて直接的には現前しないものが〝ある〟という前提に拘っています。その隠されているものとは、「存在」それ自体です。私たちは、犬とか猫とか木とか石といった個々の「存在者」を認識し、働きかけることはできますが、「存在」それ自体を見たり、聞いたりすることはできません。「存在」それ自体を直接認識することができるのであれば、現象学的アプローチなどいらないでしょう。しかし、「本体」と「現われ」の二元論のような前提に立って、「現われ」を素材として、隠された「本体」を探究するかのような神秘主義的な議論はしたくない。そこでハイデガーは、二五一頁で引用されているように、「己れ自身を示すものを、それが己れ自身から己れを示す仕方において、それ自身から見させること」が現象学である、と定式化します。つまり、「存在」は自己自身を示しているのだけど、その示し方に普通の人はなかなか気付きにくいので、その示し方をじっくり観察し、その痕跡をなぞっていくことで、理解できるようにするわけです。しかし和辻は、ハイデガーの議論の前提がやはり矛盾していると指摘します。

ハイデガーは「存在」が、「現象」であることを強調するけれど、そうだとすると、「存在」それ自体は私たちに対して隠れており、目に見える形で現われることはないので、「存在（有）＝隠されたる現象」だということになります。「隠されたる現象」というのは明らかに矛盾した概念であり、無理があるというわけです。

先ほど少し見たように、ハイデガーは解釈学に由来する「理解」「了解」といった概念を使っています。『存在と時間』の随所で、「理解」とか「解釈」などの用語が使われていますし、歴史性について検討している章では、ディルタイの議論が直接参照されています。そういうこともあって、「存在」に対するハイデガーの現象学的アプローチは、「解釈学的現象学 hermeneutische Phänomenologie」と呼ばれます。和辻は、直接的に捉えることができない「存在」にアプローチするために、ハイデガーが解釈学の手法を援用しようとしたことは評価しています。しかし、「存在（有）」という抽象的なものが「現象」として自己を示しているという見立ての下で、その「存在」へと遡っていこうとする発想にはやはり無理がある――ハイデガー信者の人たちは、ハイデガーの意志を尊重して、無理がないかのように言いたがりますが。むしろ、日常的に見られる現象によって「人の存在」が表現されていると見て、前者から後者へと遡っていく、という前提で考えるのが自然ではないか。和辻はそう提案します。実際、『存在と時間』の記述を見ると、存在それ自体が自らを示す様をなぞっているというより、自己自身の存在の意味を探究しようとする特殊な存在者である現存在の自己表現をどのように理解するかをめぐって議論が展開しているので、和辻のように、「人の存在」を、その行為の「表現」から理解する試みだと考えた方がすっきりするでしょう。当然、それだけで話は終わりません。和辻は、「人の存在」の前提である「人間の存在」を視野に入れないと、解釈学的アプローチを活かしきることはできない、と主張します。

> しかしこのような現象学の脱却は、現象を純粋意識の事実とせずして、人と人との間において見いだされるものとすることによってのみ達せられる。従ってそこからさかのぼって行く存在も、単なる人の存在ではなくして人間の存在であり、そこに分析せられるさまざまの存在の仕方も、単に我れのみの宿業的離脱的な有り方ではなくして間柄のさまざまな作り方である。そこで人間存在の分析は、有論と現象学とから離れて、まっすぐに倫理を目ざして行くものになる。

人々の振る舞いを「人間存在」の表現と見るのであれば、個人の予め規定されている有り方の探究ではなく、様々なバリエーションが考えられる間柄の探究が必要になる、というわけです。確かに、話があっさりしそうな気がしますが、存在（有）論や現象学から離脱してしまうと、ハイデガーの一体何を方法論的に参考にするのか、という気がしますね。二五四頁から最後にかけて、ハイデガーが自らの現象学――フッサールの現象学とはかなり異なります――の三つの方法的特徴だとしているものを、人間存在の分析に活かすことができるとしています。「現象学的還元」「現象学的構成」「現象学的破壊」の三つです。和辻自身が本文中に付けている注にもあるように、この三つは、一九二七年の

「人の存在」をその行為の「表現」から理解する試み
⇒「人の存在」の前提である「人間の存在」を視野に入れないと、解釈学的アプローチを活かしきることはできない。　人々の振る舞いを「人間存在」の表現と見るのであれば、個人の予め規定されている有り方の探究ではなく、様々なバリエーションが考えられる間柄の探究が必要になる⇒ハイデガーの現象学が方法論に参考になる――「現象学的還元」「現象学的構成」「現象学的破壊」（この三つは、1927年の夏学期に行われた講義『現象学の根本問題 Grundprobleme der Phänomenologie』に登場）

夏学期に行われた講義『現象学の根本問題 Grundprobleme der Phänomenologie』に出てきます。木田元さんは、この講義を、未完に終わった『存在と時間』の未完部分を扱ったものであるので、『存在と時間』を全体的に理解するうえで重要なテクストだとしています。作品社と創文社から訳が出ています。『存在と時間』では、存在論に現象学を適用することがどういうことを意味するのか明確には語られていませんが、この講義では、「現象学的還元」は、まなざしを「存在者（有る物）」から「存在（有）」それ自体へと連れ戻すことだと述べています。和辻はそういう風に考えると分かりやすくなると評価したうえで、それを参考にして、人間の主体的な表現、つまり身ぶりや会話、家などから、人間存在へと遡っていく「解釈学的還元」が自らの倫理学の方法論になると述べていますね。これは先ほど見たことの繰り返しです。

「構成」というのは、「予め与えられている存在者を、その存在と存在の諸構造へと目を向けながら企投すること」だと定義されています。これだけだと何のことだかピンと来ませんが、簡単に言うと、「存在者」が「存在」とどのように関係しているのか理論的なイメージを描いてみるということです。「存在」という概念を理論化するということでもあります。といっても、当の「存在」自体が摑みどころがないので、実際には「現存在」がどのようにして個々の事物に遭遇し、それを「存在」と関係付けているのかシミュレーションしていく形になります。

日本の倫理学の独自性とは？

「企投」の原語は〈Entwurf〉で、通常のドイツ語では、「設計図」という意味ですが、投げるという意味の〈Wurf〉に、「遠くへ」とか「離れて」といった意味の接頭辞〈ent-〉に加えた言葉なので、「遠くへ向かって投げること」というニュアンスを読み込むことができます。ハイデガーはこの言葉を主として、現存在の「実存（現実の在り方）」としての在り方を論ずる文脈で使っています。現存在の前方にスクリーンのようなものがあって、そこに現存在が自らのあるべき姿を投影し、それを目指して進んでいくというイメージです。世界内存在としての現存在は、気が付いた時には、世界の中に「投げ込まれている」自己を見出すわけですが、その受動性にそのまま甘んじることなく、世界の中で与えられている諸可能性の中から、最も自分らしい可能性を積極的に選ぶことが、「投企」です。現存在の実存は、投げ込まれたという受動性と、自ら企投するという能動性の両面性を持っています。ただ、ここで言われている「企投」はそうした実存論的な大袈裟な意味ではなく、単に「設計する」とか「イメージする」といった意味でしょう。

で、現象学的構成が、和辻の倫理学にどう応用できるかというと、

> 現象を見得るためにはまず現象学的な構成を待たねばならない。しかし我々は直接の所与を現象とする。それは表現であるがゆえにすでに日常的に了解せられている。ただそれは実践的行為的連関の契機として、理論的に無自覚である。解釈学的方法はこの過程を自覚的に繰り返さねばならない。この自覚的な繰り返しの行動は、哲学的行動として、直接の実践的関心から離脱しなくてはならぬ。しかもこの離脱の立場において自由にその繰り返すべき実践的連関を自ら生き得ねばならない。かくして人間存在の表現と了解とが、理論的な理解に化せられ、人間存在の動的構造が自覚せられた意味連関になる。これを我々は解釈学的構成と呼んでよいであろう。

抽象的な言い方なので分かりにくいですが、ポイントは、日常的な表現としてしょっちゅうやっていることをいったん実践的な関心から切り離して、それを自覚的に反復してみることで、それがどういう働きをしているか確認し、理論化していくということです。日常的な日本語の表現の文法構造とか、習慣化した動作、身体運動などを、通常の目的と関係なしにやってみて、どういう仕組みになっているか確認し、

理論的に意味付け、位置付けするというのはちょっとした学問っぽい話でしばしばやっていることですね。この本の随所で和辻がやっているように、日常的に使っている言葉から、哲学的な意味合いを読み取る時にもそういうことをやりますね。「人間」「存在」「倫理」などの意味の分析は、確かに、普通にこれらの言葉を使っている時には思いつきませんね。言わば、和辻がやっていることの確認です。

「破壊」というのは、ハイデガーの元の議論では、それまでの哲学の歴史の中で「存在」という概念にいろんな前提が付け加わり、固定観念化したまま無批判に使われているので、「存在」概念の歴史を振り返って、現在の「存在」概念がどういう経緯で形成されてきたのか批判的に検証することです。これにハイデガーは最も力を入れています。『存在と時間』以降のハイデガーの仕事の大半は、「存在史 Seinsgeschichte」の探究です。和辻は、「伝統の発掘」と呼んでいますね。

ここに破壊と言われるのはまさに解釈学的方法の核心である。伝統を発掘してその源泉たる人間存在に達すること、そうしてそこに含まれたる根源的な了解を自覚的な理解に持ち来たすこと、それがまさに解釈学的な構成である。しかも伝統とは「表現」以外の何者でもない。ハイデッガーはここであたかもベェクの言葉を繰り返すかのように、哲学的認識と歴史的認識との本質的同一を説いている。それは現象学と調和し得るものではない。ここに説かれる破壊は特に顕著に、解釈学的破壊でなくてはならぬ。

このまとめは分かりやすいですね。身振り、会話、家や土地、制度など、「人間存在」の表現が「伝統」を負っているものと見て、その伝統を発掘していくことで、「人間存在」の歴史性を明らかにするわけです。ハイデガーは、「存在論」の歴史を解体していき、古代ギリシアの人たちがどのように「存在」に遭遇したか明らかにしたうえで、プラトン以降のそれとは異なる、新しい存在論を立ち上げようとしたとされていますが、和辻の方は、主著とされる『倫理学』を見る限り、「人間存在」の概念を刷新するとかい

う発想はなさそうです。どちらかと言うと、伝統を、「人間存在」の発展の歴史としてそのまま受けとめる、という感じです。最後の段落を見ておきましょう。

> 以上によって我々は、表現というごときものよりもさらに根本的に現象を明らかにすべきであるとする立場が、結局、表現を媒介とする解釈学的方法に発展しなくてはならない、ということを明らかにしたのである。それによって我々は、この節の前半において明らかにせられた解釈学的方法を一層確実に立て得るとともに、また還元・構成・破壊というごとき仕方によって一層具体的になし得たかと思う。第一章において人間の学としての倫理学の意義を明らかにした仕方は、すでにほぼこれに従ったのである。

和辻の倫理学の方法とは、間柄に関連すると思われる、諸「表現」を手掛かりにして、実践的行為連関から成るがゆえに、概念化しにくい「人間存在」を明らかにしていく営みだったわけです。「正義」とか「功利性」とか「自律」などの中心的原理に基づいて、倫理的行為の体系を演繹的に構築していく、現代の西欧で支配的になっている倫理学とはかなり違います。

和辻の倫理学の方法

間柄に関連すると思われる、諸「表現」を手掛かりにして、実践的行為連関から成るがゆえに、概念化しにくい「人間存在」を明らかにしていく。 ⇄ 「正義」とか「功利性」とか「自律」などの中心的原理に基づいて、倫理的行為の体系を演繹的に構築していく、現代の西欧で支配的になっている倫理学とはかなり違う。

Q　私は精神医学をやっているので、「了解」概念に興味を持ちました。ディルタイは、体験の「了解」をベースにした記述的な心理学、「了解心理学」の創始者であり、精神医学者でもあったヤスパースの「了解」論等を経由して、現代精神医学にも影響を与えています。そのディルタイの解釈が出て来たので関心を持ったのですが、二四一頁の、ディルタイが、生・表現・理解の連関において「生の範疇」を求めたというところで、「ここでは理解は、非合理的なる生の『表現』の理解として、論理的思惟の把捉し得ざるものを理解する。従ってここに捉えられるのは、人間生活の静的構造ではなくして、運命的に動き行く生の動的構造である」と述べられています。「非合理的な生」とか「運命的」とか、何か神秘主義的な言葉を急に出してきた気がします。西田の時も、心理学の話をしていたかと思うと、急に、禅の用語のような「空」の話が出てきました。こういうのに違和感を覚えます。

A　この辺りの和辻の記述は、多少のアレンジは入っていますが、ディルタイの弟子であるゲオルク・ミッシュ（一八七八－一九六五）によって編集されたディルタイ全集第五巻に沿っています。結構忠実に再現しています。二三八頁で言及されている「解釈学の起源 Die Entstehung der Hermeneutik」（一九〇〇）という小論文も確かにこれに含まれています。ディルタイ自身、「生」が「非合理的」であり「運命的」なものによって左右されるという言い方をしています。魂の構造連関が人間の情念、その場合の「運命的」というのは、自分自身ではどうにもできない力によって動かされている、というようなごく素朴な意味です。別に、運命が最初から定まっているという話ではないです。やはり、この第五巻に収められている「記述的・分析的心理学の構想」（一八九四）という論文では、「魂の構造連関 der seelische Strukturzusammenhang」は、人間の生の全ての情念、痛み、運命を含んでいるという言い方をしています。歴史や芸術の領域における個人の生を研究するのだから、非合理的な要素を扱うのはごく自然なことでしょう。新カント学派が、人間の価値合理的側面に焦点を当てた文化科学の構築を目指したのに対し、ディルタイの精神科学は非合理的なものを包摂しようとした、というのはドイツ思想史でよく言われることです。

Q　人間の生が生物学的な衝動に支配されているので非合理的ということですか。

A　動物的な衝動の話もしていますが、それだけではありません。動物的な衝動も含めた様々な情念と、理性の協働にとって「歴史」が形成され、その中で私たちは生きてきます。「歴史」が単一の理性的法則に従って発展しているのでないとしたら、歴史に拘束される各人の行為には、当然、非合理的な面があります。

Q　どうも、ディルタイを引き合いに出している理由がピンと来ません。どうして、解釈の背景にある歴史的共同体に拘るのか？

A　それは別に和辻の拘りではありません。講義の中でお話ししたように、解釈というのは、その個人の体験だけに即して表現行為を理解するのではなくて、文化的・歴史的な背景から、その「体験」がいかに構成されているか考えようとするものです。ディルタイは、その解釈学の伝統の中にいる人です。ひょっとして、ディルタイが心理学者だということに引っ張られすぎてないですか。ディルタイは当然、実験心理学が登場する以前の人ですし、精神科学と自然科学の方法論の違いを明らかにした人です。どちらかというと、文系側の人です。彼の「生の哲学」は、文化的な生の哲学で、共同体的な生を問題にすることが最初から前提になっています。文化的表現を手掛かりに、共同体的な生の実践を明らかにしようとする和辻が、ディルタイを参照すること自体は全然牽強付会ではありません。

Q　ハイデガーの世界内存在の概念は、生物学に由来すると聞いたことがあるのですが。

A　ハイデガーの「世界」概念が、エストニア出身のドイツの生物学者ヤーコプ・フォン・ユクスキュル（一八六四－一九四四）の「環世界 Umwelt」概念の影響を受けたことは、木田元さんが指摘しています。『存在と時間』には直接出てきませんが、いくつかの講義でユクスキュルなどの生物学の成果に言及しながら、自らの「世界」概念を説明しています。「環世界」というのは、動物が自分の知覚の能力に応じて感じ取り、その中に住み着いている世界です。ダニだったら、視覚や聴覚はない代わりに、嗅覚、触覚、温度感覚が発達していて、自分が取り付いて血を吸える対象との関係だけが問題になっている環世界に生きているというわけです。ハイデガーはこれを参考にして、現存在が自らの主観に基づいて世界を構築するわけではなく、気が付いた時には、特定の環世界の中に存在しており、その基本構造に即して実存している、という議論を展開しています。ただし、動物は特定の環世界に属し続け、その外に出ることはできないのに対し、現存在は自らが位置する世界を相対化し、複数の世界に属することができる、というのがハイデガーの主張です。

Q　和辻の文言通りに読んでいくと納得できないのですが、子安宣邦先生が書かれた「あとがき」を読んでいくと、なるほどと納得できるところがあります。この本が書かれた時期は、日本が世界の大国の一つになって、日本が学術的に独自性を発揮しようとするようになった時期だと書かれています。「日本民族」概念を前提に、日本精神史や日本思想史が成立するようになった、と。二六七頁から二六八頁にかけて、「倫理」という言葉が、昭和時代までずっと和辻が言っているような意味で使われ続けたか、疑問であると述べられています。二六八頁で、『倫理』とは人間という共同存在（人倫）をあらしめる理法であるという和辻の理解は、語義の解釈学であっても、ディルタイのいう歴史解釈学ではない。だが和辻は『倫理』という言葉の歴史解釈学をあえて装う」、と述べておられます。二七二頁では、第九節でのヘーゲルの『人倫の体系』の読解は、詳細な解説というよりは、「己れにおける受容的な解読の記述である」、と述べられています。つまり、読み手を誤認に導くような、間違いなのかウソなのか分からない書き方をしていることだと思います。

　あと、面白いのは、この本に書かれた時期についての説明です。昭和九年の三月に『人間の学としての倫理学』が岩波から出て、七月に東京帝国大学の倫理学の教授になった。この書の出版が和辻のデビューと、日本倫理学の形成を飾った、ということです。申し訳ないですが、仲正先生のご説明より、こちらの方が納得いくような気がします。

A　二重の誤解があると思います。哲学をフォーマット化された真理発見術だと見ている人にありがちの誤解です。先ず、歴史的な解釈をするのであれ、語義的な解釈をするのであれ、「解釈」にはかなりの幅があります。自然科学の法則の検証とか、歴史的事実の確認のように、真偽を絞り込むことはできません。特にこれは、倫理学を構築するための基本的作業としての「解釈」ですから、目的に応じて解釈の呈示の仕方を調整しなければならないということもあります。人文系の学問では、内容の〝正しさ〟というより〝適切さ〟と、どのように表現するかという問題は不可分の関係にあります。

子安先生も当然、戦略的な解釈があり得ることを前提にしておられるはずです。その前提の下で、うまいと評価すべきか、むしろ強引すぎるというべきか、微妙なところを指摘しているわけです。和辻が、自分の出世のために、適当な話をでっちあげる人だと思っていたら、こんなに長く解説を書かないでしょうし、和辻に始まる日本的な倫理学・倫理思想史の伝統が全て政治的なぺてんであると断じたら、子安さん自身の学問的アイデンティティを否定することになります。思想史の研究者が、既に思想史の一部になっている先人の仕事を批判的に検証する場合、その価値を全否定することはありません。ハイデガーがナチスにすり寄って、一部の著作に無理な議論があるからといって、ハイデガーの哲学を全否定しようとする人は、まともな哲学研究者ではありません。

戦略的な解釈をしないで、言葉の正しい意味を、史料に基づいて確かめるようなことだけやっていたら、思想史研究はものすごくつまらないものになってしまいます。どちらかと言うと、子安さん自身、実証主義的な厳密さに拘るのではなく、思い切った戦略的な解釈をする人です。すぐれた哲学的なテクストを、別のすぐれた哲学者が読めば、必ず偏った読み方をします。その偏りが生産的になることもあります。そういうのを「生産的誤解」と言います。哲学の歴史は、生産的誤解から成り立っています。和辻は、「倫理」という西欧的な概念を日本に取り入れるに際して、それが日本の文化の何に相当するか、最初に本格的に考えた人ですから、いろいろ性急な読解による無理があって当然でしょう。あまりにも無理であれば、後進が修正すればいい。子安さんもそう考えておられると思います。繰り返しますが、オール・オア・ナッシングの発想では、思想史や文学の研究は成り立ちません。

Q　でも、そういうアクロバティックな読解を、アカデミックな権威の下でやると、エピゴーネンが出ますね。

A　現在では、和辻の露骨なエピゴーネンなんてほとんどいません。少なくとも、学者やまっとうな文芸批評家と認められている人の間には。いるとすれば、むしろ、柄谷行人（一九四一―　）とか東浩紀（一九七一―　）とかでしょう。

Q　和辻は戦争中、滅私奉公的なことを説いていて、彼の主著である『倫理学』でもそれらしいことを言っています。私を去って、全体性に帰一する、ということを言っていますね。戦前の体制にとって非常に都合の良い論理を出してしまったのではないか、と思います。和辻の倫理学は、三〇年代後半に変質したのでしょうか。

A　意図的に迎合したかどうかは別として、国家総動員体制に都合がよさそうなことを言っていて、それを戦後書き直した箇所はいくつかあります。熊野純彦さん（一九五八―　）が、岩波文庫版の『倫理学』の解説者注で、そうした箇所を指摘して、オリジナルな表現と対比されているので、便利です。例えば、ナチスを連想させる「土と血との共同」という表現を、「土地と言語との共同」と書き換えるとか。国家の統治権の根がその神聖性の中にある、という表現を削除するとか。

ただ、和辻は、この『人間の学としての倫理学』を読んで分かるように、日常的な振る舞いに見出される共同体的な倫理を探求している人なので、国家や伝統的な共同体からの個人の自立を重視する英米系の政治哲学・倫理学に比べて、国家権力の圧力に対する警戒感は最初から薄いのではないか、と思います。「倫理学」という言葉を聞くと、私たちは、すぐに「全体主義の圧力にいかに対抗するか」、というような話を思い浮かべがちですが、和辻の主要な関心はそれとは別のところにあったのではないか、と思います。いい悪いは別として、偉大な哲学者と言われる人は、普通の人が強く関心を持つようなアクチュアルな問題に対する関心がさほど強くないのに、凡人にはいくら説明されても何が問題なのかさえよく分からないような抽象的で捉えどころのない問題に異常に拘るところがあります。和辻やハイデガーはそういう人ではないかと思います。

[あとがき]――「哲学」は誰のためのものか？

哲学関係の解説書を書き上げた後で、こんなことを言うのはヘンだが、世の中の「哲学者」とか「哲学好き」の圧倒的多数は、見栄っ張りだと思う。「存在とは何か？」とか「真理とは何か？」「生に目的はあるのか？」といった抽象的な問いに、若い頃から関心を持ってしまい、それに取り憑かれたようになり、古今の哲学書を読み漁っているうちに、哲学を学ぶことになった……というタイプの偉人的なエピソードをたまに目にするが、それはほとんどの場合、フィクションだと思う。

若い頃からたくさんの哲学書を読んだというのは本当だとしても、どういう動機で読んだかは、本当のところ、本人を含めて誰にも分からない。親や教師から将来役に立つと勧められていやいや読んだのかもしれないし、〝哲学〟は知的でかっこいいと思い込んで読んだのかもしれない。無論、他人に言われたとか、かっこいいと思い込んだというような理由はかっこ悪いので、正直にそう公言したくはないし、自分でもそう思いたくない。自分の内でも美化してしまう。仮に、本当に哲学的な問いに取り憑かれるという経験があったとしても、始終哲学的なことばかり考えているとは限らない。というより、本当に哲学的な問いにしか関心がなかったら、進学や就職が極めて困難になり、まともに生きていくことはできないだろう。自伝的なことを語る際には、ついつい誇張して、「哲学に取り憑かれた」、とか言ってしまう。

念のために、私自身のことを言っておくと、私には、〝哲学〟に取り憑かれた、という記憶はないし、そのような自分語りをした覚えもない。また、〝尊敬できる哲学者〟に遭遇した経験もない。本を読んだだけでは、カントとかハイデガーとか西田とか和辻が、尊敬できる人格かどうか分からないし、〝生身の尊敬できる哲学者〟というのに会ったこともない。私より、ずっと大人で、良識があり、礼儀正しい職業哲学者・思想史研究者はたくさんいるし、個人的なお世話になった人もいるが、そういう人ほど、世の中に溶け込んでいて、物分かりがいいものである。〝哲学に取り憑かれている〟ような雰囲気の人には、遭ったことがない。本当にそういう人だったら、〝哲学者〟として職を得て、広く世に知られることは難しいだろう。〝哲学に取り憑かれている人〟を装おうとしている、俗っぽい人間なら知らないわけではない。

職業的な哲学者とか評論家の場合、〝哲学に取り憑かれた〟という自分語りにある程度の実体が伴っていることも――たまに――あるが、世の中で話題になっている哲学本を買って、斜め読み――あるいは立ち読み――し、そのレヴューもどきを書いて、かっこをつけたがっている〝哲学ファン〟の多くには、哲学書を読むための基礎知識や根気も決定的に欠けている。まさに、かっこうをつけたいだけである。だから、哲学書ブームが去ると、すぐに飽きて、「いまだに哲学をやっている人たちは、この混沌とする現代社会では、哲学が無力であることに気付いていない」、などと言い出す。一九九五年にヨスタイン・ゴーデルの『ソフィーの世界』が翻訳されて、ブームになって以来、何度もそんなことが繰り返された。

無論、そういう毀誉褒貶は、歴史ブーム、ドラッカー・ブーム、アドラー・ブーム、ピケティ・ブームなどに関しても基本的に同じことであるが、経済学とか歴史学、心理学の豆知識は、たまに役に立つこともある。少なくとも、知的に気障な人間同士の会話のネタくらいにはなる。哲学だと、それさえ厳しい――人生訓とか対人コミュニケーション・スキルを〝哲学〟と呼ぶのであれば、話は違うが。また、ミーハーで歴史本とか経済本を読み始めて、面白くなったので、大学院で歴史学とか経済学を学び始めました、という自伝語りは、そんなにおかしくないが、先ほど述べたように、哲学でそれを言うと、かなりかっこ悪いし、人格的にダメな奴のように聞こえる。

それに、ミーハーやお洒落感覚で『ソフィーの世界』とか『これからの「正義」の話をしよう』とかを読み始めて、その次のステップに行くのはかなり難しい。『これからの「正義」の話をしよう』を読んで、カントの風変わりな議論に興味を持ったという人が、岩波文庫の『人倫の形而上学の基礎付け』を読み通すのは、かなりきついだろう。何を話題にしているかさえ分からないのが普通である。より原理的な議論が展開されている『実践理性批判』を見せられたら、めまいがするだろう。経済学、歴史学、法学のように、ちょっと学習するごとに、プチ知識自慢をするというわけにいかない。同じ哲学をやっている人の間でさえ、様相論理学をやっている人と、ハイデガーの存在論をやっている人、京都学派をやっている人では、共通の話題を持てないのが普通である――知っている同業者に関するうわさ話くらいならできるが。

関心があるふりをして、哲学を勉強し、職業哲学者であり続けるのは、普通の人間にはかなり苦痛である――〝哲学〟という名のパフォーマンスをやるのなら、話は違うかもしれないが。本書の第六章（第六回）の質問のコーナーで、和辻の哲学的な動機付けについてかなり懐疑的な質問をしている参加者がいる。私自身も、西田や和辻も、見栄や立場に対する気負いからやっている面があるのではないか、と感じる。西欧の最先端の理論をフォローしている――そして、自分はそれを超える理論を呈示しつつある――とアピールしたいがために、未消化のまま紹介しているように見える箇所も多々ある。しかし、哲学では、そういう見栄を張るのは、かなりの精神的苦行である。単に、自慢するためではあっても、リッケルトとかコーエンとかロッツェの著作に――原語で――目を通して、それらを要約して、論評するのは、相当面倒くさい。本当に好きでないとどこかで息切れすると思う。

見栄で始めただけの哲学であっても、一見しただけではどういう問題を解決しようとしているのかさえ見当がつかないテクストを読み続けるには、ある程度、「哲学する習慣」が身に付いている必要がある。その習慣を維持し続けるのは難しい。〝哲学芸〟をやっている〝芸人〟たちを見ていると、やる気をなくしそうになることもある――私もそっちの人間と見られているかもしれないが。田舎の大学の教員のまま五〇を過ぎた私は、日々、哲学する習慣を維持することの難しさを感じている。

二〇一五年六月

金沢大学角間キャンパスの総合教育1号館にて

日本哲学をもっと考究したい人のための読書案内

西田幾多郎
『思索と体験』
岩波文庫

『善の研究』（一九一一）と『自覚に於ける直観と反省』（一九一七）の間に発表された論文や随筆的な文章を集めた論集。「認識における純論理の主張について」や「論理の理解と数理の理解」「現代の哲学」では、規範（当為）と実在の相関関係の問題を軸にして、ドイツを中心とした当時の西欧哲学の最前線の見取り図が描き出されている。新カント学派や独墺学派について詳しく記述されている一方、フッサールの位置付けが曖昧であるように思えるが、西田がドイツ哲学のどこに関心を持ち、どのように距離を取って独自性を出そうとしていたのか垣間見ることができる。「ロッツェの形而上学」では、西南学派の形成にロッツェが果たした役割が検討されているほか、西田自身がロッツェの孫弟子に当たることも明らかにされており、思想史的に興味深い。「トルストイについて」や「愚禿親鸞」などは小品であるが、人物評という間接的な形で、西田の宗教観が示されている。

和辻哲郎
『風土』
岩波文庫

「風土」と人間存在の相関関係を論じた著作。ドイツ留学中の和辻が、人間の存在構造を「時間性」から分析したハイデガーのアプローチに刺激を受けると共に、そこに空間性という視点が欠けているのではないか、と感じたことが出発点。土地の気候、気象、地質、地味、地形、景観の総称として「風土」を定義したうえで、「風土」に規定され、導かれる形で、私たちが諸事物と遭遇することを、『存在と時間』の「世界内存在」の分析を援用する形で指摘したうえで、「風土」の中での志向的体験に、主体的実践が成される「間柄」が反映されていることを指摘する。世界の風土を「モンスーン」「砂漠」「牧場」の三類型に大別したうえで、細かい地域差を加味しながら、インド、中国、日本、イスラム、ギリシア、イタリア、西欧の文化をそれぞれの風土との関係で特徴付けている。ヘルダーからヘーゲル、マルクスを経てラッツェル、ブラーシュに至るまでの風土学の系譜をたどっていることも興味深い。

鈴木大拙
『日本的霊性』
岩波文庫

日本的な霊性＝宗教意識の特徴を、浄土真宗をはじめとする鎌倉仏教に即して明らかにすることを試みた、鈴木大拙の代表的著作。宗教の本質は、霊性的直覚の経験であるという見地から、そこに重きを置かず、清明心や正直心などの原始的な情による直覚に基づく神道は「霊性」に到達していないとする。日本的霊性が開花したのは、鎌倉時代であると断言する。「何等の条件の介在なしに、衆生が無上尊と直接に交渉するということ」を、日本的霊性の特徴と見なし、禅をその知的方面、浄土系の信仰を情的方面の現われと見て、両側面の繋がりを指摘する。念仏称名の実践や「妙好人」の生き方などに即して、凡夫として日常を生きながら霊性的生活を送ることがいかにして可能か明らかにすることを試みている。江戸末期から昭和初期まで生きた島根県の妙好人である浅原才市の言説を詳細にフォローし、彼の「なむあみだぶつ」に象徴される仏凡一如観に、日本的霊性が端的に現われていると結論付ける。

九鬼周造
『「いき」の構造
他二篇』
岩波文庫

ヨーロッパに八年にわたって滞在し、ベルクソンとハイデガーに直接師事した九鬼周造の代表的な著作。日本人の美意識を象徴する現象としての「いき」を解釈学的な方法によって分析することを試みている。近松秋江、永井荷風、菊地寛などの作品や、江戸時代の遊廓の風習を手がかりに、「いき」の意味の範囲を徐々に絞っていき、内包・外延の両面から定義する手法は、大胆でありながら精緻である。［上品－下品］［派手－地味］［意気－野暮］［甘味－渋味］の四つの対立項によって趣味の直六面体を構成し、これによって、「さび」「雅」「味」「乙」「きざ」「いろっぽさ」や、フランス語の「chic」「raffiné」などを図式的に位置付けている。

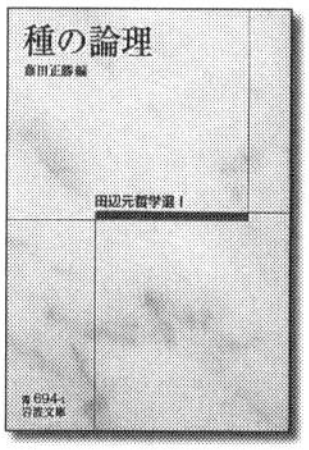

田辺元／藤田正勝編
『種の論理
田辺元哲学選 I』
岩波文庫

田辺元の思想の中核に位置するとされる「種の論理」に関連する論文が集められている。「社会哲学の論理」では、ベルクソンやデュルケームを手がかりにして、文化人類学や社会学の成果を吸収し、それをヘーゲルの人倫論と接続することが試みられている。「種の論理と世界図式」では、「類－種－個」の弁証法的な関係、否定即肯定の絶対媒介の統一というヘーゲル的な視点が前面に出され、個と全体の無媒介的な統一を暗示する、西田等の「無（の場所）」の論理との対決姿勢が鮮明になっている。同じ田辺元哲学選の第II巻『懺悔道としての哲学』では、パスカルやキルケゴールの懺悔論（Metanoetik）を検討したうえで、親鸞の「往相即還相」論の宗教哲学的な画期性を説いている。第IV巻『死の哲学』に収められている「マラルメ論」は、元々数理哲学者であった田辺がマラルメの作品から死と復活の弁証法を読み取るという意外な組み合わせが興味深い。

高山岩男
『世界史の哲学』
こぶし文庫

京都学派の四天王の一人であり、脱西欧的な視点からの歴史哲学を構想したことで知られる高山の、戦時中に刊行された主要著作。ヨーロッパにおいて「世界史」という理念が形成されてきた過程を批判的に検討し、それが不可避的にヨーロッパ的な特徴を強く帯びていることを指摘したうえで、ヨーロッパが非ヨーロッパ地域へと拡張したことに伴って、「世界史」の枠組み自体も、より普遍的なものへと変容せざるを得なくなっていることを示唆する。日本の国連脱退と、日中戦争がその転換の契機になり得るとしている。当時の日本の行動を「世界史の転換」という名目で正当化していることは否めないが、ヨーロッパ中心に形成されてきた「歴史」「国家」「文化」を批判的に組み替えていこうとする構想は、グローバリゼーションの光と影をめぐる現代の議論にも通じるところがある。

廣松渉
『〈近代の超克〉論』
講談社学術文庫

マルクス主義的現象学を切り開いたことで知られる廣松渉による昭和思想史。『文学界』誌上で行われた「近代の超克」座談会をはじめ、京都学派の高坂正顕や高山岩男の歴史哲学、三木清の協同主義の哲学、マルクス主義からの転向、日本浪漫派など、多角的に検討されている。通常のマルクス主義的思想史にありがちの、天皇制ナショナリズムと資本主義の結合を元凶として糾弾するような記述とは一線を画している。西欧近代の物質文明の限界を超えようとする——ある意味、左派的な——真剣な思想的営為が、偏狭なアジア主義に繋がり、大東亜共栄圏を標榜する軍部のイデオロギーに接近していく過程を冷静に描き出している。マルクス主義を含めた近代知の限界といかに向き合うべきかという廣松自身の問題意識を、京都学派や三木のそれと比較することで、反省的に捉え返そうとする試みにもなっている。

中沢新一
『フィロソフィア・ヤポニカ』
講談社学術文庫

ニュー・アカデミズムの旗手であった中沢新一による独特な田辺元論。西田の「無の論理」に対抗する形で登場した田辺の「種の論理」を、「個」と「類」を媒介する「種」の弁証法的働きに焦点を当てるヘーゲル主義的なアプローチではなく、むしろ田辺の自身の微分論などの数理哲学との繋がりや、レヴィ＝ストロースの構造主義人類学との類縁関係などに着目した記述になっている。田辺とレヴィ＝ストロースという突飛な感じがするが、中沢は、両者の共通の源泉であるデュルケームやレヴィ＝ブリュールの理論を参照することで、両者の意外な繋がりをある程度実証的に明らかにしている。西田の「場所の論理」のフロイト＝ラカン的な視点からの解釈や、プラトンの「コーラ」概念を仲介とした「場所の論理」と「種の論理」の融合など、現代思想的にも重要な論点が多々提出されている。田辺の解釈というより、中沢ワールドに強引に引き込まれているような印象を受けないではないが、それはそれで、「日本哲学」の新たな方向性として受けとめることができる。

大橋良介
『京都学派と日本海軍』
PHP 新書

京都学派と海軍の協力関係が史料に基づいて詳細に検討されている。海軍調査課の高木惣吉の依頼を受けて戦中に十数回にわたって行われた、京都学派の高山岩男、高坂正顕、西谷啓治、木村素衞、鈴木成高たちの会合でどのような内容が論じられたのか、記録係であった京大副手・大島康正のメモに基づいて再現されている。当初は、陸軍主導で進められていた国策を修正し、大東亜共栄圏を非帝国主義的なものにすることを目指していた会議のテーマが、情勢に応じてどのように変容していったのか、中立的な視点から描かれている。会合そのもの以外にも、高木と西田の関係、京都学派と蓑田胸喜等「原理日本グループ」との対立、京都学派の中での大島の位置など、興味深い情報が盛り込まれている。京都学派と現実政治の関わりを知るうえで不可欠な文献。

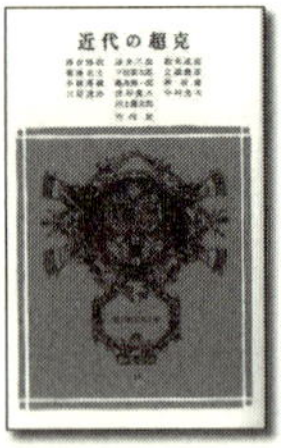

河上徹太郎・竹内好他
『近代の超克』
冨山房

戦時中に『文学界』誌上で行われた、西谷啓治、鈴木成高、下村寅太郎、小林秀雄、三好達治、亀井勝一郎、中村光夫、林房雄等、一三人の当時の代表的知識人たちによる「近代の超克」座談会と、それに関連した参加者たちの論文、竹内好による解説論文が収められている。戦時下の体制翼賛的なイデオロギーの発露というより、参加者それぞれの専門・関心によって、「近代の超克」というキーワードの下に理解していることがかなりまちまちであることが露呈する形になっているところが、興味深い。座談会を構成した、京都学派、『文学界』同人、日本浪漫派の三グループの思惑の違いについては、竹内の論文で掘り下げて論じられている。

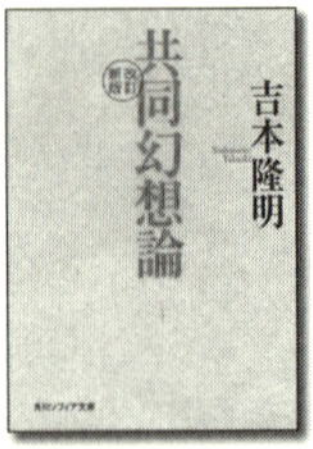

吉本隆明
『共同幻想論』
角川ソフィア文庫

新左翼系の文化論・大衆論と、ポストモダンの思想を繋ぐ役割を果たした吉本隆明の最も重要な著作。全共闘世代の思想に決定的な影響を与えたとされる。下部構造＝生産様式の発展法則によって「国家」の在り方も規定されるとする、正統マルクス主義の歴史観とは一線を画し、『古事記』と『遠野物語』を素材として、「共同幻想」という視点から「国家」の成り立ちを分析していく。文芸批評、民俗学、精神分析、古代史、哲学などの知見を総合的に動員して、禁制（タブー）、憑人、巫女、他界、祭儀、母制、対幻想、罪責といった共同幻想の諸層を論じたうえで、最終的に、「法」や「国家」が共同幻想の肥大化の帰結として生まれてきたと結論付けている。

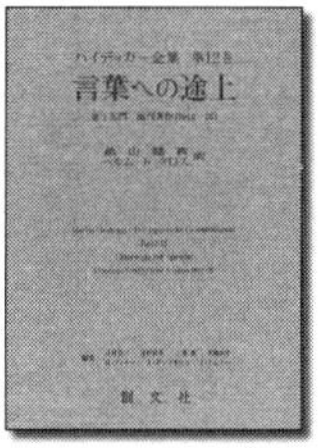

ハイデガー
『言葉への途上』
創文社

田辺元、和辻哲郎、九鬼周造、三木清など、ポスト西田の世代の日本の哲学者たちに圧倒的な影響を与えたハイデガーの言語や詩に関する戦後の論考を集めた論文集。この中に収められている、「言葉についての対話より」では、独文学者の手塚富雄を主要なモデルにしたと思われる架空の日本人との対話という形で、ハイデガーの言語観が展開されている。当然、ハイデガーの抱くイメージによって構成された日本人・日本文化との一方的な対話であるが、西欧を支配してきた形而上学から距離を取ろうとしていたハイデガーが、西欧にとっての「他者」としての日本に注目していたことが分かって興味深い。九鬼の「いき」論に対してハイデガーが関心を抱いていたことが窺える。

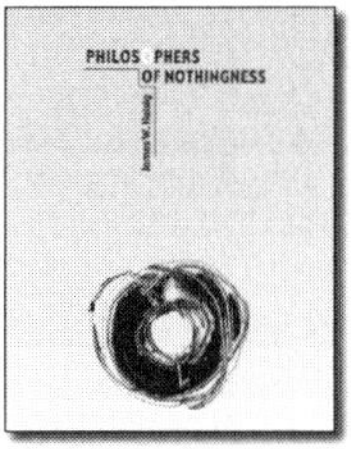

James W. Heisig,
《Philosophers of Nothingness》
University of Hawai'i Press

南山大学で教鞭を執る西欧の研究者による京都学派論。西田幾多郎、田辺元、西谷啓治の三人の思想の発展がコンパクトに要約・論評されている。三人の理論を一方的に称賛するのではなく、その曖昧さや弱点なども率直に指摘しており、彼らが時局に呼応するかのように、政治哲学を志向するようになった経緯についてはやや批判的に描いている。京都学派の四天王の代表として、世界史の哲学の論客として目立っていた高山や高坂ではなく、宗教哲学者である西谷を取り上げていることに象徴されるように、宗教と哲学の関係に力点が置かれている。日本語の研究文献だと、当人たちのオリジナルな表現に引きずられて分かりにくくなりがちの論点が、クリアに整理されているという印象を受ける。同じ著者による《Nothingness and Desire》(University of Hawai'i Press)では、「無と欲望」「自己と非自己」「神」「道徳性」といった側面から、東西の哲学の比較が試みられている。

Graham Mayeda《Time, Space and Ethics in the Philosophy of Watsuji Tetsurō, Kuki Shūzō, and Martin Heidegger》Routledge

初期の日本の代表的哲学者の中でハイデガーの影響を最も強く受け、解釈学的現象学を日本文化の分析に応用した和辻哲郎と九鬼周造の二人と、ハイデガーを比較することを試みた意欲的著作。ハイデガーの基礎的存在論を、ニーチェによる価値の転倒の試みを超えていく、新しい倫理学と見たうえで、その倫理的側面が和辻や九鬼によってどのように受けとめられ、彼ら独自の枠組みに取り込まれていったか詳細に検討されている。ハイデガーの空間性概念と、『風土』に見られる和辻のそれとの対比、和辻の「間柄」の弁証法、九鬼の『「いき」の構造』に含意されている「他者」問題とハイデガーの「共現存在 Mitdasein」の関係、九鬼とハイデガーそれぞれの「偶然性」の位置付けなどを論じたうえで、結論として、九鬼の「差異の美学ー倫理学」を、ハイデガー的な存在論の閉鎖性を打破し、他者に開かれた倫理へと転換するポテンシャルを秘めたものとして高く評価する。ハイデガーを経由する形で、和辻や九鬼が、独仏の現代哲学において位置付けられている所に特色がある。

Hans Waldenfels《Absolute Nothingness》Paulist Press

日本に留学経験のあるドイツの神学者——現象学者として知られるベルンハルト・ヴァルデンフェルスの兄——による比較宗教思想の試み。西谷啓治の宗教哲学の核にある「絶対無」の概念を、仏教や西田哲学を背景に輪郭付けし、ハイデガーの存在論やポール・ティリッヒの神学、マイスター・エックハルトの神秘主義と対比しながら、その理論的射程を探っている。最終的に、イエスの神の「空性」の問題へと繋げている。西谷を媒介として、仏教・漢字文化圏における「無」や「空」の概念と、ギリシア=キリスト教文化圏におけるそれ（に類似したもの）がどのように対応しているか、様々な側面から検討されている。

	「世界史的立場と日本」座談会
1943	和辻哲郎『尊王思想とその傳統』 波多野精一『時と永遠』 高坂正顕『歴史哲学序説』
1944	鈴木大拙『日本的霊性』
1945	西田幾多郎、死去 三木清、獄死 第二次世界大戦敗戦
1946	丸山眞男「超国家主義の論理と心理」 国体変更をめぐる和辻・佐々木論争（～49）
1947	田辺元『種の論理の弁証法』 三木清『人生論ノート』
1948	田辺元『懺悔道としての哲学』 三木清『構想力の論理』
1952	和辻哲郎『日本倫理思想史』 丸山眞男『日本政治思想史研究』
1954	田辺元『数理の歴史主義展開』 吉本隆明「反逆の倫理――マチウ書試論」
1956	丸山眞男『現代政治の思想と行動』（～57）
1959	安保闘争（～60）
1960	和辻哲郎、死去
1961	丸山眞男『日本の思想』
1962	田辺元、死去

1932	西田幾多郎『無の自覚的限定』 高橋里美『全体の立場』 五・一五事件
1933	西田幾多郎『哲学の根本問題』 近衛文麿のブレーン・トラストとして昭和研究会発足（～40）
1934	和辻哲郎『人間の学としての倫理学』 和辻哲郎、東京帝国大学教授就任
1935	和辻哲郎『風土』 九鬼周造『偶然性の問題』 波多野精一『宗教哲学』 戸坂潤『日本イデオロギー論』 天皇機関説事件 岡田内閣、国体明徴声明
1936 1937	高橋里美『体験と存在』 高山岩男『ヘーゲル』 カール・レーヴィット、東北帝国大学で教鞭（～41） 二・二六事件 和辻哲郎『倫理学』（～49） 日中戦争勃発
1938	蓑田胸喜を中心に帝大粛正期成同盟結成 国家総動員法制定
1939	西田幾多郎「絶対矛盾的自己同一」 九鬼周造『人間と実存』 三木清『構想力の論理　第一』 高坂正顕『カント』 下村寅太郎『自然哲学』 第二次世界大戦勃発
1940	西谷啓治『根源的主体性の哲学』 河合栄次郎『学生に与う』
1941	三木清『哲学ノート』 オイゲン・ヘリゲル『日本の弓術』 太平洋戦争勃発
1942	高山岩男『世界史の哲学』 保田與重郎『万葉集の精神』 「近代の超克」座談会

	大逆事件
1911	西田幾多郎『善の研究』
1912	森鴎外「かのやうに」 加藤弘之『自然と倫理』
1913	西田幾多郎、京都帝国大学教授就任 和辻哲郎『ニイチェ研究』
1914	阿部次郎『三太郎の日記』 第一次世界大戦勃発
1915	西田幾多郎『思索と体験』 和辻哲郎『ゼエレン・キエルケゴオル』
1916	安倍能成『西洋古代中世哲学史』
1917	西田幾多郎『自覚に於ける直観と反省』 安倍能成『西洋近世哲学史』 河上肇『貧乏物語』 ロシア革命
1918	田辺元『科学概論』 第一次世界大戦終結
1919	和辻哲郎『古寺巡礼』
1920	和辻哲郎『日本古代文化』 阿部次郎『人格主義』
1923	西田幾多郎『芸術と道徳』 北一輝『日本改造法案大綱』 関東大震災 甘粕事件
1924	安倍能成『カントの実践哲学』
1925	和辻哲郎、京都帝国大学助教授就任 治安維持法制定
1926	和辻哲郎『日本精神史研究』 三木清『パスカルに於ける人間の研究』
1927	西田幾多郎『働くものから見るものへ』 ハイデガー『存在と時間』
1928	三木清『唯物史観と現代の意識』
1930	九鬼周造『「いき」の構造』
1931	高橋里美『フッセルの現象学』 和辻哲郎、京都帝国大学教授就任 満州事変

日本哲学関連年表

1874	西周、『百一新論』で〈Philosophy〉を「哲学」と翻訳 福沢諭吉『文明論之概略』 加藤弘之『国体新論』
1881	井上哲次郎他『哲學字彙』
1882	加藤弘之『人権新説』
1882	中江兆民『民約訳解』
1883	井上哲次郎『倫理新説』『西洋哲学講義』
1886	井上円了『哲学要領』（～87）『真理金針』（～87）
1887	井上円了『仏教活論序論』『哲学一夕話』（～88） 井上円了、哲学館創立
1889	三宅雪嶺『哲学涓滴』
1890	大西祝『良心起源論』 ジェイムズ『心理学の諸原理』
1891	三宅雪嶺『偽悪醜日本人』『真善美日本人』
1893	井上哲次郎『教育ト宗教ノ衝突』 加藤弘之『強者の権利の競争』 ケーベル、東京帝国大学で教鞭（～1914）
1894	日清戦争（～95）
1896	西田幾多郎、第四高等学校教授就任
1897	井上哲次郎・高山樗牛『新編倫理教科書』
1900	井上哲次郎『日本陽明学派之哲学』 加藤弘之『道徳法律進化の理』
1901	波多野精一『西洋哲学史要』 幸徳秋水『廿世紀之怪物帝国主義』 高山樗牛「美的生活を論ず」
1902	井上哲次郎『日本古学派之哲学』
1903	岡倉天心『東洋の理想』 大西祝『倫理学』 幸徳秋水『社会主義真髄』
1904	井上円了、哲学堂を建設 日露戦争（～05）
1905	井上哲次郎『日本朱子学派之哲学』
1906	北一輝『國體論及び純正社會主義』
1908	波多野精一『基督教の起源』
1910	柳田國男『遠野物語』

【著者紹介】

仲正昌樹（なかまさ・まさき）

1963年広島生まれ。東京大学総合文化研究科地域文化研究専攻博士課程修了（学術博士）。現在、金沢大学法学類教授。

専門は、法哲学、政治思想史、ドイツ文学。古典を最も分かりやすく読み解くことで定評がある。また、近年は、ベンヤミンを題材とした『純粋言語を巡る物語―バベルの塔Ｉ―』（あごうさとし作・演出）などで、ドラマトゥルクを担当。現代哲学の演劇への応用を試みている。

・最近の主な著作に、『いまこそロールズに学べ』（春秋社）、『＜ネ申＞の民主主義』（明月堂書店）、『マックス・ウェーバーを読む』（講談社現代新書）

・最近の主な編・共著に、『政治思想の知恵』、『現代社会思想の海図』（ともに法律文化社）

・最近の主な翻訳に、ハンナ・アーレント著 ロナルド・ベイナー編『完訳カント政治哲学講義録』（明月堂書店）

〈日本哲学〉入門講義
西田幾多郎と和辻哲郎

2015年9月30日第1刷発行
2021年9月30日第3刷発行

著　者　仲正昌樹

発行者　和田肇
発行所　株式会社作品社
〒102-0072　東京都千代田区飯田橋2-7-4
Tel 03-3262-9753 Fax 03-3262-9757
https://www.sakuhinsha.com
振替口座 00160-3-27183

装　幀　小川惟久
本文組版　有限会社閏月社
印刷・製本　シナノ印刷(株)

Printed in Japan
落丁・乱丁本はお取替えいたします
定価はカバーに表示してあります
ISBN978-4-86182-545-3 C0010

「近代の超克」

その戦前・戦中・戦後

Suzuki Sadami

鈴木貞美

近代の成立から現代に至る
思想潮流を総括し
爾今の展望を拓く
画期的労作！

イギリス産業革命による近代の成立と人間理性の確立。マルクシズムを含むヨーロッパ近代の思想潮流を総括し、その日本的受容と変容、地球環境危機の時代におけるこれからの主題を提示する壮大なライフ・ワーク。

《日本の思想》講義

ネット時代に、丸山眞男を熟読する

Nakamasa Masaki
仲正昌樹

破滅する政治、蔓延する無責任、
加速するイメージ支配……
そして、"なんでも"「2.0」でいいのか?

戦後の古典を、今一度紐解き、なぜ、この国では、「熟議」「公共性」「自由」「正義」「民主主義」などが、本当の"意味"で根付かないのか?を徹底分析、〈思想する〉ことを鍛える集中授業!